中国社会科学院创新工程"东南亚宗教研究"项目

中国社会科学院国情调研基地"中印孟缅经济带之跨境民族宗教研究"项目

跨界与融合

佛教与民族文化的云南叙事

郑筱筠/著

中国社会科学出版社

图书在版编目（CIP）数据

跨界与融合：佛教与民族文化的云南叙事／郑筱筠著．—北京：
中国社会科学出版社，2015.8
ISBN 978 – 7 – 5161 – 6796 – 0

Ⅰ.①跨…　Ⅱ.①郑…　Ⅲ.①佛教—关系—少数民族—民族文化—
研究—云南省　Ⅳ.①B949.2②K280.74

中国版本图书馆 CIP 数据核字（2015）第 190633 号

出 版 人	赵剑英
责任编辑	黄燕生
责任校对	胡　燕
责任印制	戴　宽

出　　版	中国社会科学出版社
社　　址	北京鼓楼西大街甲 158 号
邮　　编	100720
网　　址	http://www.csspw.cn
发 行 部	010 – 84083685
门 市 部	010 – 84029450
经　　销	新华书店及其他书店

印刷装订	三河市君旺印务有限公司
版　　次	2015 年 8 月第 1 版
印　　次	2015 年 8 月第 1 次印刷

开　　本	710×1000　1/16
印　　张	20.75
插　　页	2
字　　数	358 千字
定　　价	78.00 元

目　录

下编　　南传佛教　社会　民族文化

序　言

　　云南现有 26 个民族，其中 25 个是少数民族，有着丰富的民族文化资源。同时，云南又是宗教类型较多、呈立体交叉分布的省份。云南人口在 5000 人以上的 26 个民族都有宗教信仰。宗教在云南的传播有着悠久的历史，而且各种宗教交叉存在。一方面由于各少数民族不同程度地保存着原生性宗教，使祖先崇拜、自然崇拜等原生性宗教的因素成为云南宗教的信仰底色，具有鲜明的内生性特征；另一方面与缅甸、老挝、越南接壤，有 16 个民族跨境而居，为世界宗教的传播创造了有利条件，在历史过程中，逐渐形成了国际性、民族性以及地域性等特征。与此同时，云南各个民族由于受到来自传播路线的外来宗教的影响，形成各大宗教并存、和谐相处的多元、多层次的特征。因此，从这个意义上说，云南是一个民族文化资源丰富的大省，也是一个活态的宗教文化博物馆。对之进行研究，无疑具有重要的学术意义和理论价值。

　　就佛教而言，佛教传入云南的历史源远流长，且经由不同路线和地点传入了不同的佛教流派。就云南境内的佛教支系而言，有梵文—汉文经典系（汉传佛教）、巴利语经典系（南传上座部佛教）、藏语经典系（藏传佛教）三大系统，这三大系统内部又分不同的宗派。在长期的历史传播过程中，它们与云南原有的民族文化冲突、斗争、融合，最终沉淀下来，与民族文化融为一体。对于信仰佛教的信徒来说，生活在相对静止的平面的部落社会中，成为佛教徒是终其一生的历程和必然选择。这基本上是云南佛教徒信仰的历史共性。这些历史特征都体现在信仰佛教的民族文化之中。在长期的历史发展过程中，佛教与民族文化都以不同方式参与了云南民族文化体系的建构。但我们可以说，正是民族文化、宗教文化的多元、多层次的融合，立体地全方位浇灌了红土高原，成就了七彩云南。因此，斟酌再三，笔者以"跨界与融合"来形容佛教与云南民族文化之关系。民族文化形成了云南文化结构体系的一个特殊底色，而宗教文化则是在不同时段系统中的网格，与民族文化相互交织，相互影响，最终形成跨界与融合这样的内生性关系特点，完成佛教与民族文化在云南的实践经验。

在实践经验的历史表达过程中，作为重要的历史表达主体，汉族与白族、傣族、纳西族、德昂族、景颇族、佤族等少数民族一起共同建构起独特的宗教文化体系。

就宗教学角度而言，云南的佛教文化也具有鲜明的地域性、民族性特点。就云南境内的佛教而言，有阿吒力教、汉传佛教、南传上座部佛教、藏传佛教，这几个佛教派别原产生于不同文化背景，但它们却同时集中于云南境内，并以不同方式影响着云南民族文化体系的建构。这一现象在国内乃至国际都是绝无仅有的。对之进行研究，无疑具有深远意义。

就历史学角度而言，佛教对云南许多民族的历史及文化产生了重要影响。例如：以阿吒力教而言，它是印度密宗、藏密、汉密乃至大乘显宗共同作用的白族化产物。阿吒力教的流行，与白族的形成和白族文化的兴起，以及南诏大理文化的繁盛之间的关系十分密切。阿吒力教成为国教，对南诏国内多元部族的一体化进程起着非常重要的作用，而白族正是这个一体化进程的最终产物。与此相似，南传上座部佛教对傣族、布朗族、阿昌族、德昂族等，藏传佛教对纳西族、藏族、普米族、摩梭人等，汉传佛教对白、彝等民族文化体系的建构都起到了难以估量的影响。不研究佛教，无法深刻地认识和理解各民族的文化精神；不研究佛教与云南民族文学之关系，则无法深刻认识云南民族文学发展的规律和特色。

就民族文学角度而言，26个民族居住于云南这块红土地，其丰富多彩的民族文学成为全国少数民族文学的重要组成部分，在全国少数民族文学研究中占有重要分量。在长期的历史发展过程中，云南各民族形成了自己具有鲜明的民族性、地域性特征的文化。而文学作为民族历史的忠实载体，以各种形式传承着先民及其子孙们创造的历史文明。研究民族文学，可以看出一个民族的历史发展轨迹；研究云南民族文学，可以看出民族文学发展的共同规律，从而形成以微观研究反映宏观的特点。佛教对云南民族文学的影响主要体现在以上几方面，但这种关系并不是单向的。云南民族文学对佛教的融摄，既是佛教被云南各族人民认可的一种表现，又是云南各族人民胸怀博大、兼容并蓄的一种体现。而且正是由于云南民族文学对佛教义理、观念的接纳，对佛典人物及其故事类型之改造，在很大程度上促进了佛教在云南的发展和传播。总之，佛教与云南民族文学的关系是互动的、相互影响的。

如果仔细研究佛教与民族文学的关系的话，即可看出佛教与云南民族文学之关系可通过佛教对民族文学的人物形象塑造，故事情节之设计，故事母题之影响的及文学观念的作用等方面表现出来。对此，正如云南大学著名学者张文勋教授所指出的那样："我们常说的云南民族文学，就广义而言，是指云南各民族所创造的文学，包括民间口头文学和各民族作家用民族文字或汉文字所创作的书面文学。但是，在漫长的云南各民族形成和发展的历史中，民间口头流传的文学是主要的形式，只有极少数的民族，如傣族、纳西族、彝族等，留下一些用民族文字记载的神话传说或诗歌，但这些作品大多数也是人民口头创作。当然，现在我们研究云南民族文学所依据的资料，基本上都是翻译成汉字的资料，但就其源流而言，大多数也来自于自己民族民间文学。因此，佛教对云南民族文学的影响，也较多地表现在民间文学中。但是，要从众多的民族民间文学中，梳理出受佛教影响的来龙去脉，既须要查阅大量佛学经典和古文献资料，又需要对民族民间文学作深入调查研究。""云南民族文学，尤其是民族民间文学，它本身不仅具有文学价值，而且有文化、历史、宗教、民族等等学科的综合价值，所以对它的研究，也就需要以多学科的视角去考察。"对此，复旦大学中文系陈允吉教授则用骈体文形容："坤舆所钟，在云之南，景淑气清，水澄冈翠。辖区地势悬殊，形胜秀特，高岫则薄雾披纱，平坝则繁花似锦。节序谐和，照众栽于沃野；风操淳朴，聚各族于旷原。祖辈相承，织耕互补，创辟家园，兴营货殖。期岁治功，用舍非遵一例；黎民结习，奉持示现多元。然率礼仪恳至，歌舞杂陈，敬崇远客，贵禀艺能。其趾衔接蕃、桂，雅为边陆邮路；毗邻缅、印，号称亚陆锁环。古昔西洱，值当冲要。由此指趣掸邦，潜通天竺；祖溯由雅，迄抵逻些。厥途烦剧，跋涉维艰。怪石嶙峋，丛林窈杳，惟鸟道之仅存，叹窄桥之险绝。商旅驮帮，含饥忍劳；旄牛香象，叩塞款关。是以蜀中邛竹丝麻，市诸身毒；域外琉璃宝饰，赍及震旦。交播华梵文明，佛法时充主体，纷纭派裔，络绎来滇。曰上座部，曰曹溪禅，曰阿叱力，曰怛特罗。源流既别，悉皆茂畅枝条；显密攸分，咸自具呈轨辙。第言文学，表里宗教，方圆嗜好，物语是耽。略如金翅劈波，海龙遭食；观音负石，罗刹见驱。动辄采撷佛典，敷演奇闻，固屡听而无厌，虽详熟而长新。又谓天人端严，王子甘堕爱河；奸匿败亡，情侣终成眷属。夫史诗《召树屯》，亦移植《本生经》，意浮屠所触染，何纵广若乃尔？"两位先生对佛教与云南民族文学的关系之精辟见解见于笔者在 2001 年出版的《佛教与云南民族文学》一书之序言。由于该书出版时间日久，在市场上早已买不到这本书，故再版此书以飨读者。因此，本书上编部分的内容主要是对笔者在 2001 年出版的《佛教与云南民族文学》一书的再版。知识的传播是需要正能量的，它既要求传播正能量的知识，同时更要求传播途径是合理合法的。因此，为了正本清源，进一步推动学术交流机制的良性发展，同时也是为了更好地维护知识产权，促进学术研究，而将之再版。

此外，南传上座部佛教自东南亚传入我国云南地区后，在充满冲突、对立、适应和融合的漫长历史发展过程中，逐渐形成了具有鲜明民族特色的中国南传上座部佛教体系，有着不同于汉传佛教、藏传佛教乃至东南亚南传上座部佛教的"地方性"特征。20 世纪 50 年代以来，随着政治体制的改变，经济体制的转型，中国南传佛教在佛教信仰区域的空间分布、传播途径、信仰意识的传承、佛教的政治作用、佛教寺院经济以及僧团建设、寺院教育等方面开始出现了不同于过去的一些变化，形成了新的特点，出现了新的现象。对之进行研究，无疑有助于我们准确把握中国南传佛教在当代社会发展的规律和趋势。

在全球化思潮的影响下，当代中国南传佛教的发展呈现多元化特征，它一方面积极调整自己体系的社会适应性，突破自身理论体系的限制，积极参与社会慈善事业活动，创办面向社会大众的禅修中心，积极拓展适应社会发展的寺院经济模式，加强与国内外各界的交流和沟通，在全球化的思潮中实行自我价值，不断完善自己体系，表现出极大的包容性和开放性特征；另一方面，它又强调回归传统，加固内部体系的稳定，突出自己的独特性，加强各级佛学院的建设，培养僧才，同时又注重内观禅修系统的完善，强化僧团布萨羯磨制度，强调建设属于僧团内部的禅修中心。因此，我们可以说，中国南传佛教在全球化的思潮中，既保守，又开放，以极强的兼容性来积极面向世界、面向社会、面向现实、面向人生，由此而出现了世俗化、本色化、多元化的发展趋势。

为此，本书的下编专门聚焦南传佛教，以南传佛教与社会管理体系、南传佛教的寺院经济管理模式、南传佛教的生态文明、南传佛教的佛塔艺术、南传佛教与发展战略等为主要研究对象，对南传佛教与民族社会、南传佛教与民族文化的互动关系进行研究，对社会视域和文化视域下的南传佛教进行审视，提出应该前瞻性地转变观念，重视南传佛教的研究，重视南传佛教的地缘文化一体化效应，以此为文化交流平台，以民族文化与佛教的跨界和融合状态来实践世界文明的互鉴互信、互利互通。

　　是为序。

上编

佛教　文学　民族文化

第 一 章

佛教与云南龙文化

第一节　佛教与白族龙文化

在高度发达的白族文化体系中，白族龙文化作为一特殊的文化现象始终贯穿白族文化发展的整个过程，它以当事人和见证人的双重身份接受和目睹着白族文化的形成和完善。在它身上体现着白族文化多元性、开放性、兼容性和地域性、民族性的文化特征。对之进行研究，有利于我们深刻地认识和了解白族文化的形成和完善过程及其独特的文化特征。

就白族龙文化现象而言，其组成因素中既有反映白族先民原始宗教意识的原生态型龙文化，又有源于本民族土壤却受外来文化影响的次生态型龙文化，而且还有本来产生于异质文化体系却为白族文化融摄、改造的复合型龙文化。在白族龙文化的形成过程中，汉族的龙文化、印度、藏传、大乘显密二宗的龙文化等外来文化对其完善起到了至关紧要的作用。就其形成过程而言，远古时期的诸夏部族龙文化及三国时期汉民族龙文化对白族龙文化的影响结果基本上导致了白族龙文化的原生型诞生，而初唐后，印度密教、汉传显密二宗及藏传佛教对其的影响，便是形成了次生态型和复合型龙文化，其中尤以佛教对白族龙文化的影响至为关键且巨大。笔者拟以佛教对白族龙文化的影响为切入点，以期探讨佛教对白族文化体系之构成所产生的重大作用。

白族龙文化源远流长，早在远古时期，白族先民——氐羌族群就已存在拜龙习俗，加之受到诸夏族群的龙文化的影响，逐渐形成较强的拜龙意识和崇龙思想。白族中存在的文身习俗即为拜龙思想的历史见证。据调查，直至近代，大理白族中的段、王、张、杨、李、赵、何等姓氏均有文身习俗。剑川、兰坪、云龙的白族无论男女都喜穿羊皮衣，羊尾巴保留得完好无损。① 白族文身历史悠久，史籍多有记载，《南诏野史》中，《南诏历代条》云"哀牢山下，有妇名奴波息，生十女，九隆弟兄娶之，立为十姓，董、洪、段、施、何、王、张、杨、李、赵，皆刻画其身，象龙文，于衣后著尾。"② 此十姓皆为洱海区域白蛮大姓。另据杨正权先生分析，《后汉书·西南夷列传》中所记"种人皆刻画其身，象龙文"的"种人"不惟指哀牢夷，亦指僰人。③ 此僰人即为白族先民的来源之一。自称九隆之后，并文身以避龙虫之害或求龙蛇庇护，可从广泛流行于云南的《九隆神话》故事内逐窥见一斑。《九隆神话》实质上是感生（贞洁受孕）型民族起源神话与民族始祖神话的融合，并已熏染上了王权色彩，积淀着人类由母系氏族社会向父系氏族社会转变的历史过程。④ 我国《后汉书·西南夷列传》、东晋常璩撰《华阳国志·南中志》中均详细记载九隆神话故事，另外，该书还记录了三国时诸葛亮南征南中，为夷制图谱事："（诸葛亮）先画天地日月、君长、城府；次画神龙生夷，及牛马羊；后画部主吏乘马、幡盖巡安邮；又画牵羊、负酒、赍金宝诣之之象。以赐夷，夷甚重之。"诸葛亮所作图谱着重强调了龙与夷之始祖关系，这既是对《九隆神话》故事历史积淀层和族源起源的肯定，又反映出汉文化中龙作为灵物崇拜阶段的神龙意识向少数民族龙文化开始有意识地渗透。仔细分析《九隆神话》内容，可看出九隆神话产生的最初阶段，乃是原始的感生神话，是沙壹"尝捕鱼水中，触沉木若有感"，但它不同于一般的"履姆"或"吞卵"之类的故事，它反映了神话产生的社会背景，即以采集经济为物质基础的母系氏族社会，更重要的是它着重强调了水与始祖之密切关系。而事实上，正是由于水的联结作用，感生型民族起源故事才得以与龙神话相融。可以说，从《九隆神话》开始，逐渐演变、产生的各种龙文化中，其最原初、最深层的历史积淀层内涵正是崇水意识。正是由于崇水意识的深层积淀，白族龙文化才得以生存、发展。

如果说流行于大理地区的《九隆神话》尚属于未受到佛教影响的早

① 田怀清：《白族文身趣谈》，《民族文化》（云南）1986 年第 5 期第 54 页。
② 杨正权：《龙与西南古代氐羌系统民族》，《思想战线》1995 年第 5 期。
③ 同上。
④ 张福三主编：《云南地方文学史·古代卷》，云南人民出版社，1997 年版。另外，赵橹《九隆神话探源》，见《云南少数民族论集》第一卷，中国民间文艺出版社 1982 年版，黄惠焜、傅光宇等先生的论著中均涉及此。

期龙文化现象的话，那同属于这一时期的流行于鹤庆地区的龙与人类始祖的创世神话则更直接地强调了龙的始祖性特点及水的至高无上性意识。在鹤庆地区流行的《劳谷与劳泰》①就是这样一则关于龙的神话故事：

> 远古时期，世上没有人类和万物。天地连在一起，中间夹着一个无边无际的大海，滚烫的海水把天冲开一个大洞。天洞里冒出一大一小两个太阳……两个太阳在天上越撞越猛，小太阳被撞落到大海，大海掀起巨浪，把天穹高高顶起，将地往下冲凹，于是天地就此分开小太阳落进大海后，把海水煮沸了，惊醒了深睡的大金龙。大金龙一口就把火红的太阳吞进了肚里，太阳在金龙的腹中猛烧，龙受不了，一甩头，撞到螺峰山上，使在喉咙中的太阳变成了一个大肉团，从龙腮中迸出炸开。炸开的肉团，又裂变成无数肉片、肉丝、肉粉到处乱飞，飞到天上的变成了云朵；悬在空中的变成了鸟雀；落在山岭上的变成了树木花草；落在山菁的变成了走兽飞禽……那撞不碎的肉核核，落地后变成了一个女人和一个男人。那第一个出现的女人叫"劳泰"第一个出现的男人叫"劳谷"。②从此世上有了人类和万物。劳泰和劳谷结成了夫妻……

在这则传说中，大金龙可以作为创世主存在，其地位远远高于人类创世祖劳泰和劳谷夫妻。但值得注意的是，大金龙与水、大金龙与人类的关系显然已作为集体无意识原型沉淀于早期白族龙文化现象中。

强调龙与水的关系贯穿着白族龙文化发展的整个过程。究其原因，盖龙神之形成与水的关系密不可分。早在渔猎时代，人们天天与水打交道，逐渐意识到水在日常生活中的重要性。基于对自然界的原始整合意识，人们产生了崇水意识，并进而将之具象化为生活于水中的各种动物。后来随着氏族部落集团的不断兼并，龙神作为混合了各氏族部落图腾的最高神出现，进一步起到了凝聚作用，保证各部落风调雨顺、生活安泰，它的一个最基本的职能便是司水，主降雨。水作为最基本而又最重要的因素成为龙神崇拜的最深层次而又最为核心的历史积淀层，并伴随着龙神经历了原始

---

① 《白族神话传说集成》，中国民间文艺出版社1986年版。
② 劳泰，白语，意为始祖母；劳谷，白语，意为始祖父。

宗教的各个形态以及人为宗教的各个发展阶段，始终不曾动摇和变异。这也是它后来能为各不同部落、各不同族群、各不同历史时段接受的一个最重要的原因。就白族龙文化的形成和发展而言，龙神的司水意识正是白族龙文化的核心，也是其接受诸夏龙文化、汉族龙文化、印度佛教、藏传佛教、汉传佛教影响的重要契机和出发点。

早在初唐时期佛教传入大理之前，洱海区域分布着众多部族，其中尤以被称为"白蛮"和"乌蛮"的两大部落群体为主。这两大部落群体是由创造了洱海区域新石器文化与青铜文化的土著族群"昆明之属"分化出来的。它们在唐开元二十六年（公元 738 年）南诏国建立，基本统治洱海区域时，构成了南诏的主体居民，亦即大理白族的主要族源。"乌蛮"和"白蛮"作为出自"昆明之属"的同一部落群体的两大族群，它们都继承了"昆明之属"的原始宗教信仰。查诸史籍，昆明人从汉代开始就信仰巫教，巫师成为其与神沟通的神圣媒介。据《华阳国志·南中志》记载其俗徼徼鬼，好诅盟，投石结草营常以盟诅"《通典》亦载昆明人俗好巫鬼、禁忌。'昆明之属'大部落有大鬼主，小部落有小鬼主"这句话就是对"昆明之属"族群全民信巫教的综合概括。初唐时期，洱海区域广泛流行巫教信仰。在巫教信仰过程中，白族先民的拜龙意识并未减弱，仍以各种方式得到了发展。及至初唐开始，佛教经由不同路线、途径和方式开始传播于洱海区域。但佛教的传入并不是一帆风顺的，佛教受到了来自原始巫教的强大势力的顽强抵制，直到南诏中期的劝丰祐时代（公元 824—859 年），佛教才经过演变和发展，逐渐成为南诏主体居民白蛮与王室的共同信仰。在佛教艰难的传播发展过程中，大量的佛典文学故事也随之传入。其中同时存在于印度佛教密宗、汉传佛教、藏传佛教体系中的龙王龙女故事亦随之传布于白族地区。其中龙司水、主降雨、有神通、善变化，甚至能变形为人，或常具人格化，思维及行动，有眷属家族，有精美别致的龙宫，拥有奇珍异宝，有严格的等级制度等观念，都直接由印度密教或间接由汉传佛教、藏传佛教传入。① 尽管佛教在白族地区的传布是一个艰难曲折的过程，很多地区巫教势力根深蒂固，甚至有些地

---

① 印度的 Nāga，梵语意为"蛇"，汉译佛典中被转译为"龙"。印度密教中的 Nāga 崇拜传播到大理后，亦被转译为"龙"。详参郑筱筠《印度佛教对中国龙王龙女故事的影响》，博士论文，复旦大学，1997 年。

区还存在巫佛两教并存的情况，但是佛典故事中文学性和趣味性较强的龙王龙女故事却迅速为广大白族人民接受，并开始影响和改造着白族固有的龙文化系统，甚至有些巫教系统的龙文化现象也在局部接受了佛教龙文化体系的影响。

值得注意的是，当本主崇拜作为佛教与原始巫教共同斗争的最终产物而出现时，它也在白族先民原始水神崇拜的核心意识层面及王权与神权象征的文化层面上接受和继承了历史传承下来的龙文化，并以其兼容性和开放性的接受屏幕和期待视野接受、容纳和改造了佛教龙文化。由此，白族固有的龙文化受到佛教龙文化的冲击后，分裂为两个独立存在却又相互关联的龙文化群：未成为本主崇拜组成部分的龙崇拜文化群和成为本主崇拜重要组成部分的龙王崇拜文化群，亦即龙神崇拜群和龙本主崇拜群。这两大龙崇拜群同时作为白族龙文化的组成部分存在于白族地区，相互影响、相互关联却又独立保持着自己的文化个性，并且未能最终融合在一起。兹具体论述如下：

一

作为非本主崇拜成员的龙神崇拜在其演变的历史过程中继续发展本民族固有的龙文化，同时也积极融摄、兼容着佛教龙文化的熏染。由于白族固有的龙文化（包括原生态型的龙文化和属于巫教内容的龙崇拜）根深蒂固、源远流长，佛教龙文化难以成为主导，但却开始为白族固有龙文化容纳。这一龙神崇拜的悖论性特征表现为它的内容较为驳杂，有对固有的龙文化的改造，也有反映佛教（尤其是印度密教）与巫教的斗争，有的则直接表现为吸收佛教龙文化意识后，以本土龙文化为原型进行创作的；在情节设置上则表现为挪用佛典龙王龙女故事的部分情节或直接设置佛教龙文化物象于白族龙文化中。

首先，要强调的是白族龙文化始终是以原始的水神观念为核心意识发展嬗变的。如：围绕着治水这一题材，演变出斗龙型故事，如《小黄龙和大黑龙》故事中小黄龙与大黑龙之斗争，反映了白族先民企图依赖与人为善的水神——小黄龙制服与人为难的水神（大黑龙）的社会意识。及至佛教文化输入，佛典中生动有趣的龙王龙女故事广泛渗入到斗龙型故事中并演变为两类：一类故事是以佛教人物或崇佛人物为主角，以其制服龙（或水患）的行为来组织故事情节的。如《师摩矣锁龙》、《杨都师驯黑龙》、《罗奎寺僧降龙》、《矣伽陀开辟鹤庆》等。其中《师摩矣锁龙》事记载于《南诏野史》："（师摩矣）尝随祐至罗浮山白城，建一寺，南壁画一龙，是夜龙动，几损寺。妃乃画一柱锁之，始定。"① 师摩矣是南诏王劝丰祐的宠妃，笃信佛教。这一史事记载寥寥数语已折射出佛教与巫教之间的斗争，龙则成为巫佛斗争的具象化对象，因为巫教沿袭了白族固有的龙文化，同时龙也存在于佛教体系中，不同的是，巫教中的龙代表了巫教势力，而佛教中的龙却是皈依佛法的天龙八部之一的护法神。斗争的最终结果是以师摩矣为代表的佛教一方最后取胜。

另外，《杨都师驯黑龙》也是一例著名的斗龙故事。万历《云南通志》云："杨都师洱河东罗奎寺……山下有黑龙常作浪覆舟，师以白犬吠之，龙怒而出；师视龙犹蜒蚰，若教诲之，有顷，龙驯俯而去。先是河浪高九叠，师以念珠挥之，去其三叠，河乃翕顺可渡。"嘉靖《大理府志·山川》又有一则《罗圣寺神僧制龙》记载，当为此同一传说之变异："龙既为大士所除，其种类尚潜于东山海窟，恶风白浪，时覆舟航。有神僧就东崖创罗荃寺，厌之，诵经其中。一夜，忽闻有大震动声。僧鸣之，见百十童子造曰：'师在此，坏外宅屋，吾属不安，请师别迁。'僧厉声曰：'是法住法位，有何不可。'遂失童子所在。明日，寺下漂死蟒百余，自是安流以济。僧随迁化。"在这则斗龙记载中，龙既是自然界中与人为患的水神龙，又是巫教顽强势力的化身，师制龙的结果都是以师（或僧）为代表的佛教最终战胜了水患或以恶龙为代表的巫教势力。

在这几则故事中，佛教的影响较显著，而属于斗龙型故事的另一类故事，直接以自然界生物为描述对象，如《金鸡与黑龙》故事中，佛教文化的影响则显得较隐晦了。这个神话主要流传于沘江流域的兰坪县和剑川县。据清雍正《云龙州志》载："顺荡山顶有白石，形如鸡，俗传有石龙飞，闻鸡鸣，遂坠入岩内。今岩下有石龙，露其半，鳞甲爪皆俱。"在云龙白族中，还流传着以此传说创作的民间诗歌《金鸡传》。兰坪县和云龙县之间有一座山，叫金鸡山，山上建有金鸡寺，寺内建有金鸡神像。鸡是白族支系那马人和勒墨人的氏族图腾。云龙县的白族有很多属于那马和勒墨支系，这一神话传说的原生态故事的核心意识应为反映金鸡氏族部落和崇龙氏族部落之间的斗争。现仍流行于兰坪县白族支系那马人之中的

---

①　胡蔚本：《南诏野史》。

《金鸡与小龙的故事》① 应属此原生态故事。

佛教传入后，此故事以金鸡、龙形象为原型，对之加以改造，甚至将之纳入到佛教系统，使之分别与佛教天龙八部之一的护法神——金翅鸟形象与龙形象重合，这样便使原来形成于大理本土文化中的金鸡黑龙故事，竟按佛教观念演变为印度佛教中金翅鸟与龙之间的战斗故事。如：

> 金鸡和黑龙之间的恶战开始了。黑龙作起恶来：天空乌云滚滚，伸手不见五指。雷声把耳朵震聋。但见飞沙走石，大雨瓢浇，山洪暴发……金鸡轻轻地一扇动两下翅膀，微微伸长了脖子，放开喉咙，"喔！喔！"叫了两声就雨散云消，红日高照……黑龙用尽全身力气，使出平生法术。一时间，乌云满天，天昏地暗，处处黑风恶雨，平地起水，树倒山崩，电闪雷鸣，真是龙借风威，风助雨势，两座山眼看就要倾倒下来。只见黑龙就地一滚，跳在两座山中间，摇头摆尾，一个转身，就起一个大漩涡，现出一个回水潭。黑龙洋洋得意，前爪抓住金鸡，后脚蹬住老母山，弓起身子，缩着脖子，想冲上金鸡山顶上来抓金鸡，恨不得把它一口吞下。这时，金鸡现出法身，脚踏山尖，张开翅膀，"拍！拍！拍！"扇了几下，风停了，雨住了。金鸡昂起脖子，朝着东面连叫三声："喔！喔！喔！"天边金光一闪，满天金光耀眼，云散了，浪平了。金鸡两脚腾空，飞起一脚往老母山一蹬，就把快合拢的两座山分开了，堵起的江水"哗"地一声流走了。黑龙顺着乱石烂泥"刷"地一滑，跌落了几十丈远，跌得黑龙鳞甲遍地，神志不清，两眼失神……②

这段斗法故事与佛典文学有较深因缘。它固与《贤愚经》卷十所述须达起精舍过程中舍利佛与军度差斗法情节有相似之处，但佛典中见于《佛本行经》、《贤愚经》、《生经》、《法苑珠林》、《根本说一切有部毗奈耶药事》、《佛说海龙王经》、《佛说长阿含经》等等典籍关于佛世尊降服恶龙的故事以及龙与金翅鸟争斗的故事有直接的渊源关系。尤其是在印度神话传说中，龙与金翅鸟为天敌，并由此敷演出较多动人故事。后来被佛

---

① 见《白族神话传说集成》，中国民间文艺出版社 1986 年版，第 106 页。
② 见《白族神话传说集成》，中国民间文艺出版社 1986 年版，第 93 页。

教徒加以吸收、改造后成为佛典文学中较生动有趣的精彩物语，龙与金翅鸟也相应成为佛教护法神。① 据《佛说长阿含经》卷四《分世记经·龙鸟品》所记的一段文字可对龙与金翅鸟的斗争略窥一斑：

> 若卵生金翅鸟欲搏食龙时，从究罗睒摩罗树东枝飞下，以翅搏大海水，海水两披二百由旬。取卵生龙食之，随意自在。而不能取胎生湿生化生诸龙。若胎生全翅鸟欲搏食卵生龙时，从树东枝飞下，以翅搏大海水，海水两披二百由旬，取卵生龙食之，随意自在。若胎生金翅鸟欲搏食胎生龙时，从树南枝飞下，以翅搏大海水，海水两披四百由旬，取胎生龙食之，随意自在。而不能取温生化生诸龙食也。湿生金翅鸟欲食卵生龙时，从树东枝飞下，以翅搏大海水，海水两披二百由旬，取卵生龙食之，随意自在……若湿生金翅鸟欲食湿生龙时，从树枝飞下，以翅搏大海水，海水两披八百由旬，取湿生龙食之，随意自在，而不能取化生龙食之……若化生金翅鸟欲食化生龙时，从树北枝飞下，以翅搏大海水……②

在这段优美的佛典物语中，龙始终是处于劣势，为金翅鸟固定取食的对象，尽管在后来的佛典记载中，金翅鸟与龙因皈依佛法，成为佛教护法神，它们之间的关系稍有所改善，但金翅鸟能战胜龙这一观念却根深蒂固地被沿袭下来，并随佛教的传播而四处流布，迄今为止，许多佛塔建筑上仍铸有金翅鸟的形象以厌龙。云南大理白族地区尤为明显，不仅在民间传说中多有金鸡（亦即金翅鸟）与龙争斗的故事，而且在日常生活习俗建筑雕塑中也多有反映。

佛教对白族龙神崇拜的影响不仅仅表现在对斗龙型故事的影响，它也表现在故事情节、故事主人公形象的设置方面。这一类较著名的莫过于《玉白菜》和《牧童和龙女》两类故事。

《玉白菜》的传说"在大理、洱源一带流传较广，异说、异文也较

---

① 有的学者认为《金鸡与黑龙的故事》源于佛典文学《牢度差斗圣》故事。笔者以为《牢度差斗圣》故事有可能会对之影响，但佛典文学中龙王龙女故事与之有更深因缘。

② 《佛藏要集选刊》，上海古籍出版社 1996 年版，另：在印度古老的神话传说中，龙与金翅鸟分别有卵生、温生、胎生、化生四类。这是印度古代人民唯灵论观点的反映。

多。新中国成立以来曾经李中迪、杨玉春、王寿春、杨宪典等人搜集记录过。其中杨玉春和王寿春搜集记录的《九龙守护玉白菜》主要人物和情节都与此文略有出入。其他异文全都大体相同"①。《玉白菜》的故事异文较多，但却都不约而同地表现出一个共同点：吸收和接受了佛教龙文化中龙王、龙宫观念和龙宫藏有珍宝的观念。

《牧童和龙女》类故事流行于剑川、鹤庆，另有流行于鹤庆地区的《牧笛吹动龙女心》故事异文，后者较前者的故事记载更为完善和动人。但它们的共同之处在于：不但融摄了佛教龙文化中的龙王、龙宫观念，而且塑造了美丽善良而又纯情可爱的龙女形象，并围绕着龙女与人间小伙的缠绵曲折的爱情故事为核心来敷演、设置故事内容。

《笛声吹动龙女心》故事是这样的：龙王的独生女小玉因喜爱人间传来的笛声而不顾龙宫禁令，在鲤鱼婆婆的陪伴下找到了吹笛子的人间牧羊小伙阿虹，心生爱慕，后来便常离开龙宫来人间听阿虹吹笛子。这事为龙王所知，龙王大怒，后经龙女的伯父大黑龙劝说，终于使有情人终成眷属。② 这一故事受佛教影响较显著。龙王、龙女、龙宫的设置固受印度佛教龙文化观念的熏染，而其故事情节的营造受汉唐传奇《柳毅传书》的影响较显著。洞庭龙女因牧羊而与书生柳毅相遇，并演绎出一则哀怨动人的爱情故事。事实上，汉文化的这则《柳毅传书》故事正是印度佛教龙文化影响的集大成者。它一经形成便迅速流布开来，势必也会随着汉文化对白族文化的影响而进入到白族地区，并为白族人民所喜爱。据《南诏野史》记载，大理地区羊龙井正是洞庭龙女牧羊时，羊喜食盐而形成的。而在《柳毅传书》影响下形成的《笛声吹动龙女心》不过是白族人民以其特有的接受屏幕和期待视野，将汉文化的《柳毅传书》置于自己的文化背景下，使之本地化、民族化的结果。

二

如果说龙神崇拜对佛教龙文化的接受还处于初步、保守阶段的话，那么白族本主崇拜中的龙王崇拜则是以开放性的博大胸怀容纳、接受了佛教龙文化。这主要表现为两个方面：一方面，白族固有的龙文化继续吸取佛

---

① 参《白族神话传说集成》第 79 页，姜祥先生写的附记。
② 参《白族神话传说集成》第 125 页，姜祥先生写的附记。

教龙文化输送的营养成分，改造和完善白族龙文化，并进而形成白族的龙本主崇拜；另一方面，白族文化以全开放的心态将印度密教中的八大龙王及大黑天神、观音、诃利帝母等佛典人物完全纳入本民族体系，使之成为本民族的本主而加以顶礼膜拜。

　　白族本主崇拜是白族特有的民族宗教，它的形成与发展，与佛教的传入及其本土化的过程关系甚密。据史籍记载，白族最早出现的本主神是密宗的护法——大黑天神，而最早出现的本主庙是供奉大黑天神的大灵庙，[①] 这足以说明本主神像、神庙的出现，与佛教，尤其与印度密宗有直接关系。由于白族本主崇拜是一种具有农耕文化特征的、以村社和水系为纽带的民族宗教，故具有较强的功利性色彩，本主崇拜的核心就是祈雨水、求生殖、祷丰收。本主作为村社的保护神，它与农耕生产密切相关，尤其与白族的稻作文化关系紧密，龙神作为本主被崇拜，其首要功能就是司水、主管降雨，这与白族固有龙文化的核心意识是一脉相承的。而这一点也正是它融摄、改造外来的佛教龙文化的前提。例如：段赤诚为民除害而葬身蟒腹的故事在大理家喻户晓，在史籍《南诏野史》、《白古通记》中都有记载。这一故事应是现实社会中白族人民征服自然灾害的真实反映，段赤诚却因此而被奉为龙王，并且尊为本主，在大理很多地区都有他的本主庙。段赤诚以一位民间英雄的身份被奉为龙本主的重要原因正是由于白族龙文化中原始的水神观念的作用。当佛教龙文化传入后，段赤诚除蟒故事在原有基础上，又作了一些补充，它吸取了佛教龙文化中龙王与眷属的家庭观念，合情合理地为段赤诚这位再河龙王增加了一位妻子，建立了龙宫，使段赤诚龙王崇拜更富于温馨的家庭观，充满了人情味。如：在"洱源海潮河村'四生慈父大黑天神'庙中现存木雕像 10 尊，每尊高约米余。按神台的从右到左的顺序来看，第一堂祀神是'龙王'段赤诚，着古代官服，戴南诏、大理国似的头囊，蓄八字胡，脚踩一条昂首的盘蛇，其右侧为披蛇鳞衣的妻子……"[②]

　　为龙本主配以妻子儿女，组建家庭，构筑充满温馨和亲情的龙宫，是白族龙本主崇拜受佛教龙文化影响的最突出的表现。

　　佛经故事中的龙王婚配观念是古印度人类社会婚姻观念的反映。正如

---

① 李东红：《白族佛教密宗阿叱力教派研究》，云南民族出版社 2000 年版，第 182 页。

② 参杨政业：《白族本主文化》，云南人民出版社 1994 年版，第 19 页。

人类社会一夫多妻制一样，佛典中的龙王可以拥有无数美妾妻子，例如《佛说海龙王经·授记品第九》记载：

> 于是海龙王白佛言，我从初劫止住大海，从拘楼秦如来兴于世来……诸龙妻子眷属甚少，今海龙众妻子眷属繁裔甚多，设欲计较不可穷尽……①

从海龙王禀告佛世尊的这段话中可以看出，佛典所叙述的龙王家族是庞大的，"众妻子眷属繁裔甚多"大有人间皇族贵胄热热闹闹、兴旺发达的气象。不过，值得注意的是，佛典中龙王拥有无数眷属妻子的观念传到大理白族地区后，它对白族龙本主家族的形成、家庭的建立起到了启悟作用，但这庞大的妻妾观念却并未被白族人民接受。白族龙本主的家庭仍属于一夫一妻制，儿女的数量也较符合现实生活的实际情况，丝毫没有运用夸张手法。事实上，受到佛教眷属观念启发后产生的白族龙本主家庭观念已含有人间社会血缘关系的成分。例如：洱源地区境内多湖泊、河流，其中被封为邓川至江尾一带的本主神都是具有血亲性质的一个大家庭成员。它以浪穹龙王段老三为家庭的长者，其长子王懿白子景帝被永华乡各村尊为本主，二子麷子景帝是乔后玉清河本主，三子白子爱民景帝为芘碧大庄水系本主，四子黄龙景帝是大小果水系本主，五子罗浮景帝乃是茨莱哨平水系本主，六子护国佑民皇帝是横水河系本主，七子清子景帝为力头等村本主，八子护国佑民景帝是海口等村本主，九子九神神王是汉登等村本主，长女龙姑奶奶是祥云云南驿龙王，二女白王姑老太是力头村一带龙女，三女龙姑老太是漏邑等村龙王娘娘。② 浪穹龙王段老三这一庞大的九子三女家庭显然是根据现实生活中各水系之关系建立起来的。原来各自分散的支流与主干的各水系之关系在这一本主本主家庭中被具象化了，却更显出人情特征。现在广泛流传于大理地区的《河头龙王的家系》就是对这一庞大的龙本主家庭的文学性描述。

另外，《洱海祠》、《本主的女儿》、《三娘娘》等本主故事显然都属于这类吸取了佛典龙文化的观念或故事情节加以改造形成的。

---

① 《大正大藏经》第 15 册。
② 杨政业：《白族本主文化》，云南人民出版社 1994 年版，第 15 页。

白族龙本主崇拜的另一特点是：将印度佛教神系中的龙王纳入到本民族宗教中。

在印度佛教体系中，龙王及其诸多眷属数不胜数，不可计量。但在这无数的龙王及其眷属中，有八大龙王：难陀龙王、跋那陀龙王、和修吉龙王、婆遏罗龙王、德叉伽龙王、阿那婆达多龙王、摩那斯龙王、优婆罗龙王。这八大龙王神通广大，在龙部中最为著名。它们的形象在著名的南诏画卷《张胜温画卷》中均有所表现。

然而在龙本主崇拜中被列为本主的主要是跋难陀龙王和和修吉龙王。和修吉龙王，梵名 Vāsuki，意译为宝有龙王、宝称龙王、多头龙王，又称婆修竖龙王、筏苏积龙王，白族地区称之为婆娑吉龙王，当为和修吉音异译。在印度传说中，能绕妙高山，并以小龙为食。它也被白族人民奉为本主。

然而最有名的印度龙王本主化的应是跋难陀龙王。白族人民将之称为白难陀龙王。跋难陀龙王，梵名 Vpānnda，又作婆难陀龙王、优波难陀龙王，意译为重喜龙王、延喜龙王、大喜龙王、贤喜龙王。它与难陀龙王是兄弟，亦因善调御风雨，善能顺应人心，深得百姓喜爱，固有大喜等名称。据《增一阿含经》卷二十八所载，昔时佛陀至三十三天为母说法时，难陀、跋难陀龙王见彼诸沙门飞行于天上，遂兴起嗔心，欲大放火风阻止，后为目犍连所收伏，乃随众至佛所，听佛说法，并皈依佛门，成为佛教护法神。另据《过去现在因果经》卷一载，佛陀诞生时，难陀和跋难陀龙王二兄弟于虚空吐清净水，一温一凉，以灌太子之身。在密教中，跋难陀龙王位于胎藏界外金刚部院中之南、西、北三门之左边。[①] 在白族本主崇王中的白难陀龙王深受白族人民的尊敬和喜爱，在《张胜温画卷》第十二图有其佛像：人形，膝下垫蛇，头上有数个蛇头向前伸出，其左右有护卫神六尊拱卫，其座下有鸡头人身、狗头人身各一供养。今大理下关北郊宝林寺本主庙祀段赤诚和白难陀龙王为本主，是苍山上一处比较重要的本主神。[②] 另外，剑川县金华镇北门、甸南回龙等村亦祀白那陀龙王为本主。白难陀龙王作为异质文明的产物能为白族人民原封不动地加以吸

---

① 参弘学著：《佛教图像说》，巴蜀书社 1999 年版，第 474 页。另见《过去现在因果经》、《佛所行赞》、《佛说长阿含经》、《增一阿含经》、《法苑珠林》等佛典多有论及。

② 参杨政业：《白族本主文化》，云南人民出版社 1994 年版，第 138 页。

收，并作为重要的本主神加以供奉，已属不易，而更让人吃惊的是，它竟能与历史源远流长的段赤诚龙王平分秋色，共同分事同一庙祀香火。究其原因，盖与其在印度传说中善调御风雨、能顺应民心，因有大喜等名称这一因缘有关。成为白族龙本主后，它亦能以其善调御风雨的形象满足白族人民对本主神祇的功利性崇拜目的，同时又与白族固有龙文化要求体现的最原始的历史核心意识——水神观念相契合，故而它为白族人民喜爱也属必然。

综上所述，佛教对白族龙文化体系的建构和发展起到了相当重要的推进作用。同时，通过分析，我们可发现佛教对白族龙文化的影响有两条规律：其一，佛教首先融合于白族传统巫教后，再渗入和影响白族龙文化；其二，佛教对白族龙文化的影响始终是围绕司水职能为核心层面来进行的。

第二节　佛教与傣族龙文化

著名的傣族古代理论著作《论傣族诗歌》中有这样一句话："几乎每一部叙事长诗里都少不了仙和尚、龙王、怪鸟、妖魔……"[1] 它较为全面地概括出龙在傣族叙事长诗中的重要角色作用。事实上，龙王的形象不仅频繁地出现于傣族叙事长诗中，而且也经常在傣族人民日常生活习俗中表现出来，如历史久远的文身、龙舟竞渡等。可以说在傣族地区，龙文化已成为傣族文化体系中不可缺少的一个组成部分。如果对傣族龙文化作进一步研究的话，不难发现：傣族龙文化是伴随着傣族文化体系的建构、发展而不断完善起来，它是由不同历史文化层累积形成的，而且傣族龙文化不同历史层面所积淀的文化信息都集中地反映了傣族文化在该历史时段的文化特征。我们甚至可以说傣族龙文化是傣族文化的浓缩，傣族龙文化在各个历史层面的内涵代表了傣族文化在各历史时期的文化特征。

总的来说，傣族龙文化是层累的历史文化聚合体。在该文化体系中，既有族群文化因素，又有族别文化成分，同时还有村寨文化的内涵，此外，它还包含有外来文化，如中原文化、南诏文化以及佛教文化等影响。正是因为这些文化特色在不同历史层面中对傣族龙文化进行了雕琢和加

---

[1]　枯巴勐：《论傣族诗歌》，中国民间文艺出版社 1981 年版，第 65 页。

工，故而它才得以形成如此独具特色的文化体系。

一

就傣族龙文化的历史文化层累积情况而言，族群文化是傣族龙文化的基石，它奠定了傣族历史悠久的崇龙习俗，是傣族龙文化体系中的最核心部分。这一族群文化主要由两部分组成：百越文化及其支系文化。它们作为傣族最基本的族群文化在傣族龙文化体系中沉淀下来，并起到了重要的民族凝聚力作用。

关于傣族族源问题，江应樑、李埏、王懿之、岑仲勉、李昆声、梁钊韬、罗美珍、黄惠焜等先生均进行了深入的研究，学者们一致指出：百越族系是傣族的先民族属。如江应樑先生在《傣族史》一书中指出"云南新石器时代的考古资料说明，在原始社会，云南的大部地区（除滇西北外），均有越人活动。可以断言，云南是百越支系的主要分布地之一"。[①]就考古资料而言，大量文化遗址的挖掘发现都有力地证明了百越族系与傣族先民之间的密切联系。例如：自 1949 年以来，在西双版纳的景洪曼蚌囡、曼运、罗迈、曼景兰、曼听、勐腊大树脚、卡比寨以及孟连老鹰山等地挖掘出大量新石器时代的文化遗址。从文化内涵看，它们与东南亚沿海挖掘出的古越人文化遗址有明显的相似之处，因而被认为是百越系统的文化遗存。估计它是由上古时代南迁的傣族先民创造的。[②] 滇南地区除了上述地区发现越人新石器文化外，在思茅地区（今普洱市）的镇沅县还发现了多件新石器时代石斧。在文物调查中，1984 年 7 月在该县田坝区岔河乡首次发现一件有肩石斧。11 月底，在振泰区秀山一带，澜沧江中上游东崖处，又发现 12 件石斧，其中 11 件是有肩石斧，1 件是梯形石斧。石质皆为青石，磨制。这说明思茅、西双版纳地区自古就是越人的分布区之一。此外，在滇中、滇东南、滇西地区都发现了发掘出来的实物证明，傣族的先民自古以来就是云南最古老的土著民族之一，尽管由于历史的原因，迁徙流动较为频繁，但除了滇中、滇东北地区外，其分布与今天的地带大体相当。[③] 居住于滇中的"滇人"和滇西的"滇越"（缅甸境内称为

① 江应樑：《傣族史》，四川民族出版社 1983 年版。
② 王懿之：《傣族族源考》，《贝叶文化论》，云南人民出版社 1990 年版，第 123 页。
③ 王懿之：《民族历史文化论》，云南美术出版社 2000 年版，第 25 页。

掸）是今天傣族的先民。其分布十分广泛，除滇西北一隅外，全省均有分布，正如史书记载的"南中，昔盖夷、越之地"。"据语言、考古资料证明，云南傣民的先民来源主要有二：一是原居于滇中的'滇人'和居于滇西的'滇越'（掸），这是主要的，其中'滇人'当是今傣泐支系的主要来源；二是原居两广地区的越人，即史称为'南越'和'西瓯'之人，他们自秦逾五岭征百越的战争后，直至汉武帝灭南越设郡以来，大批越人沿珠江水系溯流西进，直进入滇中，与当地越人结合，后又有逐步往西迁和南下的，与'滇越'一道，成为今傣那支系的主要来源之一。"①故而从原始族群渊源而言傣族的先民是古代越人。

就民族文化特征而言，百越族系在夏商以后已形成一统一的部落群，分布于我国东南沿海至西南诸省，后因种种原因渐向西南迁徙，直达中南半岛。正如江应樑教授指出的"今天分布在云南境内的傣族，与主要分布在广西的壮族，主要分布在贵州的布依、侗、水、仡佬等族，远居在海南岛的黎族，以至国外的掸族、泰族、老族等，同属于一个族系。它们的族属渊源来自古代的越人"。② 这些民族同属百越族系，都具有相同的民族文化特征：有共同的民族语言，有相同的生产生活方式，居住于河谷平坝，尤喜临水而居，从事农业，种植水稻，习于水斗，善于用舟，普遍使用石锛及有肩石斧，大量用几何印纹陶器等等；他们有相同的民族习俗，即文身断发、拔牙漆牙、铜鼓文化、干栏住宅、崇拜龙蛇等。值得注意的是，2000 多年来，尽管百越族系发生了很大变化，有的支系因迁徙到另一族系集中居住地区而渐被同化，有的支系因种种原因已从原居住地迁徙到另一地区，但百越文化特征仍为许多支系保留至今。其中较为明显的是文身习俗和龙舟竞渡习俗。这两项文化活动已成为傣族人民重要的民俗活动。

傣族男子一般到 14 岁左右，家长即请一个有纹身经验和技术的人到家里来施术。文身的部位多在腰部或四肢。腿膝部位多为圆形花纹，圆圈内刺有龙、狮、虎、象、鹿等动物图案；胸部及背部则多符咒或短句的佛经，他们视之为护身符；在两臂上，多刺几何花纹图案或佛经摘句。文身

---

① 王懿之：《傣族族源考》，《贝叶文化论》，云南人民出版社 1990 年版，第 123 页。
② 江应樑：《傣族在历史上的地理分布》，《贝叶文化论》，云南人民出版社 1990 年版，第 90 页。

是一件十分痛苦的事，施术时用较粗的四五支缝衣针并为束，固定在一块铅饼上。被纹身者先饮少量鸦片烟水，使之麻木，然后由数人夹抱，施术者用针束拍刺其肌肤，刺后涂以一种紫黑色树汁，痊愈后即现永不磨灭的图案。第二次施术，必待上次的伤痊愈，刺的面积愈大，所受痛苦愈多。有的因创口过深或器具不洁而受到感染，发烧红肿，致有数月不愈者。在傣族观念中，文身是一个男子成熟和勇敢的标志，文身面积越大，越表示美观和勇敢，也更具有吸引异性爱慕的魅力。反之，不文身者则遭到社会讥笑，不易得到女子芳心。在云南瑞丽傣族地区，当姑娘看中一个小伙，而他却未文身时，她就会娇嗔地对他唱起劝刺文身歌来："你的皮肤又黄又滑／和秧鸡腿一样难看／青蛙的脊背脚杆花得多美啊／你连青蛙也不如／快去刺文吧／没有钱，我把银镯脱给你／没有花纹算什么男人／不刺花纹谈得上什么真心／你怕疼，就同秧鸡住去吧／你不刺，就去戴女人的黄藤圈吧／哪个还想跟你说话呀／你连青蛙也不如。"① 从上述歌词可推知，在傣族人看来，文身是男子成年和勇敢的标志。这是文身的一个意义，然而文身的最初起源却属于宗教活动，是源于百越族系因为避蛟龙这一原始文化内涵而延伸出来的崇龙习俗。

所谓避蛟龙，源于对蛟龙的敬畏，首先求其免于加害，其次求其赐福于己。故《淮南子·原道训》记载："越生葛绨、……九疑之南，陆事寡而水事众，于是人民被发文身，以象鳞虫，短绻不绔，以便涉游，短袂攘卷，以便刺舟，因之也。"高诱注云："被，剪也。文身，刻画其体内，黥其中，为蛟龙之状，以入水，蛟龙不伤也。"在晋宁石寨山 M13：3 铜鼓上刻画着一位盛装的武士，头饰羽毛，身披华贵大麾，手戴玉镯，他裸露的右腿上纹刺着一条小蛇赫然在目。这是绣脚的表征。另外，在一件青铜剑上所雕刻的裸体人与虎格斗图像中，裸人腿部亦绣一蛇。这说明在云南的百越族群部落中，文身是较普遍的。古代越人文身为蛇龙之状，"以像龙子"，目的是为了"蛇龙不伤"，是出于生存的需要，故而才采取这一具有感应性质的巫术宗教活动。

随着历史的发展，文身的意义在百越族群内部的不同族系中得到发展和扩充，总的来说，基本有四方面：避蛟龙；别氏族；主装饰；示年龄。在文身意义内涵不断扩大的同时，文身行为本身也逐渐从带有感应式巫术

---

① 刘稚、秦榕：《宗教与民俗》，云南人民出版社 1991 年版，第 37 页。

礼仪的宗教活动过渡到宗教色彩趋于淡薄，但民族意识和氏族成员主体意识趋于加强的民俗活动。古代不少典籍对这一明显带有越人族徽标志的文身运动有载，如唐樊绰《蛮书》卷四曰："黑齿蛮、金齿蛮、绣脚蛮、绣面蛮并在永昌开南，杂种类也……绣脚蛮则于踝上腓下周匝刻其肤为文彩，衣以绯衣，以青色为饰。绣面蛮初生后出月，以针刺面上，以青黛傅之。"《新唐书·南蛮传》曰："有绣脚种，刻踝至腓为文。有绣面种，生逾月，涅黛于面。"《云南志略》曰："金齿百夷……男子文身，去髭须鬓眉睫，以赤白土傅面，采缯束发。"又曰："文其面者谓之绣面蛮；绣其足者，谓之花脚蛮。"《百夷传》曰："官民皆髡首黥足。有不鬎者，则酋长杀之；不黥足者，则众皆嗤之，曰妇人也，非百夷种也。"这些文献中的"黑齿蛮""金齿蛮""银齿蛮""漆齿蛮""绣脚蛮""绣面蛮""雕题""僧耆"以及"茫蛮""生僚""白衣"等都是傣族这一族系的早期部落。从上引各史料可看出，自唐朝以降，百越族系衍生出的各支系均有共同的文身习俗，原先娱神、媚神的文身活动内涵逐渐演化为族属标志及成年仪式的意义，且持续至今。当然，现今傣族男子于 14 岁左右即开始文身的活动，其示年龄的内涵可作为这一活动的主要目的，而其余几个意义已逐渐沉淀到该活动的深层文化意蕴中，作为一种文化遗存，后人们叙述着祖先的族属记忆。值得注意的是，文身活动的文化内涵在大部分傣族居住地区，因受佛教影响，也增加了相应的内涵，如刺佛经短句或佛经摘句、咒语于身体各部，将之示为护身符，无疑是藉佛法威力来驱邪求福，起一保护作用。它与成年标志一起成为傣族男子文身习俗的主要动力。

与文身运动最初起源与龙有关一样，龙舟竞渡这一现今傣族每年必定举行的民俗活动，其内涵的最深层文化意蕴也与越人崇龙习俗有关。

盖崇龙习俗原诞生于古代氐羌族群，而据考古发现证明，早在三四千年前的新石器时代，在云南这块土地上，百越族群、氐羌族群和百濮族群早就交错杂居，形成与今日民族居住现状大体一致的大分散、小聚居的特点，在长期的民族文化相互交融、相互影响过程中，百越族群逐渐接受了氐羌族群的拜龙习俗。此外，由于百越族群多临水而居，故越人习水性、善操舟。《越绝书》外传记地传第十说："以船为车，以楫为马，越之常性也"。《吕氏春秋·贵因篇》曰："如秦者，立而至有车也。适越者，坐而至有舟也。"《淮南子·齐俗训》："胡人便于马，越人便于舟。"越人习水和善操舟的特性与拜龙习俗相结合，便出现诸如龙舟竞渡的生活习俗。

云南百越族群习水操舟的特点在云南石寨山型铜鼓图像中也有所反映。此类铜鼓图像常出现羽人划船，龙舟竞渡等场面。江川李家山铜鼓图像上，铸一只平底船，上坐 4 人操楫羽人，船头、尾两端上翘，船尾似制成鸟首形，尤其重要的是船尾底部明显可见有三角形船锚。[①] 在傣族民间，关于龙舟竞渡有个古老的传说，"古代有个君王叫叭召勐，他有 7 个女儿，6 个女儿都有了丈夫，唯独第 7 个女儿违抗父命，自己找了个名叫岩洪蹩的丈夫。叭召勐很生气，和 6 个女婿商量，要用划船比赛的方法置召洪蹩于死地。比赛那天，岩洪蹩划着龙氏族赠送的小船前来参赛，那 6 个女婿企图用大船撞翻他的小船，但龙王送的小船自有神助，灵巧地乘风破浪前进而大船却相互碰撞，淹没在江中，这几个女婿全都淹死了。从此，岩洪蹩继承了王位，改名达判。全勐百姓安居乐业。以后，人们为了祈丰年禳灾，每逢新年都要举行龙舟赛。"[②] 这则故事中，岩洪蹩所乘小船虽小，却为龙王相赠，自然有神灵佑护。这显然与龙神崇拜习俗有关。

至今为止，在我国傣族居住地区，每年 4 月中旬的泼水节活动中都要举行龙舟竞渡活动，这项活动正是百越族群文化遗存的表现。当然，后世傣族的龙舟竞渡活动已发展成为与稻作生产息息相关，并成为稻作生产地区祈求龙神保佑风调雨顺的一种农祀性活动，并随时间的推移渐从娱神性活动转为娱人性活动。

二

傣族龙文化除受到族群文化的影响外，村寨文化中龙文化层面是傣族龙文化的核心和灵魂，它对傣族龙文化在历史长河中的发展方向起到了直接支配作用。

龙在村寨文化中的神性被泛化，并且作为族群文化的标志而成为与远古祖先联系的媒介。同时龙在百越族文化中具有的水神职能在村寨文化体系中被弱化，而被重新赋予新的保护职能——作为祖先崇拜的根源象征。

如果说在百越族群文化层面中的龙神具有司水功能的话，那么在村寨文化层面中的龙神的司水职能却为在村寨文化背景中产生的专职水神所

---

① 云南省博物馆：《云南江川李家山古墓群发掘报告》，《考古学报》1975 年版，第 134 页图 39。

② 刘稚、秦榕：《宗教与民俗》，云南人民出版社 1991 年版，第 198 页。

取代。

关于西双版纳地区的水神祭祀，有的地方是祭拟人化的水神，如勐景洪用猪、鸡、蜡条、饭、槟榔和酒祭水沟神，祭后要从沟头放水检查各寨修沟质量，"板闷"（管水执事）用芭蕉杆或竹片编一筏，上插黄布为神幡，意为神乘筏巡视。在《云南少数民族社会历史调查》中有这样的描述："以景洪的闷遮来水溪为例，该条水渠长 12.5 公里，受益的村寨达20 个之多，管理水渠的官员称为'板闷'，板闷由群众推选，由宣慰使司署任命，并发给委任状。板闷的职责是负责分配力量，组织修理沟渠；维持水规，处理水利纠纷等。同时，板闷也承担着主持水神祭祀的职责。水神祭祀也就以板闷所管理的沟渠为单位作为祭祀的对象，水神祭祀的规矩也比较严格。闷遮来水渠规定每三年要祭祀一次水神，祭祀时要杀一头猪，其费用由各种田户缴纳，祭祀时，该水渠受益的各村寨均派代表参加，板闷的祭祀词也有一定的格式。按惯例，祭词的内容为：'三年的祭期到了，现在杀猪献给你，请你保佑水沟的水流畅通，使庄稼获得丰收。'在有的水神祭祀中，还包括让水神管理好水渠，使其不倒塌渗漏，水流畅通无阻等内容。显然，这样的水神祭祀，就不仅是对水神的简单祭祀，甚至还包括了管水、修渠职能的神化。[①]"西双版纳的傣族人民长期以来主要是以稻作生产为主要的农业生产方式，与之相应，水利设施也具有了一定发展水平，并形成了一整套的水利管理制度。正是出于对水的强烈依赖，拟人化的水神祭祀出现于原始宗教仪式中，同时由于同样的宗教目的和宗教需求，水神祭祀与稻作农业紧密相连，并根深蒂固地在傣族地区生存下来，而且以其强大的生存能力削弱了其他具有司水职能的神祇的势力。原始龙神崇拜中龙神的司水职能正是在这样的农业背景中在傣族居住地区，尤其是在西双版纳傣族地区被逐渐削弱，以至于最终被取代。

当然，我们并不能因为在傣族地区，尤其是西双版纳地区原始水神祭祀的出现而认为龙神的神性也被削弱，相反，在族群文化层面中被强调的龙神崇拜在村寨文化中被继承下来，并且被作为寻根意识的表征而提到了显著位置：在村寨文化层面上的龙神神性集中体现于保护神的职责之中。其具体表现为：龙的神性泛化，并在宗教仪式和人们日常生活中体现出来，规定和约束人们的行为和伦理道德。例如人们把祖先祭祀称为"竜"

① 徐亚非：《民族宗教经济透视》，云南人民出版社 1991 年版，第 23 页。

（Long）或把进行宗教祭祀的场所称为"竜林"（或"龙林"），平时行人经过勐神所在的龙林时要跪拜且禁止入内；或者把许多宗教仪式或地方冠之的"竜"或"龙"以示神异，如"祭陇"或"龙林"等。

查诸《康熙字典》，"竜"字为"龙"的古字，从发生学的角度来看"竜"和"龙"在内涵和外延方面相同。或许正是傣族先民在上古时期的民族大迁徙中把"竜"带到了现今广大傣族居住地区。因而"竜"字仍能保留至今。至于傣族人民把祖先祭祀称之为"竜"这一行为本身，笔者以为这正是傣族民族意识凝聚力的表现，意即通过暗示自己的族群文化内涵来警示后代子孙不要忘本。虽然，现有的村寨记忆中，"竜"更多地是指"龙村"（祭祀的森林），未必会有龙神的具象化传说，但从语音学及宗教祭祀行为来看，其深层仍暗示与龙有联系。

傣族人民对祖先崇拜的态度是谨慎的、虔诚而崇敬的，对崇拜的对象也是具有特定的标准。一般来说，这些对象都是建寨、建勐过程中功勋显著的祖先，对之进行祭祀是把他们看作是本氏族本部落的守护神而加以崇敬。将祖先崇拜称为"竜"标志着龙神在村寨文化层面中已泛化为民族意识，暗示着龙与自己祖先们的渊源关系。

在西双版纳流传着许多龙创世及其与傣族渊源的传说。如在《召怯龙慕钪》传说中，召怯龙是一个人身龙尾的圣物，他用尾巴把人们卷进布朗洞中，只剩下兄妹二人，他们彼此通婚，才生育了傣族。在此传说中，龙对傣族先民的生存起到了决定性作用。龙除了干预傣族先民的生存外，还对其生活也有影响。例如：在有关帕雅桑木底建房传说中，龙也贡献出自己的一份力量："有一年，帕雅桑木底的竹楼被洪水淹没了。他便做了一张竹筏，在洪水中逃命。帕雅桑木可怜那些飞禽走兽，便把它们救上竹筏，运到洪水淹不到的地方，放养在山上。不知过了多少个昼夜，风停了，雨也停了，洪水退了，大地又重新露了出来。帕雅桑木底回到了自己原先居住的地方，看见房子没有了，他只好重建一间新房。被他救出洪水的那群小动物从四面八方来帮他盖房。它们在一起商讨以后，都同意从自己的身上拿出一样东西来安在帕雅桑木底的屋架上，帮助他迅速盖好新房。小猴子把自己的头和脖子献出来让帕雅桑木底做一个环垛（木锤），大象献出自己的舌头做宁掌……老龙愿把身子变做梯子，团鱼（鳖）愿用自己的鳖甲去做围篱，白鹭献出双翅作草排……所有的动物都献出了自己的一样东西为帕雅桑木底盖起了新竹楼。从那以后，帕雅桑木底把动物们所献出的东西全记在盖房的图样上，传给了后人。所以，竹楼的屋架上便出现了狗脊背、猫下巴、象舌头、白鹭翅等等名称。人们还往往在楼梯上刻龙头，记着老龙的献身精神。"①

此外，在祖先崇拜中也出现了人首蛇（龙）身神。地方神"召法弄磨罕"是景洪地方神中唯一的人首蛇身神。相传召法弄磨罕原先是从勐老（老挝）来的召勐（部落酋长）。他服返老还童药，认为可以像蛇蜕皮一样永远年轻，结果未成，变成人首蛇身像。"据《泐西双邦》记载，泐西双邦的第一位勐泐王是召法弄磨罕。又据老挝西部、泰国北部的傣泐人说，他们的始祖神也是人首蛇身的召法弄磨罕，每年人们都要祭祀他"。② 将召法弄磨罕这位人首蛇身像的召勐奉为祖先崇拜对象加以顶礼膜拜，显然与拜龙习俗有一脉相承之处。

朱德普先生在《傣族神灵崇拜觅踪》一书中指出："神灵崇拜是傣族原始宗教在历史演变中的主流，而祖先崇拜是神灵崇拜的核心，勐神崇拜则是神灵崇拜发展的顶峰。"③ 龙不但在祖先崇拜层面上体现出民族意识，而且在神灵崇拜发展的顶峰阶段——勐神崇拜的阶段表现出强烈的民族凝聚意识。

在傣族众多勐神崇拜中，有一位龙女也被奉为勐神而为勐养人们崇奉："传说1500年前，勐养有一首领名为叭龙勐养，又名叭龙景用，住在景洪。他本领高强，后来，他娶了龙王女儿喃那为妻，龙女也是一个精通武艺的人。后来叭龙勐养'不愿服宣慰的管辖，就纠合几个勐进攻景洪打宣慰。临战，六顺、普藤等勐土司不愿出兵，仅叭龙勐养率兵3000余众杀奔景洪。宣慰集中各大勐土司兵力应战，叭龙勐养败，被俘，遭宣慰杀害，龙女闻讯气死。'后人尊奉为'勐神'。又有民间传说讲召勐养娶龙女前，本是一个割草卖的穷人，娶了龙女后当上了召勐养，手下还有能人战将，全勐兴旺，民众拥护。后来召片领在景洪盖宫殿，从澜沧江放木头，有一根木料陷在江心，整个勐巴拉（景洪）民众都没办法。召片领下令让召勐养将木头拉出江来，事后，召片领又惧召勐养之武功，意欲谋

①　《傣族民间故事集成》，云南人民出版社1993年版，第100页。
②　刘岩：《南传佛教与傣族文化》，云南民族出版社1993年版，第65页。
③　朱德普：《傣族神灵崇拜觅踪》，云南民族出版社1996年版，第116页。

害。龙女闻讯和召勐养一齐跃入江中，江水淹没了整个景洪坝。人们为纪念龙女，尊之为勐神。"①在勐养兰达地区，每年傣历8月30日都要举行祭龙女的献蛋仪式。"献牲除水牛1头，鸡数只外，每户都献1个蛋，查出私生子的要缴一小团盐巴、1碗米赎罪。又有傣文记载：全勐献蛋120个，盐巴120小团，还有5筒米，尽数倾入兰达河里，蛋漂起来则不吉。每逢'特洛亥'（即祭龙女的献蛋仪式）时，曼介去寨的巫婆咪底喃要到祭坛，坐到红毯子上祈祷：'求龙女保佑全年风调雨顺，稻谷丰收。'"②朱德普先生疑龙女似乎是母系氏族的首领，笔者也持如是观点，盖傣族广大地区由于地理环境，生活水平高低不一，故而完全可能存在文化经济、政治水平高低不同的社会形态。但是龙女一旦为勐养人民奉为勐神，就意味着龙女所代表的较低水平的意识形态也为勐养人民所认同。而使勐养人民认同这一较低水平的文化意识形态的关键在于：龙女族群文化与勐养人民的文化对龙文化的共同认同。事实上在勤神信仰中，将龙女或龙王奉为勐神进行崇拜的现象毕竟是少数，但它却有力地证明了龙神崇拜习俗在村寨文化层面的参与。

此外，在村寨文化层面上值得注意的还有"龙林"现象。在广大傣族地区，凡是神居之地都称之为"竜"，寨子里的公共基地也称为"竜"，它们都是指神居或先人亡魂所居之地。进行宗教祭祀礼仪的神林，常称为"竜林"，平时不得随意进入，行人经过时要跪拜，不得喧哗。如果对西双版纳召片领祖先神坛作一考察的话，不难发现在其供灵和送葬的礼节中仍与"竜"（或"龙"）相关。按《供灵和送葬的礼节》规定："在召片领出殡时，'埋米图赛'（置灵柩的龙杆）由曼达拉岛负责拉一根，各版纳负责拉两根。曼达拉岛用竹篾编好一个座位，放在龙杆上，佛爷坐在上面念。在龙（竜）山烧化尸体，举火时的四根长火药线由曼达拉岛做好……③对召片领先辈亡灵的祭祀活动一年一次都在'颠罕'神坛举行。朱德普先生认为："'奄'原意为'森林''颠罕'直译为'金床'，引申为'宝座'。在景洪召片领宫廷里，其宝座是威武、神圣、至尊的象征，并视之为有神相护，尊称为'帝娃拉颠

---

① 朱德普：《傣族神灵崇拜觅踪》，云南民族出版社1996年版，第116页。
② 朱德普：《傣族神灵崇拜觅踪》，云南民族出版社1996年版，第118页。
③ 朱德普：《傣族神灵崇拜觅踪》，云南民族出版社1996年版，第84页。

罕'其意为'宝座神'。'竜颠罕'和景洪宫廷里'宝座神'意相同，
含义为召片领死后，还是当召片领。值得注意的是在其前加了一个词
'奄 long'（森林），意为'森林宝座神'。人们告知：召片领之始祖叭
阿拉武是离不开森林的。反映出叭阿拉武为傣族先民首领时，尚处在以
狩猎为主的时代，这和他追金鹿至景洪定居的传说相吻合。由此又想到
傣族地区凡是神居之地皆称为'竜'，寨子公共墓地也称为'竜'，均
指神居（或先人亡魂所居）的一片森林，衣食居住皆依赖于森林，传
说中的第一位祖先神即猎神沙罗诞生在森林，都可能密切相关吧！"①
朱先生对"竜"的见解具有一定道理。笔者以为"竜"的文化内涵之
所以与"竜林"发生联系，其间经历了太多复杂的村寨文化体系的创
造和建构过程，而其本源则与龙的神性有关。神林之所以能被称为"奄
林"，主要是因龙的神性威力影响所致，"竜"字在"竜林"一词中使
用本身就已具有了神性威严的意义。正是出于对龙神的敬畏和崇拜，在
傣族日常生活习俗和宗教生活习俗中已形成了相应的宗教禁忌。例如：
在西双版纳傣族封建领主的法律中专门对于风俗习惯的规定部分列出了
祭龙时的规矩："在祭龙时有人入境，罚银 3.3 两，祭龙时有牛遇到祭
龙牛，罚槟榔四串。如祭龙牛，未剁死，而有别人牛闯进来，以牛价赔
偿，否则杀其牛大家吃。祭龙时牛马不能放出，如逃到田坝应以酒一
瓶、腊条八对、槟榔一串交给'摩勐'，在祭龙时不能穿一切带红色的
东西，若穿则罚酒一瓶、槟榔一串、腊条八对。"② 通过这一特别做出
的宗教禁忌可以看出，在傣族人民心目中龙无疑是具有神圣地位的。而
这正是傣族村寨文化对族群文化传统继承和保留的一个表现。

　　总之，在村寨文化层面中，龙的神性并未集中通过司水职能体现出
来，而是逐渐在村寨文化层面中泛化，并通过傣族祖先崇拜、寨神勐神
崇拜及神灵崇拜等原始宗教信仰形式表现出来，并作为傣族龙文化的一
个内涵层面积淀下来，从而成为傣族龙文化体系的核心和灵魂，规范着
其发展方向。

---

① 朱德普：《傣族神灵崇拜觅踪》，云南民族出版社 1996 年版，第 85 页。
② 岩温扁：《略谈西双版纳傣族封建制法律》一文附录，《贝叶文化论》，云南人民出版
社 1990 年版，第 594 页。

三

如果说族群文化和村寨文化背景是傣族龙文化赖以生存的生命动力源泉的话，那么外来文化，尤其外来龙文化的冲击和影响则是傣族龙文化发展、充实和完善自己的催化剂。

外来文化，尤其外来龙文化主要包括三个部分：中原文化（含中原龙文化）、南诏文化（含白族龙文化和哀牢夷龙文化）以及佛教文化（含佛教龙文化）。兹分别详细论述如下：

第一，中原文化，尤其是中原龙文化对傣族文化的影响较早，且持续时间长，但相对南传佛教的影响而言，其强度较弱。

傣族先民自东汉以来被称为"掸"。在汉文典籍中掸与中原王朝的交往早有记载。如《后汉书·和帝本纪》曰："永元九年春正月，永昌缴外蛮夷及掸国遣使贡献"。《后汉书·安帝本纪》："永宁元年……十二月，永昌徼外掸国遣使贡献"。《后汉书·西南夷列传》："永宁元九年，徼外蛮及掸国王雍由调遣重译奉国珍宝，和帝赐金印紫绶，小君长皆加印绶钱帛……永宁元年，掸国王雍由调复遣使者诣阙朝贺，献乐及幻人，能变化吐火，自支解，易牛马头；又善跳丸，数乃至千，自言我海西人，海西即大秦也，掸国西南通大秦。明年元会，安帝作乐于庭，封雍由调为汉大都尉，赐印绶金银采缯各有差也"。从上述史料可知，两汉时期傣族先民已开始与汉朝有了政治、文化方面的交流，两汉之际，中原龙文化已成体系，对傣族先民来说，无疑是既熟悉又陌生的一种文化，在交往中，中原龙文化势必会影响傣族文化。

中原龙文化对傣族文化的影响可以从傣历中窥见一斑。据张公谨先生和陈久金先生研究，傣历的运用与汉历之间存在较密切的渊源关系。在《傣历研究》[①] 一文中，张公瑾、陈久金两位先生认为："傣历的干支纪年与汉历相同，即以十天干配十二地支共六十年为一个循环的周期"。"十二生肖与地支有密切关系，这是用十二种动物来与地支的十二个字一一相配，代替十二地支来纪时间"。傣历中也吸收了汉历中的十二生肖。在德宏地区，地支与十二生肖的配合完全与汉历相同，在西双版纳地区则根据当地的地方特点，改'猪'为'象'，改'龙'为

---

① 张公谨、陈久金：《傣历研究》，第 203 页。

'蛟'或'大蛇'。"张公瑾和陈久金先生对傣族地区干支和十二生肖的使用时间作了推测："傣族的十二生肖可能从东汉以后就逐渐传入傣族地区，与天干地支传入傣族地区的时间正好相差不远。如果这个论断能有更充足的材料得到证实，那末，傣族使用干支和十二生肖来记时，都已经有一千七八百年左右的历史了。不过，当时可能只在少数部落中使用，后来才在全民族中使用开来"。在这篇颇有学术价值的文章中，两位先生为我们提供了弥足珍贵的资料。我们可借此推论：傣历中的龙与汉历有直接继承关系，而这一继承关系或许早在东汉以后就存在了。

事实上，傣历中龙的概念及其职能与汉文化中龙的关系还可以在傣历中使用龙来预卜雨水大小这一计算方法看出来："在预卜某年雨水大小的所谓龙上水几条的计算中，也是以当年的地支来定的。按傣文历书中规定，子年龙上水两条，丑年三条，寅年四条，卯年六条，辰年七条，巳年八条，午年二条，亥年一条，所谓龙上水越多，则雨水越少，龙上水越少，则雨水越大"。① 以龙上水的多少来预卜雨量，这一计算方法显然源自汉文化中龙司水的理念。傣族运用这一计算方法则意味着它同时也继承了汉族龙的文化内涵。但值得注意的是，尽管傣族在占卜的过程中，吸收了汉族龙文化的内涵，可由于种种原因，龙司水的这一汉族文化理念却未能使龙在傣族地区成为专职水神。当然汉族龙司水的观念也并未完全消失，迄今为止，在傣族居住的一些地区，许多傣族人民仍采用与汉族类似的祈雨方式，祈求龙王降雨。

第二，除中原龙文化作为一种外来文化对傣族龙文化产生过影响外，南诏龙文化（含哀牢夷文化）对傣族龙文化的影响也是不容忽略的。

南诏国与傣族人民在历史上的联系是非常密切的。南诏国的辖区曾远至傣族先民居住的一些地区。例如：据王懿之先生考证，西双版纳地区的茫乃政权曾从属于南诏国的统辖："据汉文、傣文史籍记载，自从南诏在滇西南设置银生节度使后，傣族茫乃地方政权就从属于其统辖之下，且关系十分密切。主要表现在以下几个方面：一、傣泐王继位、接位一般要奏请'汉王'（南诏王）批准并接受封赐和天印；二、若遇喜庆大事，要请'汉王'派使臣前往主持、庆贺；三、上下王室之间，

---

① 张公谨、陈久金：《傣历研究》，第 203 页。

多次通婚结好；四、若有重大战事，茫乃派兵遣将参加，予以全力支持；五、南诏统治者为了便于对边疆傣族人民的统治，还任命了傣族首领在南诏地方政权中任职。《南诏德化碑》有："大将军赏二色绫袍金带赵龙细利"等语，赵龙细利可能就是当地傣渤王派到南诏任职的傣族官吏；六、中期以后并按规定三年向'汉王'进贡一次，贡物为：大象一头、骏马两匹、金片花 12 朵、金粉饰黄腊条 8 对、银粉蜡条 12 对、银子 500 两（早期以粮食代替）、金壳长刀 8 把、绸缎 4 折、土布 24 排、黄牛 42 头、衣服 8 套、银碗 2 个（每个重 12 两）、银盒 12 个（每个重 8.8 两）等等。每三年后的秋季由议事庭长率百官送至勐缅（今普洱）。与此同时，傣渤王继位时南诏王也要回赠幡幔、孔雀旗、白象旗、大铙、铜号、铜鼓、金粉椅、宝石金绒帽等贵重礼品。"[1] "在史书中记载了今傣族的前身，唐代的黑齿、金齿、绣脚、绣面、雕题、僧耆族及茫蛮部落、僚人的概况。《蛮书·云南城镇第六》云："银生城在朴赕之南，去龙尾城十日程……又有开南城在龙尾城南十一日程，管柳追和都督城，又威远城、奉逸城、利润城，内有盐井一百来所，茫乃道并黑齿等类十部落皆属焉"。银生府即今景东县境，南诏所设。龙尾城即大理下关，开南是南诏银生府治所在地。《元史·地理志》曰："开南州，州在（威楚路）西南，昔朴、和泥二蛮所居，蒙氏兴，立银生府，后为金齿蛮所陷"。《明史·云南土司传》："景东，古拓南也，唐南诏蒙氏始置银生府，后为金齿白蛮所据"。傣族先民居住的部分地区不仅曾受到南诏国的管辖，而且又有通婚结好之举，相互间的文化交往也应十分频繁。如此则傣族先民对南诏龙文化也会有所接触，也会以自己的期待视野去融摄南诏龙文化的。

如果说傣族人民对南诏龙文化的接触多半是由于政治原因的话，那么傣族人民对哀牢夷龙文化的吸取则主要由于民族聚居和迁徙。这从著名的《九隆神话》传说可窥其一斑。

《后汉书·西南夷列传》记载："哀牢夷者，其先有妇人名沙壹，居于牢山。尝捕鱼水中，触沉木若有感，因怀妊，十月，产子男十人。后沉木化为龙出水上。沙壹忽闻龙语曰：'若为我生子，今悉何在？'九子见龙惊走，独小子不能去，背龙而坐，龙因舐之，其母鸟语，谓背

---

① 王懿之：《民族历史文化论》，云南美术出版社 2000 年版，第 346 页。

为九，谓座为降，因名子曰九隆。及后长大，诸兄以九隆为父所舐而黠，遂共推以为王。后牢山下有一夫一妇，复生十女子，九隆兄弟皆娶以为妻，后渐相滋长，种人皆刻画其身，象龙文，衣皆著尾”。对此则传说，《华阳国志．南中志》亦有记载，内容大抵相同。从上述汉文史书的记载来看，九隆神话乃古代氐羌族群系统的昆明人、哀牢夷共同的祖源神话。对此傅光宇先生、赵橹先生、黄惠焜先生等均有论证。其中赵橹先生认为："九隆神话远源于古老的西戎族感生神话，流传于氐、羌人之间，随氐、羌迁徙南来，自陇渭而巴蜀，而至于南中，九隆神话一直在演变和发展，亦非一时一地所局限。最后，氐、羌支系哀牢夷定居于永昌郡哀牢山后，九隆神话才被写定，载之史籍，有了相对的稳定性”。[①]‘既然九隆神话乃古代氐羌族群支系的昆明人和哀牢夷共同的祖源神话，那么为何在傣族中也有流传甚广的《九隆王》传说？且内容大抵相同？为何属于百越族群文化系统的傣族会广泛流于氐羌族群文化系统的哀牢夷的祖源神话？笔者以为这与傣族先民的分布和迁徙状况密切相关。

从上引赵橹先生论点："最后，氐羌支系哀牢夷定居于永昌郡哀牢山后，九隆神话才被写定，载之史籍，有了相对的稳定性”。可以看出九隆神话广泛流传于永昌郡内。而永昌郡的居民在当时并不只是有氐羌族群系统民族，属于百越族群系统的民族也居住于永昌附近。据《蛮书·云南城镇第六》载："永昌城，古哀牢地，在点苍山西六日程……西南管柘南城，土俗相传呼为要镇，正南过唐封川至茫天连……又杂种有金齿、漆齿、银齿、绣脚、穿鼻、裸形、麽些、望外喻等，皆三译四译语言乃与河睒相通”。在《蛮书·名类第四》也说到茫蛮部落的居住地是“从永昌城南，先过唐封，以至凤蓝苴，以次茫天连，以次茫哇薅”。这些地点都在永昌城南。据江应樑先生考证，“《蛮书》凡称为‘川’的都指平坝言，而‘茫’衡之今傣族语言，也是指平坝地，今保山以南、施甸、昌宁、镇康、孟定、耿马，都是平坝地。则从保山到孟

① 赵橹：《九隆神话探源》，《云南少数民族文学论集》第一集，中国民间文艺出版社1982年版。

定一带地，唐代已为傣族部落分布区了"。① 此外，据王懿之先生调查和考证，在隋唐以前曾有大量傣族居住于大理下关附近地区。"在下关、大理、漾濞，当地部分干部和傣族、白族长者认为，在隋唐以前，洱海地区虽以白蛮、乌蛮为主体，但也分布着大量的傣族先民，主要又集中在今云县、华坪、弥渡、云龙，洱海的漾濞河一带。主要根据是：一、至今还有不少傣族聚居，如云县有 7800 余人，华坪县有 3100 多人，弥渡 1300 多人；二、本地汉族公认，漾濞江河谷两岸即从现在下街到平坡一带原为傣族先民聚居地，该县城两棵大青树都是'摆夷'栽下的；三、现漾濞县陈家村、平村等地，明清之际都是傣族村寨，属蒙化府管地，至今还把东风乡金牛大队叫为'摆夷'地；四、现金牛村位于苍山脚下的石门关佛国寺，就是由傣族建盖，后'汉到夷走'，才由汉族重建，还有现云台山林业局住址，原是傣族土司住地，并建有大佛寺，傣族西迁到德宏后近百年，汉族才在原址重建普光寺；五、在洱海地区都有高大挺拔、青翠葱茏的大青树，而往往又是平行成双的'牌坊树'，对此当地白族解释不了其实际意义，而傣族则视为神树，每年五月端阳要祭竜，然后堆沙、吃槟榔、泼水为戏，在江河中赛竹龙……鉴于此，傣族每迁居一处就要栽上象征其民族文化特征之一的大青树；六、大理海东、喜洲等地有许多干栏式的住房遗址；七、白族傣族的许多语汇，尤其是古老的生产生活基本语汇相同或相近；八、白族成年男子中新中国成立前普遍保留着文身习俗；九、南诏画卷中，保留着大象、象脚鼓、铜鼓等傣族文化特征的图案。这说明：隋唐以前在洱海地区，曾分布着大量的傣族先民。文化上与'白蛮'、'乌蛮'等民族相互影响，以致许多文化现象遗留至今"。② 正因为这一民族杂居，文化相互影响的特点，使居住在洱海区域的傣族先民完全有可能接触到氐羌族群支系的昆明人、哀牢夷的祖源神话——九隆神话，并将之纳入自己的民族文化体系中。而且即使在后来因种种原因而进行了大规模的民族迁徙，九隆神话却仍得以流传于傣族之中。

第三，除了中原龙文化和南诏龙文化作为外来文化对傣族龙文化产

---

① 江应樑：《傣族在历史上的地理分布》，《贝叶文化论》，云南人民出版社 1990 年版，第 90 页。

② 王懿之：《民族历史文化论》，云南美术出版社 2000 年版，第 281 页。

生过影响外，佛教作为外来文化对傣族文化的影响深刻而久远，作为傣族文化体系中一组成要素的龙文化也不可避免地受到了佛教尤其是佛教龙文化的影响。

傣族龙文化对佛教中龙文化的吸收主要体现在以下几方面：

1. 对南传佛教中龙王及龙王家族、龙宫观念的认可及接受。

南传佛教中龙王拥有无数美眷和家属，居于大海之中华丽的龙宫之内，储藏有人间帝王无可比拟的奇珍异宝。如《佛说长阿含经》第四《分世记经·龙鸟品第五》叙述："大海水底有娑竭罗龙王宫，纵广八万由旬。宫墙七重，七重栏楯，七重罗网，七重行树，周匝严饰，皆七宝成。乃至无数众鸟相和而鸣，亦复如是"。佛典中还专门记载有佛陀应龙王的邀请，到龙宫中为龙族讲说佛法，龙族因之皈依佛门，龙王因此成为天龙八部之众，以佛教护法神的身份步人佛教神祇世界。此外，大乘经典中还广泛流传龙树菩萨人龙宫阅读大乘经卷，使之得以重现人世的传说。

对佛教中龙王及龙宫观念，一经传入傣族地区，立即为傣族人民所接受。这从傣族古老歌谣《贺新房歌》歌词的前后变化对比中即可感受到。

《贺新房歌》本是傣族古老的祝福词，世代相传，但南传佛教传入傣族居住的地区后，关于房子究竟是谁盖的问题出现了争论，古老的傣族文化主张房子就是傣族的祖先叭桑木底建造的，而接受佛教影响并力图扩大傣族影响的人们主张："感谢有福气的帕召，给我们送来了中柱"。对此争论，在《论傣族诗歌》一书中有详细的叙述："《贺新房歌》本是古老的祝福词，是我们的祖先传下来的。后来由于发生了关于'房子是谁盖的'的争论以后，帕召得势了，古老的《贺新房歌》也只好顺从大流，服从于神圣的佛教，徘徊在岔路口上，终于被叙事诗溶化为一体了"。直至现在，傣族在新房落成的庆祝仪式中要唱《贺新房歌》："帕雅桑木底/教我们盖新房。/柱子落到大海里，/惊动了好心的龙王，/龙王派人送回柱子，/桑木底终于盖起了新房。/①一家盖新房，/全寨来帮忙。祝贺要唱歌，/歌声唱请客，/客人要人座，/同喝一罐一酒，/同吃一甑饭，/这是桑木底，/立下好规矩。/祖先传下来，/友爱代代传"。② 这首祝福歌显然系傣族传统文化与佛教文化的结合，

---

① 祐巴勐：《论傣族诗歌》，中国民间文艺出版社 1981 年版，第 76 页。

② 刘稚、秦榕：《宗教与民俗》，云南人民出版社 1991 年版，第 172 页。

它深刻地反映出佛教中龙王及龙宫的观念。

事实上，围绕着"柱子落到大海里，惊动了好心的龙王，龙王派人送回柱子"这一主题，在傣族民间还流传着这样一个故事："帕维桑木底打算盖一幢高大的竹楼。他到山林里奔忙了33天……当他把屋架搭好的时候，一阵狂风吹来，把屋架刮得东倒西歪，那棵高大的中柱竟然被狂风折断了一截。帕雅桑木底感到非常痛心，他把屋架拆下来，重新上山去找寻可以做中柱的巨木。帕雅桑木底在山林里碰上的树木，有的太大，有的太小，高的太弯，直的太矮……一天，只见一株笔直的大树立在窝铺前的空地上。那树不高不矮，不粗不细，是一棵做中柱的理想之材……帕雅桑木底砍倒这棵大树，劈成柱子重新开始盖房。那柱子虽然不大，却沉重万分，刚竖起来，柱下的泥土便开始下沉，变成一个土洞。中柱顺着土洞坠入地层，消失在大地下面。那棵中柱落人地下之后，又轰隆一声落入龙宫。龙王仔细一看，知道这棵木柱是人间的东西，于是他发动龙子、龙孙、蟹王、龟王等所有水族，将木柱抬出龙宫，托出水面送还了帕雅桑木底。帕雅桑木底见龙王带着水族把木柱托出地来，又惊又喜，他跪在龙王面前询问木柱坠落的缘由。龙王告诉他说，这是一棵堕落之柱，名叫骚浪，只要竖立在地上便会下坠。要想不让它陷落，必须用懂岛、懂芒垫于柱脚之下……。"① 显然，在这则故事中龙王在帕雅桑木底怎样才能顺利地建完房子的问题中起到了至关紧要的引导作用，而傣族人民对南传佛教中龙王及龙宫观念的接受也在这具体情节的叙述中流露出来。

2. 傣族人民除了认可南传佛教固有的龙王及龙宫观念外，还接受了其最基本的司水观念。

龙王司水是南传佛教中龙文化的核心观念，如《分别功德论》尝云："天及龙皆能降雨。何以取别？天雨，细雾下者是；龙雨，粗下者是。又阿修罗共天斗时，亦能降雨……" "雨有三种，一天雨，二龙雨，三阿修罗雨。天雨细雾，龙雨甚粗，喜则和润，嗔则雷电。阿修罗为其帝释斗，亦能降雨，粗细不定"。又据《根本说一切有部毗奈耶药事》卷第四记云："尔时于大海中，有二龙王，一名黑者龙王，二名㤭昙摩龙王。便作是念。世尊今于苏波罗城，演说妙法，我今速往，闻佛

---

① 《傣族民间故事集成》，云南人民出版社1993年版，第101页。

说法。是时龙王，各与五百眷属俱，以龙威力，化现五百流河，共趣苏波罗城。于是如来便作是念，此二龙王若至苏波罗城者，令此国境尽皆没坏。是时世尊告目连曰：汝先急食。何等为五，一者从远方来，二者欲达远处，三者有病之人，四者为看病人，五者授事之人。以此缘故，令汝先食。世尊尔时先与目连食已，速往龙王之处。到已告龙王曰：汝当爱念苏波罗城，莫令毁坏。龙王白言我等以善心来，不拟损害蚁子之类，何况伤害苏波罗城及有情等。尔时龙王来至佛所，世尊告龙王曰：应如是说。彼闻法已，归佛法僧，受五支学处"。"尔时王舍城中，有二龙王，常所居止。其二龙王，一名山，二名妙，由二龙王威德力故，常有五百绿潭，五百涌泉，所有坡湖，未尝枯涸，雨泽以时。调和充润，种子庄稼，靡不丰稔。当尔之时，世尊调伏难陀龙王，邬波难陀龙王，此二龙王，常以妙高山下，供养世尊。我今如何在此，曾不随喜。此为不善……共作是念，我等常愿入于大海，今得王语，甚适我愿。时龙居士以龙威力，遂作瀑流，溢于小坑及大小江河，因入大海。其二龙王既至大海，身遂长大，多诸眷属，后于异时，为龙王入海，王舍城中五百绿潭，流泉涌出，坡湖池沼，渐见枯涸，所降云雨，不依时节，百众庄稼，皆不丰盛，日见饥馑……"从上述所引的几则佛典文字可知，虽然佛典中亦提及天、阿修罗可降雨，但与人间雨量密切相关的却是龙王。

值得注意的，佛典中龙王司水的观念虽然随佛典传到了傣族地区，但傣族龙文化并未完全接受它，在许多傣族居住的地区，傣族祭祀的仍是本土原始水神。当然，也有一些地区在原有龙文化的基础上，接受了佛教中龙王司水的观念，并使之与傣族龙文化体系中的族群文化内涵相契合，从而出现了许多与龙有关的物语。

例如：在傣族地区口耳相授、广泛流传的《婻倪罕》故事中曾有一金角龙与猎人的因缘故事，勐贺罕的国王因得子高兴而忘了祭祀勐神寨鬼和地神家鬼，故勐神寨鬼们相约："我们还要到遥远的金湖边，去请求金角龙的帮助，只有他能克制干旱，一年一度把雨水抛洒。我们请求他收住雨，断掉勐贺罕的一切水源"。"金湖水面翻起大浪，金湖水底发出了响声，金角龙从深水处露出头：'你们有什么事将我呼唤?''金角龙啊，我们的请求只有一桩，希望你在勐贺罕土地上，不要降下浇苗的雨，不要流去养鱼的水，不要洒下滋花的露，让勐贺罕三年无收成。'金角龙听得很明白，勐神寨鬼的话使他震惊！他怎忍心看见大地干旱，他怎忍心看见草木枯黄，他怎忍心看见百姓遭难。没有雨的大地，将会变成火塘，可怜百姓何处安身？何处去寻找充饥食粮？金角龙忧虑重重，但，勐神寨鬼又不能得罪……巫师摩古拉抬头望望天空，天上没云没雨没雷声，摩古拉又朝远处望：哦，一只金角龙盘踞在金湖里，岩洞深处是他的家，只有他才能呼风唤雨，把快死的禾苗滋润……摩古拉来到 3000 里金湖，手指着湖中大声问：'金角龙，听问话，三年大旱你可看见，你为什么不降雨到人间？你啊，霸占了雨源，你为什么不让秧苗成谷？'金角龙浮出水面，哭丧着脸回答说：'是勐神寨鬼的吩咐啊，他们的话我怎能违背？'摩古拉十分生气：'坏话好话你要分清，怎么不听听召贺罕的期望？没有谁的话比他的更神圣！'顶天立地的摩古拉，立即吹气使仙艺，一股风刮进了金湖水底，金角龙的右眼便顿时失明。摩古拉临走的时候，又留下了句利刃般的话：'金角龙，你听好，七天以后我才来要你的命'……""有一位穷的猎人……生活虽艰难，可竹楼上常常挂满了干巴。一天，他远离寨子去打猎，到处都是他熟悉的地方，只有金角龙所在的金湖，是他第一次到这里留足。他走近金湖，便被清澈的湖水所吸引，他伸出双手要捧水来解渴，突然，一阵水响，金角龙浮出水面把他望。猎人转动着奇怪的眼睛，正要同金角龙打招呼的时候，金角龙却开腔了：'好心的猎人啊，我听信了勐神寨鬼的话，得罪了召贺罕，没有把雨水洒向大地，召贺罕就派人来制服我，把我的右眼吹瞎了，七天以后的什么时候，那位摩古拉还要来结果我的性命。'猎人听了金角龙的话，心里产生了同情，是非应当要分清，但不能让金角龙来抵命，猎人对着金角龙，用好话相慰：'摩古拉的本事再高，我也能同他较量几番，七天以后我再来金湖边，让无理的人死在我箭下'……七天后的清晨，猎人严守诺言，早早就来到金湖边，设好暗箭，忙把身藏。摩古拉带着一队士兵，向金湖边走来，走着走着，他大叫了一声，立即倒在地上抽搐毙命。猎人从草丛中跳起，抱起死去的摩古拉，丢进了金湖的深水处，让他去喂鱼喂水獭猫。金角龙对猎人很钦佩，并感激他的勇敢和真诚，从此，老龙和猎人结下了深厚的友谊"。①

　　这则叙述金角龙与猎人因缘的故事与《太平广记》所载《叶梦得》

---

　　① 《金湖之神》，中国民间文艺出版社 1981 年版，第 65 页。原文以诗句形式单行排列，本书引用时略有改变。另：《婻倪罕》故事是《召树屯》故事的一个异本。两者因流传地不同，内容略有差异。

等传奇故事多有异曲同工之处。很显然，无论是傣族地区的《娥倪罕》故事前奏：金角龙与猎人因缘，还是中原地区广泛流传的《叶梦得》之类故事，其情节系挪用相同渊源的佛经故事。此外，就《娥倪罕》故事而言，其本身就是从佛本生故事中敷演而来。虽然由于种种复杂原因，该故事在傣族地区以许多不同版本的形式流传于世，但其共同的源头为印度佛本生故事。[①] 当然，版本不同，金角龙与猎人因缘并不一定都会出现，但《娥倪罕》版本中的龙与猎人这一因缘同样也出现于佛典中，如《根本说一切部毗奈耶药事》卷第十三叙述了善财与悦意的因缘故事，它即与傣族地区《召树屯》（或《娥倪罕》）故事有相同源头。

在《善财与悦意》因缘中同样叙述了龙与猎人的因缘：

乃往古昔，于般遮罗国，有二王，一在北界，一在南界。其北界王名曰财，城名龙阁，其王以法化世，人民炽盛，丰乐安稳，无诸诈伪，贼盗疾疫，牛羊稻蔗，到处充满。其王以法治国，城侧有一大池，乌钵罗花等，弥覆其上。复有种种众鸟，池中有一龙子，名曰妙生。时往兴云，以降甘雨，令田丰熟，多足粮贮，皆行布施。其南界王，性行险恶凶粗，非法治国，常以枷禁打棒百姓，天不降雨，人并惊忙，舍投北界龙阁城中，以求活命……时王即命群臣，击鼓宣令，若有能持明咒，令北界龙阁城中妙生龙子，来于我处者，赏金一箧，复大供给。于时有一咒师，名曰咒蛇，来诣臣所。白言，若定与我此金箧者，我能咒唤妙生龙子，来于此处。时群臣即与金箧。咒师曰：待我咒龙至此，然后受之。是时咒师即往龙阁城中，于池四边，观察池内，知龙住处，却来告诸臣曰，我于第七日，龙子必来，汝等可作祭祀之法。是时龙子知彼咒师来此，至第七日，将诣彼国。作何计免其离父母亲里眷属，欲投何处，得免斯事。去池不远，有二猎师居住，一名婆罗迦，一名颇罗迦，以求活计，池边居止，网捕水陆。其婆罗迦不久身死，龙子作念，颇罗迦猎师，今见命存，我须投彼。尔时龙子变为人形，诣猎师所，告曰：汝知此城由谁而得人民如是炽盛，丰乐安稳，无诸诈伪，盗贼疾疫，牛羊稻蔗，在处充满。猎师告曰：我知此事，皆由大王心行慈愍，饶盖一切，养活百姓。龙子告

<hr />

① 郑筱筠：《佛教与〈召树屯〉故事渊源》，《云南社会科学》2001 年第 2 期。

曰：如汝所言，要然由王，更缘别事。答曰：更有。为此池中，有一龙子，依时降雨，缘此人民炽盛，欢乐丰熟，多饶饮食。龙子告曰：若彼龙子，被人将去，离父母眷属，汝见彼人，能作何事。答曰：我能害之。龙子告曰：汝识妙生龙子不。答曰：我比不识。报言：我是妙生龙子，今为南方般遮罗国师，名曰咒蛇，欲来取我将去。今作祭祀结界之法，却后七日，来此之时，钉竭地罗木橛，种种色线，绕池四边，作法必将我去。汝可且于一处藏隐，遥见作此搅水之时，即须射箭咒师要处，速来彼令摄咒，不然研令头落。必须先遣解咒，然后杀之，不然我等被咒缚，至死不脱。时猎师告龙子曰：若独令汝利益，犹故作之。况令王城人众皆得利益，我何不作。愿无忧。是时龙子即将猎师，视其藏隐僻处。猎师至第七日，往彼藏处。其咒蛇师，即来作坛，祭祀结界，一依咒印法，四面钉橛，种种色线绕之。即以箭射，速来前进搅池水。尔时猎师拔刀告曰：我国之内，妙生龙子，汝欲将去，若不速解咒，刀研汝头，令堕于地。时咒蛇师于此苦痛，恐惧畏死，即解摄咒。解已，猎师断彼命根，龙子得脱，出池抱彼猎师，白言：仁者，是我父母，为来相救，我今免离父母眷属之苦。仁可相随，向我宫中。即共相逐，入龙子宫。施设种种妙好饮食，与上珠宝……①

如果将此与傣族《婻倗罕》故事中金角龙与猎人因缘作一比较，不难看出二者之间的继承关系。

但是，虽然二者大体相似，表现出明显的继承关系，但《婻倗罕》故事的几个具体情节中却保留有较强的民族文化特征，例如：其起因是由于金角龙"不得不听勐神寨鬼的话"，不能得罪他们，致使勐贺罕三年遭遇旱灾，而此不仅使金角龙被巫师摩古拉吹瞎了右眼，而且差点还要让金角龙送命。尽管摩古拉的法术可以置龙于死地，金角龙本身无法还击，但金角龙却知道如何才能使自己险境逃生，反而置摩古拉于死地的办法。从这环环相扣却又相生相克的关系中可以看出：金角龙与寨神勐鬼们的地位是平等的，尽管它拥有司水功能，拥有奇珍异宝，居住于华丽的龙宫之中，但它却仍会受制于巫师摩古拉。当然，在某种程度上我们可以把金角

①　《大正大藏经》第 24 册，《根本说一切有部毗奈耶药事》卷十三。

龙与摩古拉的关系看作是对印度佛教沿袭民间传说中那迦与咒蛇师之关系的反映，但是《娲倪罕》等傣族民间故事及叙事诗所反映的情况来看，显然印度佛教龙文化中的咒蛇师角色已为傣族原始宗教所固有的巫师角色取代了。而且尽管受佛教影响，傣族龙的神性地位有所提高，其司水功能再次被得以强调，但其神性地位却未得到超验性地强调，他在行事时还得顾及勐神寨鬼。从这一现象我们可推论：傣族龙文化并未完全接受佛教中龙作为佛教护法神，受佛陀信赖，得以储藏法宝的天龙八部护法神角色，但却开始走上将本土龙文化与印度（南传佛教）龙文化相融合的道路。在此影响之下，傣族固有的原始水神也开始向龙王形象转变，只是这一转型未能很快完成。

综上所述，傣族龙文化体系的构成是复杂的，其文化内涵分层积淀的形式正浓缩了傣族文化发展的历史。对它的考察必须是全面的，决不能把各文化层面分离开来看。

第三节　佛教与纳西族龙文化

崇拜"署"是纳西族东巴文化中一非常普遍的宗教现象。"署"是纳西族民族宗教——东巴教神祇，是东巴神话中主宰自然空间的神灵，汉译为"龙"。[1] 在纳西族人民的观念中，署神（即龙神）无处不在，自然空间中的东、西、南、北、中五个方位分别由白龙、黑龙、绿龙、黄龙、花斑龙所主宰。在天上有 99 个龙、地上有 77 个龙、山上有 55 个龙、峡谷有 33 个龙、村寨有 11 个龙。另外，有神海之龙左纳厘翅、岩间之龙斯日涅麻、神海之龙虑衣古朴与涅之果瓦，以及云之龙、风之龙、虹之龙、河之龙、泉之龙、述之龙、坡之龙、草滩之龙、石之龙、树之龙、宅基之龙。[2] 可以说，龙之分布遍及整个自然空间，在大自然的每一个区域内都可以找到龙的踪迹。

与此相呼应，在长期的历史发展过程中，纳西族人民形成了较为复杂的祭龙仪轨、建构了等级制度森严的龙神体系，并且产生了极为丰富的龙

---

[1] "署"与"龙"实质上是有区别的，但为了保证全书的连贯性，在这一部分，我们仍将"署"称为"龙"或"那伽"。

[2] 白庚胜：《东巴神话研究》，社会科学文献出版社 1999 年版，第 89 页。

神物语。就龙神分布的地域、空间及其数量而言，与其他民族，如汉族、白族、彝族、傣族、藏族、布依族等龙崇拜的现象相比，纳西族崇龙现象以及因此而形成的文化体系较为独特，其文化意蕴较为丰富而复杂。

纳西族之所以能形成如此独具特色的龙文化现象，当与龙文化赖以生存的宗教环境——东巴教及其东巴文化背景密不可分。可以说正是东巴教赋予了龙崇拜较为复杂的宗教内涵，正是东巴文化给予龙崇拜较为丰富的文化意蕴。而这二者共同建构了纳西族龙崇拜的骨骼和经络，赋予之灵与肉，形成其极为复杂却极具灵气的宗教、文化特色。

纳西族地区的东巴教并不是云南佛教体系的一个成员，但它却表现出与佛教密不可分的影响关系。盖东巴教最初源于纳西族的原始巫教，"最初产生于原始社会的自然崇拜，逐渐发展到祖先崇拜和神灵崇拜，以后产生出巫师东巴，应是阶级开始分化的产物。隋末唐初，纳西族曾一度受吐蕃统治，接受藏族文化，东巴教直接受到苯教影响。以后又受南诏统治，也受到南诏文化的影响。在这个基础上，约在宋代，东巴教利用纳西象形文字编写经书，因此，文字和宗教都有很大发展，东巴教也成为纳西族的民族宗教，也就是说，东巴教的正式形成，约在唐、宋之际。"① 综观东巴教从原始的多神教这样一种部落宗教形式发展为多神崇拜的民族宗教形式，其间经历了较长的历史阶段，并在各个历史时段上，始终处于一种全方位融摄各种外来文化，尤其是佛教文化影响的动态发展结构之中。

东巴教既不属于原始宗教，也不是人为宗教，它处于原始宗教向人为宗教发展的过渡期。一般说来，东巴教不属于人为宗教范畴，因为它没有固定的宗教活动场所——寺庙，没有严密的宗教组织——教会，也没有高度组织化的僧伽传承制度，缺乏严格而富于义理性的宗教法规，没有稳定的宗教财产，这些显著特点决定了它暂时无法步入人为宗教的行列。但是与一般的原始宗教相比，它又具有不同于原始宗教的特征。据和志武等先生分析，东巴教与一般原始宗教相比，约有以下一些不同特征：

（1）它已没有"人头祭谷"或其他极为原始的宗教仪式；

（2）它有各地统一的教祖（祖师）丁巴什罗，有统一的三尊大神萨英威登、依古阿格和恒丁窝盘，并有龙鹏狮、尤玛、根空、卡冉等护法

---

① 和志武：《东巴教和东巴文化》，《东巴文化论集》，云南人民出版社 1991 年版，第 23 页。

神；念经作法时已用比较讲究的"经堂"了；

（3）它有灵洞崇拜，已形成到东巴教圣地白地阿明灵洞朝圣的习惯，并有缅怀教祖丁巴什罗的大小法会；

（4）它已有古老独特、系统、丰富的一千多册（不雷同）东巴经书，并有数十种比较完整的作法道场及其《动姆》（东巴经念经规程及书目）专书；

（5）它已有统一齐备的法器：如手鼓、板铃、法锣、法杖、法螺、五佛冠等，从丽江纳西东巴到四川木里纳日达巴几乎相同；

（6）它有各地大体类似的东巴跳神舞，并产生了著名的《蹉姆》（东巴舞谱）专书；

（7）它有各地统一的神轴画与木牌鬼神画，并产生了《课本》（木牌鬼神画）专书和大型布卷画《神路图》；

（8）在丽江县境，已出现过由群众集资筹办或私人开办的学习东巴经的短期讲习班；

（9）要当大东巴，虽无明确规定，但习惯上要举行一次"加威灵"的仪式，如鲁甸有八个东巴先后举行过这种仪式；

（10）大东巴死后，附近东巴会闻风而至，举行"超荐什罗"道场和跳神大典，如桑尼才、和学道这两位大东巴死时，分别有三五十东巴前来祭奠；

（11）经常组织一些大型法会，如什罗会、加威灵及追悼会、求雨会等；

（12）出现了一些学问很高，从事业余研究东巴文化的东巴，如编字汇的和泗泉、创切音法的和世俊、用标音字写经的和文裕，以及帮助国内外学者译经的和华亭、和芳、和才、和正才等。[①]

与一般原始宗教相比，显然东巴教已远远发展到一定阶段，它已开始形成人为宗教的一些特征，但正处于过渡时期。事实上，正是东巴教这一过渡性历史时段决定了东巴及其文化体系具有双重性特征：即既保留了原始宗教的某些特征，又开始具备了人为宗教的某些特色。东巴文化作为东巴教的文化表征体系，无疑也带有这种双重性的东巴教特征，只不过并不

---

① 和志武：《东巴教和东巴文化》，《东巴文化论集》，云南人民出版社 1991 年版，第 50 页。

像东巴教那样直接以宗教特征、仪式等特点表现出来，而是通过文化体系特定的表现方式将这一信息传达出来：以各历史时段为经，以与之相应的文化体系为纬，以层累的文化板块作为自己文化系统的各个组成层面。

东巴文化系统如此，作为其中一成员的东巴龙文化也如此，而且由于其在东巴文化系统中的历时性及共时性特征决定了它——东巴文化系统的龙文化足以代表东巴文化，其特征足以体现东巴文化系统的特征。

综观东巴文化系统的龙文化现象，可以看出其组成层面复杂多样，但与各历史时段相对应，几乎都有相应的文化板块积淀下来，从而形成了纳西族龙文化的层累叠加特征。

一 族群文化——古羌文化板块

从族源角度而言，纳西族显然属于古老的氐羌族群。据汉代许慎《说文解字》说："羌，西戎牧羊人也。从人从羊，羊亦声。"《风俗通义》亦说："羌，本西戎卑贱者也，主牧羊。故羌字从羊，人，因以为号。"由此证明，古羌人原是我国西北部地区的游牧民族，以养羊而著称，故以其为名号。今古羌遗系各族仍保留着养羊的传统，特别是在山区，其服饰亦与羊毛羊皮分不开，如羌族男女均喜穿羊皮褂子，彝族（凉山）喜穿羊毛披毡和"察尔瓦"，纳西族亦穿羊毛披毡（山区）、羊皮坎肩（男子）和羊皮披肩（女子）。又"羊"的读音，今汉族、羌族和彝族各支系、纳西族等民族基本一致：

汉	羊	$\textstyle \mathfrak{z}an^{35}$	（普通话）
羌	绵羊	ηu	（麻窝）
彝	绵羊	$\mathfrak{z}o^{33}$	（喜德）
白	绵羊	$no^{50}j\hat{o}^{42}$	（剑川）
哈尼	绵羊	$a^{31}jo^{55}$	（绿春）
傈僳	绵羊	$\mathfrak{z}o^{33}$	（碧江）
纳西	绵羊	$\mathfrak{z}u^{31}$	（丽江）[①]

对"羊"读音的一致性，绝非偶然，也不是各个民族的相互影响和借用，这只能表明这些民族氐羌族群系统的一致性。

---

① 和志武：《炎黄、古羌与东巴文化集》，《东巴文化论》，云南人民出版社 1991 年版，第 31 页。

其次，从纳西族形成的整个历史过程来看，它始终属于我国古代氐羌族群一分子。

据和志武先生考证，在汉代，纳西族先民被称为"牦牛种""越巂羌"，是古羌人中的一支。[①]《后汉书·西羌传》记载古羌人南迁以后，"子孙各别，各自为种，任随所之，或为牦牛种，越巂羌是也"。又说"牦牛羌在蜀汉，其种别名号皆不可纪知也"，尤言牦族支系称谓甚为复杂。到了晋代，牦牛羌的族称被"摩沙夷"所取代，《华阳国志·蜀志》越巂郡、定筰县（今盐源）载："筰，筰夷也……县在郡西，渡泸水，宾刚缴，曰摩沙夷。""筰"之称谓当来自纳西语和彝族的"人"tsho。盐源现属凉山彝族自治州，但纳西族也一直生息至今，而且从那时起，一直把"摩沙"作为纳西族的先民。今《中国地图册》四川省大渡河边泸定县南部仍有"摩西面"之地名，西昌南安宁河边有"摩沙营"地名，当是古代"摩沙"活动之历史印迹。[②]

对于"摩沙"名字由来，方国瑜先生考订甚详。方国瑜先生在《么些民族考》一文中指出："么"系族名，疑"沙"即纳西语 tsho。"人"，"摩沙"即是"摩人"或"摩族"。[③] 另有《纳西族简史》一书则进一步把"摩沙"的"摩"（包括后来的异写"磨些"、"麽些"、"麽梭"等，与商周至秦汉时的"牦、髳、旄"等称谓联系起来，认为"这一族称屡以同音字见载于古文献，反映了在祖国历史创造中它是一个应被重视的民族称谓。"并指出"摩沙夷"与"古代氐、羌部落有着极为密切的渊源关系"。[④]

"摩沙夷"这一民族称谓至隋唐五代时期又为"磨些蛮"所代替。据《蛮书》卷四记载它主要分布在"铁桥（今云南丽江县西北塔城上下，及大婆、小婆、三探览（均在今丽江县境内）、昆池（今四川省盐源县）等州"。另外，据《蛮书》卷三载，部分磨些族曾南下至今宾川宾居街一带建立越析诏，磨些蛮曾分散到今宾川县境内。后为蒙舍诏攻灭，这部分磨些蛮被迫北移，渡过泸水（金沙江）而"邑龙佉河"，迁移到今四川盐边

---

① 和志武：《炎黄、古羌与东巴文化》，《东巴文化论集》，云南人民出版社 1991 年版，第 39 页。

② 同上书，第 40 页。

③ 同上。

④ 同上。

县境内的赶鱼河两岸居住。天宝年间南诏与吐蕃结盟以后，磨些蛮处于吐蕃神川都督府（今丽江地区）和昆明城（今四川盐源、盐边）的统治下，受吐蕃的影响较深。贞元十年（公元794年），南诏吐蕃交恶，南诏在唐朝的支持下，北上攻破吐蕃神川都督府和昆明城，磨些蛮的分布区被全部纳入南诏统治范围之内。南诏于铁桥城（今丽江县西北部之塔城）设铁桥节度，于昆明城置香城郡，对磨些各部落进行统治。元代以后，磨些蛮又称"么些"族，是今天纳西族和摩梭人的先民。①

从上述资料可以看出，纳西族与古代氐羌族群密不可分的血缘关系。而正是这一明显的血缘关系促使纳西族先民在其形成和发展的历史过程中始终承袭着古羌文化的某些特征，龙崇拜便是其中之一。

纳西族对古羌文化的继承关系表现为龙崇拜，而这可通过纳西族祭天文化体现出来。"经研究发现，在中华民族古老的祭天文化和纳西族的祭天文化之间确能找到某些契合点，二者确有相继相承的关系。纳西族的祭天文化，从本质上讲，它应该是对中华民族祭天文化的继承，这对于研究纳西古文化和中华民族古文化有着不可低估的价值。"②

案：在纳西族古老的祭天文化中，龙神崇拜也是其中的一个方面。但值得注意的是，虽然龙神崇拜作为一个整体概念，在纳西族祭天文化中占有一定地位，但由于纳西族祭天文化历史时段过长，以至于在纳西族祭天文化体系中包含了不同历史时段形成的龙神崇拜现象。

一般说来，在纳西族祭天文化体系中的"龙神有什日和署类之分，什日是指狭义的龙神，署类是指主宰自然界的众神，分布很广，充斥于天上、地下、河流、山林、五方、湖泊泉泽、水中陆上等等，其本质的神格属性是水神"③。就流行范围而言，什日信仰显然低于署类信仰，但它却与署类信仰一样继承了古羌文化的特质，并流行于民间（详后）。而署类信仰可以说是对纳西族氐羌族群文化——古羌文化的直接继承者，即沿袭了以水神为崇拜意蕴的传统。

龙的原型较多，但在纳西族地区，蛇与龙的原型关系较为直接。"蛇类作为水陆两栖动物，它的奇美怪丽与幽灵性，它的制克较低动物的魔

---

① 万永林：《中国古代藏缅语民族源流研究》，云南大学出版社1997年版，第129页。
② 陈烈：《东巴祭天文化》，云南人民出版社2000年版，第155页。
③ 同上，第92页。

力，它的致命的毒涎以及蛇的别的性质的作用，使人们视之为水神本身而受到尊崇。后来，随着人类对水的存在范围的认识不断深化，水神所支配的空间及事物也不断扩大，其自身演化成了代表整个自然力的神灵。总之，对署的崇拜是从对水的崇拜生发而成的。署之所以重要，是因为水对自然万物的存在起到决定性作用。"① 如果没有署，"美令达金海呀，不枯也要干，海英宝达树呀，不塌也要倒，赠增海鲁石呀，不捣也会碎，居那什罗山呀，不炸也会裂！地上所有人类呀，没有水喝将会渴死掉！有角之兽得不到水喝，见了鲜草也不动心肠；有翅之鸟得不到水喝，见了颗粒也不动心肝；山上树木将被枯干完，箐谷流溪快要干涸完，蛇尾已枯，蛙嘴也干了！"（《休曲苏埃》）②。《休曲苏埃》这一东巴神话传说已表现出明显地受印度神话、受佛教影响的特征，但从上面所引的一段文字来看，显然其所指特性为署的水神文化内涵。

二 东巴教自然崇拜等原始宗教文化板块

龙崇拜在祭天仪式中是较为重要的一部分。而在纳西族的祭天仪式，署（龙）更多地表现出建立在水神信仰基础上的自然崇拜的特征，署的权限以司水为核心，但却上升为掌管整个自然界。司水已成为它整个权限范围的一部分。署已成为自然界之王。

根据东巴经记载以及从祭天礼仪用的大量木牌画来看，署共分为几大类：天上有 99 种、地下有 77 种、山上有 55 种、山谷有 33 种、村寨有 11 种等，分布极广，还有风、云、虹、泉、河、坡、岩、石之署，此外还有飞禽走兽类、水生类的署等。

署类神祇体现了古纳西族原初本土的自然崇拜思想。这一观念在众多的东巴经典中得到了格外的强调。如《美生都丁哲作》：

> 很古很古时代，开天辟地那时代，日出月出那时代，星出辰出那时代；美生都丁出世时，古鲁古究（署类）出世时。
> 美生都丁他，碰巧有一天，去雪山打猎；九座山头撵一只长角斑鹿，撵到七条深谷底，正在杀鹿来开剖；等于砍掉龙父杉枝会出血，

---

① 白庚胜：《东巴神话研究》，社会科学文献出版社 1999 年版，第 344 页。
② 和志武编译：《东巴经典选译》，云南人民出版社 1994 年版，第 116 页。

砍掉龙母桧枝会出奶；等于捉树上白鹇，套树下黑獐。

古鲁古究说：杀了我家耕牛马鹿呀，来砍父亲云杉枝，来砍母亲桧树枝，来捉树土的白鹇，来套树下的黑獐！他把美生都丁之灵魂，偷偷盗走了，关进古鲁古究家，上头盖住大铜锅，下头罩住大铁锅。

美生都丁他，来到黄绿相间之高原，走进高原大湖之湖岸。砍来竹头做笛头，叮令咚罗响，最后在高原湖旁睡着了。

古鲁古究家，孙子孙女小蛇儿女们，听着悦耳竹笛声而坐。天上恶老鹰，来捉小蛇儿女们，以为捉美生都丁。美生都丁他，用竹笛猛打天上恶鹰；小蛇儿女们，免遭恶鹰捉。

小蛇儿女们，回禀古鲁古究处："不是美生都丁呀，早被天上恶鹰抓；他用竹笛狠打天上之恶鹰，才不被恶鹰所抓。"

古鲁古究来说道："美生都丁他，请到家中来！"

古鲁古究家，孙子孙女们，来到美生都丁家请客："我们不被黑鹰抓，是你的功劳，请到家做客！"

美生都丁回答道："你家住在高山大湖之湖底，不能到你家呀。"

古鲁古究的孙子孙女又说："请你来看我的左手之袖口！"

看看左手之袖口，不觉已到古鲁古究家。古鲁古究家，男子已到九山去做活，妇女已到七谷去放牧。美生都丁他，又坐在床上。上头铜锅发出响声，下头铁锅发出响声。美生都丁发问道："上头铜锅出响声，下头铁锅出响声，那是什么声音呀？"

古鲁古究家的孙子孙女回答说："美生都丁你呀，由于杀了鹿耕牛，等于砍了父亲云杉枝，砍了母亲桧树枝，等于捉了树上的白鹇，套了树下的黑獐，因此盗来你的灵魂罩在此。等会九山做活男子回来时，七谷放牧女子回来时，他们会问到此来说啥找啥？你要回答做了善事并非来取酬，并非作恶来逼债；他们会说给你金和银，你要回答你家善于做变化，给银会变锡，给金会变灰，所给那些我不要。他们会说给了不要还要什么呢？你要说死我只要求打开上头的铜锅，打开下头的铁锅。"

交谈了之后，古鲁古究家，九山做活男子回来了，七谷放牧女子回来了。"美生都丁你呀，到底来此说啥找啥呵？"

美生都丁回答说："作善来取酬劳费，作恶来讨还血债！"

"给你金子和银子！"

"你家善于闹变化，给银会变锡，给金会变灰，给予那些都不要！"

"给了不要，到底要什么？"

"我只要求打开你家上头的铜锅，打开你家下头的铁锅呀！"

古鲁古究回答说："美生都丁你呀，由于你杀我家的马鹿耕牛，等于砍断父亲云杉枝，砍断母亲桧树枝，等于捉树上白鹇，套树下黑獐，因此把你灵魂来盖在此！本不应把锅盖开，但愿所做善事丢云际，所做恶事扔黑土，我家小蛇孙男孙女们，免遭恶鹰抓，听说是你的功劳呀。"

打开了上头铜锅，打开了下头铁锅；美生都丁呀，自己领回自己灵，自己领回自己魂，从高原大湖底走出来，回到家中后，白天骨头疼，夜晚肌肉疼。来到会占360卜法名巫处，又去求一卜，卜巫看得准："有那么一天，可能去雪山打猎，从九山撵一只长角斑鹿，追到山谷中，杀鹿来开剖，这等于砍了龙杀杉枝而流血，砍了龙母桧枝而淌奶；山神龙王古鲁古究家，来讨杀鹿之血债！"

美生都丁他，使快脚童奴，请来祭司做祭仪，搭白毡神坛，撒洁白祭米，摆上献神金银玉珠礼；做九节龙塔，建九座龙寨。精肯思美山，砍来美木树，美木做画牌；做一千白牦，做一万黑牦；做药碗药水，做奶碗奶水；偿还给古鲁古究家之债，偿还杀马鹿耕牛之血债，偿还砍断龙父杉枝之血债，偿还砍断龙母桧枝之血债；捉树上白鹇，偿还捉鹇债；套树下黑獐，偿还套獐债。

古鲁古究和美生都丁两人间，由丁巴什罗神调解，立下天大石碑来和解，打下地大木桩来和解。天上和解如星繁，地上和解如草旺，树下和解如叶增；祝愿得福禄和富贵，祝愿耳好声轻流水满地塘。"①

这则东巴经所载传说是由白地东巴和牛恒读经、和志武先生于1962年9月记译于白地乡。这则传说是以人（美生都丁）与龙（署类，古鲁古究）间之复杂关系为线索展开的，围绕着这一关系，来建构故事情节的。首先因为美生都丁犯禁忌而被署王古鲁古究将其灵魂关起来，后因救古鲁古究孙子孙女命而灵魂获释，但却未能弥补其犯龙王家的禁忌而有的

① 和志武编译：《东巴经典选译》，云南人民出版社1994年版，第157页。

过失，他必须请丁巴什罗天神调解，并进行祭祀活动方可化解。从故事内容看，这表现的是美生都丁与龙王古鲁古究家的禁忌及其化解方式，其实质反映了人与自然的关系，古鲁古究龙王及其家庭正是自然界的化身。美生都丁因猎杀了龙王家的长角斑鹿而犯忌。事实上这是指人类的滥猎行为，故而与其他滥砍伐森林的行为一样恶劣，作为自然界和谐安谧化身的龙王古鲁古究对此行为决不能坐视不管，因为维护自然和谐美满地发展正是他的主要职责。从这个意义而言，这则传说中美生都丁犯的禁忌就不仅仅是龙王古鲁古究家的禁忌，而是大自然的禁忌，是纳西族原始宗教崇拜的禁忌。"禁忌是良心的一种命令，违反这种命令会引起一种可怕的有罪感，这种有罪感是自明的，正如人们对这种有罪感一无所知"。① 这种禁忌显然是源于宗教崇拜。为了化解因犯忌或可能犯忌而产生的有罪感以及避免可能造成的后果，这就需要进行祭祀活动。这一活动表现在故事中便是："美生都丁他，使快脚童奴，请来祭司做祭仪，搭白毡神坛，撒洁白祭米，摆上献神金银玉珠礼；做九节龙塔，建九座龙寨。精肯思美山，砍来美木树，美木做画牌；做一千白牦，做一万黑牦……"这正是日常生活中宗教祭祀仪式的写照。

此外，我们还可以从故事中所传达出的一个信息看出署王崇拜的本质正是自然崇拜这一纳西族原始宗教一重要阶段的反映。

在故事一再重复强调美生都丁由于猎杀了龙王家的长角斑鹿，"等于砍掉龙父杉枝会出血，砍了龙母桧枝而淌奶"，在这里杉树、桧树被称为"龙父"、"龙母"。应该说龙王为动物类神祇，杉树、桧树属植物类别，两者属性、类别不同，不应产生任何联系。即便是杉树、桧树受到纳西族人民的广泛推崇，也只应将其作为神树而顶礼膜拜，似乎根本不应跨越动植物类别界限而将其联系起来。但在这则传说中不但将两者联系起来，而且还赋予其重要的血缘关系，并通过这一血缘关系还形成了禁止砍伐杉树、桧树这一具有了神威地位的树木禁忌。笔者以为事实上这正是署龙崇拜代表自然崇拜的反映。由于署类已泛化为自然界的化身和象征，故而早已成为植物崇拜对象的桧树、杉树也逐渐作为自然界的一分子而与署龙崇拜产生联系，甚至因其在植物界中的重要性而被称为"龙父"和"龙母"。

---

① ［法］布雷尔：《西格蒙特·弗洛伊德的基本著作》，转引自［英］埃里克·J. 夏普的《比较宗教学史》，吕大吉等译，上海人民出版社 1988 年版。

　　这一奇异现象显然表明了署龙崇拜与纳西族原始宗教中自然崇拜阶段的重要联系。在这一历史阶段中，署龙崇拜已不再仅仅是局限于水神崇拜这一文化层面，署龙也不再仅仅是以蛇等动物为原型（当然，此传说中也保留了蛇形原型痕迹，如古鲁古究的孙子孙女们为小蛇）。正因为其内涵之转变才会被纳入祭天仪式中。并作为自然崇拜为主要文化内涵参与到祭天仪式这一纳西族重要的宗教活动中。

　　在祭天仪式中，祭署（龙）称为"署古"或"署底古"。① "署古"或"署底古"仪式是非常隆重的，其程度仅次于祭天仪式。署古仪式又分例行式和临时式两种。例行式在每年二月上旬的龙日和蛇日举行。祭坛筑于村旁水源处，其目的是祈求署神保佑本年风调雨顺、五谷丰登、人畜平安。临时性署古又分两种，一种是为久旱久雨而举行，另一种是为辟地基盖房而举行。与例行式署古相同，求雨署古亦以村落为单位进行，只有辟地基署古在家庭内部进行。但是无论是例行式署古还是临时式署古都由东巴主持。一般来说，在纳西族祭天仪式中出现的署古是例行式的，与临时式署古相比，它更多地表现出与纳西族原始宗教间的渊源关系。

　　值得注意的是，在纳西族民间还盛行着另外一种形式的龙神信仰——什日信仰。它也积淀着纳西族深厚的原始宗教底蕴。

　　在一份象形文记载的祭天仪式细则中提及在正式开始祭天仪式之前，必须要进行祭"什日"的活动：

　　　　大年初一这天早上，待头鸡一啼，就得到河边去舀取净水（"向滤水女神"买净水）。待把水舀到家，先焚柏香、焚天香，然后冪净水。接着，置一张桌子在天井正中，桌面上撒上青松毛，安一口量斗在土边，斗口里插上香炷，斗旁焚上柏香，点上供灯，献上祭酒、祭茶，献上祭肉、祭饭。为"什日"（指龙王）的乘骑供上马料，供上芝麻，供上用植物油煎的食品，祭供"什日"。"什日"有十二尊，得用十二碗米饭。祭奠之前，先将一束蒿枝搭在一个冷水碗上，用烧热了的石头"打醋汤"解邪，驱走一切不洁净的晦气和污秽。然后可以迎请"什日"并行祭奠礼。然后为乌鸦喂食，进行贝卜。到此，

---

　　① "署古"仪式在长期发展过程中受到过藏族苯教、藏传佛教、汉传佛教、南诏佛教等因素影响，但其核心仍为纳西族原始宗教基本内涵，故置于此处讨论。

祭"什日"的仪礼已算完毕。①

此外，在祭"什日"仪式中，还有祭天词口诵经曰："什日与厘蒙（也为龙神）相伴随，向东方的木什日，向南方的火什日，向西方的金什日，向北方的水什日，向大地中央的土什日，向居住在吕依格孟山的什日……洒奠纯美的格日。"②（格日为醇美的酒之意）

据戈阿干先生分析，"纳西象形文中的'什日'，属于本民族早期形成的以蛇为生物原型的龙神雏形。'什曰松'可视为纳西人的原始祭龙仪规。在民间有的纳西人并不都知道有其署与龙，但都知道，也懂得敬畏'什日'。东巴主持署古仪式十分威严壮观，但'什日松'古规仍旧保存于民间。"③ 显然，戈阿干先生认为在纳西族民间文化层面中，署与"什日"相比，"什日"具有较深一些的历史文化底蕴。这有一定道理。但我们同时还应注意到无论是在民间，还是由东巴主持的宗教仪式中，"什日"与署一旦被纳入到祭天仪式中，就意味着它们都有一定发展，其原初的崇拜内涵也发生了一定变化。在祭天仪式阶段，它们既体现出原初的崇拜内涵，同时也表现出纳西族原始宗教的其他文化内涵，其中尤以自然崇拜内涵为主体。当然，由于祭天仪式历史跨度大，署龙崇拜在外来文化的影响下，又产生了许多变化，这是不应否认的。

三 藏族苯教文化板块

对于纳西族龙崇拜与藏族苯教文化板块之关系，被西方学术界誉为西方"纳西学研究之父"的美国著名学者洛克博士早已在他的关于《论纳西人的那伽崇拜及有关仪式》一书中进行了详细论证。其中该书的前言部分被两位中国学者白庚胜和杨福泉先生取出作为单独一文——《论纳西人的"那伽"崇拜仪式》，并译为中文。在这篇文章中，洛克先生指出：

当安东·希夫纳尔（Anton Shiefner）翻译的第一部苯教著作

---

① 陈烈：《东巴祭天文化》，云南人民出版社 2000 年版，第 39 页。

② 《祭天古歌》，中国民间文艺出版社 1988 年版，第 250 页。

③ 戈阿干：《纳西族象形文字"龙"》，《民族文艺研究》1996 年第 2 期。

《十万白那伽》问世后，学术界感到很失望，因为学者们在阅读它之后，认为与佛教经籍没有什么不同。然而希夫纳尔所翻译的这部著作确实是受佛教影响的苯教典籍。而劳弗（Laufer）所译的经籍却是典型的喇嘛教经书，其中完全没有提到先饶米沃（gshen-rebs-mi-bo）等苯教神人的名字。

现在所发现的纳西文献，特别是关于那伽的文献是纯粹源于苯教的（着重号原文无），这些文献的内容比在西藏所发现和业已翻译出来的苯教文献要丰富得多。而且这些纳西文献绝对不是佛教典籍，因为纳西人只是在后来才与佛教产生联系。在纳西人崇拜那伽而举行的仪式中，要咏诵 60 多册经籍，所有这些，都使我们得出这样的结论：纳西人有关那伽崇拜的文献可以上溯到藏族的原始苯教，而不是现在已融会了苯佛内容的衰退的苯教形式。

在为数众多的纳西族宗教仪式中，有一些是完全源于苯教的，如"堕拿肯"（^{3}Cto' na^{3}k' Ö），而人们还所知甚少的苯教大仪式"堕"（lto 或 gto）必定是与纳西的"堕拿肯"相同的仪式。在"堕拿肯"仪式中，要咏诵不少于 85 本的经书，杀很多祭祀用牲，该仪式前后要花一个星期的时间。[1]

洛克先生的分析可谓切中肯綮，他以精炼的文字点明了纳西族传统文化与藏族本教之间的影响关系。

盖纳西族东巴教主要是受藏族苯教、佛教等外来文化的影响而形成的民族宗教。至于东巴教与藏族苯教之关系，国内外许多学者均有大量论述。例如和志武先生举例分析：

"东巴"有多种称谓，其中 bünbü 一称，当是钵教"本波"的音译。东巴一词，读"钵"，又意为"祭"和念经"；字象人坐形，头戴佛冠即五佛冠，与钵教同。东巴教借用了钵教和喇嘛教的许多宗教用语。如：高老（神）、老姆（女神）、东马（面偶）、可鲁（神座）、巴当（如意结）、丁商（抵响）、窝左（前后藏）、休曲（神

---

① ［美］洛克：《论纳西人的"那伽"崇拜仪式》，载白庚胜、杨福泉编译《国际东巴文化研究粹编》，云南人民出版社 1998 年版，第 49 页。

鹏）、星给（狮子）等等。东巴教信奉的三尊大神，即"萨英畏登"、"英古阿格"、"恒丁窝盘"，前两尊当是钵教和藏传佛教的神名，"英古阿格"还直接借用藏文字母代表，"恒丁窝盘"是纳西语"白骨大神"之意。东巴教的护法神，也有来自钵教的，对"龙、鹏、狮"三尊护法神，东巴经读"高老邦曲星松"；四头护法神读"卡冉"；九头护法神读"根空"，这些显然是钵教的藏语音读。①

此外，还有国内外许多学者，如杰克逊、郭大烈、李霖灿、和万宝、李国文、白庚胜、杨福泉、陈烈等都曾分别著文或在论著中提及，兹不具述。

盖东巴教受藏族苯教浸染之深其来自于此，在西藏苯教作为该地区的原始宗教在佛教传入后，与之进行了激烈的斗争，以至于在约公元740年至786年在位的藏王赤松德赞下令将苯教徒驱逐出西藏，不许留存于它的起源之地。这一历史事变可能是一些纳西族和摩梭人成为苯教徒的原因。赫尔穆特·霍夫曼（Helmut Hoffmann）所著的《西藏苯教历史研究》一书有了详细论述，藏王赤松德赞对苯波们说："你们这些苯波，你们已经变得太有势力了，我料想你们是要我的臣民疏远我。"除了少数苯波变为佛教徒外，大多数苯波被放逐了。据说他们只准带上半面鼓，也许还有板铃"展来"，把这些东西裹在蓝色棉布中，然后骑在公牛和驴上被驱逐出境，屈辱地被放逐到西藏边境四周的荒僻地区。在苯波被放逐去的那些地方的名称中，有个地名叫姜么，现在，姜是藏人对纳西和摩梭人的称呼，藏王格萨尔曾与姜部落之王三赆（Satharn）打杖，现在，三赆是丽江的藏语名字。姜么实际上是指里塘区域。②

值得注意的是，纳西族东巴教是在原始宗教的基础上发展起来的，约在7世纪开始，受到吐蕃和南诏文化的影响，特别是受到藏族苯教的深刻影响之后才由部落宗教逐步过渡为多神崇拜的民族宗教——东巴教。从历史时段看，或许正是西藏赞普赤松德赞大力弘扬佛法而将苯波们驱逐出境

① 和志武：《东巴教和东巴文化》、《东巴文化论集》，云南人民出版社1991年版，第24页。

② ［美］洛克：《论纳西人的"那伽"崇拜仪式》，载白庚胜、杨福泉编译《国际东巴文化研究粹编》，云南人民出版社1998年版，第50页。

之举，为东巴教之逐渐成熟提供了一个历史契机，在某种意义上可以说是历史造就了东巴教与西藏苯教之间的渊源关系。

就龙神崇拜而言，它作为东巴教的一个重要组成部分，势必要受到西藏苯教的深刻影响。在我们具体展开分析之前，考虑到西藏苯教在其发展的过程中，又时时汲取了藏传佛教的影响，故而在某些方面，西藏苯教和藏传佛教表现出重合之处。就龙神崇拜而言，在印度文化中已有较为悠久的历史，并在西藏苯教和藏传佛教中以各自方式表现和发展起来。鉴于这种重合性存在可能，故而在论及西藏苯教对其影响时，尽量选取佛教中没有的部分作为代表，而有重合的则放在下面将讨论的佛教部分。

综观西藏苯教对东巴文化中龙崇拜的影响，主要可通过龙的来历——卵生说窥其一斑。

据东巴经典《苏通苏贝》记载龙王的身世，是这样叙述的：

> 很古时候，未知龙渊源，莫谈龙祭仪；未知龙历史，莫做龙祭仪。上面出天气，下面出地气；天气地气做变化，出白云黑云；云来做变化，出白风黑风；风来做变化，出白霜黑霜；霜来做变化，出白露黑露；三滴白露做变化，美令达金海呀，出现这个海；美令达金海里头，金黄大蛙呀，出现这只蛙。
>
> 金黄大蛙呀，一年在什罗山的东方，白银海里头，白银蛋巢中，身子三蠕动，望着坐一下，生出一对白银蛋。一年在什罗山的南方，碧玉海里头，碧玉蛋巢中，身子三蠕动，望着坐一下，生出一对碧玉蛋。一年在什罗山的西方，墨珠海里头，墨珠蛋巢中，身子三蠕动，望着坐一下，生出一对墨珠蛋。一年在什罗山的北方，黄金海里头，黄金蛋巢中，身子三蠕动，望着坐一下，生出一对黄金蛋。一年在什罗山的中央，斑珠海里头，斑珠蛋巢中，身子三蠕动，望着坐一下，生出一对斑珠蛋。金黄大蛙呀，下蛋已三年，抱蛋孵不出，不会取蛋名，不会看蛋因，不知蛋渊源。人生辽阔地，盘人纳人来商量，巴人吾人来商量，上天十八层，不是丁巴什罗神，就不能解决孵蛋取名之大事，需要去请丁巴什罗来。老吾老萨哥，骑劳大白马；金蛙子白蝙蝠，骑大雕白马：上天十八层，去请丁巴什罗神。丁巴什罗呀，从天下凡那天，烧一炉天香，摇金子板铃，蛋名由他取，蛋因由他看，蛋源由他知。

什罗神山之东方，那对银白之银蛋，名叫白山神和白龙王，名叫白龙主，名叫塔优冲欣，名叫萨大生虎头，让其住在白螺高山上，白螺悬岩中，白螺大海里。什罗神山之南方，那对玉碧之玉蛋，名叫绿山神和绿龙王，名叫绿角龙主，名叫龙主金补，名叫萨人生龙头，让其住在碧玉高山上，碧山悬岩中，碧玉人海里。什罗神山之西方，那对珠墨之珠蛋，名叫黑山神和黑龙王，名叫黑角龙王，名叫多堆赤补，名叫萨大生熊头，让其住在墨珠高山上墨珠悬岩中，墨珠大海里。什罗神山之北方，那对金黄之金蛋，名叫黄山神和黄龙王，名叫黄角龙王，名叫吕英金补，名叫萨大生鸡头，让其住在黄金高山上，黄金悬岩中，黄金大海里。什罗神山地中央，那对花斑之珠蛋，名叫花山神和花龙王。名叫花角龙王，名叫左那里赤，名叫萨大生鱼头，让其住在花珠高山上，花珠悬岩中，花珠大海里。丁巴什罗他，取名取完了之后，回到居那什罗山，住在锦缎帐房中，诵念禅高吾窝恒之经来修行。

到了月亮九月十三天，什罗山东方，那对银白之银蛋，变成白山神和白龙王，变成白角龙王，名叫塔优冲欣，变成萨大生虎头，住到白螺高山上，白螺海里头，山神出世了，龙王出世了。请山神来到此地，迎龙王降到此地。什罗山南方，玉绿之玉蛋，变成绿山神和绿龙王，变成绿角龙王，名叫龙王金补，变成萨大生龙头，住到碧玉高山上，碧玉海里头，山神出世了，龙王出世了。请山神来到此地，迎龙王降到此地。什罗山之西方，那对珠墨之珠蛋，变成黑山神和黑龙王，变成黑角龙主……什罗山之北方，那对金黄之金蛋，就成黄山神和黄龙王，变成黄角龙王……什罗山之地中央，那对斑珠之珠蛋，变成花山神和花龙王，变成花角龙主，名叫左那里赤，变成萨大生鱼头……①

从东巴经典叙述的这段山神龙王的来历看，它们与金黄大蛙下的蛋有直接关系，所有的山神龙王全部属于卵生。显然，在东巴经中这则龙王来历的传说属于卵生型神话。

据统计，东巴神话中的卵生型作品数量可观，而且卵生的内容十分丰

---

① 和志武编译：《东巴经典选译》，云南人民出版社 1994 年版，第 167 页。

富。最常见的是神、人、官、吏、民、匠等共生于蛋的传承。《崇搬图》对此是这样表现的：远古时代，一只名叫俄余俄毛的白鸡下了九对白蛋。其中，一对生出了天神与地神，一对生出了胜利神和福神，一对生出了丰穰神与善神，一对生出了男神与女神，一对生出了匠神与智慧神，一对生出了测度神与度数神，一对生出了官员与头目，一对生出了男巫与女巫，一对生出了猿与原人。①

如果对之进行仔细分析，可以发现东巴神话卵生型传承的最显著特点是它与二元起源论的有机结合。白庚胜先生认为在《崇搬图》中，宇宙本是混浊未分，经过缓慢的变化，由幻影中生产了三元九宫，出现了真与假、虚与实。真实相结合变成白天，白天化育出好声好气，好声好气化育出了英格阿格善神。这位善神乃是一只神禽，它所下的白蛋孵化出了一只白鸡，白鸡生下九对鸡蛋，衍生出了盘、禅高、吾、俄诸神。虚假相结合变成黑松石，黑松石化育出黑光，黑光化育出怪声怪气，怪声怪气化育出了英格（古）鼎（丁）那恶神，英格（古）鼎（丁）那生下九对黑蛋，化育出了鬼、蜮、嘟（毒）、臻（仄）、猛、恩等等魔怪。这里，原初的蛋被明确地判别为善与恶的对立，并以白色与黑色分别进行表象，用白鸡生九蛋化出神灵谱系，用黑鸡生九蛋化生出鬼魔谱系的方式完成了对宇宙万物的体系化。从彝语支其他民族少有此类二元卵生传承的情况可以推知，这并不是纳西族固有的卵生型神话，而是舶来品，是典型的印藏系宇宙起源论。②

国外学者卡尔梅（Karmey Samtcn G.）对苯教宇宙起源说中二元无法对立与卵生之关系作过以下分析，苯教认为：

> 最初，有一位具有五元精髓的那姆卡·托登·却斯姆神。他的五元后来被创始神第加尔·库帕集于身上，并"哈——"地喊了一声，此声遂变成了风。风快速绕光环而生火，火借风越烧越炽烈。火之热与风之冷相结合而生露，露滴中所蕴含的原子群随风依次被搅动，并流散于空间不断重叠，渐渐高如大山。世界正是这样被创始神第加尔·库帕所创造的。从五元精髓化育出光蛋与暗蛋。光蛋呈立体，大

---

① 白庚胜：《东巴神话研究》，社会科学文献出版社 1999 年版。第 277 页。

② 白庚胜：《东巴神话研究》，社会科学文献出版社 1999 年版，第 279 页。

如牦牛。暗蛋为金字塔形，亦硕大如牛。创始祖第加尔·库帕用光环毁坏光蛋，光环与光蛋相碰撞而产生之火花四处散落，化生成托尔塞神（飞散之神），光线照彻下方，产生了达塞神（箭之神）。从蛋中心出现的是长着灰宝石头发的白色男子西帕塞波·布姆梯，他为存在世界之王。在与创始神第加尔·库帕相反处，卡尔帕·美布姆·那波在黑暗中砸破了暗蛋，黑光闪烁，产生了无知和雾，无力与疯狂，从蛋心出现的黑色男子叫姆帕·仄尔旦·那波，他是空虚世界之王。西帕塞波·布姆梯为神，而姆帕·仄尔旦·那波则是恶魔。

五元生雾与雨，汇成了汪洋人海。风吹海水，从中浮现出青光蛋之泡沫，泡沫大如帐篷。它靠自我之力量破壳，诞生了一位青色的女子，塞波·布姆梯与其取名曰查姆·加尔摩。并且，塞波·布姆梯与查姆·加尔摩相交媾，生下了野生动物。其过错在于不行婚礼，不互相触鼻。后来，他们改行婚礼、互相触鼻，生下了九兄弟与九姐妹。[①]

分析这一传承，从五元精髓集于一身的那姆卡·托登·却斯姆神及创始神第加尔·库帕出现至神灵西帕赛波·布姆梯与恶魔姆帕·仄尔旦·那波诞生为止，基本上与东巴神话《崇搬图》开头部分相对应。区别仅仅在于东巴神话并不讲述露水因水之热与风之冷生成，以及将那姆卡·托登·却斯姆神—创始神第加尔·库帕抽象为真实与虚假的对立。所谓的"光蛋"就是东巴神话中的白蛋，所谓的"暗蛋"就是东巴神话中黑蛋。白色男子西帕塞波·布姆梯无疑就是东巴神话中的英格阿格善神。黑色男子姆帕·仄尔旦·那波无疑就是东巴神话中的英格（古）鼎（丁）那恶魔。他们无论是在表色上还是善恶二元对立方面都是对应的。[②]

对于这一跨越了历史时空的相似性现象做出的解释就是东巴教及其相应的文化体系在逐步形成过程中，由于受到西藏苯教黑白二元对立论的卵生型观念及其神话的影响，便将之纳入到自己系统之中。就龙神来历的卵生类神话来说，它正是西藏苯教这一观念的直接体现者。它从一个侧面也反映出西藏苯教对纳西族龙神崇拜的影响。

---

① 转引自白庚胜：《东巴神话研究》，社会科学文献出版社 1999 年版，第 280 页。
② 转引自白庚胜：《东巴神话研究》，社会科学文献出版社 1999 年版，第 281 页。

四 佛教文化板块

从历史发展阶段来看，纳西族民族在其形成至定型这一漫长的过程中，受到了佛教的深刻影响。而且佛教派别也不仅仅只是局限于藏传佛教，由于种种历史原因，汉传佛教以及南诏佛教等均对之产生了影响。考虑到各佛教流派的同源性特征导致各佛教流派文化系统存在相似性现象，故而本部分在着重论述佛教对东巴文化中的龙神崇拜产生影响时，就不再细分各流派及其差异，而笼统概之为佛教。

综观佛教对东巴文化中的龙神崇拜观象产生的影响，其主要表现如下：对印度大鹏鸟（金翅鸟）与龙之争斗故事情节的沿袭。

东巴经《休曲苏埃》是专门叙述神鹏和龙王做斗争的作品：

> 很古很古的时候，龙王人祖两个呀，好父亲哟是一个，好母亲哟是两个，俗话称作同山不同海。
>
> 家禽和野兽，不会同吃一丛草；客人和主人，不兴同过一座桥。龙王人类两弟兄，不到九座山上去砍柴，不到七条河谷去搭桥，天天闹着要分家。说是要分天和地，要分山和峰，要分房屋和村寨，要分肥田和荒地，要分家禽和野兽，要分金子和银子，要分碧玉和珍珠。
>
> 老天高不可攀，大地深不可越！
>
> 人龙两弟兄，只能把那宽的砍两半，长的裁两节。家产分两份，财产分两份。什么都分了，惟独没分那顶宝珠帽。那顶闪光的宝珠呀，是父亲留下的传家宝，分家不分传家宝，讲定弟兄共同来保存。
>
> 龙主左那里赤呀，居心叵测哟，悄悄偷了那顶宝珠帽，藏到美令达金人海底下。一顶帽子下，龙族建九个寨，人类没有立足地；一只马蹄下，龙族辟了七个村，人类没有插锥地。山上所有的树木，都被龙族所占领，取名叫"克木"。箐谷所有的溪泉，都被龙族所占有，取名称"龙水"。
>
> ············
>
> 龙主左那里赤呀，不让人类开辟新的天，他自己却开了九重天，不让人类建造新的地，他自己却建了七层地。恶霸龙族呀，不让人类到高原放牧，不让人类去开荒种地，不让人类去挖沟引水，不让人类下活扣来捕禽兽，不让人类牵起猎狗去打猎，不让人类平安地生息在

大地上。

．．．．．．．．．．

　　住人辽阔地，阳神和阴神商量，能者和智者商量，酋长和官员商量，所有的人们都来商量：人和龙的是非呀，不是丁巴什罗他，没有人来分得清，要到天国去请他下凡。

　　"动本阿高"哥，骑上直头公山骡，来到天国去请什罗来下凡："大神丁巴什罗呀，请去评判人龙的是非，请做人和龙的酋目和长老，请去保佑人类的安康！"

．．．．．．．．．．

　　丁巴什罗呀，从龙主左那里赤家里转回来，又让螺白神鹏鸟，选定初一那一天，去把龙主左那里赤捉回来。螺白大鹏鸟，展开金翅膀，从东方飞到西方，飞到美令达金海上空；鹏鸟影子照海中，龙主左那里赤呀，一见到神鹏影，很快潜入海底藏起来。

　　丁巴什罗呀，又给鹏鸟安上铁嘴和铜嘴，套上铜爪和铁爪。选定十五那一天，又让神鹏去把龙主左那里赤捉回来。螺白神鹏呀，飞到西海岸上空，朝着东方来等待，专心守住美令达金海。龙主左那里赤呀，拿着全盘和银盆，带着玉篦和珍梳，又到美令达金海来洗梳。

　　正当龙主痛快梳洗时，上面鹏鸟箭似飞过来，一爪捉住龙主的脑袋，把他提上来。龙主左那里赤呀，好像毫不在乎似地对螺白神鹏说："即使你呀，不停地拉我，我的身躯越拉越伸长！我的身子可以绕三绕，绕了三次还会伸长呀！"

　　螺白神鹏针锋相对地说道："我的三股巨力呀，还没完全使出来，不到居那什罗山以前，决不会轻易放过你！"

　　螺白神鹏呀，紧紧抓住龙主不放松，拉到居那什罗山上来，把它身子拴在大山上。第一次绕一圈又拉一下，美令达金大海呀，顿时干涸了一节。第二次绕两圈又拉两下，美令达金大海呀，顿时干涸了两节。第三次绕三圈又拉三下，美令达金人海呀，顿时干涸了三节。

　　螺白大鹏呀，把那不服输的龙主左那里赤紧紧拴在什罗山的坚硬桑树上，不分昼夜来看守……

　　鹏龙之争的故事在东巴经中多有演述。基本情节是相同的，在有的传说中龙主为女性，名为署美那布，与人类为兄妹。从上面所引文字可以看出鹏龙之斗的原因主要在于龙王与人类之间的矛盾，人类为解决这一矛盾，才不得不请居住于天上的丁巴什罗神作为东巴，以祭司的身份来调解，而丁巴什罗神的调解方式，首先是迫使龙主就范（即通过鹏鸟的威力先制服它），其次便是通过祭仪来彻底化解人类与龙的矛盾："丁巴什罗大神呀，在那'精肯苏美'坝，砍来'每'树的木牌，做成七百高的龙神牌，做成五百低的龙神牌。在那'恒依窝金'河上游，建下碧绿柏树塔，立下九节的龙塔。做成象征性的九座龙王寨，做九丛竹林，做九丛白杨，做成黄花绿花，又给山神龙王烧天香。炒起青稞来抵一千白牦牛，炒起荞麦来抵一万黑黄牛，财产瞒住龙主眼，粮食遮住龙主脸；龙主心也笑起来，恰似满锅开水倒出来"。从这一复杂而有序的祭仪方式可推知：在东巴经所敷演的这则传说中，其鹏龙之争主题仅仅是表面化、符号化的，其深层次主题是人与自然崇拜、人与龙崇拜之关系。而这则神话传说则是对这一宗教主题的文学性表述而已。

值得注意的是，综观东巴文化体系与藏族、印度文化体系，不难发现：在这三种文化体系中都同时存在鹏龙（或金翅鸟与那伽）之争斗故事。

在藏传佛教文学中，鹏龙争斗主题也常出现。例如：西藏贡布日山的昌珠寺之来历就与之有关。

　　文成公主观天察地，算出罗刹女妖的一臂就在贡布日的西南方向。这里是一个人湖，湖中有一条五头怪龙时常作怪。为了镇服怪龙，据说松赞干布来到贡布日修得正果，变成一只大鹏，飞到离贡布日不远的另一座山上。这山叫做铁不日山（鸡冠山），大鹏停在山头，紧紧盯着湖中怪龙，只要它一露头，就俯冲下去，一口啄掉一个龙头。斗累了，又飞回铁不日山休息。这样反复多次，终于把怪龙的五个头全啄下来。为了彻底镇压怪龙，松赞干布在湖上填土建了一座佛殿，命名为"昌珠寺"。"昌珠"的意思是"鹰叫如龙吼"，取意为大鹏鸟相斗发出震天动地的吼声。这是藏地最早建立的佛殿。①

从上引文字可以看出，由于深受佛教文化的影响，鹏龙之争的主题已

①　《藏传佛教故事》，四川美术出版社 1990 年版，第 8 页。

被纳入藏族文化体系中。

事实上，就印度佛教文化体系而言，鹏龙之争的主题常出现于印度佛教文学中。其产生根源应为印度古代神话。

在由威尔肯斯（W. J. Wilkins）编的《印度神话》（*Hindu Mythology*）一书中详细地叙述了印度民间流传的金翅鸟（Garuda，即藏族、纳西文化中的鹏）这争斗原委及结果：

> Garuda is the mortal enemy of snakes. His mother Vinatā quarrelled with her sister, Kadru, the mother of the snakes, respecting the colour of the horse that was produced at the churning of the ocean; Since that time there has been constant enmity between their descendants. On the occasiog of his marriage, the serpents, alarmed at the thought of his having children who might destroy them, made a fierce at-tack on him; but the result was that he slew them all, save one, which he has ever since worn as an omarnent round his neck. To this day superstitious Hindu respeat the name of Gamda three trees before going to sleep at night, as a safe-guard against snakes. [1]

译文如下：

> 金翅鸟是蛇的天敌。他的母亲维那和妹妹迦德卢在谈论（诸天）搅拌动海洋（译者按：指因陀罗与诸天诸天神搅拌乳海，以获得长生露一事）所产生的那匹马的颜色时，争执起来。而迦德卢是蛇类的母亲。从那以后，他们的后代之间便种下了永恒的仇恨种子。在金翅鸟举行婚礼时，因事先受到警告，毒蛇们害怕金翅鸟的孩子们会摧毁他们，故而便对金翅鸟发动猛烈袭击。但最终，金翅鸟战胜了他们，只有一条蛇残存下来，但是它也受伤了，伤痕竟成为围绕他脖颈的一个装饰品。直到今天，按印度迷信的说法，在睡前重复三次念叨金翅鸟的名字，就会受到保护，不被毒蛇伤害。
>
> 这则故事恐为印度古代人民观察到自然界中金翅鸟乃是蛇的天敌

---

[1]　W. J. Wilkins *"Hindu Mythlolgy"*, Rupa, co., New Delhi, 1994. p. 452。

这一自然现象而敷演开来的。如果说这则故事过于简略，那么下面将要提及的故事则较详细一些：

The following legend from the Māhābhāratā gives the account of his liberating his nvother from servitude, and of his appointment as the Vālan of Vishnu。His mother, having lost her wager with her sister respecting the color of the sea-prduced horse, was reduced to servitude to the serpents, who, being anxious to become immortal, promised to liberate her on condition that her son Garuda should bring them chandra (the Moon), whose bright spots are filled with amrita. Before starting on this expedition he went to his mother for food, who advised him to go to the seashore and gather what ever he could find, but entreated him to be most careful not to eat a Brāhman; adding, "should you at any time feel a burning sensation in your stomach, be sure you have eaten a Brāhman".

After receiving this warning, he set off on his journey. Passing through a country inbabitted by fishermen, he at one inspiration drew in houses, trees, cattle, men, and other animals. But among the inhabiants swallowed, one was a Brāhman, who caused such a intolerable burning in his stomach that Garuda, lonable to bear it, called in the greastast haste for him to come out. The Brāhman refused unless his wife, a fisherman's danghter, might accompanny him. To this Garuda consented.

Pursing his joumey, Garuda met his father Kasyapa (he shines as the Pole Star), who directed him to appease hid hunger at a certain lake where elephant and tortoise were fighting. the tortoise were eighty miles long, and the elephant one hundred and sixty. Garuda with one claw the elephant, with the other the tortoise, and perched with them on a tree eight hundred miles high. But the tree was unable to bear the ponderous weight, and, unhappily, thousands of pogmy brāhmans were then worshipping on one of it's branches. Trembling lest he should destroy one of them, he took the boush in his beak, continuing to hold the elephant and tortoise in his claws, and flew to a mountain in an unhabited county, where he finished his repast on the tortoise and elephant. Garuda having surmounted astonishing dangers, at last seized the Moon and concealed it under his wing. On his retwrn, however, being attacked by Indra and the gods, he ovrecame all, excepting Vishnu. Even Vishnu was so severely put to it in the contest, that he cane to terms with Garuda, made him immortal, and promised him a higher seat than his own; While on his part Garuda became the Vāhan or carrier of Vishnu. Since then, Vishnu rides upon Garuda, while the latter, in the shape of a flag, sits at the top of Vishnu's car. [1]

　　这则传说是关于金翅鸟如何将他的母亲从奴婢的地位解救出来以及他自己如何成为毗湿奴的坐骑（Vāhan）的来历。但其起因却是金翅鸟与蛇的对立。（因限于篇幅，在此不再翻译）

　　对于这样同一内容的事，印度民间还流传很多，但有的故事却把上引故事（英文）中的提及毗湿奴及其他天神与金翅鸟交战的细节换成了因陀罗与金翅鸟相斗。如：《鸟王伽拉多救母亲记》（因前面与上引故事基本一致，故略）。

　　　天神们正在天宫里宴饮。忽然，狂风大作，电闪雷鸣，乌云笼罩，好像要有什么东西降临此处。大家正惶惶不安时，祭主出现了，他说："大鸟来了，想要窃取我们的长生不老药，你们赶紧战斗吧。"因陀罗和天神们连忙披上战甲，拿着长剑和标枪，守护在长生不老药旁。突然，巨鸟展开他那巨大的双翼，犹如一轮光芒四射的太阳出现在众神面前。立刻，天神们从四面八方投掷铁饼、标枪，如飞雨一般密集。伽拉多怒吼着，鼓动着他那强劲的双翼，伸出他那锐利的双爪，直打得天神四处逃窜，无还手之力。伽拉多不费力气便拿走了装着长生不老药的瓶子，离开天宫。

　　　就在这时，因陀罗追过来了，他挥动手中的金刚杵猛击大鸟。大

---

① W. J. Wilkins *Hindu Mythlolgy*, Rupa, co., New Delhi, 1994. p. 452。

鸟却皮毛丝毫不损。伽拉多这时对因陀罗说:"你和我斗是白费力气。我力大无穷,你不是我的对手。但是我不想成为你的仇敌。假如你想和我成为朋友,就跟我走一趟。当我和我母亲从蛇类中解脱奴隶的镣铐时,你可以把这药带回去。我不会阻拦的。"因陀罗很高兴,他也怕和大鸟继续和他为敌呢。所以他说道:"伽拉多,你的英明使我钦佩,我愿和你成为朋友。而且,为了表达我这种心意,我愿赠给你一件礼物,你说,你要什么?"伽拉多想了想,说:"让蛇类成为我的食物吧!"从这时起,蛇类便成了鸟王伽拉多和他的子孙们的口中食了。

两人来到蛇岛,伽拉多告诉蛇类:"我遵守协定,拿回了长生不老药。药现在放在俱舍草上,你们洗漱完后去尝尝吧。"

蛇类很高兴,于是释放了伽拉多和他的母亲,随后赶忙去洗漱一番。就在这时,因陀罗趁机悄悄把长生不老药拿走了。蛇类回到放长生不老药的地方,却不见了长生不老药。没有办法,只好舔刚才放过药瓶子的俱舍草,结果蛇的舌头分了叉。而俱舍草,也成为一种圣草。①

显然,这则故事较前面那则故事,对伽拉多(即金翅鸟)与天神因陀罗的战斗场面更多笔墨描写。值得注意的是,从时间顺序而言,因陀罗神产生的时间较毗湿奴要早,而毗湿奴被奉为主要神祇乃是印度教形成之后,并且在历史发展长河中,印度大规模的造神运动规律表明,每当一种新的宗教派别形成之际,它都会汲取印度古代神话传说以及民间传说作为辅教工具,同时又将其中的神祇,尤其是较为有名的神祇纳入自己的神系中。但这一神祇在新的神祇系统中,其地位显然逐渐下降。有的神祇甚至因年代久远,逐渐失去说服力,故而其地位会为别的神祇所取代。如上引故事中的因陀罗神便是这样。

尽管如此,我们却可以通过在印度神话传说中因陀罗天神与毗湿奴神在同一主题、同一题材和类型的故事中,位置的替换而判断出这两则故事产生时间,即:因陀罗神的这则故事在先,而毗湿奴的在后。

通过对这几则印度古代神话传说中相同主题的故事顺序之分析,不难

① 曾明编著:《印度神话故事》,宗教文化出版社1998年版,第15页。

推论出：在印度，金翅鸟与蛇（梵语 Nāga，汉译为"龙"）的争斗主题
一经产生便在各历史阶段被传承和沿袭下来。并随着印度各主要宗教派别
的融摄和传播，在世界各地广为流传。在今柬埔寨吴哥古迹中还保存着一
幅巨蛇（那伽）被绕在印度传说中的须弥山上的图画。

　　就印度佛教文化体系中金翅鸟与那伽的争斗主题而言，它显然也是以
这种方式继承下来，并对之进行了加工和改造。佛典撰集者们无疑是利用
了民间传说的深厚基础，但这种改造附会仍很明显。据《佛说长阿含经》
卷四《分世纪经·龙鸟品第五》记载：

　　　　若卵生金翅鸟欲搏食龙时，从究罗晱摩罗树东枝飞下，以翅搏大
海水，海水两披二百由旬。取卵生龙食之，随意自在。而不能取胎生
湿生化生诸龙。若胎生金翅鸟欲搏食卵生龙时，从树东枝飞下，以翅
搏大海水，海水两披二百由旬，取卵生龙食之，随意自在。若胎生金
翅鸟欲搏食胎生龙时，从树南枝飞下，以翅搏大海水，海水两披四百
由旬，取胎生龙食之，随意自在。而不能取湿生化生诸龙食也。湿生
金翅鸟欲食卵生龙时，从树东枝飞下，以翅搏大海水，海水两披二百
由旬，取卵生龙食之，随意自在。湿生金翅鸟欲食胎生龙时，从树南
枝飞下，以翅搏大海水，海水两披四百由旬，取胎生龙食之。若湿生
金翅鸟欲食湿生龙时，从树西枝飞下，以翅搏大海水，海水两披八百
由旬，取胎生龙食之，随意自在，而不能取化生龙食也。若化生金翅
鸟欲食湿生龙时，从树东枝飞下，以翅搏大海水，海水两披二百由
旬，取卵生龙食之，随意自在。若化生金翅鸟欲食胎生龙时，从树南
枝飞下，以翅搏大海水，海水两披四百由旬，取胎生龙食之，随意自
在。若湿生金翅鸟欲食湿生龙时，从树西枝飞下，以翅搏大海水，海
水两披八百由旬，取湿生龙食之，随意自在……

　　虽然那伽（亦即"龙"）被金翅鸟吞食这一事实是血淋淋的，但金翅
鸟对那伽的袭击却井然有序，必定遵循一定原则。在卵生龙王宫所在的树
东枝上当有卵生金翅鸟王宫；在胎生龙王宫所在的树南枝上当有胎生金翅
鸟王宫；在湿生龙王宫所在的树西枝上当有金翅鸟王宫；在化生龙王宫所
在的树北枝上当有金翅鸟王宫；金翅鸟搏食龙时，均须按照与各自相应的
方位去奋翅搏击大海。仿佛一切都是那么讲求秩序。这类凭空杜撰的情节

听来未免可笑，却未尝不是佛经结集者们非常值得得意的一笔。

此外，由于佛法讲究慈悲博爱，故而在金翅鸟与龙相斗的佛典文学中，这一佛教义理亦得以体现。如《佛说海龙王经》卷四《金翅鸟品·第十六》云：

> 尔时有龙王，一名噏气，一名大噏气，三名熊黑，四名无量色，而白世尊言……有四种金翅鸟，常食斯龙及龙妻子，恐怖海中诸龙种类。愿佛拥护，令海诸龙常得安隐，不怀恐怖。于是世尊脱身皂衣，告海龙王：汝当取是如来皂衣分与诸龙王，皆令周遍。所以者何？其在大海中有值一缕者，金翅鸟王不能触犯，所以者何？持戒者所愿心得……假使三千大千世界所有人民，各各共分如来皂衣，终不灭尽，其欲取衣，譬如虚空，随其所欲则自然生，佛所建立不可思议巍巍功德如斯矣。时海龙王即取佛衣，而自分作无央数百千段，各各部部分与龙王。龙王之官随其所之广狭大小，自然给与。其衣如故，终不知尽。

龙王既是信心归向的弟子，自然会受到佛世尊慈力加披，俾其"常得安隐，不怀恐怖"。佛典固然继承了龙类与金翅鸟这矛盾深结的故事题材，却由此而派生出其他一些新的物语。以佛之皂衣来保护龙宫及龙种的故事正属于此类派生故事的一例。

综上所述，印度佛教文化体系秉承了印度古代民间神话传说中金翅鸟与那伽争斗的题材，将之作为辅教工具而加以改造、加工。并且在佛教向外弘扬之际，也随之将之输出印度，以至于这一主题在世界许多国家和地区都广为流传。

至于东巴经典中叙述的鹏龙争斗故事显然受到了印藏文化，尤其是佛教文化体系的影响。关于这一点，我们除了可以从上述各故事中窥其一斑外，还可以从东巴经典中神鹏一直守护着的"含依达巴树"与前引《佛说长阿含经》卷四《分世记经·龙鸟品第五》中提到的"究罗睒摩罗树"有关来找出其间的影响关系。

盖在东巴教中，"含依巴达树"是神树，在祭天仪式中必须要祭祀它。相传"含依巴达树"生长于美利达金海中，长有 12 片叶子、12 个枝叉、开 12 朵花，从此天地有了 12 支属，一年阴阳 12 个月也从这里开始。

神树开的是金花、银花，结的碧玉果、珍珠果。树上有鹏鸟、大雕等上千种飞禽来栖息、树下有鹿子等上万种走兽在奔跑。作为神树，它在祭天仪式中占有较为重要的地位。在祭天坛的设置中必须要栽一棵活松树象征"含依巴达"神树。树上缀以许多彩色纸花，古代要用彩色线扎成绦须挂在树上，用黄色的蔓菁代替"金花"，用白色的蔓菁片代替银花。祭天时要用神树祭献美酒，念诵祭词。祭词曰："在含依巴达神树上，由金翅大鹏鸟来停落。病痛与大鹏无缘，死神与大鹏无缘，大鹏的啼声永不消失……神树长成 12 节，卢与沈把生肖的一轮排成 12 年。树上有 12 个枝丫，卢与沈又把一年分成 12 个月。树上有 360 片叶子，12 个月再分成 360 天。神树上绽开银花，神树上闪耀金花，金花银花多么美丽。神树上结出松石的果子……愿吉祥的神鸟为我们恩赐福泽，愿树上的金花银花永远艳丽，愿树上的金果玉珠永远丰收。"从祭词内容可以看出鹏鸟（亦即金翅鸟）是栖息于生于大海里的含依巴达神树上，这与金翅鸟栖息于大海岸边的究罗睒摩罗树不应该是巧合。它们之间应该是存在以佛教为媒介的文化影响关系。而且这一影响关系是直接从鹏龙（金翅鸟与蛇）相争这一主线衍生出来。

当然，佛教对东巴文化中龙崇拜的影响不仅仅只表现于鹏龙争斗的主题，其他如龙王家族、龙宫观念、龙的变化神通等等也是藉佛教文化为媒介对东巴文化产生影响的。因在本书的其他章节已有类似分析，兹不具述。综上所述，东巴文化中的龙文化是由各个不同的文化板块积淀形成的，它们共同建构了东巴龙文化体系，赋予之深刻内涵，而在这一复杂的文化体系中，佛教对其影响最为深刻。

第四节 佛教与汉、白族龙文化 及其影响异同比较

一

龙是中华民族精神的象征，龙文化源远流长，它是中华民族文化现象中产生较长、持续时间较长、分布较广，也最为复杂的一种文化现象。但它并不是只存在于汉族地区，在我国的许多少数民族，如白族、彝族、傣族、纳西族、壮族、苗族、布依族等等在历史上都有崇龙习俗。它们与汉族龙文化一起共同组成了中华龙文化。对汉族和白族龙文化进行研究，有

利于我们更好地认识中华龙文化这一复杂现象及其规律。

就起源问题而言，汉族和白族龙文化之间并没有直接的相互影响关系。它们都是以继承先民传承下来的龙文化为基础来发展自己独具特色的龙文化。但它们却在继承先民文化遗产的这一层面上表现出一种历史事实的关联，亦即远古氐羌族群与远古炎黄集团、华夏族及其龙文化的密切关系。这一历史层面上的密切联系也体现在汉族和白族形成和发展的族源问题中。这一族源问题上的历史联系不仅折射出汉族和白族在远古时期的历史事实联系，同时也透露出汉族龙文化和白族龙文化在起源问题上的某种关联。

从族源角度来看，汉族的形成较白族产生时间早，且在其初步形成后仍不断处于发展变化的动态过程中。汉族本身的定型就是多民族融合的结果。上古时期，炎帝、黄帝和蚩尤三大民族集团经过阪泉之战和涿鹿之战后，最终合并发展成为炎黄集团。后来它又融合了东夷、西戎、南蛮、北狄，历经夏、商、周以及楚越（各融合了许多古代民族），逐渐形成华夏集团，并以华夏族为主体于秦汉时期形成了相对稳定的汉族。其后又历经魏晋南北朝，与北方民族匈奴、乌桓、鲜卑、羯、氐、羌等族，南方民族蛮俚、僚、傒等族的大融合，发展成为民族文化大融汇的当时世界文明高峰的唐文化。又经宋、辽、西夏、金、元、明、清各朝，与突厥、回纥、吐蕃、吐谷浑、奚、契丹、党项、女真、蒙古、满等民族大融汇，最终形成汉族的雏形。从汉族形成和不断融合发展的动态历史过程可以看出：构成汉族主体成分的是华夏族，而华夏族的核心要素却是炎帝和黄帝两大部落族群构成的炎黄集团。这一民族集团在汉族形成的历史过程中始终起着凝聚力的作用。

从民族学和历史学的角度来观察，炎黄集团以及建立了夏王朝的夏禹及周朝在历史上与远古时期的氐羌族群有密切关系。

远古时期，炎帝和黄帝族群与氐羌族群有历史关联。关于黄帝、炎帝的事迹在史书中多有记载。

唐代张守节《史记正义·帝王本纪》云："神农氏，姜姓也。母曰任姒，有氏女，登为少典妃，游华阳，有神龙首，感生炎帝。人身牛首，长于姜水。有圣德，以火德王，故号炎帝。初都陈，又徙鲁，又曰魁隗氏，又曰连山氏，又曰列山氏。"在刘宋裴骃《史记集解》中对神农氏作了解释："皇甫谧曰：'《易》称庖氏没，神农氏作，是为炎帝。'班固曰：

'教民耕农，故号曰神农。'"神农氏与炎帝实为一人，只是称谓不同而已。值得注意的是，在《帝王本纪》中叙述的关于炎帝身世的这则感生神话中它强调了炎帝是母亲有氏女感神龙首而生炎帝，炎帝实为神龙之后。另外，据王大有先生考证，炎帝母亲有氏、炎帝母女登氏即属于中华民族龙凤祖先世系中的大龙系，则从这个意义上而言，炎帝为龙族之后是名副其实的。

在唐代张守节《史记正义》中对黄帝的身世亦有论及："黄帝，有熊国君，乃少典国君之次子，号曰帝轩氏。母曰附宝，之祁野，见大电绕北斗枢星，感而怀孕，二十四月而生黄帝于寿丘。寿丘在鲁东门之北，今在兖州曲阜县东北六里。生日角龙颜，有景云之瑞，以土德王，故曰黄帝。"其中"大电绕北斗枢星"乃龙象之兆，故黄帝"生日角龙颜"，亦为龙子。对此，《史记·天官书》有"轩辕，黄龙体"的论述。而刘宋裴骃《史记集解》解释为："孟康曰：'形如腾龙。'唐司马贞《史记索隐》中录《援神契》曰：'轩辕十二星，后宫所居。'石氏《星赞》以轩辕龙体，主后妃也。在唐代张守节《史记正义》云：'轩辕十七星，在七星北，黄龙之体，主雷雨之神，后宫之象也。阴阳交感，激为雷电，和为雨，怒为风，乱为雾，凝为霜，散为露，聚为云气，立为虹霓，离为背，分为抱饵。二十四变，皆轩辕主之'。"这几则史料对黄帝与龙之关系，即黄帝乃龙之后，故也以龙形或龙象行于世作了详细说明，其中尤以《史记正义》对黄帝与龙神及其职能之关系进行了明确解释。

值得注意的是，龙与远古时期的氐羌族群与直接关系。《山海经·海内经》云："伯夷父生西岳，西岳生先龙，龙生氐羌。"这一记载简洁扼要地指明龙与氐羌族群的关系，亦即龙产生于氐羌族群中。

事实上氐羌族群崇龙现象在商代甲骨文和金文中已有所体现。"'龙'字始建于中国目前所知最古老的文字——商代甲骨文和金文中。""商代甲骨文龙的含义，据研究大致可分为四类：一、龙甲，殷先祖谥号。如：'卜贞御妇好于龙甲'（《殷契遗珠》六二〇）。二、龙方，方国名。如'贞勿乎妇妌伐龙方'（《殷墟书契续编》四·二六·三），'王龙方伐'（《小屯·殷墟文字乙编》二三九七）。三、龙，神祇名。如：'……龙……'（《殷墟书契粹编》四三八），王国维解释为'求'，郭沫若释为'祈祀之义'，全辞当为向龙祈祷之意；'…卜，其兄龙，用。壬戌……'（《殷墟书契后编·下卷》十四），'兄'即

'祝'，全辞明言对龙祝祷；'丁未卜龙若……于父丁十……'（《戬寿堂所堂殷墟文字》十五），'若'，罗振玉与郭沫若均释为'顺'，即'惟'，全辞意为向龙卜问，希望能利于实现卜者的愿望；'壬寅卜宾贞若兹邑龙不若王固曰帝兹龙不若。'（《殷契遗珠》六二〇），全辞意为向龙卜问未来天气的晴雨状况。四、似为祸患。如：'乙巳卜贞有病身不其龙'（《小屯·殷墟文字乙编》四〇七一）；'央贞妇好龙'（《殷墟粹编》一二三一）。"这段资料表明，龙神早在殷商之前就已形成；同时在殷商时期还活动着古代氐羌族群部落，如"龙方"。故在甲骨文中有"王宙龙方"，"龙来氐羌"之说。这也正如刘淮城先生指出的："呼龙部落的羌龙，说龙部落自氐羌来，可见龙部落是生活在黄河上游一带的。她经常与殷人为敌，有时主动入侵殷族，必然有着强大的势力，否则是惹不起统治着黄河中下游的殷人的。这样的部落，自然不会形成于殷代，早在殷代之前许久，就已成长着、壮大着了。他们的名称——龙，当然也有长久的历史，不至于是到殷代才取的。可以肯定，在父系氏族公社时期，龙部落就打着龙的旗帜，活动在黄河上游一带了"。

氐羌崇龙由来已久，那么炎帝、黄帝崇龙，均为龙子，并因之而具异德与氐羌崇龙又有何关系呢？

"炎、黄两大部落是氐羌系统中的两大通婚集团"，据《国语·晋语四》记载："昔少典氏娶于有氏，生黄帝、炎帝。黄帝以姬水域，炎帝与姜水域。成而异德，故黄帝为姬，炎帝为姜。"黄帝、炎帝活动的区域姬水、姜水，在今陕西省境内，即黄河流域和渭水流域。早在上古时期，黄河、渭水流域均为古代氐羌族群活动的地域。远古时期，部落兼并融合之事不时发生，炎、黄两大部落生活在势力强大的氐羌族群活动区域，如果不与氐羌族群具有内在联系，是不可能生存下去的。

这一联系通过"炎帝姜姓"这一史料可窥其一斑。上引《国语·晋语四》日："炎帝为姜。"唐代张守节《史记正义·帝王本纪》记："神农氏，姜姓也。"这几则史料固定地传达出炎帝姓姜这一信息。而在古代，姜、羌二字可通假，皆从羊，意谓游牧民族。"炎帝为姜"反映出炎帝及其统治地部落系统成员。另外，由于炎帝、黄帝据《国语·晋语四》记载，均为"少典氏娶于有氏女"而诞生，则炎帝、黄帝血缘相同。既然炎帝及其部落属于氐羌系统，则黄帝族群亦应属于氐羌系统。

　　通过上述分析可知炎帝、黄帝均属氐羌族群系统，且都继承了远古时期氐羌崇龙习俗。

　　至于建立了夏王朝后，被奉为夏朝始祖的夏禹则表现出与氐羌族群及其龙神更为密切的关系。

　　在古代典籍中，对于禹与氐羌之关系多有记载。如《史记·六国年表》中有"禹生于西羌"之说。《吴越春秋·越王无余外传》云："鲧娶于有莘氏之女，名曰女嬉年。年壮未孳，嬉子砥山，得薏苡而吞之。意若为人所感，因而妊孕，剖胁而产高密（禹）。家于西羌，地曰石纽。"石纽在今四川茂汶羌族自治县境内。又《后汉书·戴良传》云："大禹出西羌。"在《竹书纪年》中，对大禹的家世叙述得更为完整："帝颛顼高阳氏，母曰女枢，生颛顼于若水（今四川西南的雅砻江），颛顼之子鲧，生禹于石纽。"禹乃帝颛顼之孙，而颛顼是黄帝之孙。据《史记·五帝本纪》载云："帝颛顼高阳者，黄帝之孙，而昌意之子也。""黄帝二十五子，其得姓者十四人。黄帝居轩辕之丘，而娶于西陵之女，是为嫘祖。嫘祖为黄帝正妃，生二子，其一曰玄嚣，是为青阳，青阳降居江水，其二曰昌意，降居若水，昌意娶蜀山氏女曰昌仆，生高阳。"从上述史料可以看出，禹乃黄帝之后，且黄帝族中的一部分自始便活动于今岷江（江水）和雅砻江（若水）流域地带，后来的夏族是其中的一部分。既然黄帝族为氐羌族的成员，且也有崇龙习俗，则夏族作为黄帝后裔，继承先祖时代遗留下来的崇龙习俗也就在情理之中。

　　至于周朝，也与氐羌族及其龙神有较紧密的联系。

　　周朝，原活动于今陕西武功一带，其西部的甘肃，后来便成为羌族的主要聚居区。周族的始祖母叫姜原，即"姜姓原字。"据《史记·周本纪第四》云："周后稷，其母有邰氏女，曰姜原。"《说文》云："邰，炎帝之后，姜姓，封邰，周弃外家。"周族源出于姜姓氏族，亦即炎帝族之后裔。《后汉书·西羌传》曰："西羌之本，出自三苗，姜姓之别也。""或谓'姜姓之别也'，应作姜姓其别也。即姜氏族是羌族中的一部分，亦即周族即为羌族中的一部分。后来由于生产、生活的条件不同，周族发展得快，与羌族有了差别。及至周族从羌族中分化出来之后，羌族的分布区域便集中在西北的甘青高原和西南地区。"而留在中原地区的周族与已经融合的黄帝族、夏族一起先后融合为华夏族（汉族的前身）。

　　通过上述分析可知，汉族是多民族融合的结晶，而构成其主体的炎黄族群、夏族、周族原先都是先后活动于中原地区的氐羌族群系统成员。后来由于发展条件不同，才与氐羌之间有了区别。汉族在其逐步形成和发展的过程中，始终是继承和发展着祖先们传承着的崇龙习俗。

白族与汉族相比，其与远古氐羌及其龙神的关系显得更简单和直接。

白族的形成与汉族一样，都是在长期的历史发展过程中多民族融合的结果。

当黄帝族、夏族、周族的大多数人口已先后在中原地区融合为华夏族（汉族的前身）时，落后于华夏族的另一些羌族人口，聚居在甘青高原上，过着迁徙不定的游牧生活。及至东周初年，流动在今陕西、河南等地的部分，受到中原诸侯的排挤，四处流散。到公元前七世纪中叶以后，秦国发动大规模征服兼并其邻近的羌部落的活动。于是，居住在甘青高原的一部分羌部落，由于畏秦之威，便向西部和西南地区迁徙。公元前七世纪中叶以后向西南迁徙的这部分羌族人口，显然与黄帝时期就居住于西南的那部分羌族人口逐步融合了。汉司马迁《史记·西南夷列传》中记载公元前 2 世纪云南境内的民族部落时说："皆氐类也。"据尤中先生考证，司马迁所言的这些氐羌部落人口，就在云南境内而言，主要是分布在今滇西的大理州、楚雄州和滇池地区。正是这些氐羌部落人口与白族先民产生了极其密切的族属关系。

从历史过程来看，滇僰、叟、西白蛮是构成白族先民的主体民族。白族先民是先秦时期主要分布于云南内地坝区的许多部落的融合体，当中则以僰人为主体民族。僰人从族属源流上属于氐羌。秦汉以后，从甘青高原向南"随畜迁徙"游牧的羌人到云南境内的"西至桐师以东，北至叶榆"（《史记·西南夷列传》）的洱海周围，"地方可数千里"的地区，与当地土著'的白族先民融合，过着"椎结，耕田，有邑聚"的生活，他们和今天的白族有渊源关系。

及至公元前 3 世纪，楚庄王使将军庄蹻入滇，庄蹻把楚国先进的文化和技术带到了"靡莫之属"（荀悦《汉记》卷十一）的滇池地区，并建立了以白族先民僰人等"靡莫之属"为主体的滇国奴隶制国家，使楚人融合于僰人，创造了发达的经济、文化，为西汉时期在云南设置郡县和形成滇楚，确立了前提条件。东汉末年到西晋时期，在先前僰人分布的滇中地区，取而代之的是"叟人"。据《华阳国志·南中志》曰："汉武帝元封二年（公元前 109 年），叟反，遣将军郭昌讨平之。因开为郡，治滇池上。"僰和叟都是氐人，又称"氐僰"（《后汉书·杜笃传》）和"氐叟"（《华阳国志·汉中志》），他们之间有着族属上的渊源关系。由于内地汉民大量进入僰人地区，加速了汉族不断融合于僰人之中。加之王莽时期的民族歧视政策，北方氐叟大批进入滇中地区与僰人合流，进而促成了"僰"这一族称的消失和叟这一族的出现。到了三国两晋时期，由于僰、叟交融，滇中和滇东地区成为叟人的世界，称为"叟夷"，其首领称为"叟帅"（《华阳国志·蜀志》）。西晋时期，滇东叟族大姓的反晋斗争和频繁的战乱加速了叟人西迁永昌，造成了后来西向滇西发展，以及云南经济文化中心逐渐西移的局面。东晋以后，"叟"这族称就不见于史籍记载，代之而起的是南北朝时期的白族先民——西诸强族。氐是南中的大姓之十，曾称霸滇东、滇中地区。时值中原南北对峙的战乱频繁时期，云南偏安一方，长时期未受到外来的军事干扰，社会秩序较稳定，经济文化有了较大的发展。隋唐之际，西白蛮已自滇池地区发展到洱海地区。公元八世纪中叶，南诏统一洱海地区后，继而征服了东西。击破了西部地区后，一次用武力强迫迁徙白蛮20万户于永昌城。南诏时期，白蛮大姓大都做了南诏的大官。南诏瓦解后，白蛮建立了大理国，其贵族先后交替充当大理国的国王。从南诏起的五百多年间，洱海地区成为云南的政治、经济和文化中心，居住在该地区的各部族，发展了共同的经济文化，有了渐趋一致的语言和风俗习惯，近而形成了一个较稳定的共同体，至此，白族共同体形成。

在白族共同体形成的过程中，白族人民继承着远古氐羌族群保留下来的崇龙习俗，并以此为基础，发展和创造出富有民族性、地域性的白族龙文化。

二

汉族和白族龙文化在起源上具有某种历史关联，而在其各自的发展轨道上，白族龙文化与汉族龙文化再次表现出历史的相似性特征——均受到了印度佛教龙文化的影响。当然，由于汉族和白族龙文化在接受和融摄印度佛教龙文化的影响前，都已形成了自己独具特色的民族文化，故在接受影响的过程中，都以自己本民族的接受屏幕和期待视野来融摄和改造印度佛教中的龙文化，因此，尽管汉族和白族龙文化在发展过程中都受到了同源龙文化①的影响，它们却在形象、神性职能、家庭及其相关物语等方面表现出自己独特的地域性和民族性特征。

（一）

就龙形象而言，汉族的龙从唐朝开始，由于受到印度佛教中那伽（梵语 Nāga，意为"蛇"，到中国后译为"龙"）影响，大量出现了中国龙王龙女及龙家族形象，印度龙（蛇）的形象似乎未为汉族完全接受。当龙以动物形象出现时，汉族龙的形象始终处于发展之中。就目前从文物上看到的龙的形状，包括甲骨文、铜器铭文中的龙字，无论早晚均可将龙分为四大部分，即头部、腹部、四肢、尾部。头部包括角、发、胡、髯、髭、髦和颈；腹部包括双翼、背鳍、腹甲、鳞等；四肢包括肘毛、爪等；尾部包括尾鳍等。从夏朝到清代的数千年里，龙的形状发生了很大变化，经历了一个由低级到高级，由简单到复杂，由朴素到华丽，由不足到充实的过程。即使是同一时期的龙，也因地区和作者的不同而存着差异。据邢捷、张秉午先生考证，龙的头部在演变中变化较大。夏、商、周时期头部近于方形，多正面平列图，头部附加物少。战国时期头部开始变扁，而且与同时期的凤、麒麟的头部有许多相似之处。宋代头部附加物逐步完善。明代龙嘴扁且长；至于龙角，商代的龙已有角，多呈柱形。到春秋晚期龙角有所伸长，至隋唐时期开始有明显分叉。宋代以后，分叉较多、较长，似鹿角；龙发最晚出现于南北朝时期，均向尾部披散。到宋代有的发梢向上卷，金、元时期龙的发梢有的向前弯曲。明代龙的发梢多向上。清代龙的发梢又向后伸展；髭约出现于汉代；髯约出现于南北朝时期；胡约出现于汉代，髦约出现于宋代；关于龙的腹部：夏代至春秋时期，龙的腹部与颈部、尾部的衔接很协调，由颈至腹逐渐变粗，由腹至尾逐渐变细。从战国时期至五代，腹部凸起。从宋代起恢复了战国以前的形状，只是龙体更加修长、弯曲，趋于完善。夏代龙的背鳍不明显，至商代则已有之。汉代背鳍排列疏松，唐、五代时期则已细、密。明、清时代的背鳍更为缜齐、美观，趋于定

---

①　形成汉族的主体炎黄集团、夏禹王朝等均与古代氏羌民族有密切联系，而白族的主体先民也为古代氏羌后裔，故汉、白族在某种程度上均继承了古氏羌崇龙习俗。又虽然汉族接受大乘佛教影响成分多，白族一开始接受印度密宗成分多，但从佛教龙文化来源看，它们均同源于印度。

型。腹甲约自汉代有之，唐代腹甲已极整齐细密。双翼自汉代有之，双翼的出现可能与宗教信仰有关。双翼的龙以汉、唐时代为多。自商代开始已有鳞，形状有蛇皮形、菱形和长方形。自汉代始似鱼鳞，但排列疏松，唐、五代时期已趋缜密；商代的龙已有四肢，爪数依稀可见。春秋、战国时期，龙的四肢明显伸长，爪数也清晰可数。商代龙的爪似为三爪，三爪龙一直延续到五代。至宋代出现四爪，明代出现五爪。但三爪、四爪龙在宋代以后也还没有消失。龙约在汉代始出现肘毛，于南北朝时期趋于明显，更为美丽；至于龙尾，战国以前龙尾逐渐收缩，从战国时期至五代变得很细，近似虎尾，宋代及以后又恢复原状。尾鳍的出现最晚在五代。[①]

　　从汉族龙形象的整个演变过程看，印度那伽（蛇）的形象未对汉族龙起较大影响，虽然汉族龙形象也有出现蛇身类型的，但这主要是由于龙文化起源的多元化所致，而非印度那伽形象影响。此外，由于受印度宗教哲学的轮回观和泛灵论观点的影响，那伽从一开始便在印度神话传说中以人形化形象出现。自佛教两汉之际传入中国后，随着对印度佛教文化的了解日深，唐始于中原地区开始出现中国化的龙王龙女人形形象，从这一角度来看，印度那伽崇拜对中原地区龙形象的影响是十分关键和重要的。它直接导致了唐传奇中龙王龙女故事物语的大量产生。

　　与汉族龙形象的演变相比，白族龙形象却表现出与佛教（印度密教、汉传佛教、藏传佛教）较为密切的关系。

　　就白族龙形象的起源而看，祥云大波那出土的战国时期的木椁铜棺墓的两横壁上，已铸有鹰、燕、虎、豹、野猪、鹿、鳄鱼等动物形象。虽然这上面未出现任何龙形象，但在"这里边已有自然崇拜和图腾崇拜的痕迹。比如鳄鱼就和后来白族的龙崇拜有关了"。[②] 这表示在云南战国时期龙的原型已开始萌芽。及至唐时南诏国建立，白族共同体形成，白族龙形象才开始出现并获得迅猛发展。由于受到印度—东南亚密教、汉传佛教、藏传佛教及汉文化的影响，白族龙形象的发展呈现出多元性

---

① 参考邢捷、张秉午：《古文物纹饰中龙形象的演变与断代初探》，《文物》1984年第1期。

② 王明达：《本主崇拜的产生和本主故事的时代特征》，《边疆文化论丛》第一辑，云南民族出版社1988年版。

和地域性的民族性特征。

早在青铜时代，云南与印度就存在着一条连接今四川、云南和中印半岛诸国的秘密通道。这条通道在汉代被称为"蜀身毒道"。任乃强先生在《华阳国志·图经志校注》中曾提及汉代永昌郡有印度佛教徒活动，这些僧人还沿"蜀身毒道"进入蜀地。汉代司马迁《史记》中也曾提及此道。初唐时期，"蜀身毒道"在史籍中被称为"西二（洱）河天竺道"。（近年来学术界誉之为"西南丝绸之路"）

查诸樊绰著《蛮书·南蛮疆界接连诸蕃夷国名》载："大秦婆罗门，界永昌北，与弥诺国江西正东安西楼接界，东去羊苴咩城四十日程，蛮王善之，衔来其国。"又载："小秦婆罗门与骠国及弥臣国接界，在永昌北七十四日程，俗不食牛肉，预知身后事，出见齿（金齿）、藤越诺，共大食国往来。蛮夷善之，信通其国。"大秦婆罗门在恒河流域，小秦婆罗门在东印度，今阿萨姆那一带。"由于南诏永昌、丽水二节度与骠国、天竺相接，彼此之间的交往不绝如缕。这一时期恰逢印度密宗开始流行并向外传播的时期。由于'蛮王善之，衔宋其国'，'蛮夷善之，信通其国'，天竺僧人便从'西二（洱）河天竺道'十分便捷地进入洱海区域传播密宗"。事实上，正是由于蜀身毒道［或西二（洱）河天竺道］的存在，早在初唐时期，西二（洱）河区域的佛教已具有一定规模，著名的大理崇圣寺千寻塔即建于初唐后期。佛教从初传至洱海区域，到发展成为一定规模，乃至形成频具南诏文化特色的阿叱力教，经历了一个漫长的过程。从阿叱力教形成的过程来看，在其发展初期和中期阶段，印度佛教东南亚佛教对其体系的形成和完善，起到了关键性的决定作用。我们甚至可以认为在某种程度上白族阿叱力教的形成正是佛教密宗白族化和地方化的结果。尤其是佛教在南诏国的劝丰祐时期（公元824—859年）被定为国教，印度僧人及佛教密宗的作用是不容低估的。

正是在印度佛教密宗的影响下，白族龙文化在一开始时全方位接受了印度佛教中龙王形象，并以之为本民族龙王形象。这可通过著名的《张胜温画卷》中龙王形象的描绘即可窥见一斑。在《张胜温画卷》第11—18页中，描绘了印度佛教中龙神部族之首——八大龙王，即优钵罗龙王、摩那斯龙王、白难陀龙王、和修吉龙王、莎竭海龙王、难陀龙王、德叉迦龙王、阿那婆达多龙王。画卷中八大龙王的造像均已人形化，这充分表明了它们与印度密宗的密切关系。在佛教中，这八大龙王为群龙之首，均皈依佛祖，为护法神。其中难陀龙王，梵名 Nanda，又作难途龙王、难头龙王，意译为喜龙王、欢喜龙王。它与优波难陀（跋难陀或白难陀）龙王为兄弟。难陀善能顺应人心，调御风雨，深得世人喜爱，故有喜龙王之称。据《增一阿含经》卷二十八及《宝积经》卷十四载，此龙王有七头，性频凶恶，后为佛陀弟子目犍连所收伏。《过去现在因果经》卷一、《法华经》卷一《序品》等皆载，难陀龙王为护法龙王之上首。于密教中，此龙王住于胎藏界曼荼罗外金刚部院南、西、北三门内之右侧，与各门左侧之跋难陀龙王相对。据《大日经疏》卷五载，此二龙头上皆有七头，右手执剑，左手执索，住于云上；优波难陀龙王，梵名 Vpannda，又作婆难陀龙王。跋难陀龙王、白难陀龙王。意译为重喜龙王、延喜龙王、大喜龙王、贤喜龙王。亦因善御风雨，善能顺应人心，深得百姓喜爱，故有大喜等名称。据《增一阿含经》卷二十八所载，昔时佛陀至三十三天为母说法时，难陀、跋难陀龙王见彼沙门飞行于天上，遂兴起嗔心，欲大放火风阻止，后为目犍连收伏，乃随众至佛所听佛说法。据《过去现在因果经》卷一载，佛陀诞生之际，此二龙于虚空吐清净水，一温一凉，以灌太子之身。在密教中，跋难陀龙王位于胎藏界外金刚部院中之南、西、北三门之左侧；娑竭罗龙王（即莎竭罗龙王），梵名 Sagara-nagaraja，又作婆伽罗龙王、意译为海龙王，依其所住之海而得名。龙宫居于大海底，纵广八万由旬，七重宫殿，七重栏楯，七重罗网，七重行树，周匝以七宝严饰，众鸟和鸣。然诸龙皆为金翅鸟所食，仅娑竭罗龙王、难陀龙王、跋难陀龙王等十六位龙王幸免此难。此龙为降雨龙神，古来祈雨皆以为本尊。为千手观音二十八部众之一。身呈赤白色，左手执赤龙，右手握刀，状甚威武。其女即《妙法莲华经》中以受持《法华经》之功德而即身成佛的龙女。佛所说之《佛说海龙王经》、《佛为海龙王说法印经》等佛陀为娑竭罗龙王所说之大乘诸经，皆为对此龙王所说之法；和修吉龙王，梵名 Vasuki，意译为宝有龙王，宝称龙王、多头龙王、九头龙王，又称婆修竖龙王、筏苏枳龙王。能绕妙高山，并以小龙为食；德叉伽龙王，梵名 Taksaka，意译为多舌龙王、两舌龙王、视毒龙王、现毒龙王、能损害者龙王。其怒视即可使人畜即时命终；阿那婆达多龙王，梵名 Manasvin，意译为大意龙王、高意龙王、慈心龙王、大力龙王、大身龙王，又称摩那苏婆帝龙王；优钵罗龙王，梵名 Vtpalaka，意译为青莲龙王，因住于青莲华池而有此名。①

或许正是由于这八大龙王在印度佛教中尤其是在护法神中牢不可摧的重要地位，它们悉数为白族人民接受，并以不同形式反映在白族文化中，其中尤以白跋陀龙王与和修吉龙王深受白族人民喜爱，它们甚至被白族人民奉为本主，作为自己村寨的保护神而加以供奉。

在白族龙形象接受了印度龙王形象之后，由于白族地区长期深受汉文化影响，加之唐宋以后大规模的民族迁徙和融合，外来的大量移民不断进入云南，相应地带来了打上时代烙印的汉文化，这为汉传佛教传入大理地区奠定了坚实基础。在汉文化和汉传佛教的影响下，白族龙形象逐渐转而接受了汉族唐朝后形成的龙形象，尤其是到了近现代时期，白族龙形象在白族居住的大部分地区几乎与汉族龙形象已无太多的区别。

（二）

自印度佛教传入后，印度那伽崇拜在龙形象的演变方面分别对汉族和白族产生了不同的影响。然而这只是其对中国龙文化体系产生影响的表层层面——符号层面，它的深层影响主要反映在龙的神性及其职能方面。

印度佛教中那伽虽摄属畜生道，但却具有善于变化的神性。如前所述，由于古印度宗教哲学的轮回观和泛灵论观点，使那伽从一开始在印度神话传说中虽属动物神，却具人格化，时常以人形以及人的思维和生活方式出现于印度传说中。印度佛教在将那伽作为一种古代神祇纳入到自己的神系中时也继承了这一观点。它在印度佛教体系内也善变形，即可以蛇（尤其是眼镜蛇）的形象出现，也可以幻变为人形，到人类社会中去生活。但它的本性却仍保持不变，它始终处于六道轮回中的畜生道。更糟糕的是，它在自然界有天敌金翅鸟可以取食之，它在日常生活中虽具神通力，却终始敌不过咒蛇师，始终会受制于蛇咒。印度那伽之所以会为古代印度人民崇奉，除它具有主管繁殖及珍宝的职能外，主要与它司水布雨的职能有关。例如：在吠陀文学中的《梨俱吠陀》里提及的弗栗多就具有控制水的力量，在印度佛典中，那伽可行云布雨，行使雨神职能。如汉译佛典魏吉迦夜、昙耀翻译的《杂宝藏经》卷三记

---

① 李东红：《白族佛教密宗阿叱力教派研究》，云南民族出版社 2000 年版，第 15 页。

载："昔于迦尸国时，有龙王兄弟二人，一名大达，一名优婆，恒雨甘
雨，使其国内草木滋生，五谷成熟。"而据《大云轮请雨经一卷略要》
记载，在日常生活中，龙主要掌管降雨的这种职权据说是由佛世尊授予
的："佛告诸大龙王，我今当说，昔从大悲云生如来所闻陀罗尼，过去
诸佛已说威神，我今亦当随顺而说，利益诸众生故，怜愍与乐。于未来
世，若炎旱时，能令降雨，若水涝时，亦令止息。疫死险难，皆能除
灭，能集诸龙，能令诸天欢喜踊跃，能坏一切诸魔境界，能令众生具足
安乐。"① 又《华严经》云："一切海水皆从龙王心愿所起。"龙与水的
关系密不可分。

　　俟印度佛教传入中国，印度龙文化随之输入，而作为佛教护法神的
龙既善变化，又能行云布雨的功能对汉族和白族龙文化体系的发展和完
善起到了关键性作用。

　　汉族龙在人们的观念中自古已有善变化的神性与能升天、显祥瑞之
兆的功能。如《管子·水地》记载："龙生于水，被五色而游，故神，
欲小则化为蚕蠋，欲大则藏于天下。欲上则凌乎云气，欲下则人手深
泉；变化无日，上下无时，谓之神。"龙能大能小，能幽能明，既可飞
龙在天，又能潜龙在渊，极具神通变化之能事。然而这一神通变化之形
成毕竟是产生于重史实、重春秋笔法的时代，故汉族龙再如何具有神通
变化之能力，它始终摆脱不了动物形体。虽然它具有神性并因之而超越
凡人的社会地位，但它的形体始终是动物。它能以与人相似的人格化形
体行于世并敷演出相关物语还有待于印度佛教龙文化的影响。这一影响
始于南北朝，大量出现于唐代，其结果则是汉族龙也能如印度佛教中龙
王一样可自如变化为人，居住于华丽的龙宫之中，拥有无数眷属，并开
始出现龙女形象。

　　白族龙受到佛教影响后，在神性和职能方面的变化与汉族龙相比有
相似之处，也存在不同之处。这一差异主要表现为：白族固有龙文化渐
分化为龙神崇拜和龙本主崇拜。龙一旦作为本主神祇被人们加以供奉，
就意味着其神性地位大大提高，其职能方面也就产生了变化。

　　在善于变化的神性方面，无论是龙神，还是龙本主，受到的印度
影响是一致的。它们不但可以变为动物（如蛇、牛、鸡等），而且也

---

　　① 弘学编著：《佛教图像说》，巴蜀书社 1999 年版。

可变形为人，与人相处，具有人的性格和思维方式。如白族地区流传的《密息岩清水龙与浑水龙》故事记载："鹤庆灵地坡后干津地区，有一个清水龙潭，里面住着干津龙王。每年发大水，当地百姓常遭水灾，而大甸村又年年干旱，村民就想把干津龙王捉去给本村应水。干津龙王很害怕，就变成一只小白鸡躲在一家老百姓的柴堆里。它给这家主人托了一个梦：明天有人来捉我，你千万不要说出我躲在你家柴堆里。可是当地的老百姓因年年遭受水灾，对它很讨厌，主人就忙去告诉大甸村的人，把小白鸡捉住，放在一个罐子里拿回去。这消息被罗庄村的母龙知道了，就变成一个老太婆把罐子打开，干津龙王跳出来变成一条水牛，母龙也变成一条黄牛，一起逃走。跑到密息岩，被当地人吓住，跑不动了，只得在那里供水。从此以后，干津龙王就在密息山脚出清水，而罗庄村的母龙就在对面东山出浑水，给这地方的居民灌溉田地。"① 类似的传说故事还非常多，龙神和龙本主均可变化成动物或人。

（三）

除了变化功能的影响外，汉族龙的行云布雨功能在唐代因佛教而得到了大大加强，其直接导致了唐朝时龙王与雨师形象重合。② 龙王司雨的职能得到认可和加强，并拥有了专职权限。唐以后各朝，龙王地位愈来愈高，人们才专门向龙王祈雨，皇帝也一本正经地对龙王加封、祭祀。反映在唐传奇中，最著名的莫过于《续玄怪录》所记的《李靖》故事：李靖于深山投宿，闯入龙宫，适逢天帝令龙行雨，龙母因其儿子去东海龙王处参加婚礼，遂请李靖代劳行雨，并将雨具交给他，嘱其按规定下雨。谁知李靖私自将降一滴雨改为二十滴。结果地上降雨二十尺，致使龙母受罚。③ 这则故事中李靖能代替龙王降雨，自然是命中具有仙格之人，而龙王受命于天，并且降雨量也严格由天命规定，自然是封建等级制度之反映，但也正是由此可看出龙王在唐后期人们的观念中已是一个制度化了的专职雨师，行云布雨已完全是其专职。而这却是由佛教影响所致。

---

① 《太平广论》卷四一八引。
② 《法苑珠林》卷六三引。
③ 樊恭炬：《祀龙祈雨考》，载《新中华》第六卷第四期。

白族龙神崇拜和白族龙本主崇拜虽然在分化后，都继续分别接受了佛教的影响，但在职能方面却足以看出二者之区别。

白族龙神在职能方面，围绕着原始水神意识来汲取佛教的养料，进一步强化了龙神即水神的观念，专司雨水。如《苍山九十九条龙》的故事："从前苍山洱海之间住着一个农民，既种庄稼也捕鱼。他经常从大河里捕捉很多黄鳝，一年两年，也就识得真龙了。后来他成了捉龙的人，一连捉了九十九条。可是大家不知道这是真龙，他拿到大理去卖，也没人要。最后他把一粪箕真龙倒在点苍山上，临走时对这些真龙说：'每年到五月十三，你们各自回家一转'。从此，苍山上有了九十九条龙，每年农历五月十三日成了他们的假日。龙王放假，雨水也就跟着下地了。"①

成为龙本主后的龙王就不仅司雨水，而且还成为白族村社的保护神。因为白族的本主崇拜是具有农耕文化特征的，以水系和村庄为纽带的民间宗教，其核心是祈雨水，求丰收，求生殖。作为本主供奉的神祇对每一村庄都有全面护卫的责任，必须保佑境内风调雨顺、五谷丰登、全境清吉、人畜平安。或许正是出于这一点考虑，在本主崇拜形成之初，印度密宗里威猛无比的龙王们便纷纷为白族人民接受，将之融摄为自己的本主。因为它们在白族人民的眼中是完全可以在行使司雨水职能的同时，又能保护境内五谷丰登、人畜平安，行使保护神的职能。

白族人民在接受印度龙王为自己的本主的同时，为让龙本主进一步履行保护职责，也常按照印度龙王的家族模式，为自己本土的龙本主们营造了温馨的家庭。如洱源茈碧湖浪穹龙王家庭，浪穹龙王段老三有九子三女，他们全都是洱源各水系的本主和龙王。这种根据水系的分布将之人格化了的具有"血亲"性质的家庭实行严格的家长制管理，十分有利于从整体上起到分布雨量、协调各地降雨的保护措施。例如：在邓川地区流行的叙述东海龙王及其儿子的关系的故事就反映出这一现象：邓川腾龙村本主东海龙王有五个儿子，都是各村本主。有一次东海龙王与大黑天神打仗时，它变成一只蚊子，大黑天神变成一只蛤蟆，蛤蟆一口吞下蚊子，蚊子正准备在蛤蟆肚子里用法术胀死蛤蟆时，东海龙王的

---

① 张文勋主编：《白族文学史》，云南人民出版社1983年版，第108页。

大儿子不知就里，他急了，给蛤蟆背上就是一脚，蛤蟆一张嘴，吐出了蚊子。东海龙王不满意大儿子，骂他不成器，把他赶到头村作本主。据说，因此大黑天神背上有一脚印，腾龙村没有蛤蟆，大黑天神在的兰天神村没有蚊子。东海龙王既然不喜欢大儿子，也就不给他水用。大儿子向母亲苦苦哀求，母亲才给了他绣花针大一股水，所以头村的水很缺乏。

（四）

印度佛教龙文化对汉族龙文化和白族龙文化的影响，除了表现在形象、神性、职能方面外，还体现在拥有财产方面。

印度佛教中龙王不仅居住在华丽而宽广的龙宫中，而且拥有不可胜数的奇珍异宝。如《华严经》云："大海中有四宝珠，一切众宝皆从之生。若无此四珠，一切宝物渐就灭尽。诸小龙神不能得见，惟娑竭罗龙王密置深宝藏中。此深宝藏有四种名，一名众宝积聚，二名无尽宝藏，三名远炽然，四名一切庄严聚。又大海之中有四炽然光明大宝，一名日藏光明大宝，二名离洞光明大宝，三名火珠光明大宝，四名究竟无余光明大宝。若大海中无此四宝，四天下金刚围山乃至非想非非想处皆悉漂没，曰藏光明能变海水为酪，离洞光明能变酪为酥，火珠光明能然海酥，究竟无余光明能然海酥永尽无余。"[1] 此外，《经律异论》第三引《海八德经》云，佛说海有八德，其中"海含众宝，靡所不包"和"海怀众珍，无求不得"即为二德，这诸多珍宝，皆为印度龙王所有。

中国六朝以前的史籍中很少提及龙的财产，先秦时《庄子·列御寇》中曾提及"夫千金之珠，必在九重之渊而骊龙颔下。"但在印度佛教龙文化观念的影响下，汉族龙文化观念产生很大变化，龙宫中蕴藏无数奇珍异宝在汉文化中普及开来。如唐传奇薛莹著《龙女传》中录的《洞庭洞穴》故事里，梁武帝亲自下诏选能人龙宫者，然后令其带礼物去龙宫拜见龙女，"龙女知帝礼之，以大珠三、小珠七、杂珠一石，以报帝。"

与汉族龙文化相似，白族龙文化也是全面接受了印度文化关于财产的观念，并将之本民族化了。如《幺龙王》的故事就对此有所反映：

---

[1]　张文勋主编：《白族文学史》，云南人民出版社1983年版，第109页。

玉湖龙君有九子九女，命姑娘去看管沉在江边的金山，命幺龙王去看管沉在死海的银山。南诏王非常贪婪，又有罗荃助纣为虐，终于找到死海银山，便驱赶两万人去淘死海，挖银山。幺龙王眼看不少劳动人民死于非命，为拯救无辜人民，他自动泄干了海水。由于他违背父命，受到了父亲严厉的惩罚，但他还是热心地给人民供水。① 此外，又有《玉白菜》等民间传说都对此财产进行过演变叙述。

综上所述，汉族龙文化和白族龙文化从形成到发展完善的整个历史过程中，在起源及接受印度佛教的影响等方面均表现出极大的相似性，但由于各自所处的地理环境、文化背景乃至民族特征等因素不同，因此二者都又具有一些不同特性。

---

① 张文勋主编：《白族文学史》，云南人民出版社 1983 年版，第 109 页。

第 二 章

佛教与云南观音形象研究

第一节　白族观音形象

观音菩萨信仰是大乘佛教的显著特色，随着佛教传入云南，云南的观音信仰形成了迥异于汉地佛教观音信仰的特色。它不仅存在于云南的藏传佛教、汉传佛教传播地区，而且也流传于白族佛教密宗阿叱力教派之中，甚至在南传上座部佛教盛行的德宏地区也可以找到观音崇拜的痕迹。此外，它还渗透到一些民族的原始宗教中，以较特殊的佛教神祇及民族宗教神祇的双重身份存在于宗教祭台之上。同时，围绕着观音信仰在云南的传播，产生了大量关于观音显圣事迹的传说。如果以反映观音信仰的大量民间神话传说为切入点，对观音形象的形成及其演变进行分析，则不难看出云南的观音信仰演变、发展的轨迹及其规律，同时更可以找到云南观音信仰的独具特色的区域性、民族性特征。

第一部分　云南大理地区的观音信仰及其传说

综观云南以观音为主人公敷演的各类民间传说中，观音形象基本上是以男身造型和女身造型出现，这两种造型属于不同历史时期的产物，但也存在同时交叉并存于同一时空。这一奇异现象在各民族民间传说中均有反映，其中尤以云南大理地区更为明显。

就云南大理地区流传的观音传说而言，它基本上可以反映出云南大理佛教的兼容性、地域性和民族性的复杂特征，亦即兼容印度佛教密宗，藏传佛教、汉地大乘显密两宗等佛教支系，同时在其发展的历史长河中，又逐渐与白族本土原始宗教相互融合，相生相长，形成了迥异于印度—东南亚佛教密宗、藏传佛教以及汉传佛教密宗的颇具大理民族特色的佛教体系。

　　云南大理地区的观音信仰是随着佛教密宗在大理的传布而开始。盖观音信仰在印度由来已久，它是在印度大乘佛教期间推崇菩萨行而出现的。1 世纪末，印度迦腻色迦王在北印度召集印度佛教史上的第四次结集，开创了五部佛尊，每部都有管理世间的菩萨，观音即被奉为莲花部尊，管理世界。在印度曾有伽难陀睱优河（karandavyuda）一书"颇近于印度古史记（puana）之类，此书特别崇扬观自在菩萨，说他无限的悲悯众生。"① 据英国学者 A 麦唐纳先生考证，"崇拜观自在公元四百年前就已经存在"。② "至公元 6 世纪末，印度说瑜伽诸续的续部（即密教）在印度发展起来，莲花部尊观音大士的地位也因之而提高，成为密教所尊奉的诸神之一。"③ 随着印度佛教密宗经由东南亚，在初唐时期传入大理，观音信仰也经由不同途径、路线进入大理。同时与大理本地的民族文化相结合，并相应地产生了大量观音传说故事，这些传说从各个不同角度以各种方式既表现出与印度佛教在云南大理地区传播的真实过程，而且还间接地折射出佛教与王权紧密结合的特点。更主要的是通过这些变化万千的神异传说，我们可以充分了解佛教，尤其是佛教密宗在大理地区的发展特点，以及观音信仰在云南大理地区发展、变化的特点、规律概况。兹分别论述如下。

一

　　古代印度人民创造了高度发达的印度文明，印度古代神话传说如大林深泉博大丰富，探之不尽、取之不竭，是古代东方文明中不可多得的一座艺术宝库。比及印度原始佛教成立，重视现实问题和人生解脱的佛祖释迦牟尼便主张在弘扬佛教的过程中可以汲取印度古代民间神话传说中的一些主题或素材加以加工和创造，以为辅助工具，故而可以说从一开始创立，佛教便表现了宗教与文学密不可分的特征。对此陈允吉先生认为："宗教之与文学，俱属精神现象，表花异簇，托体同根，皆悉委源现实人生，接趾阎浮提世界。若论潜移情志，感动灵犀，其揆一也。

---

① ［英］A. A. 麦唐纳：《印度文化史》，上海文化出版社 1989 年影印本，第 56 页。

② 同上。

③ 赵橹：《论白族神话与密教》，中国民间文艺出版社 1983 年版，第 81 页。

原夫释氏本怀，循机启化，普施甘露，广造福田，揭橥理谛，去伏累以求解脱；提挈艺文，俾易知而立信心。故其转轮鹿野，演法鹫峰，伽他兼俗语齐陈，智慧与悲悯共济。爰入三藏，长行偈颂具焉，判分二式，圣典刊垂永则，而后名王奖掖，檀越护持，八河向慕，四众欣然。比丘发咏，吐口敷华；尼德寄悰，结言成偈。按之律吕，被人管弦，勒彼《小部》，数各逾千。复由印地见规，例尊物语，域界满中，孕蕃滋长。嘉言童话，随处可闻；佛传因缘，应时而作。诸经掇拾，汇集大观。纷泊累编，拟恒沙之无算；琳琅荧目，犹繁星之灿天。譬如《行赞》《本生》，《生经》《庄严》，《百喻》《百缘》，《杂藏》《贤愚》，杰构鸿裁，檀胜冠绝，莫不冶陶群品，传译亚欧，岂直著名于古天竺境哉！"① 陈先生对佛典文学作了精辟论述，对其丰富性和艺术性作了恰如其分的概括。诚如陈先生所言，随着印度佛教向国外的传播，琳琅荧目的印度文学以及佛典文学也在国外流布开来，对世界各国的文学产生了深远影响。

观音信仰起源于印度大佛教菩萨思想，自利利他，慈悲普度众生，"大慈与一切众生乐，大悲拔一切众生苦"（《大智度论》卷二七）成为观音信仰的道德伦理基础，观音菩萨以慈悲博爱的胸怀，神通广大的变化法力，在众生迫切希望得到帮助之时，只要众生虔诚称其名号观世音即可观其音声，及时现身解救众生。观音菩萨的这一救济功能也成为佛典及佛典文学经常出现的主题。

例如：在《妙法莲华经》卷七《观音菩萨普门品》中集中概括了观世音救苦救难的慈悲功能和神通威力：

　　若有无量百千万亿众生，受诸苦恼，闻是观世音菩萨，一心称名，观世音菩萨，即时观其音声，皆得解脱。若是持是观世音菩萨名者，设入大火，火不能烧。由是菩萨威力故若为大水所漂，称其名号，即得浅处。若有百千万亿众生，为求金银琉璃砗磲玛瑙珊瑚琥珀真珠等宝，入于大海，假使黑风吹其船舫，飘堕罗刹鬼国，其中若乃至一人，称观世音菩萨名者，是诸人等，皆得解脱罗刹之难，以是因缘，名观世音。若复有人，临当被害，称观世音菩萨名

---

①　陈允吉编：《佛教文学粹编》（序言），上海文艺出版社1997年版。

者，彼所执刀杖，寻段段坏，而得解脱。若三千大千国土满中夜叉
罗刹欲来恼人，闻其称观世音菩萨名者，是诸恶鬼，尚不能以恶眼
视之，况诸加害设复有人，若有罪若无罪，扭械枷锁，检系其身，
称观世音菩萨名者，皆悉断坏，即得解脱。若三千大千国土满中冤
贼，有一商主将诸商人，齐持重宝，经过险路，其中一人作是唱
言：诸男子，勿得恐怖，汝等应当一心称观世音菩萨名号，是菩萨
能以无畏施于众生。汝等若称名者，于此冤贼当得解脱。众商人
闻，俱发声言：南无观世音菩萨。称其名故，即得解脱。无尽意，
观世音菩萨摩诃萨威神之力，巍巍如是。若有众生多于淫欲，常念
恭敬观世音菩萨，便得离欲。若多瞋志，常念恭敬观世音菩萨，便
得离瞋。若多愚痴，常念恭敬观世音菩萨，便得离痴。无尽意，观
世音菩萨，有如是等大威神力，多所饶益。是故从生，常应心念。
若有女人，设欲求男，礼拜供养观世音菩萨，便生福德智慧之男。
设欲求女，便生端正有相之女。宿植德本，众人爱敬。

　　《妙法莲华经·观世音菩萨普门品》是后世观世音菩萨信仰依据的
主要经典之一，经中对观音菩萨的救难解危功能以及慈悲博爱的精神作
了优美的文学性表述，后世多以此作为主题对观音菩萨的显圣事迹加以
敷演，从而形成大量既具有浓郁的宗教色彩，又表现出高度文学性和艺
术性的"释氏辅教之书"（鲁迅先生语《中国小说史略》）。

　　随着佛教的传入大理，由于布道僧侣的努力，佛典中大量的文学故
事渐在白族人民中流传开来，并为白族民间传说的形成和创作提供了优
秀的摹本和借鉴。对此，可通过佛典文学对大理地区民间流传的观音故
事在塑造观音形象的过程中在主题及情节等方面的影响窥其一斑。

　　大理地区的观音传说数量众多，题材广泛，但总的来说，在塑造观
音形象的过程中其主题都是围绕着佛典中关于观音菩萨的慈悲救济功能
予以展开的，表现了较明显与佛典一脉相承的继承关系，在具体情节的
设置上也体现出对佛典文学故事情节的模仿特征。值得注意的是，由于
佛教在大理传布的过程中，逐渐与当地本土宗教相互妥协、相生相长，
观音菩萨在大理地区并不仅仅只是以佛教神祇的身份活动，而是同时也
被纳入到白族本主崇拜神系中，故而其传说内容也表现出浓郁的地域性
和民族性特征。而这一点却正是大理地区观音传说在塑造观音形象的手

法上区别汉地观音传说之所在。

例如：著名史籍《白国因由》中记载了《观音伏罗刹》的故事：

隋末唐初，罗刹久踞大理国，人民苦受其害。自唐贞三年癸丑，得观音人士从西天来至五台峰而下，化作一老人，至村探访罗刹希老张敬事实。村中人民一见老人，如见父母，不无敬爱。就将剜人眼食人肉种种虐害人民事，从头告知老人，老人乃慰众曰："罗刹父子数将尽，尔等不日安乐，慎勿忧惧。然不可轻露此言，露之，恐招其害。"众答曰："但得彼父子数尽，虽不敢过望，惟求混度余年耳。"老人遂于圣元寺前跏趺而坐……

观音大士探知，张敬是阿育王之后，张仁果之裔，为罗刹希老。此时罗刹为害，张敬亦无之奈何。但当日与罗刹来往者，惟张敬一人。观音遂为一梵僧，住于其家。知张敬与罗刹厚交，便于引进故也。张敬见观音温柔慈善，甚敬爱之，旬日之后，进言于罗刹曰："我家来一梵僧，自西天来，容貌端好，语言殊妙。真为可敬，今欲他住，我再三留之。"罗刹闻而欢悦，即令张敬引来相会。一见梵僧，心生敬爱，款待甚恭，凡出入起居，不肯相离，即以人眼人肉为供。梵僧曰："我受净戒，不食此物。如食之，即为犯戒。他日受无量苦报。"罗刹闻说，善念忽生，乃曰："长者至我家，不食我饮食，我心不安，欲与我要何物，我当如伞。"僧曰："我出家人，要个什么！若王相爱，只乞赐安乐处地方一块，结茅居之，不识王意如何？"罗刹曰："如此则不难，但不知要得多少来的？"僧曰："只要我的袈裟一铺，我的犬跳四步，就足矣。"罗刹乃笑曰："太少了！太少了！任意去厂梵僧遂作礼而谢之。

罗刹既慨然以地许观音，则未识观音大士通力。越数日，乃告罗刹曰；"昨承大王悯僧远来，慨然赐地，若是据占，恐招王怒。以我自思，求立一券，以为定准，方敢以袈裟铺之，白犬跳之，可永为遵守也。"罗刹曰："长者太过小心矣，袈裟一铺，犬跳四步之地，无多地方，我既与之矣，长者何必多疑。"罗刹虽如此言，是袈裟未铺、犬未跳，而以为少也、小也。观音恐铺之、跳之，罗刹不允，因此再三求立券而后已。又转求张敬曰："前承在中作美，王既赐地，僧以为无券则难免后日之后悔。僧心不安，乞再代恳赐券为凭"……于是观音即延罗刹父子，请主人张敬并张乐进求，无姓和尚、董、尹、赵等十七人、十二青兵，同至上鸡邑村合会寺，料理石砚、石笔、石桌，至海东将券立于石壁上。

罗刹随观音至海东，观山清水秀，见石窟鱼窝，十分欢悦，乃凭张敬并建国皇帝、大护法等，遂令灵昭文帝秉笔，将券书于石壁之上。回至海西，又对众盟誓已。罗刹父子以为这些小地方，不以为意，只知与梵僧亲洽，相忘于尔我，又何尝计较地界之多寡与得失也。时刻聆受开示，皆忘其食人肉、剜人眼，渐生善念，若有不复为恶之状……于是观音对众将袈裟一铺，覆满苍洱之境，白犬四跳，占尽两美之地。罗刹一见大惊，拍掌悔恨。此时有五百青兵并天龙八部在云端拥护，大作鉴证，而罗刹父子悔恨不及矣。

罗刹见梵僧将袈裟一铺，尽将大理境内遍覆；白犬跳（四）步，自西山到东山，上关到下关。罗刹父了怆惶失色，乃曰："了了，我国土人民，悉为梵僧有矣。"欲要反悔，则券已立，誓已盟，众人之前，自觉羞耻。乃自悔当日误听张敬之言，错与梵僧交接往来。于是，父子私相语曰："张敬受我父子深恩，反陷我国土，即那僧阳为浑厚，阴为诡诈，愚弄我父子，吞并我地界。"虽怀忿憾，不敢反言，乃善告梵僧曰："我国土人民尽属长者有矣，使我父子无居止之地，奈何？"僧曰："此亦不难也，我别有天堂胜境，请王居之。"即以上阳溪涧内碌瓮摩出一洞，化为金楼宝殿。白玉为阶，黄金为地。化螺蛳为人眼，化水为酒，化沙为食，美味、珍馐、器具种种俱（备），将罗刹父子引入于内。罗刹父子见之曰："此境界胜于旧时我国土也。"僧曰："此处王如不愿，仍将大王所赐我之地相还。"罗刹曰："此处极安乐，无不愿者，只求长者将我眷属移来，尽归于此。"僧着护法神兵将伊家眷属尽移于内，以神通用一巨石塞其洞门，僧变作黄蜂而出。罗刹惊吐其舌，僧令铁匠李子行以铁汁浇之，又造塔镇于洞上。使伊父子永不能出。此观音神通广大，罗刹恶业当终也。①

---

① 《白国因由》，巴蜀书社 1998 年重刊本。

在这则观音传说中，观音使用神通变化之力降服了罗刹，这从一个侧面反映了佛教逐渐在大理地区为人们接受的艰辛过程。但就观音伏罗刹这一传说的主题而言，它就已经表现出与佛典文学千丝万缕的联系。

"罗刹"一词，有译作"可畏"二字者，即"恶鬼"之总称，其数颇多。《法华经·陀罗尼品》记载："于释尊法华说会场中，集有许多罗刹鬼，彼等一心一意立誓拥护持经者，并说陀罗尼，甚得如来之赞赏。"

罗刹原见于印度古代文学作品和宗教文献中，最早见于古印度的宗教颂诗《梨俱吠陀》，传为当时南亚次大陆土著的称呼。自雅利安征服印度后，便成为恶鬼之称呼。相传罗刹有男女之分，罗刹男子形容狰狞，红发、绿眼、黑身。罗刹女妖艳而食人。慧琳《一切经音义》卷二五曰："罗刹，此云恶鬼也。食人肉，或飞空，或地行，捷疾可畏也。"因而后来印度流传的魔鬼故事，往往以罗刹名之。例如在印度北部，就流传着许多罗刹故事。著名的印度史诗《罗摩衍那》中就有罗摩被放逐到印度古代北部森林中，杀死了一万四千罗刹的事。在《摩诃婆罗多》中更有一个传说："古时印度的般度族被俱卢族打败后，般度族一妇女带着五个儿子逃亡乞食，到一个国家，有罗刹残暴凶狠，食人肉。第二儿子毗摩设计杀死了罗刹，人民遂拥之为王。"可以说英雄伏罗刹的故事在印度文学中经常出现。它成为印度古代民间传说的一个常见主题。

俟原始佛教创立，佛教徒们经常借鉴、吸收甚至挪用印度古代民间传说故事的主题或情节来丰富和完善自己的文学体系，以为辅教之工具。在佛典文学中，英雄伏罗刹的主题经常出现，但已转化为佛祖、佛弟子或菩萨伏罗刹的形式，以期表现佛教慈悲博爱的伟大思想以及强调佛教人物威力无比的神通功能。

观音伏罗刹的主题在印度就已出现，如最早体式出现于公元200年的《妙法莲花经》就已明确地宣扬了观音除罗刹的救济解危功能。及至佛教传入云南大理地区，这一文学主题作为辅教的强有力工具仍然为佛教徒利用，在上引《观音伏罗刹》传说中，观音形象的内涵已远远超过其形象本身，他代表的已不仅仅是一位慈悲普度众生的菩萨形象，而是已成为幽奥微妙、博大精深的佛教义理体系及众多具有不可思议神通变化威力的佛教人物们的化身。同时，从佛教在大理的整个发展过程及其特点来看，《观音伏罗刹》传说中的观音形象本身最初就是真实的，是实际现实生活中从印度来到云南大理地区弘扬密宗教法，推崇观音信仰的梵僧形象。观音伏罗刹的整个过程真实地记录了印度梵僧来到云南大理地区弘扬佛教的原貌，至于罗刹形象，该传说还是沿用了佛典文学中传统的罗刹内涵，故而在传说中的罗刹剜人眼、食人肉，是凶狠残暴的恶鬼，观音正是基于此才使用神通变化威力将之除去，为百姓除恶。但究其实，这一罗刹形象可能为当地少数民族部落或地区的头人或首领，在佛教传入之初，为维护自己的利益，巩固当地原始宗教的势力，率众抵制佛教，甚至对弘法僧侣加以残酷迫害。故而当佛教在大理地区渐取得优势并广为人民接受后，在佛教徒笔下，这位与佛教僧侣、与佛教对抗的部落头人或首领便被描述为无恶不作、为人民深恶痛绝的罗刹恶鬼形象。

除观音伏罗刹的主题外，云南大理地区还流传着许多以观音慈悲救度众生为主题的传说。如《观音负石阻兵》的故事显然属于观音除兵难功能的类型：

　　大理七理桥有座观音堂，那玲珑高耸的亭阁，建造在有小房子的一堵岩石上。周围全是大理石镶砌而成，四面冒着清清的泉水，显得格外清幽。一块块大理石上镌刻着一行行金字，记载着观音老母负石阻兵，救百姓于战祸的一段故事。

　　很古的时候，大理叫做白国。那时，外族常来侵夺，战事不止，兵荒马乱。一次，强悍的敌兵又来打白国，一直打到七里桥。白国士兵天天吃败仗，就把民间所有的男子都抓去当兵……大路两旁，青草地上，到处都是僵卧的尸体。山清水秀的白国变得一片凄凉。这时，观音老母巡天出行，来到白国上空，看到白国土地上烽烟弥漫，尸骨乱抛。老百姓过着暗无天日的痛苦日子，心里十分焦愁。她想，不能让仗再继续打下去了。不然，美丽的白国就要变成一堆废墟。无辜的百姓还要遭到更大的祸殃。于是，观音立即施法显神，变成一个八十多岁的老太婆，用草绳背着一堵大岩石，满面红光，迈着轻松的步子朝七里桥走来。驻扎在七里桥的敌兵正要大举向白国王府进攻，突然看见一个精神抖擞背着一堵大岩石的白发苍苍的老太婆，又惊奇，又恐慌，寸步不敢向前。敌兵的首领上前问道："哎！你这个老太婆来做什么？咋个能把这么大一堵岩石背着来？"观音背着岩石直挺挺地站着，满不在乎地回答："我老了，不中用了。比起在我后面的年轻人差多了。我是听说你们要来攻打白国王府，先来看看你们有多大本领，能不能打得过我后面的年轻人。"首领听了这话，吃了一惊。心想：这老太婆都这么了不起，还不知她后面的年轻人怎么厉害呢？于是又问道："后面的年轻人有多大本事？"观音忙说："他们呀，像我背的大岩石，一只手就轻轻举起来，一丢就能丢到百步远。每个人还有一把百斤重的大刀，杀人就像砍瓜切菜！"敌兵听了，个个吓得面如土色，瞪着眼睛，半天说不出话来。那首领也连声说道："不得了，不得了，这里的人惹不得。快撤，快撤，免得大祸临头，落得个死无葬身之所。"敌兵慌里慌张退走了，说时迟，那时快，白国兵马借助神力，疾速赶来，乘势追杀，打得敌兵魂飞魄散，大败而逃。观音老母见战祸平息下来了，就把岩石丢在七里桥，回天上去了。从那以后，敌兵再也不敢来攻打白国了。白国百姓过上了幸福安定的日子，他们并没有忘记救苦救难的观音老母。大家一商议，就在七里桥兴建了观音堂。在观音背来的那堵大岩石上建造了观音阁，塑了她的像。后人用大理石镌刻了许多副对联：

大力负来永镇西陲千古迹，
慈容宛在平分南海一片春。
扫却千军不以甲胄逞雄干戈为勇，
保全六诏真如金沙布地水火生涯。①

在大理地区负石阻兵传说广为人知，不仅有口头传说，而且还有文字记载，许多史籍如胡蔚本《南诏野史》、雍正《云南通志》、《白国因由》等均有记载。显然这一传说是观音菩萨除兵难，解救众生于荼毒之中的救济主题敷演流传而成的，是对佛典中观音菩萨神通威力肆渲染的继承。

但值得注意的是，就内容的表层层面来看，这一传说诚然反映出观音"大慈与一切众生乐，大悲拔一切众生苦"的救度众生思想，但从

_____

① 《白族神话传说集成》，中国民间文艺出版社1986年版，第318页。

传说中观音菩萨的救济手段——施法力背起一堵大岩石来看，这却已表现出印度佛教、汉地佛教中的观音崇拜与大理本地民族文化相互融合的痕迹。"这传说把观音和大石联系起来，这绝不是偶然的。观音在佛教密宗里地位是显赫的，她的职能和功绩很多，但在白族民间的善男信女（尤其是妇女）主要是把她当作了主宰生殖大神来加以崇拜的。她手里的杨柳枝与净瓶里的甘露就是催生万物（人类）的精髓；大石，在白族原始文化里主要是作为女性生殖器而被人崇拜；她们之间是有着内在的牵连。联系的纽带就是女性生殖崇拜这个内涵。此石现存于大理城南十里的阳和镇右。在石上建有观音堂一座。有意思的是，观音堂所塑的观音，并不以她负石阻兵为题材，而是以主宰人们生殖大神的面目出现。人们来到这里祭祀，主要也是为了祈求子孙繁衍，与人们的生殖有关。如果从她们的生殖功能来看，都是人类生殖崇拜的反映，只不过大石的存在比观音要古老得多。因此，可以说，这里的大石就是观音的原始前辈；观音则是佛教化了的大石。大石就是观音，观音就是大石。"①就观音负石阻兵传说里反映出的观音与大石的关系来说，笔者同意蒋印莲的看法。盖大理地区形成白族共同体的乌蛮、白蛮等民族系古代氐羌文化族源，而"大石崇拜是古氐羌民族原始宗教崇拜的主要内容。它的文化内涵较为丰富，而其中一个重要层次也与生殖崇拜有密切关系。在《南诏大理国历史遗址及社会经济调查纪要》里，也把大石崇拜与生殖崇拜结合起来认识。《纪要》认为：'把生殖崇拜结合大石崇拜以洱海区域最为突出。'"②而佛教在大理地区的发展趋势就是立足于佛教义理的传播，与当地原始宗教相互融合，一些佛教神祇如观音、大黑天神、龙王等既具有佛教神祇的身份，同时又被赋予了本主崇拜这一白族民间宗教的本主身份。在观音负石阻兵传说中，将观音与大石结合起来分明就已暗示了观音形象与大石的重合，观音信仰与大石崇拜在生殖崇拜文化层面上的重合。而这明显反映出观音传说在继承佛典文学主题的同时，又结合大理当地的文化背景，从而产生出继承着佛典文学的主题，取材于大理各民族日常生产、生活，既具有佛典文学特色，又体现出鲜明民族特色的民间传说故事。这正是大理观音传说中塑造观音形象的一

---

① 蒋印莲：《生殖文化在洱海地区的遗留》，《南诏文化论》，云南人民出版社 1991 年版。
② 同上。

个显著特征。

二

　　云南大理地区观音信仰与汉地观音信仰相比，云南大理地区的观音信仰表现出极大的兼容性，亦即它融摄了印度佛教、藏传佛教、汉传佛教中的观音信仰，同时它还表现出与当地本主崇拜相互融合、相互影响、相生相长的特征。这一宗教的兼容性特征使得大理地区观音传说容量巨大，内容杂多，而观音形象的塑造则也表现出这一兼容性特征，亦即观音形象具有不固定性，他既可作男身造型，又可以女身造型出现，在男身造型中，他既可以梵僧形象出现，又可化作一老人，甚至还以当地白族老人形象为范本化作观音老爹；而在女身造型中，她既可以化身为婀娜多姿、亭亭玉立的美女，而且还可以慈眉善目的老母形象出现等等。所有的这些男身造型和女身造型组合成为大理地区观音信仰及其传说体系中观音形象大观，但这些造型并非随意出现的，它们作为观音形象系列的一有机组成部分，从各个不同的侧面折射出大理地区观音信仰在不同历史时段上的特点。

　　总的来说，在云南大理地区男身观音造型及其传说早于女身观音造型及其传说。大理地区现存的男性观音像，从南诏后期，历经大理国、元、明、清而及于近代，延续时间近 1100 年。造像数量多，风格变化大，时代特征突出，完整地保存了大理地区男性观音的谱系和发展序列。"就造像特征而论，风格迥异的历代男性观音"大致经历了三个发展阶段，即"梵僧、阿嵯耶观音和观音老爹"。① 同时，在观音传说中都可以找到相应时段的历史及文字记载以为佐证。

（一）

　　云南大理地区的观音信仰主要是随着佛教密宗的传布而逐渐形成和兴盛起来的。在大理地区佛教密宗主要是印度—东南亚佛教密宗和汉地佛教显密二宗以及藏传佛教密宗在大理地区广泛流布后，与白族民族文化结合，逐渐形成了独具特色的大理佛教密宗阿叱力教派。从佛教密宗的传入到大理地区阿叱力教派的形成，经历了一个漫长的历史过程。其中最先传入大理地区的佛教密宗流派应该是印度佛教密宗，它直接由天

---

① 李东红：《大理地区男性观音造像的演变》，《思想战线》1992 年第 6 期。

竺僧人经云南博南古道印缅路线和吐蕃道等路线传入大理地区。在早期观音造像中出现的梵僧观音像应以最初进入大理地区弘法的天竺僧人形象为摹本。这可在观音传说中找到丰富的证据。例如，集中反映观音菩萨在大理地区弘法情况的《白国因由》一书曾记载了弘法僧侣进入大理之初，与当地原始宗教及人民冲突的概况，而凡是反映此时间段，以冲突为主题的传说中，观音菩萨的形象完全是以梵僧形象为摹本来设计的。如《观音以神通化二苍人第十五》：

> 观音化作梵僧，携白犬至海东崆石村化斋。村人不知向善，常蓄刀枪，稍不如意，动辄厮杀。忽见观音白犬，皆起盗犬之心。此时，观音已知之，欲藉此化彼，亦任其盗去。果然盗去杀而食之。观音故意寻犬曰："我有一白犬，随我到此，忽尔不见，恐有收得，乞放与我"。众曰："我们不见你犬是黑是白，若是你犬不见，你叫而犬自应。"观音即呼其犬，犬于盗犬者腹中吠。众互相语曰："这老者极怪，白犬亦是怪的"。遂大声曰："你以我们为盗犬耶？"各回家取出棍棒、刀枪，而嘘吓之。观音洋然而走，复呼其犬，犬又于众腹中吠。众曰："今日怪哉，此老者非妖怪而何？他到我们村中，愚弄我等。"即上前杀之，刀皆不能近其身。内有一人名唤王乐，谕众云："这妖僧不将他杀了，恐其他往别处扬我们丑。"急追之，愈追愈远，行至九重岩转弯山口，众欲射之。观音又呼犬二三声，犬在众腹中吠。众视之，则犬随观音走矣。众腹皆痛，有伏平地者，有叫唤不止者，众忙作礼跪拜曰："望长者恕我等无知冒犯，从今不敢妄为了。"观音遂与众回至上苍，将刀枪棍棒丢在上苍池中，彼时皆成莲花瑞草。至今九重岩石碑上，写着第十七排观音叫犬处。

该传说写作的目的是为了辅教，故而在创作过程中佛教徒极力渲染观世音菩萨具有神通变化不可思议之法力，并运用超现实的表现手法来设置故事情节以期更好地塑造观音形象。从该传说内容可推论出故事情节发生于"村人不知向善，常畜刀枪，稍不如意，动辄厮杀"的时期，而此时期应属佛教初入大理，故而在传说中观音是"化作梵僧，携白犬"四处说法。值得注意的是观音是以梵僧形象出现于尚未闻佛法、不知向善的村民们面前。

在《白国因由》这部专门记载观音菩萨化现事迹的传说中，除上引传说是表现观音化身梵僧四处弘法的内容外，还有《观音化白夷反邪归正第十四化》等传说突出的都是观音化身为梵僧形象在尚未皈依佛法的少数民族居住区去艰辛地宣扬佛理，经过种种磨难，终于使之伏服向善。第十四化具体内容为：

> 观音山西南有夷人一种，身穿白衣，腰系红褡包，手执竹枪，相习为党。观音化作老人，手持柱杖，从彼群党旁过。众云："这老者自何而来？将他杀了。"老人曰："你们杀我不好，成你们身上罪过。"众曰："这老人极可恶。"群起将老人杀了，分为三四段而掷之。方行半里，老人又邀路旁，对众人说："人上不可杀，杀人要还命。"众曰："这东西古怪，杀了如何又复生，须用火烧之。"上前要将老人抬在火中，抬不动，将火拿来烧，火不着，老人反将众人须发烧尽。众人上前揪老人须，割老人耳。老人但微笑不动。众云："你还不怕么？"老人曰："怕什么，我只恐怕你们堕火坑地狱。"众白夷大怒，着力攒砍，又将老人砍死，又恐复生，仍取火将老人烧为灰烬，入于竹筒中，掷在大江心。少顷，老人披着袈裟在云端曰："你众人不能再来杀我了。"众视之惊惶，皆叩头忏悔。①

从传说内容看，这无疑应当发生在佛教初传大理之际，许多地方的民族部落或少数民族居住区，其时他们尚笃信当地原始宗教，未谙佛教真谛。故而不识传教僧侣的目的，对之加以杀害。从该传说写作目的的来说，自然是佛教徒为了宣扬观世音菩萨神通变化，有不可思议的法力以及慈悯众生，一心教化众生脱离苦海的博爱思想而进行创作的。但它从一个侧面记录了佛教初传大理的真实情况。值得注意的是，传说中的观音化身作一老人，此老人形象应为梵僧形象。

关于观音化现的老人形象与梵僧之关系，可从文物和文献记载中看出："古之浪穹，今之洱源，东山上有石岩头村，村南悬崖峭壁上有一

---

① 《白国因由》巴蜀书社 1998 年重刊本。

所小庙，名叫感应寺，俗称观音寺，佛龛中央有一尊木雕老人像，深目长鼻，身披袈裟，手持拐杖，穿耳跣足，旁有一只白狗，村中人也称之为观音。《浪穹县志稿》说：'观音寺在治东四十里，峣岩峭壁，曲径纡萦，匝地松阴，颇极幽秀，相传观音大士曾观身于此。'又《续云南通志稿》引《鹤庆府志》云：'观音崖，在城西南十二里，太平寺正殿中，相传南诏时，观音现长者身于此。'观音崖就是现在的观音山，虽然属鹤庆，其地实近洱源。"① 在感应寺佛龛旁有联曰：

> 过隐现存身，自西竺以遥来，佛光广荫圆通界；
> 发慈悲寿相，到南滇而普济，法雨常施瞻部洲。

从上引这则对联可看出，在观音化现老人的传说中，化现老人的目的是显"慈悲寿相"，以"法雨常施瞻部洲"众生，同时这老人显然来自西竺，故有"自西竺以遥来，佛光广荫圆通界"之语，则其相貌必定与天竺人相貌相似，即高鼻深目。羌髯丰颐。

一般说来，观音菩萨善于变化。关于观音菩萨的形象"因其应化无方所，故相状亦颇多，而以二臂之正观音为其本形，余者皆为示现神变自在之力用，有一首、三首、五首，乃至千首万首，八万四千烁迦啰首；有二臂、四臂，乃至万臂、八万四千母陀罗臂；有二目、三目，乃至八万四千清净宝目。其化相有千手千眼、十一面、准提、如意轮、不空羂索、青颈、香王、阿玄𪘀等，亦皆有个别顶观音、广大明王央俱舍观音等。此外，《摩诃止观》卷二上举有六观音，《诸尊真言句义抄》揭示十五观音，又有二十五观音、三十三观音等。"观音菩萨为摄化而自在示现三十三种形象，《妙法莲华经·观音普门品》及其他诸感应传、持验记等常记述之，由此民间流传此类图像。既然观音形象可化现众多相状，且在大理地区形成影响深远的观音信仰后，民间流传的观音传说中观音形象异彩纷呈，蔚为大观，为何在观音菩萨的早期传说中观音化身经常选择天竺僧人形象而不选择其他类型形象？

笔者以为这与佛教的传播、与弘扬佛法的僧人密切相关。而早期佛教在大理的弘扬内容是以观音菩萨为主要崇拜神祇之一的印度佛教密

---

① 李家瑞：《南诏以来的云南僧人》，《南诏文化论》，云南人民出版社 1991 年版。

宗，早期进入大理地区弘扬印度佛教密宗的佛教徒多为天竺僧侣。由于这一联系，故而存在将观音与佛教僧侣联系起来的可能。然而直接导致将观音形象与弘法僧人形象，尤其是梵僧形象结合起来，以至于民间将梵僧形象认作为观音菩萨化身的真正原因应该在于梵僧本人，在于梵僧宣扬的观音信仰以及他们为此所作出的巨大努力和献身精神。

事实上，早在 2000 多年前，就有一条由四川经云南到缅甸、印度等国的古道，史称"蜀身毒道"。公元前 122 年，张骞出使大夏（今阿富汗），看到输入印度的蜀布，得知蜀地商人早已从云南经缅甸到印度去贩卖丝绸品和筇竹杖等土特产。后来汉武帝在云南开辟"博南道"。这条道路经叶榆（今大理）过澜沧江至保山，经腾冲入缅甸而至印度、大夏等国。在《华阳国志·南中志·永昌郡》中就已记载了汉代时云南境内已有印度人定居的情况：

> 明帝及置（永昌）郡，以蜀郡郑纯为太守，属县八……有蜀濮、鸠獠、骠越、裸濮、身毒之民。

云南古代丝绸之路的开通促进了云南与南亚、东南亚一带的交往。这条古道至唐代还依然存在。据樊绰《蛮书·南蛮疆界连接诸蕃夷国名》记载，南诏时来到云南的天竺人为数不少，如：

> 大秦婆罗门，界永昌北，与弥诺国江西正东安西城楼接界，东去蛮阳苴咩城四十日程，蛮王善之，街来其国。
>
> 小婆罗门与骠国及弥臣国接界，在永昌北七十四日程，俗不食牛肉，预知身后事，出见齿、噶越诺，共大食国往来，蛮夷善之，信通其国。

唐代除了有天竺人到云南外，从云南赴天竺的人也络绎不绝。慧琳在《一切经音义》卷八十中慨然叹道："（永昌道）是大唐与五天竺险路之捷径也。""贾耽在《记天竺道》中详尽记述了沿途驿站和里程，其中拓东（昆明）至天竺的路线是：

> 拓东城（昆明），又八十里至安宁故城，又四百八十里至云南

城（祥云），又八十里至白崖城（弥渡），又七十里至蒙舍城（巍山），又八十里至龙尾城（下关），又十里至太和城，又二十五里至羊苴咩城（大理）。自羊苴咩城西至永昌（保山）故郡三百里。又西渡怒江，至诸葛亮城（坝湾）二百里，又入骠国（缅甸）境……又自骠国西渡黑山，至东天竺迦摩缕波国千六百里，又西北渡迦罗都河至奔那代檀那国六百里，又西南至中天竺国东境，恒河南岸羯朱嗢罗国四百里，又西自摩羯陀国六百里。"①

上引各则史料详细地记载了云南至天竺路线。此外，还有吐蕃道也可以从印度出发，经吐蕃进入大理等。总之，这些道路的存在为天竺僧人进入云南提供了可能和方便。

这些天竺僧人进入南诏之后，"蛮王善之"或"为蒙氏崇信"，在民间不但弘扬佛法，感化百姓，而且还招当地大姓贵族阶层为弟子，影响巨大。如《万历志·大理府仙释志》就记载了南诏时期著名的"南诏七师"的概况：

> 皆西天竺人，先后为南诏蒙氏礼致，教其国人，号曰七师，常讽诏尊唐，诏于其言，或用或不用，然知其无他，益信遇不衰。

来自天竺的弘法僧人除了在政治上积极争取王室的信任外，还努力为王室统治服务，如参与战争，修建水利设施等，以期在此过程中展现出自己的才华和技艺，从而更好地得到王室和百姓的信任，为弘扬佛法开辟一方便之路。如在南诏时期较为著名的天竺僧人赞陀崛多，从摩揭陀国进入大理后，深得南诏王室信任，南诏王以妹妻之。圆鼎《滇释记》记载了赞陀崛多尊者传教经过："赞陀崛多尊者，又云室利达多，西域人，自摩揭陀国来，又号摩揭陀，游化诸国至鹤庆……阐瑜伽法，传阿叱力教。"在民间广泛流传赞陀崛多的传说，例如清代鹤庆人杨金和撰《南新河记》记云：

> 有圣僧赞陀崛多西来白国，行经九鼎诸山，横览漾濞南北，一

---

① 参见王海涛《云南佛教史》，云南美术出版社 2001 年版，第 39 页。

带汪洋，土民环居山麓，鸡鸣犬吠相闻，而疆亩寥寥，艰于粒食。圣僧定中慧照，见海底宽平，尽可耕种，因而矢愿开疆，自惟道力未坚，于东山岩窟，面壁十年，乃掷尼珠于象山之阴，顷间通一百八孔，出东南而汇金江。从此水落地现，居民得以耕田而食，至今一千三百余年矣。

上引资料在民间有不同版本《掷珠记》传说可印证，到现在鹤庆县内关于赞陀崛多的古迹，有八处之多。明代的省、府、州志，也盛传其事，可知其人其事当真，并非后世佛教徒穿凿附会之举。

"此外滇西较大的寺庙，都传是天竺僧造的。崇圣寺周围七里，传是天竺圣僧李贤者建造，洱河东罗筌寺，传是杨都师创建。滇西的大塔，也往往传是天竺僧建造，至少也许在募化功德方面出过力，如通志及《中兴图》记梵僧到开南郡募化，这已到了南诏边境，蛮烟瘴雨之区。他们刻苦坚强的精神，感动了少数民族，终于取得了普遍的信仰。"[①] 值得注意的是，由于天竺僧人艰苦卓绝的努力弘法，佛教在南诏逐渐站住脚，并推广开来。在这佛法初传时期，天竺僧人弘扬的是以印度佛教为主的佛教宗法义理，故而作为莲花部尊的观音菩萨也首先进入云南，为大理地区初闻佛法的民众及南诏统治阶级熟知。

在弘法初期过程中，观音菩萨不但是作为观音信仰中具有不可思议法力的神威慈悲大士而为民众熟知，而更重要的是，观音菩萨的形象被具体化、简单化，被直接与弘扬观音信仰的天竺僧人联系在一起。因为在弘法过程中，为提高佛教的生存机会，提高自己的威信，天竺僧人往往应机说法，甚至自称自己就是观音菩萨在云南大理的化身。

从佛教传播史来看，弘法僧人在异域宣扬义学时，常常会将印度著名的佛教名胜古迹或传说附会于当地。这一风气早在印度古已有之，如《新唐书·天竺传》就记载了印度"国中处处指曰佛迹也。"李家瑞先生认为"这风气也可能随着天竺僧人到南诏地区来。"[②] 例如：天竺的灵山佛地传说，也搬到这区域来。据《大唐西域记》记载佛陀弟子迦叶守衣入定是在天竺的鸡足山，而云南大理宾川也有鸡足山，山下有传

---

① 李家瑞：《南诏以来的云南僧人》，《南诏文化论》，云南人民出版社 1991 年版。

② 同上。

衣寺，《万历志·寺观志》说："迦叶守衣人定鸡足山，今称华首门者，即其入定处也，故名传衣。"据佛经称，灵鹫山在摩揭陀国王舍城东北，乃释尊讲经处，而大理苍山上有灵鹫峰，城南有灵鹫寺，也传是佛讲经处，有千僧道场。这显然是佛教徒附会当地名胜，借以提高佛法威信和普及程度的做法。

此外，在印度化身之说非常流行，相传释迦牟尼就曾是毗湿奴的化身；毗湿奴也有其他许多化身；在《妙法莲华经》中观音菩萨也有三十三化身或变现身，可化观长者像、优婆夷像、王公大臣像、仕女像等等，这种种化现身无非是善权方便，应机说法的需要。随着佛教的输入，这化身之说也在天竺僧人的布道过程中进入大理。配合宣扬观音信仰，推广观音信仰，天竺僧侣从印度古代民间流传的化身之说中找到了理论依据，这一化身理论使他们感受到极大的慰藉，因为他们可以自称为观音化身，而这一比附之举却不会冒犯观音菩萨真身。

考诸史籍和文献文物资料，一般说来在大理地区弘法的天竺僧人（即梵僧）的造像特征是：深目高鼻、羌髯丰颐，头戴莲花冠（或称为赤莲冠），身披袈裟、拄杖、托钵，脚著布履、随身牵一只白犬。这一造型曾四见于剑川石钟山石窟以及四川凉山昭觉博什瓦黑南诏大理国时期石刻造像中。其中尤以雕刻于剑川石钟山狮子关悬崖上的梵僧像最富有代表性。此雕像深目高鼻、羌髯丰颐，头戴莲花冠，身披袈裟，衣折凝重，左手持净瓶，右手结怖魔印，脚着靴，头后有佛光，左下方有一犬，躬身回首，颈系铃。造像神态慈祥、专注，雕像左上方刻有"信境兰若，紫石云中"二行八字。据考证"这一造像与《南诏图传》中的梵僧观音形象基本相同。"① 可以说明在造像过程中，白族人民正是以天竺僧人（即梵僧）为原型来塑造观音菩萨形象的。这一造像原理同样也在观音传说故事中得到表现。

（二）

经过天竺僧人的艰苦布道，佛教逐渐在南诏王室和百姓中普及开来。虽然唐时已有大乘显宗在大理地区流传，但最终在大理地区流行的主要是以佛教密宗为主，盖密宗"伏神役鬼，最奥最妙，甚幽甚玄，能返本还原，惟背尘合觉。当则大唐己丑，大摩揭陀始从中印土至于苍洱

---

① 李东红：《大理地区男性观音造像的演变》，《思想战线》1992 年第 6 期。

之中，传此五秘密，名为教外别传。即蒙氏第七世异牟年（笔者注：年应改为寻，原文如此）之代也，以立在家之僧，钦崇密教、瞻礼圣容、设此十四之学，立斯内外之坛。各习本尊为教主，有止禁恶风暴雨，有祛除鬼魅之妖邪，善神常来拥护，恶鬼不能侵临，教法愈隆，威风大振。"① 佛教密宗自形成之日起，就以高度组织化的咒术仪轨和经律教法著称于世。密宗传入大理之际，大理地区就已有本地讲究巫术咒语仪轨的原始宗教存在。这两种异质宗教在接触之初，必因教义之异而产生冲突，如《观音伏罗刹》等故事便是反映佛教与原始宗教相互冲突、相互斗争的传说。但随着时代的发展，原始宗教显然已不再适应日益发展起来的南诏经济和政治制度的需要，在仪轨上与原始宗教一样讲究咒语巫术的佛教密宗以此为契机渐迎合了南诏王室统治的需要。于是作为佛教密宗主要崇奉神祇之一的观音菩萨渐为南诏王室和百姓所供奉。

　　在观音菩萨崇奉初期，梵僧往往自称自己是观音菩萨的化身，故而初期观世音菩萨形象造型往往以梵僧形象为摹本，出现于雕刻、画卷和各类传说中。随着观音信仰的进一步深化，显然，梵僧形象作为观音菩萨形象的一种化身已不能适应于观音信仰的深化，故而在这一深化时期，观音菩萨在各类雕刻、画卷以及传说中直接以观音菩萨的真身形象造型出现，大理地区将之称为阿嵯耶观音。

　　据《南诏图传》文字卷记载："保和二年乙巳岁，有西域和尚菩立陁诃来至我京都云：'吾西域莲花部尊阿嵯耶观音从蕃国中行化至汝大封民国，如今何在？'语讫，经于七日，终于上元莲宇。我大封民始知阿嵯耶来至此也。"阿嵯耶，在云南大理密宗里是真身观音菩萨的专有名词，即指密宗的观音菩萨。"阿嵯耶"一词难考，许多佛典中都难以找到它的注释。据张锡禄先生考证："它是圣观音之意，因为梵文 Aryavalokitesvara 的音译有 7 种，其中一种要冠上圣语阿梨耶（Arya），成为阿梨耶阿缚卢积低湿伐罗。② 《大悲心陀罗尼》有'南无阿梨耶，婆罗羯帝，烁钵罗耶'即归投圣观音之句。查嵯字有两个音 Cuo 和 Ci（嵯）

---

① 明《大师陈寿藏铭》，参见张锡禄《大理白族佛教密宗》，云南民族出版社 1999 年版，第 15 页。

② 观世音，梵文名 Avalokitesvara，音译为阿缚卢积低湿伐罗，音译名称为观自在菩萨、观音声苦菩萨，略称观音菩萨。另一梵文名为 Anavalokitesvara，音译阿利耶跋卢积甄铄伐罗，为圣观音之义。

和 Li（梨），声母相近，韵母相同，用汉字记梵音，一音多字是正常
的。在《南诏图传》文字旁注阿嵯耶观音都用圣字。如：一男子下蹲
用锤砸一锂（锂，白语，意为铜）鼓，旁注：'于打梗鼓化现一老人称
云解铸圣像'。一身穿白色衣服的老人，左手持一才铸的金色的阿嵯耶
观音像，旁注：'老人铸圣像时'。一座山峰前立有一站在莲台上身放
背光的阿嵯耶观音，旁注：'圣像置于山上焉'。可见此处'圣'即指
阿嵯耶观音。这也可以从《文字卷》得到明证，在其中阿嵯耶的行迹
称为'圣迹'；阿嵯耶观音所化的梵僧为'圣僧'；阿嵯耶观音的形象
为'圣容'；阿嵯耶观音的变化为'圣化'；称阿嵯耶观音为'大圣'、
'建国圣源阿嵯耶观音'。凡此种种足证明在南诏中兴二年以来所信仰
的阿嵯耶观音是密宗类的圣观音。"①

　　事实上，据查"圣观音"，梵名为 Āryavalokitesvara，"系观世音菩萨
总体之尊称。又作止观世音菩萨，正观音。与千手观音、十一面观音、
如意轮观音相对称。盖正观音为大悲之总体，千手为大悲之别用，此乃
就其能变之本身，称为止观音。化胎藏界曼荼罗内，住中台八叶院西南
方，占观音院第一分部主位，于一方金刚界曼荼罗中，又名金刚法菩
萨。"② 盖圣观音系观世音菩萨总体之尊称，又作正观音。从这一角度
来看，张锡禄先生认为"南诏中兴二年以来所信仰的阿嵯耶观音是密宗
类的圣观音"，这一结论是可成立的，而且我们还可从圣观音的三十三
应化身中找到证据："圣者三位：佛身、辟支佛身、声闻身；天界六种：
大梵天王身、帝释身、自在天身、大自在天身、天大将军身、毗沙门
身；道外五族：小王身、长者身、居士身、宰官身、婆罗门身；道内四
众：比丘身、比丘尼身、优婆塞身、优婆夷身；妇童六级：长者妇女
身、居士妇女身、宰官妇女身、婆罗门妇女身、童男身、童女身；天龙
八部：天身、龙身、夜叉身、乾闼婆身、阿修罗身、迦楼罗身、紧那罗
身、摩睺罗伽身；二王一神。"③ 这三十三应化身在《妙法莲华经·观
音普门品》和《大佛顶首楞严经》等佛典中均有提及。从中我们可以
看出早期观音信仰中梵僧化身原理可以在三十三应化身中找到，并非传

① 张锡禄：《大理白族佛教密宗》，云南民族出版社 1999 年版，第 139 页。
② 弘学编著：《佛都图像说》，巴蜀书社 1999 年版，第 220 页。
③ 同上书，第 239 页。

道僧人杜撰。但值得注意的是，圣观音系观音菩萨总体之尊称，在观音信仰在大理流传的早期阶段，认为阿嵯耶观音即为圣观音是可以的，但同时应注意到，不可一概将这一时期所有观音均称为圣观音，因为在南诏时期还流传有其他造型的观音，如十一面观音等，在《白国因由》中还记载了观音化作一老人命造十一面观音像阻兵的传说。故而我们只能认为在这一时期流传的观音主要是以阿嵯耶观音为主，但他在百姓心中，已是真身观音的专有名词。

综观大理地区观音形象造型演变史，阿嵯耶观音是相貌装束极特别的男性观音。此种观音造像颀长纤细，宽肩细腰，面作男相，大多为铜胎鎏金铸像，其造型特征基本保持同一风格。在美国纽约、波士顿等地博物馆以及云南等地文物收藏机构，收藏着数十件阿嵯耶观音像；此外，剑川石宝山石窟也刻有类似雕像，而且大理崇圣寺千寻塔、弘圣寺一塔和下关佛图塔出土的80余尊大理国时期的80余尊大理国时期的观音像中，有20余尊是与阿嵯耶观音造像相同或相似的男性观音。其造像风格独特，从现存实物和图谱来看，其"造像额头方阔，中央有白毫，两眉相连，颧骨甚高，鼻准低垂，嘴宽唇厚，两颊消瘦；发髻高耸，髻中安住阿弥陀佛；耳珰沉重，带状璎珞环颈，双臂带三角状雕饰之臂钏，宽肩细腰，身体扁平，上身全袒，胸部乳头有如硬币；胸佩饰花扣带，下身窄瘦，两腿直立，跣足；下身着裙裳紧贴于身，裙褶作规律性弧状安排；手式多作安慰印。"[①] 对此造像的渊源，美国嘉平博士认为，这种造像实源于印度东北的帕拉王朝（Pala Dynasty）的雕刻，并受到东南亚室利佛逝（Srivijaya）美术的影响。[②] 法国学者莫尔曼氏（Marie Therese de Manmann）则认为，南印度巴拉伐（Pallava）和室利佛逝美术和大理的真身观音菩萨像的造型有着相当密切的联系。[③] 这类真身观音像的面部特征和许多缅甸、泰国、占婆（Champa）以及柬埔寨的作品近似。同时平板的胸部、扁瘦的身躯，又与泰国早期的造像相

---

① 李玉珉：《南诏大理佛教雕刻初探》，《云南大理佛教论文集》，台湾佛光出版社2001年版。

② ［美］海伦·B.查平著，林超民译：《云南的观音像》，载林超民译《南诏国与唐代西南边疆》，云南人民出版社1998年版。

③ 李玉珉：《南诏大理佛教雕刻初探》，《云南大理佛教论文集》，台湾佛光出版社2001年版。

仿。故而李玉岷女士认为，除了印度与室利佛逝的影响外，大理真身观音也融入了不少中南半岛的美术特征。①

从阿嵯耶观音的造像风格看，带有明显的异域风格，但正是出于对这具有异域艺术风格特征的阿嵯耶观音的笃信，从南诏时期开始，出现了大量同种艺术类型和风格的雕像。其中最著名的莫过于南诏崇圣寺的"雨铜观音"。

"雨铜观音"是历史上最著名、最高大的铸像。据《滇释记》记载："禅陀子……随李贤者建崇圣寺，欲造大士像，师于城野募铜斤，随获，随见沟井，便投其中。后忽夜骤雨，旦起视之，遍寺皆流铜屑。遂用鼓铸立像，高二十四尺。像成，余铜铸小像一千尊。像如吴道子所画，细腰跣足。时像放光，弥覆三日夜，至今春夏之际每现光云，世传雨铜观音也。"万历《通志》亦载："崇圣寺中有观音像，高二丈四尺，唐蒙氏民董明善者，吁天愿铸，是夕天雨铜，无欠无余，仅足铸像。"《南诏野史》又云："光化庚申三年（公元900年）铸崇圣寺丈六观音，清平宫郑买嗣合十六国铜所铸，蜀人李嘉亭成像。"另外《僰古通纪浅述》亦云："光华元年戊午（公元898年），命董明善铸崇圣寺后殿观音，高一丈六尺。"在《金石萃编·跋》中亦有提及："唐蒙时，董明善铸，细腰跣足。"该像甚至在明代《徐霞客游记》中亦有详细叙述，在该书卷十五云："（寺）其后为雨铜观音殿，乃立像，铸铜而成者，高三丈。铸时分三节为范，肩以下先铸就而铜已完，忽天雨如珠，公共掬而镕之，恰成其首，故有此名。"方国瑜先生解释道："盖董明善监督而李嘉亭为技工，因募铜造像而讹传天雨铜也。"据王海涛先生考证，此像细腰跣足，为阿嵯耶观音，即阿叱力观音。② 对雨铜观音，历代史籍均予以记载，甚至在民间还形成了相关传说，这些都足以证明雨铜观音在大理地区的重要性。

为何一个具有显著异域特征的阿嵯耶观音竟然成为南诏大理国时期举国上下笃信崇奉的菩萨？

究其原因主要在于佛教的发展及其与王室政权紧密结合的特征。

---

① 李玉岷：《南诏大理佛教雕刻初探》，《云南大理佛教论文集》，台湾佛光出版社2001年版。

② 参见王海涛：《云南佛教史》，云南美术出版社2001年版，第145页。

8世纪初开始，阿吒力僧开始取得了王室的信任，《荡山志略》记载了阿吒力僧利用咒术密法为南诏王室服务之事："莫残溪，在圣应、佛顶二峰之间，相传五诏结吐蕃，征南诏。南诏请阿古（吒）梨僧杨施苏和尚咒此溪水洪流没马。吐蕃遂遁，蛮咒莫残溪莫流也，该因此名。"胡蔚本《南诏野史》也记载了在战争中阿吒力僧的事迹："此二役也，皆凤弟阁陂（和尚）及凤妃白氏行妖术，展帕手而笑，韩陀僧用钵法，以故唐兵再败。"从上述两则记载可知，阿吒力僧已逐步参与政治，辅助王室的统治，而且阿吒力僧也逐渐以当地各大姓氏族成员为主。盖梵僧到大理民间艰辛布道的同时，也积极从各大姓氏族成员中选拔和培养接班人。初期的土著阿吒力，都是汉文化水平较高的大姓、名家及王室成员。这些大姓在成为阿吒力之后，成为"唐梵之字靡不勤习""通释习儒"的师僧。[1] 这些土著阿吒力僧的出现是印度佛教密宗白族本土化的标志，[2] 它也预示着白族佛教密宗开始逐步形成。由于白蛮大姓阿吒力具有土著文化传统，又有较高的汉文化修养，加之又学习了梵文佛法，故这一混合性的文化修养使他们具有一种亲和力，极易得到王室信任。其结果便使阿吒力教获得了更为迅速的发展。到9世纪初，尤其是进入劝丰祐时代之后，阿吒力教已成为上自王室，下及民间的普遍信仰的国教。对此，张旭先生进行过统计和评论：

> 南诏中期以后，王室成员都皈依佛法，谕民虔敬三宝，恭诵三皈，每户供佛一堂，诵念佛经，手拈佛珠，口念佛号，每岁正、五、九月持斋，禁宰牲畜。南诏王劝丰祐的母亲出家为尼，用银五千两铸佛一堂。蒙世隆之母段氏也虔诚信佛，今日有名的弥渡南诏铁柱和四川西昌市的白塔寺（原名景净寺）就是他母子所建。世隆以四方八表，夷民臣服，皆感佛力维持。于是建大寺八百，小寺三千，遍于云南境中，家知户达，皆以敬佛为首务。另铸观音像108尊，敬诸里巷，使居民敬奉。南诏而后，大长和国王郑买嗣铸佛万尊，为他杀绝南诏王室八百人忏悔。大理国段思平登位，也说靠佛力维持，感佛恩德，岁岁建寺，铸佛万尊。段氏自思平起至兴智共

---

① 李东红：《白族佛教密宗阿吒力教派研究》，云南民族出版社2000年版。

② 同上。

22 主，其中七人让位为僧，一人被废为僧。大义宁国王杨干政失
败后，也被段氏特赦为僧。大理国官员，多从佛教徒中选拔。①

从大理地区佛教发展史来看，在南诏大理国时期，为王室成员所笃
信的观音菩萨主要为阿嵯耶观音。对此，作于中兴二年（公元 898 年）
前的《南诏图传》文字卷清晰地叙述了南诏末期王室成员眼中的阿嵯
耶观音及阿叱力教的尊贵及神通：

> 阿嵯耶观音之妙用也，威力罕测，变现难思，运悲而导诱迷
> 途，施权化而拯济含识，顺之则福至，逆之则害生。心期愿谐，犹
> 声逐响者也。由是，乃效灵于巍山之上，而乞食于奇王之家。观其
> 精专，遂授记别，龙飞九五之位，乌翔三月之程。同赞期共称臣
> 妾，化俗设教，会时立规，感其笃信之情，遂现神通之力。则知降
> 梵僧之形状，示象马之珍奇，铁杖则执于拳中，全镜而开于掌上。
> 聿兴文德，爰立典章，叙宗祧之昭穆，启龙女之轨仪。广施武略，
> 权现天兵，外建十二之威神，内列五七之星曜。降临有异，器材乃
> 殊。启摧凶折角之方，广开疆辟土之义。遵行五常之道，再弘三口
> 之基。开秘密之妙门，息灾殃之患难。②

上引这段文字清楚地点明阿嵯耶观音"威力罕测，变现神思，运悲
而导诱迷透，施权化而拯济含识"，具不可思议神通变化之法力。它同
时还强调阿嵯耶观音与王权这特殊关系，即南诏国系观音授记而成，是
受观音菩萨福佑的。与此观音授记的记载相联系，民间还形成了大量观
音菩萨（即阿嵯耶观音）点化和福佑王室成员的传说。

例如：在《南诏中兴图传》文字卷中详细记载了阿嵯耶观音点化奇
王，并授记的传说。

> 《铁柱记》云：初，三赕白大首领将军张乐尽求并兴宗王九人，

---

① 张旭：《大理白族的阿叱力教》，载《云南民俗调查》，云南民族出版社 1985 年版。

② 转引自李惠铨、王军：《〈南诏图传〉文字初探》，《南诏文化论》，云南人民出版社
1991 年版。

共祭天于铁柱侧，主鸟从铁柱上飞憩兴宗王之臂上焉。张乐尽求自此以后，益加惊讶。兴宗王乃忆，此吾家中之主鸟也，始自欣悦。此鸟憩兴宗王家，经于一十一月后乃化矣。又有一犬，白首黑身（号为龙犬），生于奇王之家也。瑞花两树，生于舍隅，四时常发（俗云橙花），其二鸟每憩息此树焉。又圣人梵僧未至前三日，有一黄鸟来至奇王之家（即鹰子也）。又于兴宗王之时，先出一士，号曰各群矣，着锦服，披虎皮，手把白旗，教以用兵。次出一士，号曰罗傍，着锦衣。此二士共佑兴宗王统治国政。其罗傍遇梵僧，以乞书教，即封氏之书也（其二士表文武也）。后，有天兵十二骑来助兴宗王，隐显有期，初期住于十二日，再期住于六日，后期住于三日。从此，兵强国盛，辟土开疆。此亦阿嵯耶之化也。

第二化

浔弥脚、梦讳等二人欲送耕饭。其时，梵僧在奇王家中留住不去。浔弥脚等送饭至路中，梵僧已在前，回乞食矣。乃戴梦讳所施黑淡缨，二端叠以为首饰（盖贵重人所施之物也，后人效为首施）也。其时，浔弥脚等将耕饭，再亦回施，无有吝惜之意。

第三化

浔弥脚等再取耕饭家内，送至巍山顶上。再逢梵僧坐于石上，左右（按：应为"有"）未鬃白马，上出化云，中有侍童，手把铁杖；右有白象，上出化云，中有侍童，手把方金镜；并有一青牛。浔弥脚等敬心无异，惊喜交并，所将耕饭，再并施之。梵僧见其敬心坚固，乃云："恣汝所愿。"浔弥脚等虽中恳愿，未能遣于圣杯。乃授记云："鸟飞三月之限，树叶如针之峰，弈叶相承，为汝臣属。"授记讫，梦讳急呼耕人奇王蒙细奴逻等云："此有梵僧，奇形异服，乞食数遍，未恻圣贤。今现灵异，并与授记。如今在此。"奇（王）蒙细奴逻等相随往看，诸余化尽，唯见五色云中有一圣化，手捧钵盂，升空而住。又光明中仿佛见二童子，并见地上有一青牛，余无所在。往看石上，乃有圣迹及衣服迹，并象、马、牛踪，于今现在（后立青牛，祷，此其因也）。

从上引文字可以看出，叙述者为了强调阿嵯耶观音信仰，极力渲染阿嵯耶观音之圣化，而渲染的目的却最终在于强调南诏国之得以建国完全是由于至尊的阿嵯耶观音的授记和福佑。这一阿嵯耶观音的授记方式与汉王朝宣称的天赋神权的方式和目的相似，都是为了突出和巩固王朝统治而宣称自己的王权是由神赋予的，故而具有神圣不可侵犯性，二者不同之处在于南诏国的神授者是阿嵯耶观音，这是佛教与王权结合的最佳例子。

值得注意的是，在大理地区，除《南诏中兴图传》文字卷叙述了观音授记，细奴逻以此建国的传说外，其他一些史籍和民间传说，如《巍山起因》、《铁柱记》、《西洱河记》、《国史》、《南诏野史》、《白国因由》、《僰古通纪》等均有类似记载，而且据汪宁生先生考证，《南诏中兴画卷》就是"根据《巍山起因》、《铁柱记》、《西洱河记》、《国史》等书有关记载画出来的。这些书应就是《白古通》、《玄峰年运志》之类，早在南诏末年已有这类书存在了。"[1] 如果将这些异本观音授记细奴逻的传说内容稍加比较，不难发现《南诏中兴图传》文字卷的重点。兹举例如下：

> 观音为了选择大理国王，化缘访贤，他敲着铜铃来到蒙化，访来访去终于访着细奴逻。当时细奴逻犁田去了，他母亲摩妮差正好煮了麦粥要送给儿子当午饭。观音来到细奴逻家里，对摩妮差说："老人家，我是西天来的和尚，来到妙香国，特来化一点吃的。"摩妮差一听，心里很感动：一个和尚千里迢迢来这里化缘，哪怕自己不吃，让儿子饿着，也要让和尚吃饱。想着，就毫不犹豫地把麦粥端上来让观音吃。观音一口气喝光了麦粥，告别摩妮差走了。摩妮差只好生起火，再弄点麦粥给儿子。不一会麦粥煮熟了。不料，观音又变成另一个和尚进来化缘，口气还和前面那个和尚一样。摩妮差又只好把刚煮的麦粥送给了和尚。太阳都几乎偏西了，她才第三次煮好麦粥，送给儿子。细奴逻肚子实在饿了，问妈妈为什么来得这样迟？摩妮差把和尚几次化缘的事告诉他，细奴逻也感到很奇怪，正要准备吃，一个化缘的和尚又出现在他们面前。细奴逻很尊敬地向和尚行了礼，问道："方丈为何来到这山村野岭？"和尚回答："肚子饿了，要化点吃的东西，走不动了！"细奴逻见他长途

---

① 汪宁生：《云南考古》，云南人民出版社 1992 年版，第 199 页。

跋涉十分可怜的样子，就把麦粥端给和尚吃。和尚吃过后，对细奴逻说："要化你的这根牛档用用。"细奴逻想，一根牛档没什么稀奇的，回家再做几根都行，就毫不犹豫地答道："既然方丈需要就拿去吧！"观音解下牛档，不慌不忙拔出身上携带的宝剑，叫细奴逻朝牛档上砍。细奴逻也不知其中奥秘，就对着牛档砍了一十三刀。砍完，观音笑呵呵地对他说："恭喜你了，细奴逻！从今以后你就要当白王，要延续十三个朝代。你就在家里等着，过几天妙敏香国的白人就来迎接你了。"话说完，和尚就向白云深处走去了。果然，第三天天刚亮，细奴逻就听到房屋四周百鸟齐鸣。中午时分，又来了一班人，抬着彩花大轿，吹着唢呐，敲着笙鼓，把细奴逻和他的母亲接到大理去了。此后，细奴逻当了白王，他的后裔就在大理当了十三代皇帝。①

如果把这则民间传说与《南诏图传》文字卷所记传说相比，可以看出，第一，就主题而言，两者都是围绕观音授记细奴逻这一主题展开的。在具体情节的设置上，如细奴逻之母施粥、观音考验等细节都类似，但也存在差异。第二，从内容上来看，《南诏中兴图传》文字卷产生时代就在南诏时期，而上面所引后一则民间传说产生时代较晚，其时观音菩萨信仰已受到汉传佛教显宗的影响，甚至从"妙香国"等细节可以看出它已受到汉地女身观音信仰的影响（详后）。第三，就观音信仰而言，《南诏中兴图传》文字卷传说已详细叙述出阿嵯耶观音在南诏王朝的重要作用。故而在此文字卷传说中直接点明"阿嵯耶观音之化也"。而在后一则传说中，由于时代的变迁，虽然供奉观音菩萨之热不减，但由于观音菩萨的具体形象已不再是阿嵯耶观音，故而在叙述过程中，"阿嵯耶观音"形象及字号不再出现。

总的来说，通过这两则同样主题的故事传说内容之异同比较，不难看出阿嵯耶观音在南诏末期是多么显贵，以至于南诏王室甚至要将自己的建国理由建立在阿嵯耶观音的神授、点化基础之上，以期从中找到更为强大的巩固政权的依据和方式。阿嵯耶观音对南诏王室如此重要，以至于南诏王隆舜皇帝因"阿嵯耶观音之妙用，威力罕测，变现难思"

---

① 《白族神话传说集成》，中国民间文艺出版社 1986 年版，第 239 页。

而供奉他，甚至改年号为"嵯耶"，封阿嵯耶观音为"建国圣源阿嵯耶观音"，"钦崇圣像教，大启真宗，自获观音之真形，又蒙集众之锓鼓"，① 以真金铸圣像。

如果说在南诏末年就已经开始崇奉阿嵯耶观音，并以阿嵯耶观音为观音菩萨的真身加以祭祀的话，那么在大理国时期，这一观念在王室成员和百姓心中已是根深蒂固，阿嵯耶观音菩萨的信仰已是非常的普及。例如：美国圣地亚哥艺术馆收藏的阿嵯耶观音像系大理国主段政兴为太子段易长生、段易长兴等所造。显然，阿嵯耶观音已被大理国段氏家族作为了自己的保护神而加以供奉和崇敬。

事实上，阿嵯耶观音与大理国段氏家族之关系，可从民间流传的观音救大理国段氏之祖段思平以及点化他建立大理国的有关传说中略窥一斑。但有一点需要肯定的是，阿嵯耶观音之所以在大理国时期仍受到推崇，甚至被段氏家族作为自己的保护神，这与它同王权的紧密结合是分不开的。阿嵯耶观音之所以被认为是真身观音菩萨的形象是因为大理国王室成员及土著阿叱力僧的极力推崇，而这样做，反过来又进一步巩固了观音授记的理念，从而从根本上维护大理国的统治。

（三）

如果说阿嵯耶观音像是大理地区男性观音造型的第二阶段的话，那么观音老爹的造型则属于第三阶段。就男性观音形象在各阶段的造型特征的意义来看，可以说第一阶段出现的梵僧观音形象意味着佛教密宗开始进入大理，并逐渐获得白族人民的认同的话，那么，第二阶段阿嵯耶观音造像的出现，"表明白蛮大姓阿叱力在宗教上的地位已经确立，标志着佛教密宗在白蛮社会中已生根、发芽。从此，大理地区的佛教密宗，开始从印度佛教密宗的母体中脱胎而生，走上了民族化和地方化的道路。"② 而第三阶段的观音老爹形象的出现，不仅表明大理地区佛教密宗脱胎于印度佛教密宗，又不断融合了藏传佛教密宗、汉地佛教显密二宗的因素，并最终结合本土民族文化而形成了云南大理地区极具特色的白族佛教密宗阿叱力教派之过程彻底结束，同时还显示出白族佛教密

---

① 转引自李惠铨、王军：《〈南诏图传〉文字初探》，《南诏文化论》，云南人民出版社1991年版。

② 李东红：《大理地区男性观音造像的演变》，《思想战线》1992年第6期。

宗阿叱力教派向白族本土化、民族化的转变；这一形象的出现已经标志着大理地区民间宗教和佛教密宗的有机结合，预示着大理地区对外来宗教的改造过程已经结束，观音菩萨信仰开始逐渐从佛教领域向民族文化领域倾斜、转移。

随着大理国的灭亡，"阿嵯耶观音迅速消失了。进入元代以后，大理地区又出现了一种与梵僧观音和阿嵯耶观音大异其趣的男性观音——观音老爹。"① "观音老爹"在大理地区又称为"观音老祖"、"观音爸"、"观音公"，他已不再是具有神秘性和威严感的观音菩萨，不再是作为王权和神权的护佑者（如阿嵯耶观音），他已是一位充满世俗生活气息的白族老人形象，在他身上似乎世俗性和民族性特征要远远超过他的神性特征。这一世俗性和民族性特征使他以观音老爹的形象特征为大理地区观音信仰的代表而进入大理白族人民的世俗生活中，并产生出恒久的亲和力而为人信奉，甚至留存至今。据调查，大理、洱源、剑川、鹤庆、宾川等县（市）各地观音庙中，至今仍供奉着"观音老爹"像。这些男性观音造像或木雕，或石刻，或泥塑，其时代从明代延续至今。各地的观音老爹造像虽略有差异，却始终保持着同一风格。②

值得注意的是，观音老爹的形象自形成之初迄于今，已有数百年历史，其形象内涵和意蕴随着时代的变迁和佛教的发展，前后已略有不同。这一变化可从观音传说中反映出来。如《开天辟地》传说中观音帮助人类两兄妹渡过水难并生存繁衍下来。在这一传说中的观音形象其内涵已远非一位慈悲普渡众生的佛教神祇所能具有。

> 由于天降大雨，天地没有了，人类没有了，日月没有了，天下变成了黑洞洞的。没有天，没有地，一直延续了好几年，相传到前朝时候，盘古、盘生才又出来。盘古对盘生说："阿弟，我来变天，谁来变地？"盘生说："阿哥，你来变天，我来变地好了！"于是弟兄俩一个去变天，一个去变地。天从东北方变起，地从西南方变起。盘古在鼠年变成了天，盘生在牛年变成了地。天地修成以后，盘古、盘生就死去了。盘古死时，身长足有一丈八尺，他横躺在观

---

① 李东红：《大理地区男性观音造像的演变》，《思想战线》1992 年第 6 期。
② 同上。

音寺里，头朝东，脚朝西，眼有碗大，嘴有盆大，十分魁伟。说也奇怪，观音叫他怎样，他就怎样。观音的手指到哪里，他就变到哪里。他的左眼变成太阳，右眼变成月亮。张开眼睛是白天，闭上眼睛就是黑夜，小牙齿变成星星，大牙齿变成了石头，眼毛变成了竹，嘴巴子变成了村庄，汗毛变了草，头发变成了树木，小肠变成了小河，大肠变成了大河，肺变成了大海，肝变成了湖泊。鼻子变成了笔架山，心变成了启明星……这时，洪水把地面上的东西冲得光光的，只有观音留下的两个兄妹，观音把他们藏到金鼓里，不知被洪水冲到哪里去了。观音到四下找这两兄妹，走了九十九天，九十九夜，越过了九十九座大山，九十九条大河。东过找到汉阳口，西边找到胡三国，北边找到雷音寺，南边找到普陀岩，最后在洱海才找着他们。可是他们藏在金鼓里，金鼓漂浮在水面上，没有法子把他们打捞上来。正在无法可想的时候，鸭子来了，老鹰也来了。它们都愿意出力帮助。于是鸭子凫在水面上推，老鹰也展翅来帮忙，费了很大的力，才把金鼓捞了上来。金鼓虽然捞上来了，可是这两兄妹藏在金鼓里还是不能出来。后来观音又去请啄木鸟，把顶子大帽许给它戴，请它啄开金鼓。啄木鸟答应了。不料，啄木鸟啄起来声音很大，观音生怕它把两兄妹吓死，不让它再啄，顶子大帽也就白送给它了。现在，啄木鸟头上的红缨就是那一次观音送的。金鼓啄不开，观音又去请老鼠来帮助。老鼠请来了，它说："我愿意咬开金鼓，可是你得给我衣禄呀！"观音说："只要你把金鼓咬开，就把五谷分给你。"老鼠答应了，咬呀咬，终于把金鼓咬开了。于是，观音就把五谷分给它。所以，现在老鼠才到处吃人的粮食。金鼓咬开了，两兄妹出来了，可是他们的身子却连在一起不能分开。观音只好去请燕子帮忙，并且说，只要它把兄妹分开，就准许它住人们的房子。燕子答应了，它用那比刀还快的翅膀把两兄妹割开了。从此，燕子就和其他的鸟不同了，可以住在人们的屋檐下。这两兄妹，男的叫赵玉配，女的叫邰三妹。观音要两人结为夫妻。兄妹听了观音的话，急得哭了起来。两人对观音说："我们是兄妹，怎么能做夫妻？"观音说："现在世上只你们二人，你们成为夫妻，就能生儿育女，繁衍后代"……后来经过种种难题考验，两兄妹只好结为夫妻了。兄妹结婚以后，十个月，就生下一个狗皮口袋。口袋里有十个儿子。后来十个儿子又各生了十个孙子，变成了百家。从此，他们各立一姓。这就是"百家姓"的由来。①

从上引这段文字可以看出该传说故事内容庞杂，集创世神话和洪水神话类型传说于一身，并且表现出明显的中原文化和佛教文化的影响，尤其在创世故事情节的安排上，完全是照搬中原文化中盘古开天地的传说。但值得注意的是，从整体故事情节的设置上可以看出，全部故事情节是置于佛教文化影响的氛围之中，故事开头叙述洪水的由来这一部分更与佛教文学故事有脱不开的干系（笔者注：因限于篇幅，本文未引），其中算命先生妙庄王这一名字的由来，就表明这一故事情节已受到了汉地佛教密宗的影响（详后）。此外，龙王与算命先生妙庄王的打赌，乃至于酿成暴雨，导致水灾的情节在明代神魔小说《西游记》中也有出现，它们都是受到了佛典文学的影响②。

此外，就观音形象而言，在这一传说中，他应该是以男身造型出现，因为从故事中"妙庄王"的出现可感受到汉地佛教观音信仰的影响，但似乎汉传佛教中女身观音形象还未被广泛接受，故而妙庄王一词被用于一算命先生身上，未被作为女性观音之父而受禁忌。且从这一传说的内容来分析，其产生年代应在明清以后，故此观音造型应为观音老爹的造型。然而如果说观音老爹形象正是"成长起来的白族佛教密宗僧侣阿叱力之形象"③的话，那么观音老爹的形象内涵所指的为白族佛教密宗阿叱力僧内涵，但显然，在白族民间流传的这则《开天辟地》传说中，白族教佛密宗阿叱力僧的内涵意义已不再适用于观音老爹。因为在这则传说中，他已被作为白族人民创造的始祖神来看待，他已被后来的白族人民融入到自己先民创造的原初文化之中，已成为了白族本土文化中的一分子，他甚至已被讲究地域性和村庄性及农耕性特征的白族本主崇拜纳入到本主崇拜的神系当中，被白族人民作为本主神祇而加以供奉。他在兼具佛教神祇身份的同时，也具有了富于白族民族特征的本主神祇身份。这一本主神祇的身份自然使他的形象特征拥有了另一意蕴和

---

① 《白族神话传说集成》，中国民间文艺出版社 1986 年版，第 15 页。
② 对此，笔者另有专文讨论，不再赘述。
③ 李东红：《大理地区男性观音造像的演变》，《思想战线》，1992 年第 6 期。

内涵。

事实上，观音老爹形象内涵的变化是历史的必然。考诸佛教密宗在大理地区的传播史可知，白族佛教密宗在其形成和演变过程中，始终是以白族本土文化为本位文化的，它的发展常与统治阶层的扶持与否有关。即使是在元朝统治时期，白族佛教密宗亦受到保护。元世祖深知佛教"之于云南，有足助时君之化"，因为云南白族信仰佛教由来已久，"其来非一日也。彼其沈毅悍鸷之性，一旦归于清净慈俭之宗。此盖威武之所不能屈，教化之所未易渐。而净名之徒，深居寡言，衣坏食淡，合掌趺坐，而扰之若不劳其余焉。亦岂小补之哉。世祖皇帝自征氏羌归，乃表异释氏，隆其师资，至于宫室服御，辐于乘舆，盖有以察其风俗之宜，因以为制远之术焉。"① 所以元代在云南建立行省后，蒙古贵族及其官吏曾在云南大兴佛教。据《新纂云南通志·金石》记载，当时"修茸云南诸寺大小一千余座"。如著名的妙湛寺、大圆觉寺、普照寺、大胜寺、筇竹寺等都为元代兴建或重修。"元大德三年（公元 1299 年），白话的大理《崇圣寺圣旨碑》刻下了元王朝的命令：'哈剌章（指云南）有的大理崇圣寺里。有的释觉性、释主通和尚根底。执把的圣旨与了也。……寺院旁舍，使臣休安下者。但属寺家的产业园林、碾磨、店铺、人田口、头匹不捡堪么休夺要者……"② 明文规定保护大理佛教。故而在元代期间，大理佛教密宗仍得到了持续发展。元人郭松年在《大理行记》中对大理佛教的盛况作了描述：

> 此邦主人，西去天竺为近，其俗多尚浮屠法，家无贫富皆有佛堂。人无老壮，手不释数珠。一岁之间，斋戒几半。绝不茹荤饮酒，至斋毕乃已。沿山寺宇极多，不可殚纪……

但这一佛教繁荣发展的情况至明代时已有所改变。明洪武十五年（公元 1382 年）3 月 23 日，大理城陷，宣告元蒙及段氏总管在云南的统治结束。末代段氏总管段明及二子苴仁、苴义俱被擒。其他大小官员头目，包括大僧侣、大巫师数百人在内都解送南京。明初，明朝统治者

---

① ［元］欧阳元：《姚州妙光寺记》。
② 张锡录：《大理白族佛教密宗》，云南民族出版社 1999 年版，第 257 页。

对原南诏大理国及元代的佛教密宗采取的是镇压的态度。他们下令把原来历史上遗留下来的各种文献，无论"在官之典籍，在野之简编，全付之一烬"，包括寺院内大量的密宗经卷也被付之一炬，大部分被毁。"大阿阇梨（阿左梨）被押解南京，从此阿阇梨这个前朝的词汇在明代的文献里不见了，代之的是阿左梨、阿吒力一类的新名词了。""由于明初，明政府将佛教寺院三分为'禅、讲、教三类'，又对'瑜伽显密法事仪事诸真言密咒'进行了规范，'教'对明代以后的阿吒力经典也有很大影响。白密随着历史的发展也在明代产生着显著的变化。"① 明代汉地移民大量迁入云南，汉传佛教的禅宗、净土宗、临济宗等也随之进一步传入大理。很多密僧兼修显教，显密双修的倾向增强。事实上，白密这一明显的变化不仅表现在很多密僧兼修显密两教，而且更表现为白密逐渐民族化、本土化，甚至最终成为白族社会"土俗奉之，视为土教"的民间宗教。在这一变化的影响下，白密开始与白族本主崇拜相互融摄的速度加快了，而观音菩萨既作为佛教神祇，又被当作本主加以供奉的本主身份也得到了肯定。与此同时，作为本土文化的产物，观音老爹的形象被广大白族人民所认可。在许多本主庙中，观音老爹的形象被人们塑成金身加以祭祀。其形象则多半是按《南诏图传》的画卷和文字卷以及《白国因由》中所描述的对象为摹本，即：素服长袍，头披软巾如风帽（缠头），白发长须，左手持瓶，右手拐杨柳枝拐杖，垂足坐于长方形须弥座上。面露微笑，旁有一犬护持，俨然已是一位白族老人的形象。这一形象的出现标志着白族佛教密宗与本主崇拜在观音信仰这一层面上已达到了水乳不分的地步，也标志着以印度佛教密宗成分为主的观音信仰已彻底白族化、民间化、地域化了。

（四）

如果说梵僧形象、阿嵯耶观音形象和观音老爹形象代表了大理地区观音崇拜的男性观音造型的三个阶段的话，那么可以说由于汉传佛教的影响，早在男性观音形象造型的第三阶段——观音老爹阶段，女性观音造型就已经开始出现在大理，而且与观音老爹形象一起共同维护着观音菩萨信仰的发展。但是女性观音形象的出现和为白族人民的认可却表明大理地区白族人民正逐渐接受着汉传佛教影响。

---

① 　张锡录：《大理白族佛教密宗》，云南民族出版社 1999 年版，第 276 页。

　　女性观音形象造型主要是源于汉传佛教。早在公元 400 年前，印度就已有崇拜观自在（即观音）菩萨的习俗，它传入中土时，观音形象一概是以男身形象造型出现的。及至唐宋之际，女性观音菩萨形象渐出现，并逐渐普及开来。故而在明清时期，传入大理地区的汉传佛教观音菩萨造型基本上是以女身形象造型为主。

　　由于在明清时期，大理白族佛教密宗的发展逐渐减弱，且和本主崇拜日益融合，故汉传佛教的传入并未受到阻碍，相反，汉传佛教系统中的女性观音形象的菩萨信仰也为白族人民认可，并接受了这一形象转型。值得注意的是，白族人民在接受观音形象由男性造型向女性形象转型这一变化的同时，就已经赋予了她双重身份的角色，即她既可以作为佛教神祇被人们礼拜，她同时又能被许多村庄列为本主神祇而加以供奉。从这个意义可以说，汉传佛教系统的观音菩萨自大规模地集中进入大理地区之际，就开始走上了俗神化的道路，而且在历史发展长河中，女性观音形象甚至还逐渐取代了男性观音造型。值得注意的是，这一过程始终未能结束。因为迄今为止，在云南大理地区还存在观音菩萨既可以男性造型出现，又可以女性观音形象的造型出现的情况。只是在大理的大部分的白族地区所塑之像渐以女性观音菩萨形象造型居多。

　　关于观音菩萨造型由男身向女身形象转变的过程，不仅反映于白族人民在建造寺庙时塑像的变化上，而且更表现于民间大量流行的观音传说中。

　　在白族本主崇拜中，专有以女性观音造型的《本主诰》：

　　　　妙庄王，老国太，
　　　　观音老母三姊妹，
　　　　同锅吃饭同修行，
　　　　大公主，修行清凉山，
　　　　二公主，修行四川峨眉山，
　　　　三公主，功果大，
　　　　修行南海菩陀洛迦山，
　　　　救苦救难广大灵感观世音菩萨。①

---

① 李政业：《白族本土文化》，云南人民出版社 1994 年版，第 160 页。

从这段流行在大理白族中间的观音诰文看，观音菩萨显然是作为女性形象被奉为本主而加以崇拜，同时，它与汉传佛教系统中传布的观音为妙庄王三女儿的传说有直接的渊源关系。它表明汉传佛教系统中关于女性观音形象的传说已经在大理白族地区广为流传，它甚至还进入到白族观音信仰的文学体系之中。

在大理地区广泛传播的观音传说故事中，专门有一则《观音出家》故事叙说女性观音菩萨的身世：

> 古时候，有一个兴民国，观音就托身在这个国王的家里。这位国王叫妙庄王，他管辖着三千里的地方。他有三个女儿。大女儿叫妙英，生得聪明伶俐；二女儿叫妙雨，生得秀丽漂亮；三女儿的美貌虽然超过两个姐姐，可是她多愁善感，生就一副悲天悯人的模样。她从小就可怜宫廷里那些关在笼子里的小鸟。一见笼子里关着小鸟，就把它们放了……宫里的人见三公主这样善良，就叫她妙善公主。三个公主都慢慢长大了。大姐招了驸马，二姐出嫁了。三公主到了择配的年龄了。父王要把三公主许给一家富贵人家，三公主不愿意，说："我决心不嫁人，发了誓要去出家。"她父王母后不答应："哪有一个堂堂的公主去做尼姑的道理？"从此，妙善公主就在后花园里偷偷吃斋念佛……后来妙庄王出种种难题想使她打消出家的念头，但始终难不倒她，只好亲自把她送到百雀寺，并请百雀寺尼姑长老千方百计为难她。当妙善公主来到百雀寺后，长老就命她为五百多和尚（疑为尼姑之误）做饭，还要挑水砍柴……有一天她太累了，睡下歇歇气，恍惚间见一位金甲神在眼前，对她说："公主，你诚心修行，感动了阿弥陀佛，现在你就去见佛祖吧。"三公主随着金甲神到了一座佛殿，见一位慈眉善目的佛祖打盘坐在上面，旁边站着一位僧人。她叩头后口颂："佛祖在上，弟子叩见。"佛祖说："你一心修行向善，百折不挠，我愿收你做个徒弟，让你可化身为男，也可化身为女，为人造福。"佛祖说完指一指旁边侍卫的僧人道："这是你的师兄，名叫大势至。我赐你一个法名叫观音，又叫观自在。你去吧！"观音醒来，非常高兴。后来因观音化身为男身之事被妙庄王知道，国王决定火烧百雀寺，烧死女儿……后有条白龙把观音的尸体叼着腾空飞去了。从此以后，阿弥

陀佛命大势至把她带到香山去了，成为阿弥陀佛的两大徒弟之一，称为左右二胁侍。观音到了香山，虔心修持。妙庄王因无故烧了百雀寺，烧死了无辜的五百尼姑，他忧愤成疾，身上长出五百个无名疮，怎么也医不好，只好贴出皇榜，招请天下名医。观音听到后，打扮成一个男医生，来到后宫，帮国王医疮。但需亲生女儿的一只手、一只眼作药引。在国王的大女儿、二女儿不愿的情况下，指引他们到香山。三公主二话不说，就进禅房，割下一只手，挖出一只眼睛，交给宰相。宰相带回药引，照医生嘱咐，内服外搽，把奇疮治好了。医生还告诉妙庄王说："疮治好了，务请大王亲自到香山还愿。"半个月后，妙庄王带着全家人及朝臣们到达香山还愿，并去看望三公主。到了香山，国王见了三女儿。三女儿问道："父王，你当国王好，还是我出家好？"妙庄王感到内疚，抱着女儿痛哭失声。大公主、二公主觉得无地自容，哭着说："我俩比起妹妹来，真是连畜生不如。"一眨眼间，大女儿变成一头狮，二女儿变成一头象。如来佛知道这件事，派了一只鹦鹉来传佛旨：封观音为"添手添眼观世音菩萨"。不料白鹦哥把话传错了，传成千手千眼，所以，后来就成为"千手千眼观世音菩萨"。①

上引这则传说可谓是关于观音菩萨身世传说中较为独特的，与在汉地流传的相关传说相比，大理的这则传说可谓有同有异，有继承的渊源关系，但又有发展。相同之处在于：它继承了汉传佛教系统的主题和主干情节。例如在汉传系统中的相关几个异本中基本情节为：妙善公主降生——招婿，妙善不从——后花园修行——国王劝女——辞父母，往百雀寺修行——难题考验——妙庄王火烧百雀寺——妙善赴死——佛祖点化——妙庄王染疾，无人能治——观音变作医生，需特殊药引（亲生女儿的手、眼）——妙庄王的两个女儿不愿意——观音捐出手、眼救父——"全手全眼"误传为"千手千眼"。② 就情节而言，大理地区的观音传说情节的设置基本上是以汉传佛教的思路来安排的。但也存在不

---

① 《白族神话传说集成》，中国民间文艺出版社 1986 年版，第 288 页。

② 见《观音菩萨全书》，春风文艺出版社 1987 年版；《观音菩萨宝卷》，吉林人民出版社 1995 年版。

同之处，这主要表现在细节方面：第一，阿弥陀佛召见妙善，赋与变化法力，可化身为男或女，并赐法号观音；第二，在观音来之前，阿弥陀佛身边已有大势至菩萨。观音来到后组成一佛二胁侍格局；第三，妙善的大姐变成一头狮，二姐变为一头象。此外当然还有其他许多不同之处，但以上三点不同却传达出重要信息，它们明显地暗示了女身观世音菩萨的身份及其在佛教系统中的渊源关系。首先，观音可化身为男，亦可化身为女，这既是根据佛教化身理论形成的，又符合大理地区实际情况，即观音菩萨既以男性形象出现，又能以女性造型出现，甚至两者均可同时出现于同一本主庙中，如现藏于大理州博物馆的明成化年间的观音老爹与圣母（观音老母）合龛石刻像，据杨政业先生考证为本主雕像。① 其次，从阿弥陀佛与大势至、观音组成的一佛二胁侍的格局来看，这显然是属于西方净土三圣图，是西方净土信仰流行于云南大理地区的表征；再次，妙善的大姐、二姐分别变为狮子和象。按狮子和象在大乘佛教中分别是文殊菩萨和普贤菩萨坐骑。一般来说，文殊菩萨的造像以骑青狮为特征，普贤菩萨造像以骑白象为特征，他们同为释迦牟尼佛的胁侍。若以此二胁侍表法，文殊师利显智、慧、证，普贤显理、定、行，共诠本尊如来理智、定慧、行证之完备圆满。文殊、普贤共为一切菩萨之上首，常助成宣传如来之化导摄益。文殊、普贤、地藏、观音是中国佛教中的四大菩萨。在大理流传的这则传说将妙善的大姐、二姐分别变为狮子、象，似乎旨在暗示观音菩萨与文殊、普贤菩萨之关系，但却又未像汉地流传的观音故事一样直接点明妙善公王的大姐即为文殊菩萨、二姐即为普贤菩萨。它似乎遵循着善恶有报的佛家理论，故将妙善公王的大姐、二姐贬入到畜道之中。这分明又反映出笃信佛教的大理白族人民讲究孝悌、爱憎分明的民族性格。

值得注意的是，虽然这则观音菩萨身世传说中一再暗示了西方净土信仰及观音与文殊、普贤的关系，但这并不意味着这则故事是以大乘佛教显宗为主。事实上，这则传说已反映出显密兼修的倾向。这表现为：

第一，故事结尾处如来佛命白鹦哥传佛旨，误将"添手添眼"传成"千手千眼"。这一小小的细节却表明在这则传说产生之初，佛教

① 李政止：《白族本土文化》，云南人民出版社 1994 年版，第 137 页。

密宗已存在，且千手千眼观音形象较为普遍。（即便是汉地传说也适用，只不过汉地传说结局处多为妙庄王念女儿之恩，特赦木工将女儿像雕成全手全眼，而木工误为千手千眼）

千手千眼观音乃佛教密宗观音形象系列中的一个造型。据《千手千眼大悲心经》载，观自在菩萨于往昔闻广大无碍大悲心陀罗尼，为利益一切众生，乃发具足千手千眼之愿，而即刻得其身。诸经所载形象不一，有身作檀金色，一面千臂者；有身作黄金色，半跏坐于赤莲华上，十一面四十手，前三而呈菩萨像，本面有三眼，右三面白牙向上，左三面为忿怒相，后一面暴笑，顶上一面现如来相者；有身着金色，千臂千眼五百面者。寺院一般造型是两眼两手下，左右各具二十手，掌中各一眼，共四十手四十眼，各配"二十五有"（三界中有二十五种情存在环境，包括欲界十四种、色界七种、无色界四种等）而成千手千眼。于密教现图胎藏界曼荼罗中，为二十七面千臂，跏坐于宝莲华上，千手中有四十（或作四十二）臂持器杖。依《千光眼观自在菩萨秘密法经》，千手系以二十五各济度二十五有，故千臂非必具足，但有四十手即可，乃表现观音菩萨广大慈悲之化用，故多以千臂称之；且各面各手所代表之功德成就法及印言，变随各尊之本誓不同而异。于莲花部诸尊中，此尊为最胜之故，故又称为莲华王。有关此尊之仪轨及图像等，至唐时始传入我国。据汉译佛经《千手千眼观世音菩萨陀罗尼神咒经》之序所载，武德年中（618—626），中天竺僧瞿多提婆赍来此尊之形象及结坛手印之经本；南观年中（626—649）另有北天竺僧以千臂千眼陀罗尼梵本奏进，后由智通译成汉文。故此有关此尊之信仰，至7世纪渐已形成。至于无论是汉地传说，还是大理地区的传说中，结局都提到"千手千眼观世音菩萨"，则表明在汉地、在大理地区都还是接受了千手千眼观音形象造型及其信仰，而这是属于密宗方面的。

第二，汉地和大理地区的传说都暗示或指出了观音菩萨和文殊、普贤菩萨的关系。姑且不论观音菩萨兼具显密二宗的身份，就是文殊、普贤菩萨也是兼具显密二宗的身份。盖文殊菩萨又称文殊师利、曼殊室利等，为我国四大菩萨之一。与《般若经》关系甚深。或谓其为已成为佛。如《首楞严三昧经》卷下载，过去久远劫有龙种上如来于南方平等世界成无上正等觉，寿四百四十万岁而入涅槃，彼佛即今之文殊法王子。与普贤菩萨同为释迦牟尼佛之胁侍，分别代表佛智、佛慧之别德。所乘之狮子，象征其威猛。有关文殊菩萨之净土，经典记载说法不一。据《文殊师利佛土严净经》卷下、《大宝积经》卷六十《文殊师利授记会》载，此菩萨自往昔那由他阿僧祇劫以来，发十八大愿，严净佛国，当来成佛，称为普现如来。其佛土在南方，号离尘垢心世界，又作无垢世界，清凉无垢宝置世界。《悲华经》卷三《诸菩萨本授记品》、《法华经》卷四《提婆达多品》等亦有相同之说。又据《八十华严经》卷十二《如来名号品》载，过去东方十佛刹微尘数之世界，有一金色世界，其佛号为不动智，此世界之菩萨，即文殊师利。华严宗称东方清凉山为其住处，而以我国五台山（清凉寺）为其道场。文殊菩萨曾以辩才著称，在《维摩诘所说经》中因显示其智慧而为中土人士熟知。其造像于密教胎藏界曼荼罗中台大叶院中，呈金色童子形，头有五髻，左手捧青莲华，上立五股杵，右手持梵箧。密号吉祥金刚。胎藏界曼荼罗另设文殊院，以文殊菩萨为中尊，又称五髻文殊，密号吉祥金刚、般若金刚。我国自东晋以来，崇信文殊之风渐盛。据贞元新定《释教目录》卷十六载，唐代宗大历四年（公元769年）由不空三藏之奏请，敕令天下佛寺，食堂中除宾头卢尊者像外，另安置文殊菩萨像，以为上座。观今敦煌千佛洞中存有文殊维摩变、文殊普贤像、千臂千钵曼殊室利等壁画及绢本画。

普贤菩萨则是据《法华经·普贤劝发品》载，普贤菩萨乘六牙白象，守护"法华"之行者。华严宗将断绝一切言语思虑之佛境界，称为性海果分，即毗卢遮那佛之法门；相对于此，应众生机缘而说教之缘起因分，即普贤菩萨之法门。普贤菩萨在人格上乃等觉位之菩萨，由理而分，则象征理、定、行，为诸佛之本源，亦为一切诸法之本性，若人果位，称为性海。故信、解、行、证一切普法者，不问凡圣，皆称普贤，体悟此种一乘普贤之大机境界，称为普贤境界。在密教中，普贤与金刚萨埵同体，列于金胎两部曼荼罗中，是为密教普贤。金刚界曼荼罗中，为贤劫十六尊之一，安置于北方四菩萨之最下位，密号摄普金刚。形象依各会之不同而有别，微细会左手握拳安腰，右手执利剑。供养会以二手执莲会于胸前，莲华上有利剑。胎藏界曼荼罗中，列于中台八叶院之东南隅，身呈肉色，戴五佛宝冠，左手以拇指、食指执莲华，莲上有焰围绕之利剑；右手臂伸开仰掌，屈无名指、小指。密号真如金刚。此外，尚有普贤延命菩萨为本尊之修法，称为普贤延命法。①

综上所述，可知在大理地区流传的这则观音身世传说中，观音菩萨以女性造型出现，其形象内涵兼具显密两宗的特征。

如果说上引这则观音身世传说是对女性观音菩萨形象的佛教身份作一详细说明的话，那么下面将要述及的几则女性观音传说则揭示出女性观音菩萨在大理地区颇具民族性和地方化的形象内涵。如《观音蒙天空》的故事：

> 观音来到大理，见苍山洱海之间的天空中一个挨一个悬满了锋利如刀的岩石。岩石的头都朝下，看着很害怕，好像要掉下来。人们害怕，不敢看天，不敢在田里干活。观音菩萨取下头巾，把天空蒙起来，才成了我们现在能看到的天空。这蓝色的天空太可爱了，这是观音菩萨创造的功劳。天上还有各种各样的云彩，那是地上火焰升起后变成的。②

显然这段文字是对自然现象的解释，然而传说的叙述者却要将女身观音菩萨与之结合，赋予观音菩萨造物主和救世主的功能，表现出浓郁的观音菩萨崇拜色彩。但透过观音菩萨与自然现象的结合这一表象，可看到女性观音菩萨造型正逐步深入到民族文化中。在故事中，观音也像白族妇女一样头包大头巾，虽然并未言及观音菩萨的服饰打扮，但从"头包大头巾"来看，恐怕观音菩萨的打扮已彻底白族化、地域化了。服饰的这一变化也折射出女性观音菩萨信仰已逐渐白族化、风俗化，观音菩萨已走上了俗神的祭坛。

事实上，观音菩萨由于被白族人民奉为本主而加以祭祀，人们早已逐渐把气候的好坏、谷物的丰歉以及疾病、灾难和生育都寄托给观世音菩萨，使之具有原始宗教中气候神、谷物神、生殖神的多种功能，明显地反映出佛教神祇地方化和民族化的特色。民间的《观音本主诰文》对观音菩萨是这样赞颂的：

---

① 弘学编著：《佛教图像说》，巴蜀书社1999年版，第283页。
② 《白族神话传说集成》，中国民间文艺出版社1986年版，第289页。

　　菩萨修行兰岩，珍珠玛瑙挂心杯，两相在彼诚心意，不修不吉望何来？大慈悲，救我回，观音庙下南海岸，发生大事普陀岩。主托红叶千万朵，手持杨柳一枝青，寺大不知长久古，疏播疏下众众生，清座南海观世音。①

　　这一精美的诰文表明，观音菩萨作为外来佛教神祇已演变为地方民族神，完成了外来神在云南安家落户的过程。这一特征是云南大理地区观音菩萨信仰区别于汉地观音信仰的最主要的特征。

　　同时，从上引诰文可以看出，白族人民在观音信仰的形象演变过程中，最终选择了南海观世音这一女身形象作为自己村庄的本主。这一选择结果也常反映于观音传说中。例如《观音负梭罗树》、《五十石》、《苍山飞人》等。甚至《望夫云》传说中也有一版本是反映南海观音菩萨给白狐六瓶风助她救友的故事。在这众多的传说中，观音形象都是以女性形象出现。它显示出白族人民对女性观音菩萨的双重身份（佛教神祇和白族本主）的完全认可。

　　综上所述，在云南大理地区观音菩萨形象在各个历史阶段有不同造型，其从男性造型到女性形象演变的过程正是佛教在大理地区演变发展的真实反映。研究观音形象的演变对研究云南大理佛教史无疑是具有重要意义的。

第二节　观音信仰原因考

　　考察印度佛教在中国的整个发展传播史，不难看出观音信仰在中国这块异质文明的土地上发展之快，流行之广、信仰民众之多是远非其他大乘菩萨可比拟的。同为大乘佛教宣扬救济思想的菩萨，为何文殊菩萨普贤菩萨、大势至菩萨甚至地藏菩萨虽然在中国都曾流行一时，并至今还在中国这块地域辽阔的土地上都保存有自己的道场，但观音菩萨却以其独特的信仰魅力在上到社会统治阶层集团，下及民间平民百姓中广为流传，以至于最终淡化了其佛教色彩而走上"俗神化"的民间信仰神

---

① 杨学政主编：《云南宗教史》，云南人民出版社1999年版，第15页。

坛？究其原因，当代时贤所论者甚多，但多围绕着观音菩萨女身化的原因作论述。我们暂且不对观音菩萨女身化的原因再作考证，而是着眼于观音信仰的理论根据来对观音菩萨流行于中国的原因作一简单论述。

一　观音信仰之缘起

对观音的信仰源自印度。早在印度原始佛教产生之前，观音的雏形早已在印度为人所熟知。据考证，观音的原型可以追溯到印度吠陀时期文化。在著名的《梨俱吠陀》中，观音的原型是孪生的双马童神。在吠陀文化长期的发展过程中，他们演变为黎明女神的儿子，并且成为光明，善良的化身。围绕着他俩的事迹，"四吠陀"（《梨俱吠陀》、《夜柔吠陀》、《阿闼婆吠陀》、《娑摩吠陀》）中均或多或少有所赞颂，其中仅《梨俱吠陀》一书中就有58首赞诗。在吠陀期文化发展之后的婆罗门教早期也吸收了这一文化原型，但此时他的形象已衍变为一合掌的婆罗门形象，其外形颇类似大梵天像。在公元前六世纪，原始佛教产生之后，佛教僧侣在创建、巩固、宣扬自己的佛教理论体系的同时，也吸收了部分婆罗门教的东西。尤其是大乘佛学出现，菩萨救济思想广泛流传之后，观音菩萨与普贤菩萨、文殊菩萨一样，被佛教徒们从婆罗门教中借鉴、吸收过来，并加以创造性的改造。在佛教神系中的观音以弘扬大乘佛学救济思想的菩萨面目出现，虽然随着印度佛教的发展，它在佛教整个发展时期具有不同的宣传重点，但它的慈悲普度，怜悯众生的救苦救难形象却从未曾被淡化过。相反，在印度佛学发展的各个时期，佛教僧侣们完全是本着慈悲救济的观音菩萨形象来进一步发展完善观音信仰的。

在印度大乘佛教看来，菩萨果位是通往成佛的涅槃境界的必经之路。要修成菩萨果位，就必须严格遵守"六度"（即"六波罗蜜多"，亦即布施、持戒、忍辱、精进、禅定、智慧）。所谓"波罗蜜多"，即"济渡"、"到彼岸"之意。布施可度悭贪；持戒可度毁犯；忍辱可度嗔恚，对于横逆违意之境而不起嗔，是为忍耐。对于诸法实相之理安住不动是为安忍；精进可度懈怠。断恶修善，利乐众生都要勇猛精进，不退初心；禅定可度散乱，扫荡一切妄想杂念，不为哀、毁、誉、称、讥、苦、乐等"八风"所动，令心专注于一境；智慧可度愚痴，通达事理，简择正邪，决断疑念，时刻保持清醒和冷静的头脑。六度是相互联系、相互促进的，只要六度齐修，便能具有菩萨的高尚品德。除此"六度"为菩萨必须奉行的行为准则外，菩萨还修持慈、悲、喜、舍四无量心。只有这样，菩萨最终才可以修成正果。然而，在修成正果之前，菩萨必须以慈悲救济的思想为指导，拯救众生于苦海之中。拯救、帮助众生从苦海中解脱出来，广积福德，这是菩萨成佛的必要基础，也是其必须具备的基本品德。这便是大乘佛学极力宣扬的"自利利他"思想。围绕着此宗旨，大乘经典中着重塑造菩萨形象，以期通过弘扬菩萨的奉献、慈悲精神来感召民众，从而达到扩大宣传影响的效果。

在大乘佛典中，对观音菩萨事迹的记载主要见于《妙法莲华经》、《华严经》、《悲华经》、《观无量寿经》等等。其中最早记录的经籍是《妙法莲华经》。在《妙法莲华经》这部宣扬三乘归于一乘的大乘经典中，专门有一章是宣扬观世音菩萨普度众生的救济思想，即《观世音普门品》。① 据考证，《妙法莲华经》最早形成大约于公元 200 年左右。此外，在英国人 A. A. 麦唐纳所著《印度文化史》一节中，明确论述"崇拜观自在的风尚在公元 400 年前就已有了。"而且，后世有《伽难陀毗优诃》（Karanda-Vyuha）一书，颇近于印度古史记（Purana）之类。此书特别崇扬观自在菩萨（Avalokites-vava），说他无限的悲悯众生，除非众生都得超脱，他是不愿成佛的。"从来没有像这样博爱的佛教人物将获得超脱表白得那样有力。"

观音菩萨的形象一经在大乘佛学时期确立，马上就为印度民众所认同。故而在整个漫长的佛教发展史中，随着各时期佛学发展的特征，随时得到加强和补充，以至于在印度密教盛行时期（7—8 世纪）最终形成阵容庞大，形态各异，各具神通的观音系列。

在印度密教时期，观音信仰获得迅猛发展。出现了多种形象，例如：十一面观音、千手观音、马头观音、不空羂索观音、如意轮观音、准提观音等。此外，根据密教的修行理论，只要按照规定祭祀观音，并诵持密咒，就会有求必应，可得到各种现实功德或利益：或治病、祛灾、灭罪、得福，或迅速觉悟成佛。

---

①　对此品是否确系《法华经》的内容，目前中国学者意见不一。有的认为原始的《法华经》并未记载此品，只是在后来的辗转流传、翻译过程中才附加上的。参见孙昌武《中国文学中的维摩与观音》。笔者持《观世音普门品》系大乘佛教初期经籍，完全可能附于《妙法莲华经》之后的观点。

在印度，虽然观音信仰持续时间较长，但在 11、12 世纪，当穆斯林教大肆侵入印度，佛教遭到毁灭性打击之时，观音信仰与佛教派别，寺庙一样，也受到重创。然而，观音信仰也如同佛教教义一样，虽然在其原始发祥地因受重创而一蹶不振，但却在异域他乡生根发芽、开花结果，甚至还掀起远较印度本土更为狂热的观音信仰浪潮。

二　观音信仰在中国的弘传之概况

中土民众对观音菩萨并不是在佛教传入、慧风东扇之时就马上对之顶礼膜拜的。观音菩萨信仰在中国的广泛流传是经历了漫长的岁月，经过中土高度文明的文化传统吸收、改造之后的。然而观音信仰一旦在中土这块异域文化的领土上出现，便立即在社会上蔓延开来，成为印度佛教为中国民众接受的典范。

"观音"一名是"观世音"的简称，其梵文为 Avalokites-vara，音译为"阿缚卢枳低湿伐罗"、"阿那波委去低输"等，或简化为"庐楼桓"。我国关于观音的译名，西晋竺法护于太康七年（公元 286 年）译出《正法华经》，将之译为"观音声"；接着，元康元年（公元 291 年）无罗叉译出《放光般若》，译为"现音声"，这是确切可知的最早译法。与竺法护大体同时的聂道真自太康初至永嘉末（公元 280—321 年）译有缺本《观音受记经》，又其所译《文殊般若涅槃经》、《无垢施菩萨应辩经》等，则都已用了"观世音"的译名。但对于观音的意译名，随后还出现了"观自在"一名。如后魏菩提流支于正始五年（公元 508 年）所出《法华经论》，出现了"观世自在"的译法。故而后世又有称观音为"观自在"的用法。这两种不同译名的出现主要是由于梵本拼写的不同造成的。事实上，如果追本溯流的话，其实两者的佛学内涵是一致的。因为观世音菩萨是依修音声法门而获"耳根圆通"，得证菩提。而由此法修证成功的行者，能彻万法根源，十方三世无不自在，故称观自在。

观音信仰在中土弘传是一个漫长而复杂的演化过程。目前国内一般学者认为，观音信仰是自鸠摩罗什于姚秦弘始八年（406）译出《妙法莲华经》后，随《妙法莲华经》在社会上的流行而逐渐为人熟知。到南北朝梁代才开始盛行，后来流传到唐代，经过唐文宗（在位时间为 827—840）的极力尊崇，然而观音信仰在唐代之发展到极点，并不意味着印度佛教在中国完全影响并控制了中土文化,相反,这一宗教现象恰恰说明了中土文化强大的同化力量。因为观音信仰在中土的发展并不以佛教弘扬者的意志为转移,在宋代以后,观音菩萨形象几乎妇孺皆知,而在明清以后,观音信仰的佛教色彩逐渐淡化,乃至于后来完全发展为民间信仰,没有严格的仪轨限制,而观音菩萨形象也逐渐俗神化,从而走上民众信仰的宗教神坛。

三　中国观音信仰之原因考

观音信仰在中国之所以能得到流行,其原因是复杂多样的。其中既有观音信仰本身所蕴含的佛学教义方面的原因,又有观世音菩萨形象本身的原因,还有其流传的文化背景方面的原因。

首先,就信仰所宣扬的佛学教义而言,它是易为中土上层贵族阶层和下层普通百姓接受的。

大乘佛学思想继小乘禅学之后输入中国的,它所宣扬的般若空观思想立即在中土与小乘禅观思想并行。此外,在大乘佛典中提倡的菩萨救济思想一经传入,便迅即发展起来。就观音信仰来看,早期流行的是主要以《法华经·观音普门品》为典据的救苦观音。后来自六朝后期至唐代传入瑜伽密教,又输入一批密教的变形观音,其中以千手千眼观音即大悲观音最为盛行。无论流行的是哪一种类型的观音,其佛学教义都是深受中土民众欢迎的。

在早期开始流行的救苦观音是与《妙法莲华经》、《华严经》、《楞严经》及其他与观音有关的佛经之传入中土并被翻译为汉文密切相关的。《法华经》据传六出三存。三存的译本是:西晋竺法护《正法华经》十卷二十三品,太康七年(公元286年)出;后秦鸠摩罗什《妙法莲华经》七卷二十七品(后增加一品为二十八品),弘始八年(公元406年)出;隋阇那崛多和达摩笈多《添品妙法莲华经》七卷二十七品,仁寿元年(公元601年)出。据《法华经·观音普门品》记载,佛告无尽意菩萨:善男子,若有百千万亿众生,受诸苦恼,闻是观世音菩萨,一心称名,观世音菩萨即时观其音声,皆得解脱。

在佛教世界中,观世音菩萨位于佛的护法弟子之列,佛才是真正的至高至善,法力无边。然而佛作为众生向往的最高境界,他毕竟是超脱于现实人世,独立于芸芸众生之上。他与阎浮提世界众生是有一道不可逾越的鸿沟。虽然大乘佛学宣扬众生皆有佛性，人人都可成佛。但只要众生为无明烦恼所遮蔽，无法认清世界真如实相，那么佛与众生的这段距离永远都会存在，而且永远不能逾越。相对于佛高高在上的地位而言，菩萨与芸芸众生的距离是很近的。甚至按《维摩诘所说经》提倡的居士佛学理论，菩萨为教化众生而化身市井，善权方便，随机说法，菩萨与众生之间毫无距离。在《法华经》中，观世音菩萨与芸芸众生是有一定距离的。他作为佛与众生的中介，这种距离是需要的，而且也是实际存在的。因为据《法华经·普门品》记载，观世音菩萨本来已经可以成佛，但他看到现实世界众生万象生活于困苦之中，于是发下弘天大誓，除非现实世界众生都得到解脱，否则他永不成佛。其中解脱受诸苦恼的众生离诸苦恼便是他的救济功能的一种体现。植根于解脱众生诸多烦恼的现实功能，经中具体列出观世音菩萨能解脱风、水、火、罗刹、刀杖、恶鬼、枷锁、怨贼"八难"以及满足众生求男得男、求女得女的心愿。对于这些现实苦恼的解脱正是观世音菩萨以救苦救难菩萨形象出现的重要基础，同时正是由于救苦观音与众生有如此密切的现实基础，观世音菩萨信仰开始在中土逐渐流行开来。

中土观音信仰的发展又与净土信仰有密切关系。印度佛教中的净土思想，是在原始《般若》《法华》等经典出现以后形成的，是大乘佛教中的另一个重要的思想潮流。最初出现的净土经典是《阿閦佛国经》，描述的是东方妙喜国不动如来的佛国土。接着大约于公元 200 年以前形成了西方净土思想。据考宣扬这一思想的主要经典之一《无量寿经》是公元 1 至 2 世纪库欣王朝时坎达拉地方的化地部教团集成的。《阿弥陀经》则在此之后形成于北印。《观无量寿经》集成较晚，应是公元 4 世纪末形成于西域地方。这些都是宣扬阿弥陀佛净土的。据经录记载《无量寿经》有十二译，五存七缺。现在流行的最早的译本一般以为是魏嘉平四年（公元 252 年）康僧铠所出，在此经中，无量寿佛成就无量功德庄严的安乐净土，众生分上、中、下辈往生彼国。而观音和势至是那里的"一生补处菩萨"："佛告阿难，彼国菩萨皆当究竟一生补处，除其本愿，为众生故，一弘誓愿而自庄严，普欲度脱一切众生……"所谓"一生补处"，即一转生补佛处，观音菩萨因发下弘愿要度脱一切众生才成佛，故为"一生补处菩萨"。

《观无量寿经》为宋元嘉年间（公元 424—453 年）畺良耶舍所出。在此经中，观音菩萨和大势至菩萨是作为阿弥陀佛的左右胁侍而出现的："无量寿佛住立空中，观世音、大势至是二大士侍立左右，光明炽盛、不可具见，百千阎浮檀金色不可为此"。作为阿弥陀佛的胁侍，观音菩萨与大势至菩萨可以作为阿弥陀佛的代表去接引往生西方净土的众生。这是后来"西方三圣"的依据。我国东晋著名高僧慧远曾组织当时有名的文人学士刘遗民等 103 人结成白莲社，并发愿死后往生西方净土世界。慧远此举无疑有力地推动了西方净土信仰的弘扬。而在西方净土信仰中占有一席之地的观音菩萨也由此更以其另外的职能而为民众熟知。体现在观音信仰中则表现为观音菩萨日后的净土观音的形象而为信徒崇拜。

在中土观音信仰中，观音形象系列颇多，除救苦观音、净土观音外，隋唐以后，又流行十一面观音、千手千眼观音、准提观音、如意轮观音，不空羂索观音等，其中尤以千手千眼观音为著。这是与隋唐时期印度密教输入中土密切相连的。

隋唐以来，宣扬密教的佛典开始传入中国。而唐时外籍僧人金刚智、善无畏、不空三大士的极力弘扬则使密教在中土开始盛行起来。就密教而言，它不重视理论义学的修养，强调的是以陀罗尼、曼陀罗、密印及其祭祀等为宗教修持之法，强调神秘启悟，重视神通。密教的主张在中土这块以实用理性为特色的异域上很快便以其现实功利性特色为人接受。在印度密教中发展起来的观音系列更以其迅捷的神通救济功能而使本已在中土盛行的观音信仰发展到顶峰。其中千手千眼观音又以其神通最大而称著于世。

其次，观音信仰之可以能在中土流行，除其自身的佛学原因外，更重要的是其与中土传统文化有某种相似相通的契合之处。

佛典《观无量寿经》上说："佛心者大慈悲是。"佛教以慈悲为本。在梵文里，慈与悲本来是分开的，慈总是给人以快乐，悲是解除人们的痛苦。慈与悲合起来意译即是"拔苦与乐。"《大智度论》卷二十七曰："大慈与一切众生乐，大悲拔一切众生苦。大慈以喜乐因缘与众生，大悲以离苦因缘与众生。"

大慈大悲的实质内容表现为利他和平等两个方面。这两方面与中国儒家提倡的伦理道德主张具有某种暗合之处。

就利他主张而言，这是大乘佛教区别于小乘佛教的特色。菩萨救济思想之基本即是自利利他。其中利他是自利（亦即修证佛果）的前提。

为了实现利他主张，菩萨必须修持"六度"。而布施作为"六度"之首，着重对人的贪欲进行度脱。据《大乘义章》卷十二曰："言布施者，以己财事分布与他，名之为布；辍己惠人，目之为施"。布施一般分为财施、法施和无畏施。当菩萨布施时，要求无论财施、法施，还是无畏施，都要忘记自己，忘记施物，忘记受者。也就是要空掉对布施者，受布施者，施物这三者的执著，做到"三体轮空"。具体来说，就是要"施时不选有德无德；施时不说善恶；施时不择种姓；施时不轻求者；施时不恶口骂詈"。（《优婆塞戒经》）总之，要求菩萨布施是要出于伟大的同情心、清净菩提心和无私的怜悯心。

中国儒家伦理道德系统是非常重视义利关系的。在义与利的权衡中，义总是首位，而利总让位于义的。对义的选择，在两者不可兼得的情况下，就意味着放弃自己的利益，选择对他人有利的行为。这实质上就是一种利他行为。

义和利作为一对伦理道德哲学范畴，最初是由孔子提出来的。据《论语·阳货》记载："君子以义为上，君子有勇而无义为乱，小人有勇而无义为盗。"又据《论语·里仁》曰："君子喻于义，小人喻于利。"

孔子将义和利对举，作为划分君子和小人的标准。事实上，从利益的取舍来看，孔子已经把利他和自利作为划分君子的标准。

孟子继承了孔子的义利观，比孔子更强调义的重要性。孟子认为，一个人的言论、行动必须以义为标准，合乎义者而言，而行。故《孟子·离娄下》云："大人者，言不必信，行不必果，惟义所在。"荀子也把对义利的取舍作为衡量君子和小人的准绳。在《荀子·荣辱》中记载："为事利，争货财，唯利之见，是贾盗之勇也。义之可在，不倾于权，不顾其利，垂死而持义不挠，是士君子之勇也。"他主张持义不挠，为义而死，则为君子；唯利是图，为利而争利，则为小人。

先秦儒家的义利观为其后继者所推重和继承。汉代董仲舒也提倡重义轻利的观点，他在《春秋繁露·对胶西王越大夫不得为仁》中提出："仁人者，正其道不谋其利，修其理不急其功。"主张仁人应以道义为先，不要急功近利。后世儒者也都在义利选择上，重义轻利，并且以讲究义而轻利为衡量君子的标准。这在实质上显然与佛学利他主张是相似的。这也正是观音信仰得以在中土流传的道德基础。

观音信仰在中土的弘扬除以上原因外，更重要的还是观音菩萨所体现的平等博爱观。这仍可以在儒家传统文化中得到共鸣。

中国儒家创始人孔子在创立自己以仁、礼为我核心伦理纲常系统之初，就力倡爱人修已。要求学生要做到："入则孝，出则悌，谨而信，泛爱众，而亲仁，行有余力，则以学文。"（《论语·学而》）。作为仁人的起码要求是爱众人以亲仁，否则不为仁人。孔子学说的忠实继承者孟子进一步把孔子爱人的主张明确为："老吾老以及人之老，幼吾幼以及人之幼。"（《孟子》）提出要以一颗爱人之心对待别人，以平等博爱的胸怀去容纳别人，极力弘扬亲亲爱人、推已及人的仁爱思想。后世儒者也都力倡平等爱人的思想。

佛教创始人释迦牟尼在创立原始佛教之初，正是针对印度当时种姓等级制度森严这一社会现象而明确主张众生平等，大乘佛学菩萨救济思想更以众生平等，菩萨应以博爱之心度脱众生为宗旨。中国魏晋南北朝时期正是门阀等级制度森严，阶级矛盾尖锐，战乱频仍，民众生命得不到保障之时，故观音信仰一经宣扬，便立即赢得众多下层百姓的信仰崇拜。而其也开始在上层贵族阶层流行，则主要是因为其所体现出的平等博爱精神也正是中国儒家思想所提倡的。

综上所述，观音信仰在中土流传之原因是复杂多样的，有其佛教系统本身内部本身的原因，更重要的是因为它契合了中土以儒家文化为主要支柱的传统文化主张。故而观音信仰才逐渐成为佛教在中土最广泛的信仰，甚至褪去佛学色彩，逐渐溶入中国民间信仰，从而走上俗神化的宗教祭坛，演奏出一曲曲动人的宗教乐章。

第三节　观音净瓶、杨枝形象与中印拜水习俗

印度佛教中的菩萨是善男子出身，他们的变相是"非男非女"。观音菩萨的造像，传入我国之初，均为男身造型。一般不穿僧衣，裸露着上身，而且还蓄着髭须，留长眉。到了隋朝时期，出现了一种"非男非女"相，圆盘脸，柳叶眉，丹凤眼，樱桃嘴，但却有蝌蚪形的小胡子。观音菩萨慈祥、俊秀、典雅、飘逸、健美的女性形象，到唐代已基本趋于定型：翠眉如月牙，凤目微张，樱桃小口；头戴香宝冠，高髻或垂鬟

髻，散落下来的长发垂于肩上；斜披天衣，或上身裸露。北宋以后，随着佛教的进一步中国化、民俗化，观音的形象更加清秀，圆脸变长；身着带袖天衣，袒胸，肩披巾；戴项饰、璎珞、臂等装饰品；腰束贴体锦裙或罗裙；两足丰圆。① 观音菩萨的女身形象逐渐固定并流传开来。虽然由于地域，文化差异等多种原因，印度的观世音菩萨到中国唐宋时期并不是很快便以女性形象出现于观音信仰的造像及传说系统中，但以女性形象作为观世音菩萨化现于阎浮提世的造型像成为一种趋势。

随着观音信仰的普及，中国民众根据佛经传说故事，围绕着观音菩萨能随意化现，应机说法的神通变化特点，开始了观音菩萨的造神运动，以至于在民间逐渐流行有三十三观音形象，即：杨枝观音、阿耨观音、阿摩提观音、叶衣观音、琉璃观音、多罗尊观音、六时观音、蛤蜊观音、普慈观音、马郎妇观音、一如观音、不二观音、持莲观音、洒水观音等。除三十三观音外，中国民间还有大量各不相同的观音，如自在观音，不空羂索观音、送子观音、三面观音、不肯去观音、鳌鱼观音等等。可以说，观音信仰已逐渐深入到中国民众日常生活的细节及其环境中，日渐成为中国民众的民间宗教信仰。而观音则日益走上俗神化道路。

值得注意的是中国民众在进行造神运动时，绝不是凭空捏造、任意施设观音形象的，在每位观音形象的深层次意蕴中都寄托着中国民众复杂的宗教理念，饱含着深厚的民俗文化观念，体现着中国民众丰富的民族心理特色。例如：就杨枝观音形象而言，它折射出中华民众丰富而复杂的拜水习俗和崇水意识。

杨枝观音属于中国民间造神运动的产物，其在中国古代画家笔下的造型多为立像，手持净瓶、杨枝，常戴女式风帽和披肩长巾，亭亭玉立，婀娜多姿，俨然一位弱不禁风的美貌女子。龙门石窟的"杨枝观音像"塑造于北魏孝文帝迁都洛阳前后，是我国古代女相观音较早的代表作。观音头戴宝冠，右手执麈尾，左手托着净瓶，仪态雍容大方。后经历代画家及雕塑家的精心创作，观音常以珠冠锦袍，璎珞装饰，右手执杨枝，左手持净瓶的端庄秀丽的形象出现。如浙江普陀山杨枝观音碑，高 3.34 米，宽 1.33 米。中刻观世音菩萨立像，此像以唐代阎立本所绘

---

① 参罗伟国、张德宝撰文《图说观音菩萨》，黄山书社 2000 年版，前言，第 37 页。

观音像为蓝本。该杨枝观音右手执杨枝，左手托净瓶。造型中的杨枝、净瓶似乎已成为观音形象不可缺少的装饰品。①

如果对观音的右手执杨枝，左手托净瓶的造型细加研究的话，不难发现这一造型并非中国民众在观音造神运动中，随意为观音添置的饰品或法器。杨柳枝和净瓶的施设蕴含着古代印度文化和中国民俗文化的历史积淀及特色。

就净瓶的施设而言，它本身就体现出印度佛教文化的影响和中国民间拜水习俗的宗教意识的积淀。可以说它是中印两种异质文化相互作用，相互契合的结果，它的出现是历史文化发展的必然。

净瓶的使用在古代印度是非常普遍的，它与印度古代崇水习俗有关。净瓶常被称为澡瓶，在《奥义书》时代之后，就已出现神像手持净瓶的造型。在法国学者雷奈·格鲁塞的描述中，"大梵天王"即有手持澡瓶的造型："《奥义书》同时还发挥一种精神上的一元论，认为灵魂的本性和宇宙的本性即神格，是同一的。此宇宙的神格被名为'梵'，最初原指僧侣祈祷时的仪礼。后由此名产生一特有的祭祀之神'大梵天王'。在印度雕刻中，我们可以看到此神头上有螺髻，手持婆罗门的澡瓶。"② 大梵天王手里所持的"婆罗门的澡瓶"里盛的可能就是圣水。盖在印度古代文化中，水是较具有生命力的元素，早期主管雨水的风伯和雨师被视做宇宙力量的源泉。"应该提及的有摩鲁特和鲁特罗，即风伯和雨师。'摩鲁特推云如榨乳，于殷殷雷声中，挤出乳水……他们以赤马来挽战车，林木挡之，如遇野象，齐根拔落。'又在另一章中说：'洪水咆哮，有如雄牛，向草木注入生命的种子。他摧毁树木以及妖魔，宇宙震颤于其英武的臂下，这发着怒吼的巨灵击杀恶人时，清白无罪者也为之战栗。当他那湿润的使者挥鞭跃马，宣布他的来临时，在积雨的浓云中，此神现形，声如狮吼，闻于远方。狂风疯奔，雷电飞舞，草木昂首，天空鼓胀。神以甘露洒遍大地，一切众生，俱得繁盛……吼吧，雷霆与丰产之神，驾你满盛雨水之车，驱驰太空，曳大水袋，在我人顶上张开大口，使高低坡谷尽沾甘露。倾此巨盆，下注雨

---

①　这固然为杨枝观音的标志性饰品或法器，但在民间传说中，洒水观音及其他观音也有，这似乎不限于杨枝观音所有。

②　［法］雷奈·格鲁塞：《东方的文明》，中华书局1999年版，第215页。

水，勿加限制，使洪水泛滥于天地，并为群牛做一大水槽"。(《梨俱吠陀》) 这一富有热带地方生气的有力的大自然颂歌，说明这摩鲁特之父与森林之神鲁特罗后来怎样在湿婆的名称下，变成宇宙力量的源臬，成为地球和生殖的力量以及印度多神教的具有生命力的元素"。①

在印度吠陀文化时期，水成为孕育火神阿耆尼的源泉。在《娑摩吠陀》中，火、即阿耆尼，被称颂为宇宙间的主要原素："这个金胎之神已经出现。他虽新生，但已成为世界之主。他于天地间无所不在。舍此之外岂有其他的神为我们所当奉祭？他赋予生命及力量。一切生物，一切神祇，都服从它的法则。永生与死亡不过是他的虚影。在积雪的高山之上，在波涛汹涌的大洋之中，可见其伟大；苍空上界是他伸张的两臂。天上地下，清虚太空，都由他而得安然建立。他自上空泄下洪水，由他的关怀而安定的大地，皆向他仰望下拜，而苏利耶也在东方放出光彩。当孕育金胎和由此产生阿耆尼的大水到来时，诸神之灵，即唯一之灵，于是苏生。他傲视四周一切诸神，惟他为众神之神！"在其后的史诗《摩诃婆罗多》中也以类似的词句颂扬这祭火，而在该史诗中的阿耆尼火神已成为了宇宙万物的力量："啊，阿耆尼，你乃风之灵，嫩芽之髓，水为你的种子。你在万物中，随之增长，以达成熟。一切生命皆寄寓于你身内。你装扮为日，以其光芒汲起地上之水；复使灵雨，及时下降，一切万物，乃得更生。然后万物复又生你：于林木绿叶、湖泊、大海及婆楼那之全部水宫中，无所不在。"从上述所引两段文字可以看出：由于印度吠陀神祇所特有的不易捉摸性和流动性特点，可以看到此时火神阿耆尼已逐渐成为宇宙力量的源泉，他受到广泛推崇和祭祀。无论其地位如何，水却始终是他的种子，他的力量之源。正因为此，人们在祭祀火神的同时，也供奉着水。水成为神圣宇宙力量的终极源头和生命原素，它象征着生生不息的生殖繁衍活力，它凝聚着印度古代哲者对宇宙思考的智慧和古代印度人民的宗教意识。

在随后的各个文化历史时期，印度许多哲学派别基本上继承了先哲们对水的观念并接受了在民间逐渐形成的崇水习俗。如上文提及的大梵天王手持婆罗门澡瓶的造型则充分折射出印度民间广泛流行的崇水意识，只不过其体现有生殖繁衍的内涵逐渐沉淀，甚至被淡忘。

---

① 向柏松：《中国水崇拜》，上海三联书店 1999 年版，第 7 页。

　　印度佛教形成后在发展过程中它以开放的态度逐渐将印度古代神话和传说中的一些神祇及外道信奉的一些神祇逐渐纳入到自己的神系中。与此同时，在佛教神系中，佛和菩萨皆无生无死，亦无性别，可根据不同需要变现各种化身。那些佛教从古代神话传说和民间接纳改造的各种神祇在佛教神系中亦可成为佛和菩萨变现的各化身之原型。在佛经中，《妙法莲华经·观音菩萨普门品》就具体说观世音菩萨能显现各种化身去说法救度众生。如有众生需以佛身救度，观世音菩萨即现佛身去救度；如有众生需以罗汉身得度，他就现罗汉身去说法。如有众生以天王身救度，他就现天王身去说法。观音菩萨还能随时以国王身、宰官身、男身、女身、居士、长者、比丘、比丘尼等等种种化身去应机说法，普渡众生。在这种种化身中，观音菩萨即能以天王之身化现说法，故而将在印度雕刻中较普遍的大梵天王手持澡瓶的造型作为一化身原型应该是可能的，而且在这造型过程中，他也不自觉地移植了印度古代水崇拜的原始宗教内涵。

　　在中国民间的观音众多传说中，净瓶竟成为观音尘世肉骨凡胎圆寂成佛的一种标志，并成为其救度众生时经常使用的法器。

　　在永宁纳西族地区相传观音出生于兴林国，是妙庄王的第三个女儿，经种种努力，终于出家，取名"妙善大师"。后来，为了寻找雪莲花，妙善大师经种种磨难，来到了须弥山。没找到雪莲花，"却遇上了一位活佛，对她说道：你前身本是慈航，为了救度世间苦厄，才转劫人世，投到兴林国。现在你尘劫将满，不久就会证道。这里雪莲花原是有的，最近已被移往南海普陀落迦山做了莲台，备你日后受用。那边紫竹林中，才是你的净土。至于你得道之处，还是在耶摩山金光明寺。现在我有一件宝物送你。说罢，从怀里取出一个白玉净瓶，递给妙善大师道：'这个宝瓶你带回去好好供着；当见到瓶中有水，水中长出柳枝来，就是你的成道之日。谨记勿忘。'妙善大师谢过后，带着保姆和雪莲，打道回兴林国……"①

　　或许正是由于这类故事的广泛流传，加之《妙法莲华经·观音普门品》宣扬的观音除海难故事，除水难故事的敷演，观音与水、与净瓶之密切关系在佛教系统内被固定下来，观音与印度古代水崇拜的原始宗教

---

①　严汝娴、宋兆麟：《永宁纳西族的母系制》，云南人民出版社1983年版，第206页。

内涵的关系也无形中被确定下来。

至于佛教系统中观音与净瓶，与水之关系能为中国民众接受，是因为其恰巧与中国民间拜水习俗的某些仪式，与中国水崇拜的宗教理念有相通之处。

与印度古代将水作为宇宙力量的源泉相似，中国民众仍然将水看作宇宙力量的源泉和极具生命力的宇宙基本元素，并形成了丰富的水崇拜内涵：祈雨求丰收和祈求生殖繁衍。

自有农业文明以来，中国人对水的崇拜，就不能不包含祈求适时适量的雨水以求得丰年的含义。这一原始文化内涵衍生出原始水神崇拜，并构成后世龙王崇拜得以形成和发展变异的坚实基础。有关考古资料以及文献资料，都能证明我们的祖先早就认识到了雨水对农作物生长所起的决定性作用。"在距今 7000 年的河姆渡文化遗址中，考古工作者挖掘出一种称之为骨耜的农具。据宋兆麟先生考证说，这既是翻地工具，又是水利工具。说明当时人们已经十分重视水利对农业生产的作用，已经懂得引水灌溉农田。殷商时代去原始社会不远，殷商甲骨文应保留了不少原始人的思想意识，其中也应包括原始人的崇水意识。甲骨文中，卜雨之辞占了很大比例，而且有些卜雨辞把卜雨与祈丰年直接联系起来了，反映了水崇拜祈雨求丰收的原始意义。"古人对雨水，尤其是顺应农作物的需要而降临的雨水——膏雨、甘雨，十分重视，因为雨水的适时适量与否在生产力低下，生产工具落后的生存状况中直接关系到农耕社会居民的生存问题。故而祈雨求丰收是中国水崇拜最原始的文化的内涵之一。

中国水崇拜除具有祈雨求丰收的原始文化内涵之外，还具有祈求生殖繁衍的原始文化内涵。在原始社会里由于生产力水平低下，人们的生存和居住条件较差。对原始人来说，要求人类自身的繁殖，其重要意义绝不亚于祈求丰年。由于人们对水生生不息的生命活力及其滋润哺育万物生长的功能的直观认识，基于万物有灵观点，人们对原始水崇拜的原始文化内涵寄寓了祈求生殖繁衍的观念。这一观念甚至以各种形式作为后世乞子、婚仪等习俗的原始文化内涵而支撑着这些习俗的运行。

例如：云南永宁纳西族就保存有喝水、洗浴的乞子风俗。久婚不育的妇女，须由巫师、丈夫和伴娘陪同，来到有水的山洞。先是巫师施行巫术，然后乞子妇和伴娘跳入洞中水池洗澡。浴毕，乞子妇还要来到一种叫作"久木鲁"的石头旁喝水。"久木鲁"为乞子石之意，尖端有凹坑，坑内积满了水。巫师拿来一根上下穿通的竹管吸饮坑内的水，吸饮三次方告结束。据说，经过如此洗浴、饮水后的妇女，就能怀孕生育。

水作为繁殖人类生命的崇拜物，还被运用于我国古代婚姻礼仪形式中，甚至至今还在我国一些少数民族地区的婚俗中遗存下来。

我国古代一些地区的汉族订亲，女方收到男方的订亲礼物后，要以水作为主要的回礼，称做"回鱼箸"，亦称"回鱼筋"。南宋时期孟元老《东京梦华录·娶妇》中对此有较详细的记录："女家以淡水二瓶、活鱼三五个、箸一双，悉送在元酒瓶内，谓之'回鱼箸'。"这种回礼无疑包含了祈求生子，祝福婚姻美满幸福的意义。而水作为饱含取之不尽，用之不竭，生生不息的生命活力的文化载体，无疑与人们以水崇拜的祈求生殖繁衍的文化内涵有关。它与鱼、箸一起作为意象传达着人们的祝愿。而净瓶作为盛水的器皿，因其出现于特殊场合，所盛之物又具有如此特别的含义，故而也被熏染上水的文化内涵，甚至因其以水的象征和代表出现而逐渐在特定场合和仪式中，与水的内涵合二为一并直接作为富含生殖繁衍意蕴的表征而渐为民众使用。

至今在苗族地区仍流传有"送盼子坛"的婚俗活动。苗族娶亲时，男方娶亲队伍中必有一挑担之人，担子一头是一只大公鸡，另一头则是一大肚子陶瓷坛，内装三五斤白酒。大肚子坛形似孕妇之腹，是生殖力的象征，坛中的酒自然有祈求生殖力的作用。娶亲队伍归去时，挑担人仍将公鸡带回，却将坛子送给女方家。当新娘生下第一个孩子时，女方父母便用这个坛子装上自家酿造的米酒送往男家，同时邀请亲朋好友一道去吃"祝米酒"。

中国水崇拜所蕴含的两个基本的原始文化内涵与印度古代水崇拜均表现出相同的内涵特征，而同时出现于中印水崇拜中的器物，如净瓶也因其本身具有了水崇拜的文化内涵成为观音菩萨跨越中印两种异质文明的辅助工具。这正是观音菩萨手持净瓶的主要来源。

二

中国民间的观音菩萨造型及其传说中，观音菩萨除右手持净瓶外，还有左手持杨柳的造型。中国民众对杨柳的施设也是蕴含着丰富而复杂的民众文化的内涵。

　　中国民俗文化系统中的杨柳也是古代中国民众加以崇拜的神物。杨柳崇拜具有两种基本原始文化含义：雨神和驱邪神物。

　　首先就其雨神特性而言，杨柳性习水，多生长在水边，且枝条柔软如丝，每当风雨到来之际，随风飘舞，婀娜多姿。而且杨柳生命力极强，极易成活。其极具生命力的特点与中国拜水习俗极易吻合，加之其多生长于水边，其飘扬的枝条较似雨丝，故而古人有奉杨柳为雨水神的习俗，以为风雨的兴起与它有关。王孝廉先生认为："水边的柳又被当作司雨的雨神。《广雅疏证》说，雨师的名字叫作柽（柳），段玉裁说：'一名雨师，罗愿云叶细如丝，天将雨，柽先起气迎之，故曰雨师'……后世有瓶中插柳以求甘霖的乞雨仪式。"①

　　除具有雨神司雨的功能外，杨柳还具有药用价值，故而在民间逐渐成为驱邪避凶的神物。上引《广雅疏证》里所说，雨师的名字叫柽（柳）。查诸《辞海》"柽柳"条：柽柳，一名"观音柳"、"三春柳"、"西河柳"、"山川柳。"柽柳科。落叶小乔木，枝条纤弱，多下垂。叶小，鳞片状。夏季开花，花小，淡红色，由细瘦总状花序组成圆锥花序。蒴果，分布于我国黄河和长江流域以至广东、广西、云南等地平原、沙地及盐碱地，为盐土地区重要造林树木。又栽培供观赏。树干可编筐篮。中医上以嫩枝和叶入药，性平，味甘咸，"能透发痧疹，祛风湿。"事实上，在古代印度民间，人们饭后常嚼食柳木以健齿，这一习俗在中国一些少数民族地区也有遗留。人们选择柳木的原因或许也是出于杨柳具有药用价值的考虑吧。

　　除在中医入药外，中国民众还将杨柳用于驱邪避凶的宗教仪式中，从而使之经过历史积累之后具有了驱邪功能，成为驱邪避凶的神物。在中国古代民间就有用杨柳枝驱邪的习俗。对此，许多古籍都有记载。例如《释化要览》卷下记有："北人风俗，每至重午等毒节日，皆以盆盛水，内插柳枝，置之门前以辟恶。"《齐民要术》曰："正月旦，取柳枝著户上，百鬼不入家。"段成式《酉阳杂俎》又记有唐代戴柳圈驱邪的习俗。每逢三月三，皇帝都会发给每个侍臣一个柳圈，让他们戴在头上驱邪。民间也有此俗。俗语："清明不戴柳，红颜成皓首。""清明不戴柳，来世变黄狗。"杨柳的驱邪功能或许主要便是源于人们对其药用价

---

　　① 王孝廉：《水与水神》，台湾三民书局 1992 年版，第 57 页。

值的认识。但与杨柳能作为雨神司雨的文化内涵也有一定的关系。

中国民间在求雨时使用杨枝，固与杨枝司雨的观念有关，但笔者以为这与杨枝的驱邪功能更有直接关系。盖久旱不雨，中国民众认为这乃旱魃作祟，故要驱之。上古时期蚩尤与黄帝逐鹿之战中，蚩尤以旱魃拒之，而黄帝则"天降玄女"驱之。这一传说反映了古代人民对旱灾的认识，并且这一认识作为一种历史文化的积淀以形象化的方式感性地得到反映。如《诗·大雅·云汉》："旱魃为虐，如淡如焚。"孔颖达疏引《神异经曰》："南方有人，长二、三尺，袒身而目在顶上，走行如风，名曰魃。所见之国大旱，赤地千里。一名旱母。"鉴于此，则不难理解杨柳在祈雨过程中其驱邪含义的重要性。

中国民间对杨柳雨神观念及其驱邪功能的认识，一直延续到近世。"辽宁省方志《凤城县志》（民国十年石印本）说：'天旱，乡人多集龙神庙前，以祈甘雨。不烟、不酒、不撑伞、不戴笠，概以柳圈罩头，剪纸为旗各执一，上书'沛然下雨'等字，悉面庙跪香。如三日不雨，便各处造求，舁龙神牌以行，张旗鸣鼓，放纸炮，人皆跣足从之，多至数百。路遇井泉、庙宇，皆焚香叩拜，有捧水瓶者，以柳枝蘸洒之，众口同呼雨降，乃起乃行。如过乡村，门外各以筒水散泼人群，衣湿不怒，俗例然也。'《义县志》（民国二十年铅印本）说：大旱之年，时有求雨之举。聚众庙前，向龙王焚香跪祷，头上皆戴一柳枝之圈而跣足，并手执纸旗，上书降雨之司，复舁神牌到处游行，人皆跣足从之，不数武，辄跪呼曰：'求雨了，号佛了。'遇井泉、庙宇，辄梵得拜祷。"① 值得注意的是，在祈雨活动中，净瓶盛水，以杨枝洒之这两种感应式巫术仪式已为中国民众出于共同的宗教目的以及对它的原始宗教内涵的认识而在祈雨活动中同时使用。这一现象绝不是仅仅出现于近代，而应早在中国古代就有。如上引《齐民要术》中就已提及，只不过在民俗中，净瓶为盆取代，但其同为盛水的功用却是一致的。

及唐宋以后，观音信仰很快在中国民众中普及。其大慈大悲，普度众生的平等博爱思想与即时变现的时效性深受民众的欢迎。随着佛教思想的推广，同时也是由于佛典内观音神通功力的作用，加之印度古代民俗文化与中国民俗文化在祈水层面上的契合，故而出现了观音右手持净

---

① 《辞海》"柽柳"条，上海辞书出版社 1980 年版。

瓶，左手持杨枝的造型。这一造型蕴含着复杂的文化内涵和意义。但正是这两件器物的施设，促进了观音信仰在中国民众中的推广，从而使人们对观音菩萨越发顶礼膜拜。

第 三 章

佛教与傣族民间故事

第一节 佛教与傣族《召树屯》故事渊源

傣族《召树屯》故事在云南傣族地区妇孺皆知,深受傣族人民喜爱。对于《召树屯》故事的渊源,许多学者都已进行了丰富而翔实的考证和讨论,但产生分歧,尚未形成结论。

第一种观点认为:《召树屯》故事原型为流传于江西豫章的《毛衣女》。王松先生认为"《搜神记》卷十四的《毛衣女》演变为《召西纳》和《召洪罕与嫡拜芳》,同时又演变成《地上的西顿和天上的西顿》,再次演变成《召树屯》。"[①] 刘守华先生也认为傣族《召树屯》是"古代越人带着《毛衣女》这样的故事种子向南迁徙、传播演变的结果"。但他同时又指出分布在南亚、东南亚汉藏语系壮侗语族的各民族与我国境内的壮、傣、布依等族的先民同为我国古代百越民族,正是这共同的古代百越族源使他们都可能拥有《毛衣女》故事。"佛教传入这一带之后,佛教徒吸收民间流传的孔雀公主故事,加以改编,便以本生故事的形式,把它的基本形式固定下来了。它被渲染上佛教色彩之后,又随着佛教文化的传播,进入我国云南、四川等地的傣族和藏族地区,演变成《召树屯和兰吾罗娜》、《诺桑王子》"[②]

第二种观点是西藏说。李佳俊先生认为故事原产地是西藏阿里,阿里藏族流传着的《普兰飞天故事》产生时间为公元前 3 世纪,后传入印

---

① 王松:《关于"羽人"的争议》,见《民间文学》,1986 年 12 月号,第 60—61 页。
② 刘守华:《孔雀公主故事的流传和演变》,《贝叶文化论》,云南人民出版社 1990 年版,第 39 页。

度，再经东南亚传入西双版纳等地。①

　　第三种观点认为《召树屯》故事原型源于印度。蒋述卓先生将《六度集经》中《明度无极章》所载王子神女的故事与傣族《召树屯》故事、藏族《诺桑王子》故事进行比较后认为《召树屯》、《诺桑王子》故事同源于印度佛本生故事。"《召树屯》的故事直接来源于印度佛本生故事。它与康僧会所译的《六度集经》虽然没有谁影响谁的关系，但都同属一种佛本生故事。藏族的《诺桑王子》大概也是这种情况，它也直接来源于印度佛本生故事，甚至与《召树屯》也没有互相影响的关系。它们只不过同源于一种佛本生故事。但在传入路线、传入时间上都各不相同而已。"② 另外，东方既晓从汉译佛经《六度集经》及《根本说一切有部毗奈耶药事》卷十三、卷十四记载的善财与悦意故事里找到了源于印度的依据。③

　　第四种观点是源于泰国说。谢远章先生指出佛典中关于召树屯的本生经就叫《素吞本生经》。"据可靠的资料，《素吞本生经》是清迈《班雅萨阇陀迦》的第二篇，（经老挝传到泰东北的《树他拿本生经》是第三篇）。《班雅萨》是兰那僧人于佛历 20 至 22 世纪（公元 15 世纪中叶至 17 中世纪中叶）用兰那文编撰的巴利语本生经典。""西双版纳的《召树屯》、泰国的《拍素吞》、老挝的《陶西吞》、泰南的《诺拉》，统统都是从《素吞本生经》改编的。"④

　　对于以上学术界关于傣族《召树屯》故事的渊源关系及其研究成果，傅光宇先生又作了详细归纳，并在丰富翔实的资料分析基础上，提出了自己的综合性观点："可以从'鸟毛衣女'故事圈的角度及纵横交错的文化交流网络状态来概括孔雀公主亚型故事的渊源与传播路线如下：其远源乃是阿里藏族的《普兰飞天故事》；传入印度经过长期的印度化和佛教化；尔后，或由南海道传入东亚译为汉文；或北传西藏为藏文，并在民间广泛流传，再由黑喇嘛传到蒙古族中；或由佛教徒北传中亚，经北方丝绸之路传入中原；或随南传上座部佛教之传入东南亚，由

---

① 李佳俊：《孔雀公主型故事的起源及发展》，《思想战线》1985 年第 2 期。

② 蒋述卓：《佛经传译与中古文学思潮》，江西人民出版社 1993 年版，第 57 页。

③ 东方既晓：《〈召树屯〉〈朗退罕〉渊源新证》，《云南社会科学》，1989 年第 1 期。

④ 谢远章：《从〈召树屯〉看傣泰文化渊源》，《贝叶文化论》，云南人民出版社 1990 年版，第 375 页。

清迈《班雅萨》经佛寺传入我国傣族地区并深入民间，又经历了与本民族文化传统、中原文化因子之选择与汇融过程。"①

　　傅光宇先生对《召树屯》及其同型故事之渊源与传播路线观点分析得较为充分和全面。笔者在此仅打算对《召树屯》故事的渊源及《召树屯》故事的形成过程再作几点补充。

　　第一，《召树屯》故事题材源于印度说应该可以成立。学者们经过努力，已发现在印度梵文本《玛哈瓦斯特·鸟》（公元1—2世纪）、《明度无极章》（公元1—4世纪）、基利基特的萨尔瓦斯吉瓦金教派《戒律》文集中之《树屯和曼诺拉》、梵文本《根本说一切有部毗奈耶药事》卷13、14、梵文本《狮子师本生鬘·诺桑》、梵文本《菩萨本生如意藤》第64品等；西藏佛典《素呑阿波陀那》、汉译佛典如三国康僧会译《六度集经·明度无极章》、唐义净译《根本说一切有部毗奈耶药事》卷13、14，由兰那僧人于15、16世纪间用兰那文编著的巴利语佛典《班雅萨阁陀迦》（即"五十本生经集"）以及老挝、缅甸、柬埔寨等国的佛典中均存在与傣族《召树屯》故事情节相类似的故事，这在不同时空却同时存在的文化现象无可非议地说明云南傣族地区流传的《召树屯》故事题材源于印度。

　　第二，云南傣族地区流传的《召树屯》故事的生成结构是一个复杂的动态结构，它自出现于西双版纳、德宏等傣族地区开始，一直都在围绕原生态的召树屯故事进行复合作用，以至于逐渐形成故事主要情节脉络相同、但在具体细节上有差异的许多亚故事型并存于同一地区或不同地区的文学现象。造成这一奇异的文学现象的原因主要有两点：与南传上座部佛教在傣族地区的弘扬有关；与《召树屯》故事在傣族地区的传播媒介及载体有关。兹分析如下：

一

　　盖南传上座部佛教在云南傣族地区的弘扬是一长期而艰巨的持续过程。

　　印度部派佛教末期，教团内部分裂日益激烈，后逐渐形成为名位高、固守旧说的上座部和名位低、主修改旧说的大众部。这两派即为后

_____

① 傅光宇：《云南民间文学与东南亚》，云南大学出版社1999年版，第182页。

来称为"小乘佛教"和"大乘佛教"的主要部分。南传佛教在南亚、东南亚各国以及我国傣族地区较为流传。这主要是归功于印度孔雀王朝阿育王的大力提倡。据记载，阿育王在执政时期（公元前272年—前232年），大力弘扬佛教，并把佛教定为国教。相传他曾组织了印度佛教史上的第三次结集，并决定把结集形成的佛典广泛流播四方，故而他派出大量僧侣从9条路线到四方弘法。对此我们现今尚可在印度保存下来的阿育王时代的石柱铭文内容中找到证据。"因而小乘佛教沿着南传路线，从恒河流域中心地区迅速向印度南部传播，并把佛教的'三藏'用巴利文记录下来成为正式小乘佛教佛经。早在公元前3世纪，印度高僧摩哂陀王子就到斯里兰卡弘扬佛教，倡导上座分别学部。当时斯里兰卡国王帝沙大力支持，为摩哂陀建立眉迦精舍，让他弘扬佛学，四处招收教徒。此后，斯里兰卡成了东南亚各国传播小乘佛教的中心地。"① 同时南传佛教也逐渐以斯里兰卡大寺部（即上座部）为中心，向周边国家弘法。

　　至于南传佛教何时传入我国西双版纳傣族地区，由于汉文文献记载阙略，尤其是叭真建立景龙金殿国以前的史实不甚明了，学术界争论不一。笔者以为，南传佛教传入我国西双版纳傣族地区并不是一次就完成的，在历史时段上，南传佛教曾多次反复集中地传入西双版纳地区。对此学术界有很多观点。其中一种观点认为，南传佛教最早传入我国西双版纳地区的时间应为公元前。王懿之先生曾于"1982年3月6日前往西双版纳进行民族历史调查，在勐海康朗庄同志处发现了一部重要的傣文史籍《帕萨坦》，康朗庄、康朗敢宇、叭龙崩等傣族老知识分子提供了一些新的重要资料。它不但记述了傣族社会历史从远古直到叭真时代的若干重要史迹，而且还记述了小乘佛教传入东南亚及我国西双版纳等地的情况"。据《帕萨坦》等傣文史籍记载，"相传远在释迦牟尼成佛前，佛主的师兄阿祖打腊西就带着旁杰特温、多曼那旁（懂天文）等三个弟子，从印度的吉都打纳腊广出发，经海路到兰戛（斯里兰卡），通过火傣（泰国）、景线、兰掌，到缅甸勐阮（景栋）、勐抗传教时，与管辖那里的魔王阿腊哇经过长期辩论获胜后，才由西双版纳的大勐龙地区进入阿腊维（景洪），当地世俗众生喃叭黑带头用甘蔗、芭蕉、椰

---

① 王懿之：《西双版纳小乘佛教历史考察》，《贝叶文化论》，第408页。

子赕佛。但当时只用沙造塔，还没有经书、和尚和佛寺，每月于八、十五、二十三和三十（或二十九）四天'念经'。后经过一年传教，率其弟子沿澜沧江北上，经过勐仑、么黑、勐准、火勾、列戈火比（据说现德宏境），然后从勐町（畹町）出境。"① 笔者认为这段资料未必可信，傣文史籍《帕萨坦》中关于印度佛教传入我国版纳地区的记载反映出印度佛教传入我国西双版纳地区的原初情况：经历了一个与当地原始宗教斗争才逐渐取胜的艰难过程，而且佛教在当时的流传还不广泛，并未建立起牢固的根据地，还没有经书、和尚和佛寺。佛教义理及佛教文学的传播尚处于口耳相授阶段。而且据《帕萨坦》资料可知，经过一年的传教之后，"佛主的师兄阿祖打腊西"仍率弟子从勐町（畹町）出境。这就存在这样一种可能：当他们离开传教地之后，由于未形成牢固的僧伽制度和传承方式，原来在当地根深蒂固的原始宗教势力便卷土重来，以至于阿祖打腊西及其弟子们弘法的努力前功尽弃，甚至付之东流。这段传说历史虽然在时间上未必可信，但应该注意的是，阿祖打腊西及其弟子们的弘法活动传说为以后佛教从不同路线的传入提供了一定线索。

如果把傣文史籍《帕萨坦》记录的佛主的师兄阿祖打腊西率北子四处弘法并到达西双版纳、德宏地区看作是记载佛教传播的一种说法的话，那么学术界还有学者认为，我国汉文史书《史记·西南夷列传》中提到的"滇越国"或"乘象国"时期也在历史上曾有佛教传入的记录。

勐卯傣文史书《嘿勐沽勐——勐卯古代诸王史》记载的"达光王国"，据杨永生先生考证，即是"滇越国"或"乘象国"。② 《嘿勐沽勐——勐卯古代诸王史》也记录了在达光王朝时期佛教成为国教的历史过程：

佛历120年（公元前424年），傣族地区王国时代开始，各地出现了一些王国。傣族辛巳年（公元前364年），伟大的莽吉拉札国王在达光建王城。他的辖地广阔平坦，一直延伸到大海洋。63年后，又在附近渡口旁建达碧城。所有勐亨、勐乃、勐色等地的傣家王子，都依靠达

---

① 王懿之：《西双版纳小乘佛教历史考察》，《贝叶文化论》，第409页。
② 杨永生：《"乘象国""滇越"考》，《思想战线》1995年第1期，第188页。

光威名，并听命于它。佛历 400 年（公元前 144 年），第 9 世国王坦玛利无嗣，众大臣举荐，立其族侄莽莫为太子；但当国王看到按佛主指点送到的僧人时，当廷废大臣决议，将僧人收为养子并且立之为太子。僧人家族传袭 14 世，到佛历 777 年（公元 233 年），达光王朝结束。国都南迁蒲甘。这个王朝统治的时代，佛光普照，人民安居乐业，在傣史上是一盏明亮的佛灯。①据考证，达光城建于南鸠江，即伊洛瓦底江畔，在达光王朝的统治期间，其疆域已达东南亚广大地区。西双版纳同样属其辖区，故这时佛教的传入并流播是完全可能的。笔者，认为佛教在达光王朝传播一事待考，但这一传说反映了学术界的一种观点。

学术界提出的第三种观点是，据傣文史籍《帕萨坦》记载：

> 佛历 319 年（公元前 225 年），泰国祐巴亚阿那罕皮朗板雅到印度，经过勐兰戛（斯里兰卡），接回三船经书（用巴利文记录的贝叶经），拿到泰国的巩听保存，后又分传到缅甸。佛历 419 年（公元前 115 年），西双版纳首次派代表前往缅甸景腔和愿贡两地迎接佛像和佛经。佛历 630 年（公元 76 年），西双版纳首领叭格那派 12 个僧侣路经缅甸、泰国，前往哈利捧宰亚那广观摩取经，后到兰戛（斯里兰卡）布塔火鲑听寺学习，佛历 636 年（公元 82 年）期满升为佛爷后，带着《维乃》《书典达》《阿皮堂玛》《诺贺波坦》（《本生经》）等佛经，由斯里兰卡取道泰国、缅甸勐阮（景栋），经过西双版纳大勐龙，最后回到阿腊维（景洪），把上述书藏于弯童庄董（后宣慰街大佛寺）。②

笔者认为由于傣语作为一种文字，其出现时间较晚，故对发生在公元前的传说之记载也是一种口耳相传过程中的附会和变异。对这一时间不足信。

第四种观点是，现据云南省佛教协会副会长、西双版纳佛教协会长沙弥勐海证实，最先传入西双版纳的佛经有：《书典达》、《维乃亚比约

---

① 杨永生：《"乘象国""滇越"考》，《思想战线》1995 年第 1 期，第 188 页。
② 王懿之：《西双版纳小乘佛教历史考察》中引用（《贝叶文化论》第 431 页）另外，张福三《贝叶的文化象征》一文中也引用了该资料，见《贝叶文化论》第 1 页。

戛》(即维乃)、《阿皮堂玛》、《诺贺波坦》(即《本生经》)及(下述各本是经书的第一字,全名已忘)《府》《玛》《商》《昂》《柯》《巴》《帮》《麻》《注》等。①

经书的传入意味着佛教的传承制度已经有了进一步的完善和巩固,同时也意味着南传佛教得以更好地在西双版纳地区进一步流传。

自南传佛教首次传入傣族地区后,便不断有南传佛教从南亚、东南亚一带源源输入,这些弘法活动常以不同的方式被记录下来。如:"1986 年 10 月,景洪县曼广龙等寨群众自筹资金重建景洪地区著名的'九塔十二城'(傣语'告庄西双景')中的第 4 座塔,其塔基下出土一批文物,其中有一场长 2.5 厘米、宽 2.5 厘米的银片,上面用西傣文刻着'菩塔萨卡 1000 年捐建结束'。菩塔萨卡为佛历,佛历 1000 年距今 1531 年(南北朝孝武帝孝建二年)。"② 这一银片虽小,它却成为佛教于我国南北朝时期为傣族人民笃信的重要历史见证。另外,据云南省佛教协会的刀述仁讲,近年勐海大佛寺重修时,在大殿柱脚底发现一块银块,上刻傣文有"建于祖腊历 9 年(647 年)字样"。③ 这一银块也以实物形式证明在我国唐朝时期佛教流传于我国西双版纳地区的情况。这是第五种观点,也是社会各界对佛教传入的看法。

此外,第六种观点是出现于 10 世纪前后的庸那迦国是以部落联盟组成的部落集团,成员包括西双版纳勘渢国、泰国北部的孟枋、兰那、老挝的孟骚(今琅勃拉邦)、缅甸的崆峃国(后来的孟艮,今景栋)、越南北部的孟交等,它们地域相互邻连,语言相通,盛行于东南亚一带的佛教势必随它们之间的文化交流而流通。

第七种观点是"傣文史书谈到,傣历 542 年(公元 1180 年),第一世车里宣慰使叭真入主勐泐。傣历 552 年(公元 1190 年),建都于景兰。叭真战胜各方以后,分封其子食采于兰那、勐交、勐老。此外,勐与兰那还有姻亲关系。傣文史书记载,傣历 595 年(公元 1233 年)第四世车里宣慰使陶陇建仔继位,其女孃钪踏嫁于兰那叭老为妻,生子名莽莱,后继其父为景莱(今昌莱)王,建景迈(清迈)王国,即八百

---

① 王懿之:《西双版纳小乘佛教历史考察》,《贝叶文化论》,第 409 页。
② 王松:《傣族文学四题》,《贝叶文化论》第 230 页。
③ 同上。

媳妇国。莽莱为王以后，与其外祖父陶陇建仔交往频繁，定期有使臣往来，互赠方物，物品清单还写入史书中。"① "傣历 931 年（公元 1569 年），第十九世车里宣慰使刀应勐娶缅甸洞吾王朝的金莲公主为妻，洞吾国王曾派遣僧团随公主来西双版纳传教，带来了三藏典籍及佛像，在景洪地区建立了大批佛寺和佛塔，使佛教广为传播。"②

后来如泰国《班雅萨阇陀迦》也传入。以上所引各种傣文典籍及其他史书记载和实物资料、传说不仅是佛教在西双版纳、德宏等傣族地区流传的一个传说见证，它们更是佛教在不同时间，经由不同路线和方式传入西双版纳和德宏等傣族居住地区的历史见证。同时，正是由于这些资料，我们可推论出，南传佛教在傣族地区的弘扬并不是一次性就完成的，它经历了多次反复，由于佛教徒们不断执著地从南亚、东南亚一带输入，最终才使南传佛教在广大傣族居住区域成为至高无上的宗教信仰。这一过程是持续的、艰难的。笔者认为，成熟的南传佛教经由东南亚传入我国的时间应为 13、14 世纪。③ 但我们绝不可忽略其在历史上多次反复的传入。

二

事实上，正是由于南传佛教在西双版纳、德宏等傣族居住地区的弘扬是个持久的、艰难而又复杂的过程，它导致了傣族地区广为人知的《召树屯》故事具有复杂的生成结构。

由于受传播媒介及其相互关系的影响，傣族地区《召树屯》故事的形成并不是一蹴而就的。该故事的生成及流传始终是一个复杂的动态结构，在不同地区、不同时间，该故事总会以变异的形式出现。同时，也会存在在不同地域，该故事却以同样形态出现的可能。

就《召树屯》故事的传播媒介而言，主要有以下几类：第一类是巴利语佛典，这是该故事存活的原初载体；第二类是民间口耳相授、口头流传的文学形式；第三类是由傣族民间歌手"赞哈"们所保存及歌唱的手抄本形式；第四类是 20 世纪 50 年代以后，被整理、复印成书的各

---

① 刀世勋：《巴利语对傣语的影响》，《贝叶文化论》第 12 页。
② 同上书，第 183 页。
③ 详参郑筱筠：《中国南传佛教研究》第二章，中国社会科学出版社 2012 年版。

种诗歌、民间故事形式。因第四类传播媒介较为特殊，且年代较近，只是以上三类媒介的最终成型形式，故本文不予讨论。兹就前三类传播媒体与傣族地区《召树屯》故事的整合与变异之关系讨论如下：

《召树屯》故事在西双版纳几乎是家喻户晓，已成为傣族人民十分喜爱的民间故事。它既有口头流传的故事，也有韵文体的"赞哈"唱词的手抄本，而且以9种不同版本流传。但不论口头的故事或韵文体唱本，都来源于叙述召树屯故事的经书。这种刻于贝叶经上的散文体的召树屯故事正是傣族地区出现《召树屯》故事的原初载体，也是其原初的传播媒介。一旦巴利语贝叶经从东南亚佛教地区传入，便会首先在佛寺宣讲，其中文学性、趣味性较强的佛典故事便会随着佛教宣导的普及而逐渐为人们熟知，进而成为人们日常起居生活中口耳相授的口传文学故事。同时由于口传文学故事具有大众性、通俗性、传承性及变异性特征，在民众间广泛流传的过程中，叙述者为适应听众的接受屏幕和期待视野，势必会对从巴利语贝叶经中传承过来的佛典故事作适当的增删和调整，以期使口头叙述故事与接受者的生活习俗更接近。傣族歌手"赞哈"们使用的韵文体手抄本是在口头文学故事普遍流传的基础上，整理归纳而成的诗歌形式，由"赞哈"们在各个场合演唱，这种韵文体手抄本形式的出现进一步使源于佛典的文学故事以通俗易懂的形式进入傣族人民的日常生活和传统文化环境中。流传于西双版纳和德宏地区的《召树屯》故事就是通过这样的传播媒介和渠道从佛典文学故事逐渐进入傣族人民生活中，并演变为深受傣族人民喜爱的民间故事。

值得注意的是，傣族地区的《召树屯》故事的生成结构始终是一个不稳定的动态结构，《召树屯》故事并不是一成不变的，在漫长的历史发展长河中，它常围绕印度题材的原生态故事为主干，出现许多变异型的故事版本，如目前已知就有9种不同版本。《召树屯》故事特有的不稳定性及变异性特征之产生主要是由于其传播媒介的第一类——巴利语贝叶经书的多元性特征造成的。

如前所述，南传佛教进入西双版纳和德宏等傣族地区并不是集中于某一历史时段就完成了的，自它初次进入傣族地区后，经历过反复，与当地固有的原始宗教进行了激烈斗争之后，才逐渐占据这一地区，成为傣族人民信奉的宗教。其间，有官方派人到南亚、东南亚一带学习并取回经书，也有外籍僧人主动到这一地区弘法并送来经书。佛教的每一次传入都伴随着贝叶经书的输入。而每一次贝叶经书的弘扬倡导，都可能为原已从印度—东南亚输入的《召树屯》故事增加新鲜活力，从而使其在保存原有基本故事情节的基础上发生变异。

笔者以为，傣族地区的《召树屯》故事的原生态形式早在公元前就在其他国度以口授的形式存在。即使是后来传入云南后，也有口耳相传的形式。

长期以来，三藏经典只以口授相传。"根据僧迦罗人的传说，全部三藏经典都是在阿育王时代由摩哂陀王子传到锡兰的，不过只是口授而无文字记载。"① 在巴利语佛典只以口授形式传播的时代里，即使存在于佛典本生经故事中《召树屯》故事的原型随佛教传到西双版纳、德宏等傣族居住地，它也仍是以口耳相授的形式存在。例如：勐卯傣文史籍《嘿勐沽勐——勐卯古代诸王史》记载第9世达光王朝国王坦玛利将僧人收为养子，并传位于他。这意味着在达光王朝统治的后一段时间里，佛教成为国教。而西双版纳一带正属于达光王朝的辖区内，沐浴佛光圣露亦应为可能，同时，接触到以口授形式存在于巴利语本生经中的《召树屯》故事应为可能。但这只是处于原生态形式的口传故事。这种原生态的《召树屯》口传故事随着三藏经典用文字形式固定下来后得到极大的完善。

僧伽罗文史传（《大史》第23章，第100—104节）记载："在此以前，有智慧的僧人们以口语传授三藏经典和论著的文本。但是见到在人间逐渐失传，他们就集会一处，将典籍写成文字，以求佛法久住于世。"② 据有关资料表明，在公元前20年，锡兰国王伐多伽摩尼王在位时，三藏经典第一次写成文字。这种在锡兰（即斯里兰卡）写成的三藏经典应是用巴利语记录的，因为"巴利语作为文学用语后来在印度消失了，但在锡兰、缅甸、暹罗和柬埔寨，巴利语却成为相当数量的宗教和学术文献的用语。"③ 在我国傣文史籍《帕萨坦》记载的佛历630年

---

① ［英］查尔斯·埃利奥特：《印度教与佛教史纲》，商务印书馆1982年版，第397、387页。

② 同上书，第387页。

③ 同上。

（公元76年），西双版纳首领叭格那派12个僧侣前往哈利捧亚那广观摩取经，后于佛历636年（公元82年）在斯里兰卡学习期满升为佛爷后；带回西双版纳历史上较早的一批佛经，这批佛经中就有《本生经》——《诺贺波坦》。虽然《帕萨坦》记载的时间未必准确，但作为后来成书的傣文书籍其记录的经书名称应是当时成书年代已有的。在《诺贺波坦》这部巴利语佛本生经中就有《树屯本生经》故事，这大概就是傣族《召树屯》民间故事以文字形式存在于贝叶经中的较早记载。同时也是其开始相对稳定的原初形态的大众传播载体。

在随后的历史发展长河中，傣族《召树屯》故事以巴利语贝叶经、民间口传故事及"赞哈"演唱的手抄本的形式为主要载体，并结合傣族人民的智慧，不断发展、变异、成熟。但由于南传佛教不断地从外面进入，随之输入的《本生经》中的《树屯本生经》故事也因时空差别而与早期巴利语贝叶经所载召树屯故事稍有具体小情节上的出入。这一微妙的差异性却导致了傣族地区流传的《召树屯》故事始终处于一个复杂的、不稳定的生成结构过程中，并最终形成其以9种不同版本流传于世。

第二节　佛教与傣族《召树屯》 故事不同版本之关系

云南傣族《召树屯》故事在傣族居住的广大地区妇孺皆知，深受傣族人民的喜爱。它既有贝叶经为传播载体，又有口传故事和赞哈们演唱的手抄本形式。就目前搜集整理和发现的资料而言，《召树屯》类型故事在民间就有9种版本流传。过去学术界多关注于《召树屯》故事的源头问题研究，疏于对《召树屯》故事这9种版本的研究，并认为《召树屯》类型故事基本上都是以成书于16、17世纪的泰国佛本生故事集《班雅萨阇陀迦》中的第二篇《树屯本生经》故事为原型而敷演而成。之所以会形成不同的版本异文主要是由于民间口传文学的变异性特征造成的。经过分析、研究，笔者以为《召树屯》类型故事的不同异文形式并不完全是由泰国《班雅萨阇陀迦》中的《树屯本生经》为原型敷演出来的。民间口传文学的变异性特征确实会形成出现异文的可能，但这却不是主要原因。其最主要的原因在于贝叶经这一《召树屯》类型

故事得以在傣族地区传播的原初载体本身就在佛教传入的历史过程中形
成了不同版本的异文。

一

　　综观目前搜集和发现的在傣族民间流传的《召树屯》类型故事的 9
种版本，它们有的是民间叙事诗（赞哈们在各种场合演唱的手抄本），
有的是民间散文体的传说故事。这些在广大傣族地区民间流传的不同版
本主要是《召树屯》、《猎人与孔雀》（即《召树屯与南木洛鸢》）、《召
树屯和兰吾罗娜》、《朗罗恩》、《南退汉》、《婻倪罕》等等。它们基本
上都是围绕着人间王子召树屯（或苏旺纳）与神界公主兰吾罗娜（或
婻倪罕）之间悲欢离合的爱情遭遇为主线敷演展开的，只是在具体细节
和故事情节的设置上表现出差异。但正是这些细微的差异性却流露出源
于贝叶经不同版本形式的表征。当然其中也包含有民间口传文学的变异
性特征，但不同版本形式的贝叶经中记载的《树屯本生经》作为民间
流传的《召树屯》类型故事的原初载体在传播渠道的第一个环节就造
成了民间有不同版本。下面试以这些版本中较具代表性和典型性特征的
《召树屯》①（韵文体）、《召树屯和兰吾罗娜》②（散文体）、《婻倪罕》③
（韵文体）为例作具体分析…④。

《召树屯》《召树屯和兰吾罗娜》《婻倪罕》主要情节比较表

比较项目	《召树屯》	《召树屯和兰吾罗娜》	《婻倪罕》
1. 主人公国家	召树屯：勐板加 喃诺娜：勐董板	召树屯：版纳勐海 兰吾罗娜：勐庄哈	苏旺纳：不详、天底下最富庶的国家 婻倪罕：勐雷恩
2. 王子得到公主的原因	召树屯与神龙因缘。神龙告之公主秘密及方法	召树屯与猎人因缘，猎人告之公主秘密	猎人与金角龙因缘。龙告诉猎人公主的秘密并赠之魔项圈

---

① 《中国民间长诗选》第一集，上海文艺出版社 1980 年版。
② 《傣族民间故事集成》，云南人民出版社 1993 年版。
③ 《金湖之神》，中国民间文艺出版社 1981 年版。
④ 因复述的需要，除引用原文外，其作地方一律以散文体形式叙述。

续表

比较项目		《召树屯》	《召树屯和兰吾罗娜》	《娥悦罕》
3. 王子得到公主的过程		召树屯盗衣	召树屯盗衣	猎人用项圈捉住公主，并将之献给王子
4. 王子离开之原因		战争（叭团为救女而发动）	战争（邻国）	战争（邻国）
5. 公主离开原因		国王做梦，梦见自己的肠子从肚子里飞出，绕着城池转了三转……摩古拉占梦，要以公主血祭神	国王忧战况，星象家阿章龙占卦，要以公主血祭神	国王做梦，梦见儿子的肚子被强盗的长矛戳通，肠子拖在地上……摩勐占梦，要以公主血祭神
6. 公主离开方式		穿孔雀衣，跳舞	穿孔雀衣，跳舞	穿天女衫
7. 公主所留信物		金手镯	金手镯	金戒指、披巾
8. 公主留信物地点		湖畔佛寺的佛爷叭拉纳西处	湖畔仙人帕腊西处	湖畔奘房的雅细处（5）
9. 王子寻妻经过	取信物	到佛寺取手镯	到仙人处取手镯	到奘房取戒指、披巾
	获赠宝	神龙赠宝	帕腊西赠宝	父亲赠宝、雅细赠宝
	难题考验	河、蟒、山、怪鸟	江、蟒、山峡、怪鸟	江、巨龙、魔鬼、神鸟
10 王子与公主团圆	相见	召树屯将手镯放进使女打水的金锅里，公主沐浴时得之	将手镯放进使女打水的水桶里，公主沐浴时得之	将戒指放进天女打水的银钵里，公主沐浴时得之
	难题考验	石墙、辨手指	凿石、识饭盒、辨手指	山、岩石墙、辨手指
	团圆	叭团及百姓接纳之	杀死魔王	雷恩及百姓接纳之

　　表中《召树屯》和《召树屯和兰吾罗娜》是流传于西双版纳地区的叙事诗和民间传说故事，《娥悦罕》是流行于德宏地区的叙事诗。虽然它们在不同地区流传，但通过比较表中所列各主要情节，可以看出它们流传的空间不同，却在主要情节的设置上表现出相似之处，尤其是《召树屯》和《娥悦罕》似乎跨越了空间距离，而表现出更多的相似之处。如王子

得到公主的原因，两个故事都与神龙有关；是战争使召树屯（或苏旺纳）离开公主去征战；是国王做梦、巫师占梦导致公主离开，而国王的梦均出现肠子被拖了出来的场面；公主离开时都是在佛寺或佛教僧人修行处留下信物给王子；王子寻妻及与妻子团圆的整个过程（包括两次难题考验的内容）也基本相似。而《召树屯》和《婻佹罕》在细节上的不同在于：王子得到公主的原因是由于召树屯的神龙因缘（《召树屯》）、猎人与金角龙因缘（《婻佹罕》）；王子得到公主的过程是：召树屯亲自盗衣（《召树屯》）、猎人用神龙赠的魔项圈捉住公主，并将之献给王子；公主离开时的方式：公主穿上孔雀衣、跳起了孔雀舞（《召树屯》）、公主直接穿上了天女衫（《婻佹罕》）；公主所留信物一为金手镯（《召树屯》）、一为金戒指和披巾（《婻佹罕》）；王子在寻妻过程中一是凭神龙所赠之宝克服困难（《召树屯》）、一是凭父亲和雅细所赠之宝征服难关（《婻佹罕》）。此外，同样流传于西双版纳地区的《召树屯》和《召树屯和兰吾罗娜》在具体细节上也有差异：首先，《召树屯》故事表现出浓厚的佛教色彩，"他（指召树屯）也按照风俗，领着百姓赕佛，祈求灭巴拉，给勐板加带来风调雨顺。"在喃诺娜被迫离开勐板加之前，在痛苦和失望中飞到佛寺，把金手镯交给叭格纳西，请他转交给召树屯。在这儿，佛寺是喃诺娜唯一可以停留之处，大佛爷叭格纳西成了喃诺娜唯一可以信赖之人。这并不是人间的亲情所致，而是因为佛教慈悲和关爱众生的宗教力量。相比之下，《召树屯和兰吾罗娜》全文并未显露出信仰佛教的信息。兰吾罗娜临走前是将金手镯留于仙人帕腊西处。佛教人物并未出现。其次，《召树屯》中召树屯得以盗衣成功之原因在于他与神龙之因缘，而在《召树屯和兰吾罗娜》中则是因为召树屯和猎人因缘，再次，《召树屯》中喃诺娜的父亲叭团虽出难题考验召树屯，但他却最终接纳了他，而在《召树屯和兰吾罗娜》中兰吾罗娜的父亲却是个食人成性的魔王匹丫，最后召树屯出于无奈，才在兰吾罗娜的帮助下，杀死魔王，最终才得以与兰吾罗娜团圆。这一点也是《召树屯和兰吾罗娜》与其他版本最大的不同。

　　通过分析，可以看出《召树屯》类型故事是广泛流传于傣族居住的广大地区的。① 在这一广大区域内，它既能跨越空间距离使不同地域有相

① 《召树屯》故事不仅在我国傣族居住的广大地区传播，且在东南亚一带也广泛传播。对此，谢远章、刘守华、王松、傅光宇等先生均有论述。限于主题，本文讨论范围仅限于我国境内。

似的故事，同时在同一地域内也流传具体细节有差异的故事。这种同中有异、异中有同的文学现象恐非民间口传文学的变异性特征一词可以简单解释得清。究其原因，当为佛教不断地反复传入傣族地区，从而造成贝叶经这一记载和宣扬《召树屯》类型故事的原生态载体在佛教领域内就有不同版本，并最终形成民间版本的不同。

二

　　盖南传上座部佛教在云南傣族居住的广大地区的弘扬是一长期而艰巨的反复持续的过程。迄今为止，学术界对南传佛教传入我国傣族地区的时间及路线尚无定论。笔者以为，南传佛教传入我国傣族地区并不是一次性就完成的。在历史时段上，南传佛教曾多次反复输入傣族地区，经过与寨神勐神等傣族原始宗教的无数次较量后，才艰难地逐渐取得优势，但它也未能彻底战胜傣族地区的原始宗教，而是渐与傣族原始宗教相融摄，在和平状态中友好相处，以至于形成许多傣族地区在信奉佛教的同时，也进行寨神勐神崇拜这一特殊的宗教现象。

　　佛教的弘扬并不是一蹴而就的，它是一个持续的过程。同时，伴随着佛教每一次的输入到傣族地区，存活于佛本生经中的《树屯本生经》便有可能传入，并且增加一种新的版本。这便意味着：在成书于16、17世纪的泰国佛本生经集《班雅萨阇陀迦》第二篇《树屯本生经》传入到傣族地区并对民间流传的《召树屯》故事起关键性的影响之前，傣族地区贝叶经书中完全有可能已流传有不同版本的《召树屯》故事。

　　此外，在汉译佛典中查寻到的两则佛经故事亦可作为一佐证．其中一则为三国时康僧会所译《六度集经》卷八《明度无极章第六》① 皇孙与天乐女故事，另一则是唐义净译《根本说一切有部毗奈耶药事》卷十三、十四善财与悦意故事②，这两则故事内容与傣族地区流传的《召树屯》类型故事在某种程度上有相近之处。关于汉译佛典《六度集经》中皇孙与天乐女故事同傣族地区《召树屯》故事的相似之处，蒋树卓先生在《（召

---

① 《大正大藏经》第 3 册，《六度集经》卷八。
② 《大正大藏经》第 24 册，《根本说一切有部毗奈耶药事》卷十三、十四。

树屯）与〈诺桑王子〉同源新证》① 一文中已有论及。另外，东方既晓
先生在《〈召树屯〉〈朗退罕〉渊源新证》② 一文中对《召树屯》《朗退
罕》故事与《六度集经》所录故事及《根本说一切有部毗奈耶药事》善
财与悦意故事之间的相似之处进行了详细比较，兹不赘述。但遗憾的是，
他们均未能深入研究，蒋述卓先生仅指出"《召树屯》的故事直接来源于
佛本生故事。它与康僧会所译的《六度集经》虽然没有谁影响谁的关系，
但都属于一种佛本生故事。"③ 东方既晓先生则"得出结论是：善财与雀
女的故事从印度随南传佛教进入中南半岛，泰国的清迈僧人把它写进了经
书《班雅萨阇陀迦》，作为第二篇《素吞本生》。这本《素吞本生》从泰
国、缅甸、老挝传进了云南边疆傣族地区（傣族叫它《召树屯》）。傣族
诗人和歌手从这本经书（贝叶经）取材，创作了叙事诗《召树屯》和
《朗退罕》。"④ 笔者以为还应将这一研究方向深入下去，可以籍对汉译佛
典《六度集经》和《根本说一切有部毗奈耶药事》所记故事的进一步分
析来探讨傣族地区《召树屯》和《朗退罕》等各不同版本之间的关系。

　　首先，要明确的是汉译佛典《六度集经》与《根本说一切有部毗奈
耶药事》所记录的相关故事因流传于汉地而与傣族地区的《召树屯》故
事之间没有相互影响关系。

　　其次，《六度集经》、《根本说一切有部毗奈耶药事》与傣族地区的
《召树屯》类型故事的共同源头均在印度。

　　《六度集经》是三国时康僧会所出。康僧会，"其先康居人，世居天
竺。其父因商贾，移于交趾。会年十余岁，二亲并亡，以至性闻。既而出
家，砺行甚峻，辩於枢机，频属文翰"。⑤ 康僧会祖居印度，后其父由于
经商的关系，移居交趾。此时交趾（即今越南）据季羡林先生考证，已
有佛法流布。⑥ 康僧会生活于佛法流布的越南，当亦受佛法的耳濡目染。

　　① 蒋述卓：《〈召树屯〉〈诺桑王子〉同源新证》，见《佛经传译与中古文学思潮》，江西
人民出版社 1993 年版。
　　② 东方既晓：《〈召树屯〉〈朗退罕〉渊源新证》，《云南社会科学》，1989 年第 1 期。
　　③ 蒋述卓：《〈召树屯〉〈诺桑王子〉同源新证》，见《佛经传译与中古文学思潮》，江西
人民出版社 1993 年版。
　　④ 东方既晓：《〈召树屯〉〈朗退罕〉渊源新证》，《云南社会科学》，1989 年第 1 期。
　　⑤ （梁）僧祐：《出三藏记集》卷十三，中华书局 1995 年版。
　　⑥ 季羡林：《中印文化交流史》，新华出版社 1991 年版，第 33 页。

另外，据汤用彤先生考证，"《六度集经》，文辞典雅，颇援引中国理论。而其诸波罗蜜前均有短引。审其内容，决为会所自制，非译自胡本"①。《六度集经》既然是康僧会于赤乌十年（公元 247 年）来吴国后所自制，则其必只能取材于康僧会自幼生长的越南，而且只可能取材于广泛流布于越南的佛本生故事。那么记录于《六度集经》中的皇孙与天乐女故事的来源只能是流布于越南一带的佛本生故事。这则故事也正是公元 3 世纪左右，东南亚一带流布《召树屯》类型故事的一个强有力的证据。

《根本说一切有部毗奈耶药事》的梵文原本是唐义净取道南海至印度所得，乃 7 世纪时盛行于印度一些地区的佛典。其中善财与悦意故事亦为当时印度佛典中流播的形态。

相比之下，《六度集经》里的皇孙和天乐女的故事，其基本与《药事》里的相同，但情节和细节明显不及《药事》丰富。这一现象说明了三个问题：其一，该故事题材直接源于印度；其二，这两部经译出时间相差 400 余年（《六度集经》在汉地出现于公元 3 世纪，义净译出《药事》在公元 7 世纪），这 400 余年的时间差足以使《六度集经》中的皇孙与天乐女故事发展为《药事》中善财与悦意故事。其三，在印度，该故事类型一经产生便立即为广大民众深深喜爱。无论是在为佛教徒加以利用作为辅教工具，还是在民间口传文学中，它一直在发展、变异，并在整个历史过程中形成了不同版本。同时，在各个历史时段中随佛教的向外传播而输出。经过历史的积淀，输入到同一地区的同一故事类型也就具有了反映不同历史时段特征的版本。这一特点在云南傣族地区流传的关于《召树屯》故事的不同版本中得到了鲜明体现。

再次，通过对《六度集经》和《药事》中具体情节的分析，我们可以对傣族地区流传的几个版本产生时间的先后顺序稍有了解。

如前所述，傣族地区流传的《召树屯》故事在同一地区有不同异文，如西双版纳地区有《召树屯》和《召树屯和兰吾罗娜》；在不同地区有较相近的故事版本，如西双版纳地区的《召树屯》与德宏地区的《娥悦罕》。相比较而言，版纳地区的《召树屯》故事与德宏地区的《娥悦罕》较接近，很可能是受同一历史时段的贝叶经佛本生故事影响，而且它们与

① 汤用彤：《汉魏两晋南北朝佛教史》，上海书店 1991 年版，第 138 页。又：僧祐《出三藏记集》及历代佛典目录均录《六度集经》为康僧会译。今从汤用彤先生考证说。

《根本说一切有部毗奈耶药事》中善财与悦意故事应有共同时段的印度源头；而版纳地区的《召树屯》与《召树屯和兰吾罗娜》之间的差异较大，这一差异决不会是因为民间口传文学的变异性特征造成的，而应是处于不同历史时段中的贝叶经佛本生故事造成的。而且就《召树屯和兰吾罗娜》这一故事所反映的内容而言，它固然反映傣族人民民族文化对贝叶经佛本生故事进行融摄、改造的过程，但《召树屯和兰吾罗娜》却绝不是产生于傣族本土的，它的贝叶经原初载体产生的历史时段应较《召树屯》和《婻倗罕》时期早，应介于《六度集经》皇孙与天乐女故事产生时段与《药事》善财与悦意故事产生时段之间。

综上所述，云南傣族居住的广大地区流传的《召树屯》类型故事存在不同版本的原因，除民间口传文学的变异性特征造成之外，其最主要的原因在于贝叶经这一原初载体具有产生于不同历史时段的不同异文，从而直接使《召树屯》类型故事在不同历史时段中有不同版本。这些不同的版本正是我们在民间搜集和整理到的版本。

第三节　佛教与傣族《兰嘎西贺》故事

在傣族地区广泛流传的《兰嘎西贺》气势恢宏，结构复杂，人物众多，主题鲜明，情节起伏跌宕，富于传奇色彩。它不仅是傣族文学史上的一部重要作品，而且在云南地方文学史上也占有重要地位。

经众多学者考证，大家一致认为《兰嘎西贺》的形成渊源与印度佛教有关，与印度文学尤其是印度著名史诗《罗摩衍那》有关。从发生学的角度将之与印度史诗《罗摩衍那》的影响联系起来。但学者们同时指出：《兰嘎西贺》诗与《罗摩衍那》诗有着深远的渊源关系，前者是脱胎于后者的。但《兰嘎西贺》诗又不是《罗摩衍那》诗简单的翻版。[1] 较准确地概括出傣族文学作品《兰嘎西贺》与印度史诗《罗摩衍那》之间的辩证关系。[2]

---

[1]　高登智、尚仲豪：《〈兰嘎西贺〉与中印文化交融》，《贝叶文化论》，云南人民出版社1990年版，第371页。

[2]　在傣族地区，《兰嘎西贺》主要以韵文体诗歌形式出现，但也有散文体作品存在。《傣族民间故事集成》，云南人民出版社1993年版，第315页。

　　首先就内容而言，它们表现出极强的相似性。傣族地区流传的《兰嘎西贺》主要围绕着兰嘎国的十头王捧玛加与沓达腊达国王子召朗玛为争夺甘纳嘎国公主而展开的斗争为主线来结构故事情节。勐兰嘎国王很有威望，海里的龙王和妖怪纷纷来归顺。其女南古皮提拉虔诚修行，后因献给天王玛哈捧芒果而生下三个儿子，大儿子捧玛加，长着十个头，二儿子滚帕爬，小儿子比亚沙。天王玛哈捧赋予其法力和法宝，但也指出其禁忌。后来捧玛加继承王位，成为十头王。但渐骄横跋扈，胡作非为。甚至要抢仙女为妻，仙女遂自焚，转生为一婴儿，被十头王投到江中，后为勐甘纳嘎国王所救，取名南西拉。另外在勐兰嘎很远的北面有一个勐塔打腊达国，国王有四个儿子，他们是有福气的波提亚天神及其三个弟弟下凡投胎转生，分别取名为召朗玛、腊嘎达、帕腊达、沙达鲁嘎。召朗玛随帕拉西学习高深的知识和技艺，一学便通。勐甘纳嘎国公主南西拉长大后，一百零一个勐的王子都来求婚，国王决定比武招亲：谁能挽动天神叽捧的"阿沙尖神弓"，谁就能得到南西拉。十头王与一百零一个勐的王子都拉不开神弓，只有召朗玛毫不费力地把神弓拉开了，并把三支神箭射出去。南西拉成为召朗玛的妻子，十头王怀恨在心。后来召朗玛让位于弟，与妻子和一个弟弟到森林去生活，十头王使计抢走了南西拉。召朗玛在寻找南西拉的过程中，帮助猴王嘎伶得到王位。故而整个猴国全都来帮助召朗玛寻找南西拉。在猴兵猴将，尤其是猴将阿努曼的献计献策以及英勇作战的过程中，经过种种难题考验，召朗玛打败了十头王，终于与南西拉团聚。

　　对印度史诗《罗摩衍那》的内容，季羡林先生概括地说："《罗摩衍那》的精校本虽然长达近两万行，但基于故事是比较简单的。十头罗刹王罗波那肆虐，欺凌神人。大神毗湿奴化身为四，下凡生为十车王的四个儿子。长后侨萨厘雅生子罗摩，小后吉迦伊生子婆罗多，另一后须弥多罗生子罗什曼那和设睹卢祇那。罗摩娶遮那竭王从龚沟里拣起来的女儿悉多为妻。十车王想立罗摩为太子。小后要挟他，放逐罗摩十四年，立自己的儿子婆罗多为太子。罗摩、悉多和罗什曼那遵父命流放野林中。十车王死，婆罗多到林中来恳求罗摩回城即国王位。罗摩不肯。十头魔王劫走了悉多，把她劫到楞伽城。罗摩同猴王须竭哩婆联盟，率猴子和熊黑大军，围攻楞伽城。神猴哈努曼立下了奇功。后来魔王被杀。罗摩同悉多团圆，流放期满，回国为王。梵文《罗摩衍那》整个故事的梗概就是这样。巴利文本"*Jātaka 461*"内容大同小异。最显著的差异是：悉多是十车王女，与罗摩是兄妹，二人后来结婚。"①

从内容来看，傣族地区流传的《兰嘎西贺》与印度史诗《罗摩衍那》主干情节完全一致，甚至许多细节也非常相似。此外，人名和地名的译音都很相近，甚至完全雷同。例如：

《罗摩衍那》	《兰嘎西贺》
罗摩（腊玛）	召朗玛
悉多（息达）	西拉
婆罗多（帕腊达）	帕腊达
哈努曼（阿努曼）	阿努曼
维毗沙那（维皮闪那）	彼亚沙（或比亚沙）
楞加（楞伽）	兰嘎
阿逾陀（阿尤塔）	阿育塔

显然，"这种相似和对应不是偶合和灵犀相通造成的。它说明这两部长诗有着很亲密的渊源关系"②。

值得注意的是，众多学者比较了《兰嘎西贺》和《罗摩衍那》在内容、情节等方面的异同后，明确地指出《兰嘎西贺》与《罗摩衍那》之间存在渊源关系与变异关系。但对于《兰嘎西贺》这一作品是怎样从印度史诗《罗摩衍那》这一异域文化产品转化为傣族本土化的作品？其演变过程、路线、方式及其特征又是怎样的？其演变过程是否与佛教有关？如果有，那它又是怎样借助于佛教这一媒介进行转化的？如果没有，那它又是借助于怎样的媒介进行转化的？在傣族地区《兰嘎西贺》的版本较多，这是由傣族地区民间文学的变异性特征造成的，还是直接在转化过程中完成的？这又是如何完成的等等？对这一系列问题，有一些学者如季羡林先生、王国详、李沅、尚仲豪、傅光宇、岩温扁、秦家华、杨知勇等都曾分别从不同角度提及，但笔者以为还有必要对这些问题作进一步的探讨，并准备从以下几方面进行研究：第一，罗摩故事在印度是广为流传的一个民间故事，蚁蛭版本的《罗摩衍那》故事并不

---

① 季羡林：《〈罗摩衍那〉在中国》，《佛教与中印文化交流》，江西人民出版社1990年版，第79页。

② 高登智、尚仲豪：《〈兰嘎西贺〉与中印文化交融》，《贝叶文化论》，云南人民出版社1990年版，第362页。

是唯一的版本；第二，印度佛教徒在宣扬教理的过程中也取之为素材，作为辅教工具；第三，《罗摩衍那》故事在东南亚一带多样化的传播方式；第四，傣族地区的《兰嘎西贺》从佛典故事转换为叙事作品的途径、方式和具体过程。

一

在探讨印度史诗《罗摩衍那》与傣族地区《兰嘎西贺》之渊源关系之前，让我们先对印度史诗《罗摩衍那》有一正确认识。

《罗摩衍那》的形成已有 2000 多年的历史。它属于"伶工文学"（Bardic Literature）①，最初是口头流传的。其产生地点，经国外许多学者，如 Jacobi，Winteeritz，Curuge 等人考证，意见一致，均认为是印度东部。但在《罗摩衍那》成书时间这一问题上迄今为止尚无定论。因为"《罗摩衍那》源于民间伶工文学，最初只是口头流传，民间的伶工艺人增增删删，因人而异，因地而异，经历了不知道多少变迁，最后才形成了一个比较固定的本子。"② 故而印度历史学家 Romila Thapar 再三强调，《罗摩衍那》的时间是无法确定的。许多学者都提出了自己的看法，季羡林先生曾将国际上学者们对《罗摩衍那》成书时代的意见罗列了出来：

学者名称	提出成书的年代
Romanswami Sastri	公元前 6000—前 5000 年
Count Bjomstjeera	公元前 2000 年
William Jones	公元前 2029 年
A. K. Majumdar	不晚于公元前 1435 年
Goressio	公元前 14 世纪
Weber	公元前 3—4 世纪已存在
Jacobi	最古部分写于公元前 5 世纪或前 6 或前 8 世纪
Monier Williams	公元前 5 世纪

---

① 季羡林：《〈罗摩衍那〉》，《比较文学与民间文学》，北京大学出版社 1997 年版，第 243 页。

② 同上书，第 247 页。

Grierson	原文为俗语
Macdonell	核心写于公元前 5 世纪，较晚部分写于公元前 2 世纪
C. V. Vaidya	公元前 2 世纪
B. Keith	不晚于公元前 300 年
Winteeritz	公元前三四世纪
Z. C. Sengupta	公元前 438 年
Kunhan Rāja	晚于迦梨陀娑
Hopkins	公元前 400 年至公元 400 年
V. R. R. Dikshitar	公元前 5 世纪至公元 2 世纪
Ananda K. Coomaraswami	公元 300 年
Radhakrishnan	公元前 6 世纪至公元 2 世纪[①]

经过分析，季羡林先生认为 Ananda Guruge 的意见是比较实事求是的，也是较可靠的：

1. 《罗摩衍那》的材料至晚可以追溯到公元前 400 年。

2. 原型形成于公元前 300 年。

3. 第三和第四发展阶段，公元前 300 年至公元 100 年。

4. 《后篇》公元 1 世纪已存在。

5. 关于蚁蛭和输洛迦的记载形成于 2 世纪。

总之，我们从《罗摩衍那》中得到的可以作为论据的事实，反映的是公元前 4 世纪至 2 世纪的社会情况。[②]

从上引资料可推断：《罗摩衍那》的形成和传播是较复杂的，它也经历了一个由口传文学到文本文学的转换过程，同时，无论是在口传文学阶段，还是在文本文学阶段，它的内容、情节一直处于变化的动态过程之中。从发生学的角度而言，据季羡林先生考证，"罗摩故事有其历史基础；但是基本上是一个民间故事。"[③] 这个故事的雏形一经形成，立即受到印度人民的喜爱。印度各主要教派出于宣传教义的需要，都竞

---

① 季羡林：《〈罗摩衍那〉》，《比较文学与民间文学》，北京大学出版社 1997 年版，第 249 页。

② 同上。

③ 同上书，第 267 页。

相利用这个故事作为辅教工具。婆罗门教利用了这个故事，佛教也利用了这个故事，耆那教同样也利用了这个故事。而婆罗门教对罗摩故事的利用结果便是产生了蚁蛭的《罗摩衍那》。特别是第一篇和第七篇更是婆罗门教努力改造的结果。在这两篇里，婆罗门教的色彩比第二至六篇要浓得多。[①] 或许正是由于婆罗门教在印度的强大势力，故当蚁蛭加工、整理后形成的《罗摩衍那》一经产生，很快便被推崇为权威范本，并因此而迅速推广开来。在我国境内非常完整的《罗摩衍那》故事主要就是由季羡林先生在 20 世纪 80 年代译出的作者署名为蚁蛭的《罗摩衍那》版本。在此之前，多为较零星的经佛教传入的罗摩故事。（我国少数民族地区广泛流传的罗摩故事详后）。

　　婆罗门教成功地运用了罗摩故事作为辅教工具，并且以蚁蛭结集整理而成的《罗摩衍那》故事闻名于世，不可否认的是，蚁蛭版本的《罗摩衍那》一经形成，便在印度文学史，乃至世界文学史上占有重要地位。"由于内容感人，诗艺高超，在印度各阶层的人民中享有极高的声誉，影响了印度的诗歌、戏剧和艺术，包括舞蹈、雕塑、绘画等，以及印度人民的思想和宗教信仰达 2000 年之久。因为《罗摩衍那》是用梵文写成的，'近水楼台先得月'，梵文文学创作首先受到了它的影响。许多著名的古典梵文作家都或多或少，或深或浅地模拟、袭用《蚁蛭罗摩衍那》，像跋娑（Bhāsa）、迦梨陀娑（kālidāsa）、薄婆菩提（Bhavabhūti）、王顶（Rājaśekhara）等等都是这样。"[②]

　　虽然蚁蛭版本的《罗摩衍那》对属于印度教思想体系的梵文作家产生了很大影响，但这并不意味着印度境内各种各样版本的罗摩故事都是属于婆罗门教系统的蚁蛭版本的《罗摩衍那》故事。据专家统计，《罗摩衍那》共有 2000 多种手写本，50 多种梵文注释本。在这众多的手写本和注释本中，并不完全都属于蚁蛭版本的《罗摩衍那》。

　　事实上，古印度，婆罗门教利用了罗摩故事这一渊源于民间的口传文学故事作为辅教工具，耆那教同样也利用了这个故事。从公元三、四世纪起一直到 17 世纪，耆那教产生了许多有关罗摩故事的故事。季羡

---

　　① 季羡林：《〈罗摩衍那〉》，《比较文学与民间文学》，北京大学出版社 1997 年版，第 267 页。

　　② 同上书，第 283 页。

林先生将之按年代顺序统计如下：

　1. Vimala-Sūri 的 Paumacriya（约在 3 世纪末或 4 世纪）

　2. Sanghadāsa 的 Vāsudevahiṇdi（不晚于公元 600 年）

　3. Ravisena 的 Padmapurāṇa（公元 678 年）

　4. Svayambhū 的 Paumacariu（公元 8 世纪）

　5. Sīlācārya 的 Caupaṇṇa-Mahāpurisa-cariya（公元 868 年）

　6. Guṇabhadra 的 Uttarapurāṇa（公元 9 世纪）

　7. Hariseṇa 的 Bṛhatkathākosa（公元 931—932 年）

　8，Prṣpadanta 的 Mahāpurāṇa（公元 965 年）

　9. Bhadréesvara 的 Kahāvalī（公元 11 世纪）

　10. Hemacandra 的 Yoga-śastra-svopajña—Vṣtti（公元 12 世纪后半）

　11. Hemacandra 的 Triṣaṣti-Salakāpuruṣa-carita（公元 12 世纪后半）

　12. Dhanesvara 的 śatruñjaya-Māhātmya（公元 14 世纪）

　13. Kṣṣnadāsa 的 Puṇyacandrodaya-Purāṇa（公元 1528 年）

　14. Devavijaya-gaṇin 的 Rāamacarita（公元 1596 年）

　15. Meghavijaya 的 Lagha-triṣaṣti-śalaka-puruṣa-carita（公元 17 世纪后半）

　　其中以 Vimala-Sūri 的 Paumacariya 时间最早，影响最大。这部书的语言是所谓耆那教的 Māhārāṣtri。这部书是最早的俗语史诗。"①

　　从所引的耆那教对《罗摩衍那》的利用情况可看出，《罗摩衍那》从公元 3—4 世纪开始被耆那教徒利用为辅教工具，并一直持续到 17 世纪后半期，时间跨度大，共产生了约 15 种左右的故事。这一现象说明，《罗摩衍那》故事在宗教中适应性极强，具有旺盛的生命力。

　　就《罗摩衍那》故事在整个印度境内的传布情况而言，各宗教流派常利用罗摩故事来宣扬自己的宗教义理。这是罗摩故事广泛流传的一主要媒体和途径。此外，存在于不同语种区域，以当地居民喜闻乐见的形式和熟悉的语言演述和加工罗摩故事，也是该故事广泛传播的一重要媒介和方式。因季羡林先生所论甚详，是研究语言的专家，其对《罗摩衍

---

　　① 季羡林：《〈罗摩衍那〉》，《比较文学与民间文学》，北京大学出版社 1997 年版，第 284 页。

那》的研究成果具有权威性，故本文将季先生对《罗摩衍那》在印度地方语言中存在情况的研究又转引如下：

　　随着毗湿奴信仰的日益广泛的发展，随着印度地方语言的逐步形成（第二千世纪的开始时期），用地方语言写成的《罗摩衍那》或者罗摩的故事，在各地涌现出来。我在下面逐项简略地介绍一下。

　　坎大拿语　南印度四种发展完善的语言之一。有蚁蛭的《罗摩衍那》，也有耆那教的《罗摩衍那》。自 15 世纪以来，跳舞、民间文学等等中都有罗摩的故事。

　　马拉雅兰语　　南印度四语言之一。12 世纪有 Rāmacaritam，15 世纪有 Kammassa Rāmāya ṇam，是《蚁蛭罗摩衍那》的改写本。同时还有一部 Rāmakathppaṭṭu，是蚁蛭本的自由的译本。16 世纪出现了 Adhyātma Rāmāyaṇa 的译本，稍前一点，在 15 世纪未时有 Ramayaṇa Campū。大量的马拉雅兰语文学作品，其灵感来自《罗摩衍那》。还出现了大量的新古典的 Maḥākāvyam。此外，在戏剧和 Kathakali 舞中也有大量的来自《罗摩衍那》材料。

　　德鲁古语　　《蚁蛭罗摩衍那》和罗摩崇拜在这里影响极大。几乎每个村庄都有罗摩庙（Mandir）。众多的诗人从《罗摩衍那》中吸取灵感。模仿这一部史诗的著作数以百计。各种的《罗摩衍那》，比如 Adhyātma，Ananda，Adbnuta 和 Vaiṣṭha 等都有德鲁古语译文。Tulsidās 的本子也翻译了过来。此外还有许多德鲁古语的《罗摩衍那》，比如 Raṅganātha Rāmāyaṇam，Bhāskara Rāmāyaṇam，kaṭṭa Varadarāju Rāmayaṇam，Molla Rāmāyaṇam 等。

　　泰米尔语　　在公元一二世纪的 Sangam 文学中已经有了罗摩的故事。Sangam 以后，许多古典作品中提到《罗摩衍那》中的插曲。大约在 8 世纪前有了完整的泰米尔语的《罗摩衍那》。9 世纪末（一说 12 世纪）Kamban 的 Rāmāvatāra 最为突出。罗摩故事在南印度之所以这样流行，与七八世纪毗湿奴派和湿婆派倡导的虔诚运动（bhakticult）有关。8 世纪末《罗摩衍那·后篇》在泰米尔地区特别流行。绘画、雕塑，甚至钱币上都有与罗摩有关的痕迹。

　　古扎拉提语　　16 世纪已经有全本的《罗摩衍那》：Nakar 写

于 1568 年，kahan 本写于 1571 年，Vishnudas 本写于 1589 年。
1837 年 Girdhar 的《罗摩衍那》流行最广。民间文学和民歌中也有
不少罗摩和悉多的故事。

克什米尔语　黑天传说进入克什米尔语早于罗摩故事。罗摩
故事一旦进来就对民间文学产生了很大的影响。莫卧儿王朝中，波
斯文的《罗摩衍那》传入克什米尔。

孟加拉语　孟加拉语最早的文学作品之一就是《罗摩衍那》。
11 世纪的 Charyāpadas 和 15 世纪的 srīkrishnakirtan 都与罗摩有关。
15 世纪 Krittivāsa 的《罗摩衍那》流传最广，影响最大。但这不是
翻译。到了 19 世纪，Raghunandan Goswāmi 才从梵文原文把这一部
史诗译为孟加拉文。在民间文学中，罗摩故事广泛流传。

奥里萨语　在奥里萨，从中世纪起，罗摩成为虔诚教派的膜
拜对象。从 12 世纪起，国王用罗摩来命名。可见罗摩故事影响之
深。用本地语言歌颂罗摩的可以分为两派：一派遵循《蚁蛭罗摩衍
那》，另一派则区别极大。

阿萨姆语　14 世纪中叶，伟大学者和诗人 Madhava kandali 翻
译了《罗摩衍那》。

曼尼普利语　18 世纪前半，曼尼普利大学者 Angon Gopi 用曼
尼普利语写《罗摩衍那》七篇，他是受了 15 世纪孟加拉诗人
Krittivāsa 的影响而写的，不是翻译。在现代曼尼普利语的文学中，
《罗摩衍那》影响仍然很大。[①]

总的来说，通过上面所引的大量资料，我们对《罗摩衍那》的认识
至少应形成以下几种观点：

第一，印度史诗《罗摩衍那》从形成雏形到成为文本，其间经历了
漫长的历史发展过程。

第二，我们所接触到的蚁蛭版本的《罗摩衍那》故事，并不是唯一
的演绎罗摩故事的作品。这只是印度众多罗摩故事中的一个版本。但由
于其艺术性强，文学性高，蚁蛭被印度人民称为"最初的诗人"，蚁蛭

---

① 季羡林：《〈罗摩衍那〉》，《比较文学与民间文学》，北京大学出版社 1997 年版，第
286 页。

改编、加工整理而成的《罗摩衍那》因之被称为"最初的诗"。它是众多罗摩版本故事中影响最大的一个版本。

第三，在印度民间广泛流传着各种不同版本的罗摩故事。在不同的地方语言区域都流传有《罗摩衍那》故事。其来源渠道多样化，并不一定取材于蚁蛭本的《罗摩衍那》。

第四，罗摩故事源泉来自于民间。印度各主要宗教派别都分别利用来作为辅教工具。婆罗门教利用的结果便是产生了蚁蛭版本的宣扬婆罗门教的《罗摩衍那》。除婆罗门教外，耆那教同样也利用了罗摩故事，并形成了耆那教自己的罗摩故事。

第五，佛教作为印度历史上较重要、影响较大的一个宗教教派，势必不应忽略罗摩故事的辅教效应。作为一个在传教过程中有善于吸取民间文学以辅教这样的优良传统的宗教派别，它不可能不关注罗摩这一深受欢迎的故事。但由于罗摩故事版本较多，印度佛教徒不一定就吸取蚁蛭的《罗摩衍那》故事。

二

上面我们详细地对印度史诗《罗摩衍那》在印度的形成状况及其存在方式作了一整体概括，现在让我们来看一看印度佛教与《罗摩衍那》之关系，以期对傣族地区流传的《兰嘎西贺》中以宣扬佛教教义为主旨的佛教层面有一外围上的认识。

虽然从总体上来看，佛典中并未完整地保存有像蚁蛭版本《罗摩衍那》故事这么完善的内容，但是佛典中却确实存在《罗摩衍那》故事的痕迹。

据考证，早在 1 世纪时，印度佛典中已经有《罗摩衍那》的故事。[①] 在汉译佛典中也经常出现《罗摩衍那》的影响痕迹。今举例如下：

后秦鸠摩罗什译《大庄严论经》卷五有这样一段文字：

> 我昔曾闻：有婆迦利人至中天竺，时天竺国王即用彼人为聚落

---

① 高登智、尚仲豪：《〈兰嘎西贺〉与中印文化交融》，《贝叶文化论》，云南人民出版社1990年版，第370页。

主。时聚落申多诸婆罗门，有亲近者为聚落主说《罗摩延书》。

同书卷三第十五个故事亦有难多王说偈言：

　　昔者顶生王，将从诸军众。并象马七宝，悉到于天上。罗摩造
草桥，得至楞伽城。吾今欲升天，无有诸梯瞪。次诣楞伽城。又复
无津梁。

　　案经中卷五提及的《罗摩延书》即《罗摩衍那》。而卷三言及的
"罗摩造草桥，得至楞伽城"所指即为《罗摩衍那》故事中罗摩在攻打
十头魔王所在的楞伽岛时，在神猴哈努曼的帮助下建造起桥梁，顺利到
达楞伽岛之故事情节。值得注意的是在卷三中与"罗摩造草桥，得至楞
伽城"并列的"昔者顶生王，将从诸军众，并象马七宝，悉到于天
上。"这一偈颂所指的是顶生王升天因缘。它也是在印度境内最流行的
一个故事，它见于康僧会译《六度集经》卷四第四十个故事，《涅槃经
圣行品》，《中阿含经》卷十一《王相应品四洲经》，元魏吉迦夜昙曜共
译之《付法藏因缘传》卷一，鸠摩罗什译《仁王般若波罗蜜经》下卷，
不空译《仁王护国般若波罗蜜经护国品》，法矩译《顶生王故事经》，
昙无谶译《父陀竭王经》，施护译《顶生王因缘经》及《贤愚经》卷十
三等，梵文 Divyāvadāna 第十七篇亦载之。顶生王因缘事和罗摩故事被
难陀王同时选取这两个故事的某一细节作为典故来对比自己的现状，可
见这两个故事在当时是非常的流行，且普及程度较广，似乎已根本不用
点明这两个典故出于何处。

　　除《大庄严论经》提及罗摩故事外，还有陈真谛译《婆薮槃豆
传》：

　　阿瑜阇国有一法师，名婆娑须跋陀罗，聪明大智，闻即能持：
欲学八解毗婆沙义于余国弘通之。法师托迹为狂痴人往罽宾国。恒
在大集中听法。而威仪乖失，言笑舛异。有时于大集中论毗婆沙
义，乃问《罗摩延传》。众人轻之，皆不齿录。①

---

① 《大正大藏经》第 50 册，《婆薮槃豆传》。

上引两部佛典译出年代都属于我国南北朝时期，这说明在我国南北朝时期，《罗摩衍那》的内容已为人所知。

汉译佛典中除了提及《罗摩衍那》故事之外，还有直接接触《罗摩衍那》故事情节的。如吴康僧会所出《六度集经》卷五"忍辱度无极章第三"的故事：

> 昔者菩萨为大国王，常以四等育护众生，声动遐迩，靡不叹懿。舅亦为王，处在异国；性贪无耻，以凶为健，开土林叹。菩萨怀二仪之仁惠，虚诬谤仙，为造说端，兴兵欲夺菩萨国。菩萨群僚佥曰："宁为天仁贱，不为豺狼贵也。"民曰："宁为有道之畜，不为无道民矣。"料选武士，陈军振旅。国王登台，观军情猥，流泪涕泣交顾曰："以吾一躬，毁兆民之命！国亡难复，人身难获。吾之遁迈，国境咸康，将谁有患手？"王与元妃，俱委国亡。舅入处国，以贪残为政，戮忠贞，进佞虫。政苛民困，怨泣相属，思咏旧君，犹孝子之存慈亲也。王与元妃，处于山林。海有邪龙，好妃颜光，化为梵志，讻叉手箕坐，垂首靖思，有似道士惟禅定时，王睹忻然，日采果供养。龙伺王行，盗狭妃去，将还海居，路由两山夹道之径，山有巨鸟，张翼塞径，与龙一战焉。龙为震雷击鸟，附其右翼，遂获还海。王采果还，不见其妃，怅然而曰："吾宿行违殃咎邻，臻乎！"乃执弓持矢，经历诸山，寻求元妃，睹有荥流，寻极其源，见巨猕猴，而致哀恸。王怆然，曰："尔复何哀乎？"猕猴曰："吾与舅氏，并肩为王。舅以势强，夺吾众矣。嗟乎无诉！于今何缘，翔兹山岨乎？"菩萨答曰："吾与尔其忧齐矣！吾又亡妃，未知所之。"猴曰："子助吾战，复吾士众。为子寻之，终必获矣。"王然之曰："可。"明日，猴与舅战，王乃弯弓擂矢，股肱势张。舅遥悚惧，播回迸驰。猴王众返。遂命众曰："人王元妃，迷在斯山，尔等布索！"猴众各行，见鸟病翼。鸟曰："尔等奚求乎？曰："人王亡其正妃，吾等寻之。"鸟曰："龙盗之矣！吾势无如。今在海中，大洲之上。"言毕鸟绝。猴王率众由径临海，忧无以渡。天帝释即化为猕猴，身病疥癞，来进曰："今士众之多，其瑜海沙，何忧不达于彼洲乎！今各复负石填海，可以为高山，何但通洲而

已。"猴王即封之为监。众从其谋，负石功成，众得济渡，围洲累
沓。龙作毒雾，猴众都病，无不仆地，二王怅愁。小猴重曰："令
众病瘳，无劳圣念。"即以天药敷众鼻中，众则奋鼻而兴，力势瑜
前。龙即兴风云以拥天日，电耀光海勃怒，霹雳震轧动地。小猴
曰："人王妙射，夫电耀者龙矣，发矢除凶，为除害招福，众圣无
怨矣。"霆耀电光，王乃放箭，正中龙胸，龙被射死。猴众称善。
小猴拔龙门钥，开门出妃，天鬼咸喜。二王俱还本山，更相辞谢，
谦光崇让。会舅王死，无有嗣子。臣民奔驰，寻求旧君，于彼山
岨，君臣相见，哀泣俱还，并获舅国。兆民欢喜，称寿万岁。大赦
宽政，民心欣欣。含笑且行，王曰："妇离所天，只行一宿，众有
疑望，岂况旬朔乎？还于尔宗，事合古仪。"妃曰："吾虽在秽虫之
窗，犹莲华居于污泥。吾言有信，地其坼矣！"言半地裂。曰："吾
信现矣！"王曰："善哉！"①

　　就这段文字来看，除了龙这一角色与印度史诗《罗摩衍那》中十头
魔王角色稍有出处外，其余主干情节与《罗摩衍那》基本相似，几乎
可以把它看作《罗摩衍那》第三至七卷的翻版，只不过与《罗摩衍那》
相比，佛典中这段记载篇幅过于简略，描述也较精炼。另外，从这段文
字在《六度集经》的安排来看，是列在"忍辱无极章"这一部分，就
体例而言，已清晰地表明了佛教徒之所以较其他佛典更详细地讲述罗摩
故事的意旨：利用罗摩在文学作品中表现出来的忍辱精神来作为自己宣
扬忍辱这一佛教修持方式的最佳例子。
　　除《六度集经》叙述罗摩故事外，元魏吉迦夜，昙曜共译的《杂
宝藏经》卷一所录《十奢王缘》故事也记载了罗摩故事：

　　　　昔人寿万岁时，有一王号十奢，王阎浮提。王大夫人生育一
　　子，名曰罗摩。第二夫人有一子，名曰罗漫，罗摩太子有大勇武，
　　那罗延力，兼有扇罗，闻声见形，皆能加害。时第三夫人生一子，
　　名婆罗陀，第四夫人生一子，名灭怨恶。第三夫人，王甚爱敬，而
　　语之言："我今于尔，所有财宝，都无怖惜。若有所须，随尔所

────────────────

① 《大正大藏经》第 3 册，《六度集经》卷五。

愿!"夫人对言:"我无所求!后有情愿,当更启白。"时王遇患,命在危惙,即立太子罗摩代己为王,以帛结发,头著天冠,仪容轨则,如王者法。时小夫人瞻视王病小得瘳差,自恃如此,见于罗摩绍其父敕,心生嫉妒,寻启于王,求索先愿:"愿以我子为王,废于罗摩。"王闻是语,譬如人噎,既不得咽,又不得吐。正欲废长,已立为王,正欲不废,先许其愿,然十奢王从小以来未曾违信;又王者之法,法无二语。不负前言,思惟是已,即废罗摩,夺其衣冠。时弟罗漫语其兄言:"兄有勇力,兼有扇罗,何以不用,受斯耻辱!"兄答弟言:"违父之愿,不名孝子,然今此母,虽不生我,我父敬待,亦如我母,弟婆罗陀极为和顺,实无异愿。如我今者虽有大力扇罗,宁可于父母及弟所不应作而欲加害!"弟闻其言,即便默然。时十奢王即徙二子,远置深山,经十二年,乃听还国。罗摩弟兄即奉父敕,心无结恨,拜辞父母,远入深山。时婆罗陀先在他国,寻召还国,以用为王。然婆罗陀素与二兄和睦恭顺,深存敬让。既还国已,父王已崩,方知己母妄兴废立,遂摈二兄。嫌生母所为非礼,不向跪拜。语己母言:"母之所为,便为烧灭我之门户!"向大母拜,恭敬孝顺,倍胜于常。时婆罗陀即将军众至彼山际,留众在后,身自独往。当弟来时,罗漫语兄言:"先恒称弟婆罗陀义让恭顺,今日将兵来,欲殊伐我之兄弟!"兄语婆罗陀言:"而今何为将此军众?"弟白兄曰:"恐涉道路,逢于贼难,故将军众,用自防卫,更无余意。愿兄还国,统理国政。"兄答弟言:"先受父命,远徙来此,我今云何,辄得还返?若专辄者,不名仁子孝亲之义!"如是殷勤,苦求不已,兄意确然,执志弥固。弟知心意终不可回,寻即从兄索得草屐,惆怅懊恼,赍还归国。统摄国政,带置草屐于御坐上,日夕朝拜,问讯之义,如兄无异。亦常遣人到彼山中,数数请兄。然其二兄以先父敕十二年还,年限未满,至忠尽孝,不敢违命。其后渐渐年岁已满,知弟殷勤屡遣信召,又知敬屐,如己无异,感弟情至,遂便还国。既至国已,弟还让位而与其兄。兄复让言:"先父与弟,我不宜取。"弟复让言:"兄为嫡长,负荷父业,正应是兄!"如是展转,互相推让。兄不获已,遂还为王。兄弟敦穆,风化大行。道之相被,黎元蒙赖。忠孝所加,人思自劝。奉事孝敬婆罗陀母,虽造大恶,都无怨心。以此忠孝因缘故，风雨以时，五谷丰熟，人无疾疫。阎浮提内，一切人民，炽盛丰满，十倍于常。[①]

　　佛典中的这段文字可谓是印度史诗《罗摩衍那》故事中罗摩离家到山林修行一直到返回国，登基为王，统治整个国度这一主干故事的缩写，唯一不同之处在于佛典中没有出现罗摩与悉多悲欢离合的爱情经历。事实上，从佛典文字所反映出的思想倾向便能明白为何这一在印度史诗中最富文字性的爱情故事未能进入佛典。盖佛教基本教义是教导人们应摈弃贪、瞋、痴"三毒"，同时在佛教的传播过程中，出于伦理道德教育的需要，佛教徒也极力宣扬孝悌之道。从上引佛典文字来看，这一故事极力渲染罗摩兄弟之间"敦穆"恭顺、和睦相处的友爱之情以及罗摩为顾全大局、为忠孝于父母而不惜放弃王位的忍辱精神。事实上，为进一步宣扬忍辱忠孝精神，佛典以各种方式对罗摩的这一段经历进行了敷演。其中最著名的莫过于西秦圣坚译的《太子须大拿经》中太子须大拿故事以及吴支廉译的《菩萨本缘经》里记载的一劫王子的故事。这也从一个侧面反映出佛教对印度史诗《罗摩衍那》加以融摄、整理和加工的创作倾向和基本特征。

　　佛典中不仅有叙述罗摩故事主干情节的文字，而且还有大量敷演《罗摩衍那》故事细节的。如睒子故事。它主要出现在《罗摩衍那》第二篇，内容大致为：十车王把儿子罗摩流放后，心中悔愧万分。他告诉长后，他年轻时能闻声放箭，射中目的物。有一次他到萨罗逾河边游玩，黑暗中听到汲水声，他误以为是动物，马上向发出声音处射出一箭，结果射中的不是动物，而是一个苦行者。他正到河边为盲父母汲水，十车王听到的声音正是他将水灌进瓶内的声音。苦行者向十车王道明原委后就死去了。苦行者死后，国王见到苦行者的盲父母，盲父母让他带路来到儿子尸体那里，他们呼天抢地，痛哭流涕，盲父最后诅咒国王，也要让他尝一尝失子之痛。

　　汉译佛典中对这一情节的敷演较多，并有所改动。如吴康僧会所出《六度集经》"忍辱度无极章"第三中记录：

---

① 《大正大藏经》第 4 册，《杂宝藏经》卷一。

　　昔者菩萨，厥名曰睒。常怀昔慈，润逮众生。闵群愚不睹三尊。将其二亲处于山泽。父母年者，两目失明。睒为悲楚，言之泣涕。夜常三兴，消息寒温。至孝之行，德香熏乾。地祇海龙国人并知。奉佛十善，不杀众生，道不拾遗。守贞不娶，身祸都息。两舌、恶骂、妄言、绮语、谮谤、邪伪、口过都绝；中心众秽、嫉恚、贪饕、心垢都寂。信善有福，为恶有殃。以草茅为庐，蓬蒿为席。清净无欲。志若天金。山有流泉，中生莲华，众果甘美，周旋其边。夙兴采果，未尝先甘。其仁远照，禽兽附恃。二亲时渴，睒行汲水。迦夷国王入山田猎，弯弓发矢，射山麋鹿，误中睒胸。矢毒流行，其痛难言，左右顾眄，涕泣大言："谁以一矢杀三道士乎？吾亲年者，又俱失明，一朝无我，普当殒命。"抗声哀曰："象以其牙，犀以其角，翠以其毛，吾无牙角光目（日）之毛，将以何死乎！"王闻哀声，下马问曰："尔为深山乎？"答曰："吾将二亲，处斯山中，除世众秽，学进道志。"王闻睒言，哽噎流泪，甚痛悼之。曰："吾为不仁，残夭物命，又杀至孝。"举哀云："奈此何！"群臣巨细，莫不哽咽。王重曰："吾以一国救子之命。愿示亲所在，吾欲首过。"曰："便向小径，去斯不远，有小蓬庐，吾亲在中。为吾启亲：'自斯长别。幸卒余年，慎无追恋也。'"势复举哀，奄忽而绝。王逮士众重复哀恸。寻所示路，到厥亲所。王从众多，草木肃肃有声。二亲闻之。疑其异人，曰："行者何人？"王曰："吾是迦夷国王。"亲曰："王翔兹甚善，斯有草席，可以息凉，甘果可食，吾子汲水，今者且还。"王睹其亲，以慈待子，重为哽噎。王谓亲曰："吾睹两道士以慈待子，吾心切悼，甚痛无量。道士子睒者，吾射杀之。"亲惊怛曰："吾子何罪，而杀之乎？子操仁恻，蹈地常恐地痛，其有何罪，而王杀之？"王曰："至孝之子，实为上贤。吾射麋鹿，误中之耳。"曰："子已死，将何恃哉？吾今死矣。惟愿大王牵吾二老，著子尸处，必见穷没，庶同灰土。"王闻亲辞，又重哀恸。自牵其亲，将至尸所。父以首著膝上，母抱其足，呜口吮足，各以一手，扪其箭疮，推胸搏颊，仰首呼曰："天神、地神、树神、水神！吾子睒者，奉佛信法。尊贤孝亲，怀无外之弘仁，润逮草木。"又曰："若子审奉佛，至孝之诚，上闻天者，箭当拔出，重毒消灭，子获生存，卒其至孝之行。子行不然，吾言不诚，遂当终没，俱为灰土。"天帝释、四人天王、地祇、海龙，闻亲哀声曰：
"斯至孝之子，吾能活之。"以天神药灌睒口中，忽然得稣。父母及
睒，王逮臣从，悲乐交集，普复举哀。王曰："奉佛至孝之得，乃
至于斯！"遂命群臣："从今之后，率土人民皆奉佛十德之善，修睒
至孝之行，一国则焉。"然后国丰民康，遂致太平。佛告诸比丘：
"吾世世奉诸佛，至孝之行，德高福盛。遂成天中之天，三界独步。
时睒者，吾身是。国王者，阿难是。睒父者，今吾父是。睒母者，
吾母舍妙是。天帝释者，弥勒是也。"菩萨法忍度无极行忍辱如
是。①

如果将《罗摩衍那》罗摩父十车王自述失子因缘与《六度集经》
所载睒子故事相比，不难发现原本在《罗摩衍那》故事中仅以配角形
式处理的这一情节在佛典中却得到了极大的渲染和夸张，被演述为一个
突出菩萨忍辱至孝精神的故事，同时为配合因果报应、行善积德的佛理
宣传，佛典以极大的篇幅将《罗摩衍那》故事中的苦行者转换为孝感
动天的睒子形象，并且一改《罗摩衍那》故事中这一情节的悲剧性结
局为睒子因孝行感动天神，终得复活的大团圆喜剧式结局。盖如佛典所
言："忍辱度无极者，厥则云何？菩萨思惟，众生识神，以疾自壅，贡
高自大，常欲胜彼。官爵国土六情之好，己欲专焉。若睹彼有愚即贪
嫉，贪嫉处内，瞋恚处处，施不觉止。其为狂醉，长处盲冥矣。展转五
道，太山烧煮，饿鬼畜生，积苦无量。菩萨睹之即觉。怅然而叹，众生
所以有亡国破家危身灭族，生有斯患，死有三道之辜，皆由不能怀忍行
慈，使其然矣。菩萨觉之，遂自誓曰：吾宁就汤火之酷，菹盐之患，终
不恚毒加于众生也。夫忍不可忍者，万福之原矣。自觉之后，世世行
慈，众生加己骂詈捶杖，夺其财宝妻子国土危身害命，菩萨辄以诸佛忍
力之福，迮灭毒恚。慈悲愍之，追而济护，若其免咎，为之欢喜。"②
究之，则从这段文字中便可体会出佛典中睒子故事叙述者之意旨。由于
这段佛典故事对宣扬佛教的忍辱精进以及伦理孝悌之道具有较强有说服
力，故而许多佛籍都记录了这一故事，如《僧伽罗刹所集经》、《佛说

① 《大正大藏经》第三册。
② 《大正大藏经》第三册。

菩萨睒子经》、《睒子经》（姚秦圣坚译）、《睒子经》（姚秦圣坚译）、《佛说睒子经》、《杂宝藏经》卷一、二，《王子以肉济父母缘》以及唐玄奘《大唐西域记》卷二《健驮罗国》等等，另外，巴利文《佛本生故事》540 也叙述了这个故事。

如果说以上所引各佛典文字表现出与《罗摩衍那》故事较明显的渊源关系的话，则下面这段佛典文字则显得较为隐晦。如元魏菩提流支译《入楞伽经》：

> 如我是闻：一时婆伽婆住大海畔摩罗耶山顶山楞伽城中。……熙怡微笑而作是言："我亦应彼摩罗耶山楞伽城中为罗婆那夜叉王上首说于此法。"……尔时楞伽城主罗婆那夜叉王与眷属乘花宫殿至如来所，与诸眷属从宫殿下，选佛三匝，以种种伎乐，乐于如来。所持乐器，皆是大青因陀罗宝而用造作，大毗琉璃玛瑙以为间错，无价色衣以用缠裹，以梵声等无量种音，歌汉如来一切功德……尔时罗婆那楞伽王以那叱迦种种妙声，歌叹如来诸功德已，复更以伽他妙声，歌叹如来。①

《入楞伽经》十卷的文字都是释迦对罗婆那说法的记录，但是在菩提流支的这个译本之前有刘宋求那跋陀罗的译本《楞伽阿跋多罗宝经》四卷，但该经译本删落了菩提流支译本的这一品。其后又有武周实叉难陀的译本《大乘入楞伽经》七卷，其中卷一的"罗婆那王劝请品第一"与上引的菩提流支译本卷一的"请佛品第一"的内容相同，文字较为简练一些。据吴晓玲分析和考证，"这个罗婆那毫无疑问就是《罗摩延书》（即《罗摩衍那》）里的九头哮吼子罗刹王，然而，罗婆那在这里已经不是一个荒淫横暴的妖魔，变成了虔诚笃实的居士。这和《罗摩延书》里的人物性格未免相差太远，太不像了"②。另外，吴晓铃先生又提到宋法贤译的《啰嚩拿说救疗小儿疾病经》一卷中也出现了《罗摩衍那》中十头魔王罗婆那的形象："宋法贤译的《啰嚩拿说救疗小儿疾病经》一卷现在保存在佛藏的秘密部里。这部经说啰嚩拿不忍坐视十二曜

---

① 《大正大藏经》第 16 册，第 541 页下—586 页中。
② 吴晓铃：《〈西游记〉与〈罗摩延书〉》，《文学研究》1958 年第 1 期。

母鬼在人间把疾病散布给儿童们，所以传授了许多治疗的方法和咒文。啰嚩拿就是《罗摩衍书》里的罗婆那。古代印度传说罗婆那精通五明，辩才无碍，他懂得医学方面的 '阿输明论' 并不奇怪，但是这个《罗摩延书》里的荒淫横暴的妖魔在释典文学里又摇身一变而为慈悲善良的保护儿童的神仙，恐怕是原作者跋弥（即蚁蛭）所不曾想象得到的吧。"① 吴晓玲经分析，指出元魏菩提流支译的《入楞伽经》及宋法贤译的《啰嚩拿说救疗小儿疾病经》中所提到的罗婆那或啰嚩拿这一人物就是《罗摩延书》里的罗婆那。然而她紧接着又指出罗婆那从印度《罗摩延书》到佛典文学中性格的大转换，"这种情况只能说是神话传说的转变现象，正如同我们的西王母在《山海经》里和《穆天子传》里并不相同一样。可是，无论如何，以上所引的关于罗婆那和啰嚩拿的材料都是不应该和《罗摩衍书》联系在一起的"②。

笔者以为，尽管罗婆那这一形象在印度史诗《罗摩衍那》中是以恶魔罗刹的反面形象出现，而在佛典文学中却表现出趋于向善的性格特征，甚至还完全转换为一勇于与邪恶势力做斗争的正面人物形象。他的性格、形象的大转换不但不是说明他与《罗摩衍那》中罗婆那这一形象不应联系起来，反而是更说明了这两个形象之间的历史渊源关系，即《罗摩衍那》中罗婆那这一人物形象正是佛典文学中罗婆那形象的原型。当然，值得注意的是，这是所指的《罗摩衍那》并非一定便是蚁蛭版本的《罗摩衍那》故事。至于佛典文学中罗婆那性格、形象的大转换现象正好说明了印度佛教利用民间文学宋宣传教义的方法和特点及模式，即民间文学一经佛教徒的加工和改造，其故事中的反面人物常常因佛教人物（经常是释尊或是菩萨）开导说法而洗心革面、痛下决心，皈依了佛法僧三宝，以至于在以他们为主角的一些佛典文学故事中，他们的身上无不洋溢着慈悲向善，忍辱精进的佛教光芒。

综上所述，通过分析可以看出：印度佛典对源于印度民间文学的《罗摩衍那》故事是予以不同程度、不同侧面、不同角度的利用、加工和改造，其目的无非同印度各主要宗教教派一样，都是利用《罗摩衍那》在印度民间的通俗性、趣味性及其影响效应来为自己的宗教宣传服

---

① 吴晓玲：《〈西游记〉与〈罗摩延书〉》，《文学研究》1958 年第 1 期。

② 同上。

务。但与此同时，我们也应看到印度佛教徒利用《罗摩衍那》故事作为辅教工具的文化背景是：《罗摩衍那》故事是在印度民间流传较广、较为普及的一个精彩动人的故事，其故事主人公、故事情节乃至于故事细节都为印度人民熟知。故而一旦佛教徒选取其中某一细节、某一故事主干情节加以敷演叙述，甚至将之演变为另一故事，或者直接以罗摩故事中的各人物角色为自己另一故事的主人公时，印度人民都会因自己对《罗摩衍那》故事的熟悉程度较顺利地接受印度佛教徒的故事。这也许便是许多佛典记载在涉及《罗摩衍那》故事时，仅以较含蓄、较简练的文字论述，甚至只是简单提及《罗摩衍那》背景的一个原因。这一情况不仅存在于梵文语系的佛典中，而且也仍然存在于巴利文语系的佛典中，它是具有共性的。随着印度佛教向国外的传播，许多以佛典为载体的印度文学也得以向外传播，并对世界各国的文学产生了深远影响。但是随着跨境、跨民族、跨语言的传播，各国人民的接受屏幕相应有所改变。许多故事由于接受屏幕和期待视野的变化而显得普及度不如在本境广泛，加之佛典文字叙述的简略化、精炼化，有的故事便逐渐在佛典文学中萎缩，慢慢不为人知。这或许便是印度《罗摩衍那》故事并未能在中国汉传佛教领域内广泛流传开来的一个主要原因。但是，我们却决不可因为在汉传佛教区域内未找到《罗摩衍那》广泛流传的强有力的证据而断言中国从未接触到《罗摩衍那》故事。同时，也决不可因之否认在我国佛教其他支系流布的地方不存在《罗摩衍那》故事的影响痕迹。

三

《罗摩衍那》故事在印度境内是广为流传的民间故事，印度佛教出于宣扬教义的目的，利用其作为辅教工具，梵文语系佛典中有这一故事的影响痕迹，巴利文语系佛典中也有这一故事的影响痕迹。如巴利文本《佛本生经》（Jātaka）第 540 直接叙述了这一故事；此外，据许地山先生考证，"巴利文《达婆罗陀本生经》保存着《罗摩衍那》最初的本事。"[1] 由此可知，我国汉传佛教、南传佛教体系中均沿袭了此传统。此外，在我国藏传佛教传播区域，如西藏、蒙古等地也有《罗摩衍那》影响的痕迹，而且在我国新疆地区发现的古和阗语残卷、吐火罗文 A

---

① 许地山：《印度文学》，商务印书馆 1946 年版。

（焉耆文）残卷中也找到了《罗摩衍那》故事的相关情节。① 这一切迹象均表明印度《罗摩衍那》故事曾在我国境内大部分佛教流传的地区流传，而使之从印度传布到中国的主要载体主要为佛典。同时，它也清晰地表明了印度史诗《罗摩衍那》与我国云南傣族地区流传的《兰嘎西贺》故事之间存在一定历史联系和影响关系。

值得注意的是，我国佛籍，尤其是汉译佛典中保存下来的《罗摩衍那》故事缺乏整体性和连贯性，其主要故事情节和细节在佛典中似乎被分散了，而相比之下，在傣族地区广泛流传的《兰嘎西贺》故事却较为完整地保留并演述了《罗摩衍那》的故事。究其原因，这一现象主要是与《罗摩衍那》在印度境外的传播载体、传播路线及其方式有关。

种种迹象表明傣族人民主要是通过东南亚一带国家的文化影响和宗教传播来接受和融摄《罗摩衍那》故事的，而不是从汉文化及其汉传佛教的影响来接触《罗摩衍那》故事的。

如前所述，佛典中的《罗摩衍那》传至汉地后，因接受屏幕和期待视野的改革，其宣传的义理与我国汉地固有的传统文化观念未必完全契合，它未能迅速普及于汉地，相反，由于东南亚一带很早就与印度往来，受印度文化熏染甚深，加之气候、地理环境相似，故而与印度人民的接受屏幕和期待视野相似，极易接受《罗摩衍那》故事，而且《罗摩衍那》故事得以借助宗教（经典）为传播载体，故而印度史诗《罗摩衍那》在东南亚一带广为流传。我国西双版纳地区、德宏地区与东南亚国家毗邻，而且在族源层面上，又与东南亚国家的一些民族存在古代百越族群的内部天然联系，故而从接受屏幕和期待视野角度而言，傣族人民较易接受《罗摩衍那》故事。

从现象学的角度出发，许多学者如王国祥、秦家华、傅光宇、刘岩、高登智、尚仲豪、李沅等对傣族地区《兰嘎西贺》进行研究后，一致指出其故事源头在印度，其与《罗摩衍那》故事有渊源关系，并且进一步指出导致傣族地区的《兰嘎西贺》与印度《罗摩衍那》故事发生事实联系的中介是东南亚，尤其是泰国的《拉玛坚》故事。如王国祥先生在《中国傣族的〈兰嘎西贺〉与泰国的〈拉玛坚〉和印度的

---

① 季羡林：《〈罗摩衍那〉在中国》，《佛教与中印文化交流》，江西人民出版社 1990 年版，第 113 页。

〈罗摩衍那〉》一文中指出，从主要人物、情节和细节、结构、叙述方式、主题思想等方面看，都"可以看出《兰嘎西贺》更接近《拉玛坚》，她们不是姐妹，而且母女；《罗摩衍那》则是《兰嘎西贺》的外婆。"① 傅光宇先生经过分析泰北《拉玛坚》异文体《婆罗门洽克勒》故事后，得出结论："泰北和云南傣族的罗摩故事和长诗，源头都在印度，既对蚁蛭梵文本《罗摩衍那》的'后加成分'加以调整、集中，也采用了史诗之外民间流传的某些细节，并吸收了本地的一些民间故事。云南傣族中的《兰嘎西贺》之某些异文，与泰北本《婆罗门洽克勒》比较接近；但也还有一些差异较多的异文。若把《婆罗门洽克勒》及《兰嘎西贺》诸异文放到更大的范围里来看，联系《罗摩衍那》在亚洲的流播情况看，则说印度之外的那些《罗摩衍那》的种种衍异，乃是印度罗摩故事与长诗的不同异文在新的自然环境与社会生活中的发展与创新，是印度文化因子与各地文化传统结合后的新产物，它们是各地各民族共同创造的财富，当更为确切、妥当些。"②

傅光宇先生的分析较为详细，结论基本上概括了傣族地区流传的《兰嘎西贺》故事与印度、东南亚一带流传的《罗摩衍那》故事之间存在历史关联的事实特征。

但综观各位学者的研究，笔者以为对于印度史诗《罗摩衍那》在东南亚一带的流传情况，还应加以进一步深入研究。因为历史事实显示，泰国的《拉玛坚》故事并不是东南亚唯一的罗摩故事的异文，它并不能代表东南亚各国《罗摩衍那》故事衍异的各种异文形式。在东南亚各国，罗摩故事的流播形式及存在形式是复杂多样的。

盖如前所述，在印度境内，罗摩故事存在不同异文，各主要宗教教派纷纷利用广为人知、深受人们喜爱的罗摩故事作为自己的辅教工具。并以各种方式来分解、加工、改造罗摩故事，以期与自己的宗教主张相符。婆罗门教利用罗摩故事的结果便是诞生了著名的蚁蛭版本的《罗摩衍那》。婆罗门教如此，耆那教如此，佛教也如此。各主要宗教流派对印度民间流传的罗摩故事广为利用的结果产生了双重效应：自己的宗教主张因罗摩故事的生动性而更显得浅显易懂，对熟悉罗摩故事的人更具

① 王国祥文，见《中国比较文学》1988 年第 3 期。
② 傅光宇：《东南亚与云南民族文学》，云南大学出版社 1999 年版，第 241 页。

亲和力，从而达到了寓教于乐的效果；罗摩故事也得以借助各宗教教派作为自己的宗教传播载体，在世界各地随着各宗教教派在世界各地的流布而逐渐为世界各国人民熟知。

综观东南亚各国宗教发展历史过程可以看出，东南亚各国的宗教形态是复杂多样的，有婆罗门教（或印度教）的影响，也有伊斯兰教的影响，有大乘佛教影响，更存在小乘佛教的影响。虽然约在公元 13、14 世纪左右，南传上座部佛教已成为东南亚许多国家崇奉的主要宗教派别，但也不能轻易排除其他宗教派别的影响。就印度史诗《罗摩衍那》故事在东南亚各国的流行情况而言，由于其原初载体——宗教派别的复杂多样性，故而从发生学角度看，自它开始随着各宗教流派在东南亚传播之际始，便已决定了其本身衍异形态即具有多样性、不唯一性特征。

由于东南亚各国的国家建立历史及其宗教传播史的复杂性，为方便叙述，兹从历史时段的坐标系上对东南亚各国的宗教传播情况作一简略概述：

第一时段：公元前后至公元 10 世纪。

在东南亚信奉南传上座部佛教的国家中，都流传有大量释迦牟尼在世时或逝世后即有印度佛教徒来东南亚，甚至还到达我国西双版纳、德宏地区传教的传说，但这类传说尚缺乏史料证明。真正明确记载佛教早在公元前 3 世纪时就已传入东南亚的宗教专著是成书于公元 6 世纪的斯里兰卡佛教史籍《大史》。据史料记载，公元前 3 世纪时，印度孔雀王朝时期阿育王曾派僧人分八条路线前往印度周边各国弘传佛教。斯里兰卡佛籍《大史》记载，"公元 274 年，阿育王在派遣他的小儿子摩哂陀长老去斯里兰卡传教的同时，还派出佛教长老须那和乌多罗，前往苏瓦纳布米传播佛教。这是关于佛教传入东南亚的最早的文献记载。"[①]《大史》提及的"苏瓦纳布米"，意为"黄金半岛"，一般认为系指缅甸南部或泰国南部沿海地区。但是对于《大史》中的这一记载，大部分学者认为是可信的，但也有一些学者持怀疑的态度。他们指出，阿育王关于派传教师到一些国家和地区去传教的敕令（第 5 号敕令和第 7 号敕

---

① 贺圣达：《东南亚文化发展史》，云南人民出版社 1996 年版，第 111 页。在这一部分历史时段的叙述过程中，除特别注明出处外，均参考本书资料。

令），并没有提到"苏瓦纳布米"，故而认为这是不可信的。[①] 尽管如此，许多学者认为虽然"迄今为止，还没有发现任何在公元之前佛教已传入东南亚的考古学上的证据。但考虑到阿育王统治时期佛教在印度的发展以及当时印度与东南亚特别是邻近的缅甸和泰国已有海上往来，佛教在公元前 3 世纪时传入东南亚，是有充分可能的。"[②] 事实上，就传播线路而言，除海路外，还有陆路，如中国古代西南丝绸之路也可经过缅甸北部（上缅甸），然后向西进入印度的阿萨姆地区。这些路线完全有可能成为印度佛教僧侣进入东南亚弘法的途径。就海路而言，从远古时代开始，孟加拉湾和南中国海的海上交通就将这一地区联系了起来。"公元前 2 世纪印度人在中亚的商路被罗马人阻断之后，罗马人接过了印度人往西方向的香料、黄金和硬木贸易。从那时起，直到 14 世纪殖民主义时代开始，印度、锡兰（斯里兰卡）以及商业和文化上深受印度文化影响的东南亚就有着密切的联系。"[③]

正是由于这种地理位置的邻近和交通上的便利，使东南亚较易受印度文化影响。

据学者考证，最早接受印度宗教、政治、文化影响的是东南亚的孟人（Mon）。"孟人与高棉人（Khmer）属于亲缘关系极近的部族。他们都是从湄公河南下而进入东南亚地区的；高棉人以后沿海岸往东南到了柬埔寨，而孟人往西南到了湄南河流域。至迟在公元前 3 世纪时，孟人占据了湄南河流域以及今日缅甸的锡唐河流域。通过锡唐河口上的城市直通，他们与孟加拉湾对面的印度有了来往。当时的印度处于阿育王统治下，正值小乘佛教盛行的时代。"[④] 在斯里兰卡佛教专著《大史》中提及的阿育王派僧侣到"苏瓦纳布米"（Suvarabjhāmi，又译为"金地国"）地区（即今缅甸南部以及泰国南部沿海地区）正是孟人生活区域。孟人因此成为东南亚地区较早接受印度宗教影响的部族。

根据中国史籍的记载以及东南亚出土文物（主要是碑铭）资料显

---

① 贺圣达：《东南亚文化发展史》，云南人民出版社 1996 年版，第 112 页。在这一部分历史时段的叙述过程中，除特别注明出处外，均参考本书资料。

② 贺圣达：《东南亚文化发展史》，云南人民出版社 1996 年版，第 112 页。在这一部分历史时段的叙述过程中，除特别注明出处外，均参考该书资料。

③ 宋立道：《神圣与世俗》，宗教文化出版社 2000 年版，第 24 页。

④ 同上。

示，从 2 世纪起，佛教和婆罗门教就已经在东南亚沿海一带得到传播，此后逐步扩散，深入到内地一些地区。"除了红河流域的宗教是佛教，而且是经中国中原地区传入的佛教，这一时期东南亚其他地区，接受了直接由印度传入的印度教和佛教，而且，或同时盛行佛教和印度教，或相继信奉佛教（佛教中又有大乘、小乘）和印度教；在信奉印度教地区，有的以崇拜毗湿奴为主，有的则以信奉湿婆为主，呈现了一幅纷繁复杂的宗教图景。"①

红河流域地区的佛教发展，与中国内地佛教关系较为密切。与东南亚其他国家的情况不同，当时作为中国疆域一部分的越南北方地区，其佛教主要是从中国的内地传入的。因此，带有中国（汉地）佛教的特点。据中国史籍记载，中原地区著名学者牟子（《理惑论》作者）就曾在交趾地区研究和宣扬佛教和道教。其时为 2 世纪末到 3 世纪初。公元 580 年，天竺僧人灭喜从中国赴越南北方，创建了师承中国禅宗的灭喜派，传播慧能的禅宗南宗。公元 800 年，中国僧无言通在北宁建寺，创立无言通禅宗（也属南宗禅）。

据贺圣达先生研究，在今越南中部，即当时的占婆，在公元 5 世纪前可能是婆罗门教占统治地位，国王跋陀罗跋摩一世（公元 349—380 年）在首都因陀罗补罗（今越南中部的茶荞）西的禹山建造了湿婆神庙，当时碑铭也记载了宫廷中有婆罗门。《南史·林邑国传》记载："其大姓号婆罗门，嫁娶必用八月，女先求男，由贱男而贵女。同姓还相婚姻。使婆罗门引婿见妇，握手相付，咒曰'吉利吉利'为成礼。死者梵之中野，谓之火葬。其寡妇孤居，散发至老。国王事尼乾道，铸金银人像大十围。"② 从这则史籍记载的史料来看，似乎此时林邑国信奉的主要是婆罗门教。但后来佛教似乎渐占据了统治地位。因为中国史料记载，公元 605 年，隋军攻占了林邑国的首都，劫去庙中黄金制造的神位牌 18 个，佛教经典 564 箧 1350 部。

在今越南南部，即当时扶南和吴哥王朝先后统治的地区，从武康碑的内容反映的情况看，3 世纪时佛教和婆罗门教都已传入，国王是佛教

---

① 贺圣达：《东南亚文化发展史》，云南人民出版社 1996 年版，第 112 页。在这一部分历史时段的叙述过程中，除特别注明出处外，均参考本书资料。

② 《南史》卷七十八。

保护者，从 3 世纪到 6 世纪的文物有佛像、毗湿奴像、湿婆像，可见佛教和婆罗门教交替存在，或同时存在。在真腊时期和吴哥王朝初期，印度教占了优势。

在今柬埔寨境内的广大地区，扶南时期，婆罗门教和大乘佛教相继传入。侨陈如统治时期，将婆罗门教立为国教，但佛教也流行。公元 5 世纪末，扶南国王阇耶跋摩遣那迦仙上书当时中国南朝刘宋王朝，在"言其国俗事摩醯首罗天神"（湿婆神）的同时，又大谈大乘佛教的教义，如"菩萨忍慈悲"，"六度行大悲"等，可见大乘佛教与婆罗门教在扶南时期均较为流行。

在今泰国地区，佛教与婆罗门教在 3 世纪左右也有传播的痕迹。佛教的传入当不晚于 3 世纪。三国时吴国康泰在《扶南土俗记》中，已说林阳"土地奉佛，有数千沙门持戒六斋日，鱼肉不得食"。看来当时奉行大乘，因此禁食肉食。在泰国湄南河中、下游和夜功河下游发现的佛塔碑铭看，堕罗钵底时期，佛教流行于当地……从考古发现看，婆罗门教在当时也已经传入泰国。在佛统府北部的萨奔，发现了两座婆罗门神像，在华富里、室利迪帕等地，也发现了婆罗门教的塔、婆罗门神像和毗湿奴四手之神，四手分执法螺、轮宝、仙杖、莲花，躺在巨蛇身上，可见婆罗门教也有一定影响。

缅甸也是佛教传播之地，缅甸是东南亚中南半岛地区最早传入佛教的国家。但是，迄今在缅甸发现的佛教文物，都是在公元之后的。在缅甸西部阿拉干地区的富兑地区发现的佛像和佛龛表明，大约公元 2、3 世纪时，佛教已传入当地。但在伊洛瓦底江中下游发现的宗教遗物，大多是 5—8 世纪，在发现的佛像上有的刻有梵文，表明了大乘佛教存在；在室利差呾罗附近发现了巴利文经典上的一段文字，有人认为这是南传佛教的遗存。到 7 世纪时，佛教似乎已较深入人心。

此外，在马来西亚、爪哇、苏门答腊和加里曼丹岛、印度尼西亚等地均发现了佛教和印度教在 1 世纪左右或 3 世纪时期流行的文物遗迹。

经过以上叙述，我们可以看出：由于地理环境的毗邻以及交通的便利和印度各宗教流派传播者的努力等种种原因，东南亚早期古代文化发展时期，佛教已经传入，与佛教同时传入的还有婆门教（或印度教），它们在各个地区或相继成为占统治地位的宗教，或同时流行于各个地区，它们之间并不互相排斥，乃至成为敌对的势力。这一宗教兼容性是东南亚一带早期宗教传播史的一个重要特征。

第二历史时段：11—19世纪初

从上述分析可知，早在公元前3世纪时，印度佛教在阿育王的扶持下，已经传入了东南亚地区。但值得注意的是，在阿育王统治的时期传入的并不是现在流传于东南亚地区的上座部佛教，而只是从传播路线来看，向南传的佛教。这一时期还尚未形成以斯里兰卡大寺派为中心的南传上座部佛教体系。虽然随着时间的推移，上座部佛教在斯里兰卡逐渐占据了南传佛教系统中的独尊地位，但是在东南亚一带广泛流传的尚有大乘佛教等佛教流派及印度教（又分毗湿奴崇拜和湿婆崇拜等派别）等宗教。南传上座部佛教独占统治地位的时代在13、14世纪才到来。

9世纪以后，缅甸人在蒲甘地区建立了城市国家。蒲甘地区流传的佛教派别虽然有南传上座部佛教，但它还未取得绝对的权威地位。大乘佛教，甚至密教均有在此流传的痕迹。如："蒲甘第三代君主江喜陀的妃子为求功德所建寺庙中就有观世音菩萨的画像。蒲甘历代的君主也都自认为是菩萨转世。江喜陀的儿子阿隆悉都在他所立的他冰瑜塔碑记中便声称自己有普济众生的菩萨誓愿。"[1] 观音菩萨信仰显然属于大乘佛教范畴。大乘佛教所宣扬的主张是自利利他，追求的是菩萨果位。从上引蒲甘地区的这一遗迹可看出，大乘佛教所宣扬的菩萨思想观念显然曾受到蒲甘王朝统治阶层的推崇和认可。

在11世纪中叶，蒲甘王朝统一了缅甸中部和南部广大地区，建立起缅甸历史上第一个统一的封建制国家。当阿奴律陀在蒲甘王朝于1044年即位做国王时，正值南传上座部佛教在整个东南亚地区处于劣势之际。东南亚诸海岛和东面的高棉人这时都接受了印度教，甚而湄南河流域的孟人国家也改宗了印度教或形成其他宗派，"据缅甸《琉璃宫史》记载，当时从孟人地区来了一位叫信阿罗汉的上座比丘。他向年青阿奴律陀斥责了蒲甘的阿利耶教，宣讲了佛法与国家繁荣的关系和憧憬。于是'国王与诸大臣都放弃鄙见，依善法而立'。阿奴律陀南下扩张，最终攻破了东南面锡唐河口的直通，从那里迎来了佛的舍利和巴利文佛经。蒲甘王朝在信阿罗汉后，又以另一个孟人僧侣叫般他求的为国师，般他求曾经去斯里兰卡求学，他大约在1173年归国。般他求之后

---

① 宋立道：《神圣与世俗》，宗教文化出版社2000年版，第26页。

的国师叫郁多罗耆婆的，也到楞伽岛求学。"① 阿奴律陀统一了缅甸之后，便在全国竭力倡导南传上座部佛教，作为统一的思想工具。正是由于阿奴律陀国王的竭力扶持南传上座部佛教，南传上座部佛教因之逐渐重新占据了统治地位。同时，也正是从这一时代起，蒲甘王朝的佛教直接地同斯里兰卡联系起来，开始传承那里的上座部传统。

此后的东吁王朝、雍籍牙王朝，也都是由缅族建立，并且都是以南传上座部佛教为国教。

在泰国，在泰人建国之初，上座部佛教正在传遍东南亚。13 世纪时，今泰国南部有素可泰王国，北部有兰那王国。它们都是泰人建立的国家。起初泰人是信奉大乘佛教的。14 世纪时，素可泰接受了巴利文书写系统。到 16 世纪时，清迈也成为南传上座部佛教传播的中心。

在柬埔寨，高棉人仍是这个国家的主体民族，但吴哥王朝后期，它的居民已转而信奉南传上座部佛教。

在老挝，属于泰语系的佬族首领法昂在 14 世纪建立了统一的封建制国家——南掌，或称为澜沧王国，南传上座部佛教被定为国教。

经上述分析可知，至 14 世纪止，南传上座部佛教终于在东南亚地区（除东南亚海岛和马来半岛外）占据了佛教传播的统治地位，成为东南亚地区，尤其是中南半岛各民族国家普遍崇奉的佛教流派。同时，这一独尊地位的确定，也标志东南亚地区，尤其是中南半岛佛教文化圈逐渐形成。

综上所述，从东南亚地区各民族国家宗教流变过程可知，佛教并不是在东南亚地区唯一被崇奉的宗教，除当地的原始宗教外，印度教、伊斯兰教（如印度尼西亚在 13 世纪时已接受之）等宗教也广泛流传于这一地区，而且就佛教本身而言，南传上座部佛教在历史时段上并非从一开始便占据权威地位，而且并非始终都占据着统治地位。这一更替性特征是 13、14 世纪以前的东南亚地区，尤其是中南半岛各民族国家宗教发展史上的一个重要特征。

如果将东南亚各国宗教流播的兼容性特征和更替性特征与印度史诗《罗摩衍那》故事的传播情况结合起来进行分析，不难推论出：

第一，在历史时段上，印度教也曾是印度史诗《罗摩衍那》传播的

---

① 宋立道：《神圣与世俗》，宗教文化出版社 2000 年版，第 26 页。

重要宗教媒体，它和佛教一起都利用《罗摩衍那》故事作为辅教的工具，甚至在印度本地，这一传统较之佛教更早，也更有成就，如诞生了蚁蛭版本的《罗摩衍那》。东南亚地区早已通过这一宗教传播载体的多样性和兼容性特征接触到了《罗摩衍那》故事，而且从佛教、印度教（或婆罗门教）传入东南亚一带的时间来推测，应该早在公元前，东南亚地区就可能以口传的形式传播着《罗摩衍那》故事。事实上，关于这一点，我们可以从三国时期康僧会所著《六度集经》中相关故事的记载及其康僧会的生平中找到证据。[①]

第二，随着历史的发展，至13、14世纪时，由于南传上座部佛教逐渐取代其他宗教派别在中南半岛各民族国家中成为国教，故而它也逐渐成为印度史诗《罗摩衍那》广泛传播的主要宗教载体。但由于《罗摩衍那》故事在东南亚一带传播历史悠久，很可能已经衍生出许多民间文学版本，未必非要借助南传上座部佛教这一宗教载体才得以传播和生存。而这一点或许正是印度史诗《罗摩衍那》在东南亚地区的民间流传不同版本异文的一个主要原因。

第三，由于印度教（或婆罗门教）和佛教的媒介作用，在东南亚地区，尤其是中南半岛各民族国家地区，印度《罗摩衍那》故事早已为许多民族熟知，如在柬埔寨，"真腊时期的韦尔德碑说，人们每天都背诵《罗摩衍那》、《摩诃婆罗多》，可见当时的人们已知道印度的这两大史诗。在早期吴哥王朝建筑和印尼中爪哇9世纪的印度教陵庙中，有反映这两大史诗中一些情节的雕刻。"[②]

第四，客观地说来，印度《罗摩衍那》故事以文本形式在东南亚一带流传的时间不会太早。虽然上面提及的在这一地区的一些建筑遗址中已找到了《罗摩衍那》故事流传的证据，"但迄今发现的最早的用当地文字写的关于这两大史诗（指《罗摩衍那》和《摩诃婆罗多》这两部印度史诗）的作品，仅有10世纪末至11世纪初东爪哇达尔玛旺夏王授命宫廷作家用爪哇卡味文翻写的《摩诃婆罗多》的9个章节。"[③] 究其原因，当主要与国家的形成、文化的发展以及文字的形成等种种因素有关。

---

① 参考本书第三章第二节"佛教与傣族〈召树屯〉故事不同版本之关系"部分。
② 贺圣达：《东南亚文化发展史》，云南人民出版社1996年版，第124页。
③ 贺圣达：《东南亚文化发展史》，云南人民出版社1996年版，第124页。

第五，就傣族地区流传的《兰嘎西贺》故事的源头来看，其原初源头无疑是印度史诗《罗摩衍那》故事。而从印度史诗《罗摩衍那》到傣族地区的《兰嘎西贺》故事之间的媒介而言，究竟是否如许多学者们所指出的一样，它就是泰国的《拉玛坚》故事？是泰国的《拉玛坚》故事直接影响并导致傣族地区《兰嘎西贺》故事的形成？

笔者以为，经过以上几个部分的详细论述可以推论：泰国《拉玛坚》版本应该是傣族地区流传的《兰嘎西贺》故事不同异文形式的一个源头，但它绝不是唯一的。兹再结合泰国《拉玛坚》版本的流传情况再作些补充。

泰国清迈大学 Pichit Akanich 博士在一篇题名为《〈罗摩衍那〉的泰北译本和云南译本的比较》的论文中指出：印度史诗《罗摩衍那》在泰国称作《拉玛坚》（Ramakian），不仅在宫廷中演唱，也在全国各地流传。哈雷特·洪迪斯博士（Dr. HaraldHandis）和辛哈·凡尼萨先生（Mr. Singha Valnnasai）曾于 1971 年至 1974 年间对收存于泰北庙中的贝叶经作过研究，他们发现了许多关于《拉玛坚》的译本，每种译本又有许多异文，如《婆罗门洽克勒》（Brommachkra）有 4 种异文，《哈拉曼》（Horraman）有 4 种异文，《拉玛坚》有 3 种异文。[①] 泰国学者提出的这些《拉玛坚》异文版本的存在，有力地说明了在泰国，敷演印度史诗《罗摩衍那》的文学作品并非只有《拉玛坚》一种版本。

首先，由于印度各主要宗教派别都借助印度史诗《罗摩衍那》作为辅教工具，这便导致了泰国存在不同《罗摩衍那》故事异文的可能性。

其次，从泰国流传的《罗摩衍那》故事的时间与《拉玛坚》的成书时间相比，显然，在《拉玛坚》成书之前，就在泰国境内广泛传播着印度史诗《罗摩衍那》的故事了。据李沆先生考证和研究，尤其是从出土的碑文中有罗摩（拉玛）大帝和拉玛山洞的名称来看，《罗摩衍那》故事在泰国和东南亚各国流行甚广。且开始都是用口头说唱的形式流传，成为家喻户晓、老幼皆知的作品。"《罗摩衍那》传入泰国后，一方面在民间广为流传，同时也受到统治阶级的重视和利用。最早的要算大城王朝时期的版本，即经过改写使之适应自己国情的作品《拉玛坚》的道白本，以后又出现了戏剧本，历代国王都亲自参加撰写。现在

---

① 傅光宇：《东南亚与云南民族文学》，云南大学出版社 1999 年版，第 252 页。

流行的有八个本子，它们是：

1. 大城时期的《拉玛坚》道白本；
2. 大城时期的戏剧本；
3. 吞武里王朝国王编写的诗歌剧本；
4. 曼谷王朝一世王的编写本；
5. 曼谷王朝二世王编写的剧本；
6. 曼谷王朝帕宗告国王的编写本；
7. 曼谷王朝帕蒙告国王的编写本；
8. 帕构佛寺写绘的诗画本。

八个本子中以三、四、五、六、七这五个本子最受欢迎。最早的本子要算前三个本子。1350 年开始的大城王朝，历时 415 年。吞武里王朝开始于 1767 年，历时很短，只 15 年时间。三个本子经历两个王朝共 400 多年时间。《拉玛坚》到了曼谷王朝处于极盛，大约在 18 世纪前后，泰国曼谷王朝的奠基者拉玛一世皇，正式把印度著名史诗译为泰文，并在前三本基础上加以整理，改编成了《拉玛坚》的编写本。曼谷王朝拉玛二世皇又根据印度的《罗摩衍那》、中国的《封神榜》、《西游记》等神话故事，创作了泰国有名的、具有自己民族风格的歌舞剧《拉玛坚》。从此，《拉玛坚》风行一时，它在泰国文学史上产生了很重要的影响，出现了很多派生的文学作品，如《吉达玛尼》（如意珠）、《水咒赋》、《约人失败诗》、《十二月歌》、《西巴拉悲歌》、《西玛洪颂诗》、《帕巴游记》、《古诗集》、《婻穆诺娜》等等。这些作品中出现的人物，如罗摩（拉玛）、喃细多（西丹）、鲁莫（巴力莫）、拉西隐士、叭英神王等大体相同，只是情节上有些差别"。[①]

从上引资料可以看出，在泰国境内，《拉玛坚》故事以文本形式出现的时间较晚，至早在 14 世纪时才形成。然而相对于这一文本形式，罗摩故事在泰国民间早已以口传文学形式广泛流传。而中国傣族地区的

---

① 李沅：《浅谈〈兰嘎西贺〉的演变》，《傣族文学讨论会论文集》，中国民间文艺出版社 1982 年版，第 278 页。

《兰嘎西贺》故事及其异文形式早在 12、13 世纪时期便已在民间流传。① 由此从时间上可以推知，泰国境内《罗摩衍那》故事以各种传承形式存在，它既可能以宗教为媒介，又可能以民间文学形式为媒介，而且还可能以官方或宫廷认可的文本形式在泰国民间和宫廷中演唱或讲述、表演。《拉玛坚》故事固然可能与我国傣族地区流传的《兰嘎西贺》故事发生直接的联系，但早在这一直接联系产生之前，泰国地区流传的《罗摩衍那》故事之异文已经对我国傣族地区《兰嘎西贺》故事各异文形式的形成产生了影响。

此外，从《拉玛坚》故事在泰国的流行状况来看，也可以推知泰国的《拉玛坚》故事对中国傣族地区的《兰嘎西贺》故事及其异文形式产生影响的时间较晚。

盖《拉玛坚》故事在泰国流传开来以后，它在南部比其他地区流传得更为广泛。据泰国南方研究中心的统计，《拉玛坚》有关的各种本子（桑纸本）在南方不少于六百多本。"《拉玛坚》已经在南方人民群众中深深扎根，影响到南方人民生活的各个方面，如风俗习惯、宗教信仰以及盛行于南方的谢神节、皮影戏、乡人择吉日和卜卦算命等。老百姓甚至把《拉玛坚》的桑纸本奉若神灵，生病时服用手抄本纸片，视若神丹妙药。"② 对于《拉玛坚》在南方较为流行的原因，学者们认为"这可能与南部地处海滨，海上交通发达，最先受到印度南部与锡兰（即斯里兰卡）文化的传播有直接关系。"③ 故而，与缅甸和我国傣族地区毗邻的北部地区对《拉玛坚》故事的接受程度较之南方应该又弱些。但我们也不可因此而否认傣族地区《兰嘎西贺》与《拉玛坚》故事之历史关联，只不过这一事实联系可能发生得稍晚些。

四

在云南傣族地区，《兰嘎西贺》被称为傣族"五大诗王"之一，

① 张福三主编：《云南地方文学史》，云南人民出版社 1997 年版。

② 李沅：《浅谈〈兰嘎西贺〉的演变》，《傣族文学讨论会论文集》，中国民间文艺出版社 1982 年版，第 280 页。

③ 同上。

广泛流传于西双版纳、德宏、思茅、临沧、红河、玉溪等地。它主要是以贝叶经和民间文学（口传和抄本、印刷本）二种形式为传播媒介。在民间流传的民间抄本中又有大小《兰嘎》之分，即《兰嘎竜》为大兰嘎《兰嘎囡》为小兰嘎，其中《兰嘎竜》又有《兰嘎西贺》与《兰嘎西双贺》（兰嘎十二头王）两种异文。由于傣族各寺庙之贝叶经书、民间手抄本记载的《兰嘎西贺》故事异文众多，自 1956 年后，一些异文开始得到整理，有的甚至被翻译、整理出版。据傅光宇先生统计，"云南傣族的《兰嘎西贺》发现于 1956 年。其翻译始于 1958 年，刀兴平翻译了西双版纳大兰嘎的民间唱本，一万多行；在德宏也发现了一个本子。70 年代末，高登智、尚仲豪据刀兴平译本及其他资料整理出一个本子。1980 年，岩温扁又翻译了西双版纳一个更加详细的民间唱本，长达三万四千多行，由吴军加以整理。在这两个整理本的基础上再加整理，1981 年 9 月由云南人民出版社出版，名《兰嘎西贺》。1981 年，岩温扁发现一本《兰嘎西双贺》，由岩温、岩峰、王松整理成《十二头魔王》，1990 年 6 月由中国民间文艺出版社出版。此外，德宏有一个译本约七千多行。岩罕译西双版纳的《小兰嘎》，约七千多行。这都是说唱诗体。至于译为散文体的，1959 年至 1964 年间的，有勐海县刀孝忠翻译、李仙记录的口述之《喃嘎西贺》、《浪嘎西贺》，约相口述、方志儒翻译之《戛西菩贺》，康朗甩口述、刀正祥翻译，周开学记录之《宝角牛》，乃是其中之一个'插话'。1980 年在景谷县调查的资料，有刀永平据经书口述、刀学文翻译、高圭滋记录的《普麻札龟》，周成华口述、廖文荣、陈建平、陈静波记录的《捧麻炸》；这两份资料由傅光宇整理后收入上海文艺出现社 1985 年 2 月版《傣族民间故事选》中。"[①] 从所引资料可以看出，在民间流传的《兰嘎西贺》故事及其异文是非常多的。它们除在寺庙中是以贝叶经书的形式流传外，多以民间赞哈们演唱的手抄本形式传播，至于以印刷文本形式来传唱，叙述则为 1956 年以后之事。而且这些印刷文本的数量是有限的，我们决不应孤立地以这些印刷文本的数量来作为衡量傣族地区《兰嘎西贺》故事及其异文的流传程度。因为在傣族地区的民间还可能存在许多尚未被学者们发现和整理

---

① 傅光宇：《东南亚与云南民族文学》，云南大学出版社 1999 年版，第 226 页。

出来，却仍然在各地区以口传文学的形式传播异文。

（一）

傣族地区《兰嘎西贺》类型故事流传如此之广，以至于既在佛寺中以记载经书中和按贝叶经所载内容演唱和宣讲两种方式传播这一故事，同时又以在民间口头流传的方式来讲述这一故事。对于这样一部被傣族人民称为"诗王"之一，流布范围如此之广的文学故事，学者们都进行了深入研究，并且针对傣族地区《兰嘎西贺》与印度史诗《罗摩衍那》故事以及泰国《拉玛坚》故事之相似性现象，进行了分析比较，指出这三个故事之间存在着密切联系。有的学者，如王国祥先生还形象地将印度史诗《罗摩衍那》比做傣族地区《兰嘎西贺》故事的外婆，而泰国的《拉玛坚》故事比做是《兰嘎西贺》的母亲。[①] 如前所述，通过详细分析和比较，笔者认为印度史诗《罗摩衍那》无疑对东南亚各民族国家以及中国云南傣族地区的罗摩故事类型产生了深远的影响。它是这些地区罗摩故事类型诞生的母体。泰国的《拉玛坚》故事与傣族地区的《兰嘎西贺》故事之间确实存在着事实的影响关系，但泰国的《拉玛坚》故事却不应该是云南傣族地区《兰嘎西贺》诞生的唯一源泉。因为从时间上来说，早在泰国的《拉玛坚》故事定型之前，泰国就已流传着印度《罗摩衍那》故事类型，如泰国民间除流行过《拉玛坚》故事外，还流行另一种异文——《拉戛西双贺》，在经书或抄本中均有记载。故而，由于印度史诗《罗摩衍那》在东南亚地区较为复杂的传播网络及其特征，我们目前尚无法确切推断东南亚地区流传的哪一种版本直接为云南傣族地区《兰嘎西贺》故事及其异文的母本，但我们至少能明确地意识到东南亚地区广泛流行的印度史诗《罗摩衍那》故事已经在东南亚地区以佛典或民间文学的两种方式流行，而这种经过东南亚化的转换文本正是傣族地区《兰嘎西贺》故事及其异文形成、生长的摇篮。

值得注意的是，虽然我们已经明确了东南亚地区《拉玛坚》故事类型[②]及其异文与傣族地区《兰嘎西贺》故事及其异文之间存在着历史渊

---

① 王国祥：《论傣族对〈兰嘎西贺〉的创造》，《云南社会科学》1987 年第 3 期。

② 为便于叙述，我们姑且把泰国《拉玛坚》故事作为印度史诗《罗摩衍那》在东南亚地区衍异版本的总称或代称。

源关系，但由于印度史诗《罗摩衍那》故事在东南亚地区流传时赖以生存的宗教传播媒体之复杂性，致使傣族地区《兰嘎西贺》故事及其异文在宗教传播媒介上仍存在一个疑问：它究竟是完全藉佛教为宗教传播媒介？还是也像泰国、缅甸等各民族国家一样，在南传上座部佛教完全占据统治的宗教权威地位之前，它也曾借助印度教（或婆罗门教）、大乘佛教乃至密教为宗教传播载体？抑或是像这些东南亚各民族国家一样，在传播印度史诗《罗摩衍那》的故事之过程中，各印度主要宗教宗派都曾成为其宗教载体？如果说佛教是其唯一的宗教传播载体，那么是南传上座部佛教支系？还是大乘佛教支系？为什么？

综观所有问题，都与傣族地区佛教的传入密不可分。故而只要对傣族地区的佛教传播及其发展的历史过程及特点有一清晰认识，这些问题就可以迎刃而解。

佛教在傣族地区的传播情况也是一较为复杂的问题。由于文史资料的阙如、傣族文字产生时代较晚（约产生于12—13世纪），人们对傣族历史，尤其是叭真建立景龙金殿国之前的史料不甚了解，故而学术界对佛教传入云南傣族地区的时间尚无定论。因这一问题较为复杂，本文不拟涉及。仅就佛教在傣族地区的传播概况进行分析和叙述。

综观佛教在云南各民族地区的传播情况，可以看到：南传上座部佛教现流传于西双版纳傣族自治州、思茅地区（现已改名为普洱市）、临沧地区、德宏傣族景颇族自治州、保山地区的傣族、阿昌族、布朗族以及部分佤族居住地区。其中尤以傣族居住地区为主要传播地域。就傣族民族而言，除居住于德宏地区的傣族人民在信奉南传上座部佛教的同时，也崇奉观音、弥勒佛等大乘佛教神祇，居住于玉溪地区、红河州等地的部分傣族信奉汉地大乘佛教外，其余地区的傣族均普遍信仰南传上座部佛教。

从印度各宗教流派的传播情况而言，傣族地区除皈依佛教三宝外，迄今为止，尚未在这些地区找到较为明显的傣族人民信仰印度教（或婆罗门教）、耆那教等印度各主要宗教教派的痕迹。不过，从傣族人民对印度一些神祇的改造和信奉的情况而言，似乎不应完全排除这些宗教教派的影响痕迹。如傣族人民对印度神祇因陀罗、梵天的改造和信奉。

印度神祇因陀罗（梵语为 Indra），本为印度古代民间传说中的大神。早在印度原始佛教产生之前，就已为婆罗门教利用。在吠陀经典

《梨俱吠陀》中因陀罗最大的功绩就是斩杀巨龙（或蛇妖）弗栗多。在印度民间也流传着这一传说：

天帝因陀罗是阿底提的爱子，是众子中最出色的一位。他是雷神，给干燥的大地送来丰沛的雨水，他也是丰产之神，是人类的朋友。因陀罗更是一位伟大而不可战胜的武士。

旱魔弗栗多是一条巨龙，在它的城堡里，关着许多云牛。这些云牛是供给大地雨水的，然而旱魔却把它们劫掠过来，关押在一起。于是，河流和山溪都快枯干了，一切生灵在难堪的炎热中变得疲乏无力，渴望着雨水的降临。他们开始祈祷天神，请求他们的帮助。

因陀罗听到人类焦急的祈祷，决定挺身而出，向巨龙开战。他下令他的侍从——暴风雨众神马鲁特兄弟套好战车。两头高大的斑鹿拴在战车前面，翘首待发。而马鲁特兄弟们身披着闪闪发光的金盔金甲，挺立在车旁，英武异常。他们手持着火焰般的"闪电矛"，这种长矛威力无比，可以杀死牛群，劈开"云岩"，降骤雨到大地上。因陀罗登上战车，一声令下，冲向旱魔弗栗多。马鲁特兄弟则跟在战车后面飞驰，大声呐喊，所经之处，风云变色，山河颤抖。

弗栗多见因陀罗驾车来到，张开可怕的血盆大口，大吼一声。这巨响把天神们吓得战战兢兢，拼命地夺路而逃。但天帝因陀罗英勇无畏地率领马鲁特兄弟一直向前冲，同巨龙展开了激烈的大搏斗，最后，勇敢的因陀罗高高举起金刚杵，朝弗栗多狠狠砸去，并割下了他的头颅。接着，因陀罗又驾车冲破弗栗多城堡的围墙，关在城堡里的云牛，如潮水一般涌出来。顿时，天上起了重重的乌云，狂风呼啸，电光闪闪，雷声轰鸣；接着来了倾盆大雨，山溪又流下溪水来，江河的水大涨。洪水奔涌着，把龙的尸体冲走，冲到那永远黑暗的海里去了。从此，干枯的牧场变成绿色了，牧草长得很快。禾稻飘香，得到了丰收。天帝因陀罗又一次庇护了人类。①

---

① 曾明编著：《印度神话故事》，宗教文化出版社1998年版。

　　因陀罗在这则传说因其英勇制服旱魔，使人民的生产得到丰收。在这里，他扮演的角色为雷雨之神。显然这属于较早的因陀罗传说。因为在后来的印度人民大规模的造神运动中，因陀罗逐渐以英勇善战著称于世，并成为战神。又为婆罗门教时代三大神之首。后由于许多新出现的神祇地位的日益上升，吠陀时代的许多大神地位日益下降，有的神祇甚至因之而完全退出神祇体系。在印度教基于婆罗门教的教理、观念逐渐形成后，其神祇体系逐渐形成以梵天、毗湿奴、湿婆三大神为中心的崇拜系统。因陀罗的神圣权威受到了强烈的挑战，最终以因陀罗神失去其绝对的统治地位而终结。因陀罗除继续留在印度教神祇体系外，还被佛教纳入护法神系统中。在佛教神祇系统中，因陀罗的神性地位较印度教的要高，他被封为忉利天（三十三天）之主。在南传佛教支派中佛典称之为"因达"（Inda，亦称 Sakka，即帝释天）。佛教传入傣族地区之后，将之称为"叭因"（bhyain）[①] 作为一位原在古代印度民间神话传说中威猛无比，具有绝对权威的神祇，因陀罗在印度各主要宗派的无数次造神运动中，均屡屡被纳入各神祇系统中。但其神性地位却一直在直线下降。相比而言，因陀罗在佛教神祇系统中的地位显然比在印度教等其他印度宗教教派的神祇系统中的要高。究其原因，大抵与佛教摄取印度古代神话传说中的神祇规律以及佛教造神运动之特点有关。盖佛教在造神过程中，常习惯于将印度民间传说中的各类神祇，尤其是在民间影响巨大的神祇纳入自己的神系之中。只不过在印度佛教神系之中，这些神祇均失去了在自己本系统中的权威地位而一概作为佛教护法神系统的成员。同时围绕着佛世尊与这些护法神之关系，常会出现以这些神祇皈依佛教三宝的过程为主要演述内容的佛经。佛教之所以大量接纳、吸收印度古代民间神话传说中的神祇，其主要原因在于辅教之用，利用其在印度民间的影响来宣传教义，扩大传播范围。

　　就傣族地区流传的关于叭因（bhyain，即因陀罗）的传说故事及其在传说中表现出的神性地位而言，这固然是南传上座部佛教承袭印度佛教固有神祇系统之表现，但值得注意的是，印度的因陀罗在云南

---

① 刘岩：《南传佛教与傣族文化》，云南民族出版社 1993 年版，第 68 页。

傣族地区的叭因的身份出现在傣族民间传说中时，其权威地位得到了格外的强调和认可，傣族人民在保留其佛教神祇身份的同时，又单独将其从佛教神祇系统中分离出来，加以供奉，并以之为主形成了大量的民间传说。笔者以为，这一现象恐非简单地以佛教造神运动之特征及过程就可解释得清，它应与在东南亚一带印度其他宗教流派对因陀罗这一神祇的利用及宣传有关。只不过在因陀罗进入云南傣族地区，甚至独立成为傣族人民信仰的印度神祇的这一过程中，南传上座部佛教起了关键的促进作用，而印度各其他宗教流派可能起了辅助作用。

傣族人民崇奉因陀罗（或叭因）的情况如此，崇奉梵天（Brahma，即叭棒，Bhya Brahma）的情况也是如此，对于女神喃妥娜尼（Nadko-nani）以及"丢瓦拉"（devata）等神祇的情况均如此。①

总之，由于东南亚一带宗教传播的复杂性，我们不应完全认定南传佛教作为宗教传播载体，将东南亚地区流传的罗摩故事传入云南傣族地区的单纯性和唯一性特征，而应将之视为传播罗摩故事，以至于其在傣族地区最终形成《兰嘎西贺》及其异文的重要促进因素。但是，决不能忽略东南亚地区的印度教（或婆罗门教）等其他宗教流派的间接、隐性的影响。

（二）

如果说我们通过分析，已经明确地肯定了傣族地区流传的《兰嘎西贺》故事及其异文主要是由南传上座部佛教传入的。而且，就《兰嘎西贺》故事及其异文的流传方式而言，显然它们主要是以民间文学的形式，而不是贝叶经书作为自己的流通媒介。那么，傣族地区流传的《兰嘎西贺》故事及其异文又是怎么从贝叶经书记载的佛典文学故事衍异成为民间文学作品的？

对于印度史诗《罗摩衍那》故事经由佛教传入傣族地区后的衍异情况，许多学者都已论及。如高登智、尚仲豪、季羡林先生、傅光宇先生等均已论及。学者们一致认为："《罗摩衍那》诗传入我国傣族地区后，在一个相当长的时期内，作为佛教经典刻于贝叶经上，或由民间歌手口耳相传、反复吟诵，或由傣族知识分子辗转抄录，用于赕佛、抄写。在这个过程中，经过他们不断改造创新，使其日益具有傣族文学特色，达

---

① 因这显然属于另一研究对象，另有专文叙述。

到了一定的艺术高度，其中难免加入一些个人的构思和创造，这样就成为一部集体的创作。特别是傣族歌手在演唱这部长诗时，为了吸引听众，为了延长或缩短时间，难免对原诗加以增添砍削，年深日久，必然产生枝叶纷繁、内容各异的各种版本或手抄本。《兰嘎竜》、《兰嘎囡》、《兰嘎西贺》、《兰嘎西双贺》等就是这样产生的。"① 学者们对傣族地区《兰嘎西贺》及其异文形成之特点的分析可谓切中肯綮。但总的来说却过于笼统，缺乏细致剖析。

一般说来，由于贝叶经书严格遵循着巴利语佛典的传统，真实地保存着巴利语佛典的原貌，即使是对记载于巴利语佛典中的文学故事也力图真实地保存其本来面目。有时尽管巴利语佛典中的某些部分可能会表现出与傣族地区的文化、习俗相异之处，但出于对佛教传统的尊重，寺庙中的佛爷等均不会擅自更改佛典内容。俟贝叶经书中叙述的文学故事经民间歌手辗转演唱之后，为了更符合当地人民的文化审美心理和生产、生活习俗，这些民间歌手也会对之进行改编、创造。表现在《兰嘎西贺》故事及其异文上，则为：

第一，删除一些与傣族人民生产、生活习惯以及伦理道德观念不相吻合之处。如：

巴利文本《佛本生故事》（Jataka 461）在整个故事梗概方面与梵文本《罗摩衍那》故事最显著的差异是：悉多是十车王女，与罗摩是兄妹，二人后来结婚。② 悉多与罗摩的婚姻在巴利文本《Jataka 461》中显然属于兄妹婚。

综观傣族地区流传的《兰嘎西贺》故事及其异文，罗摩与悉多的兄妹婚并不存在。在这些故事中，罗摩与悉多并非兄妹。这固然存在印度、东南亚地区佛典版本不同的可能，但这也存在傣族人民对之进行改造的可能。因为傣族人民长期以来已形成了严格伦理道德观念和法律规范。这可从西双版纳地区傣族封建领主的法律中的有关规定可窥一斑。如对杀人这一刑事纠纷的规定：

---

① 高登智、尚仲豪：《〈兰嘎西贺〉与中印文化交融》，《贝叶文化论》，云南人民出版社1990年版，第371页。

② 季羡林：《〈罗摩衍那〉在中国》，《佛教与中印文化交流》，江西人民出版社1990年版，第79页。

（1）道叭（波郎头人）杀死百姓，不论大人或小孩，如来告时需问明原因，无理者罚款十元。

（2）对人仇恨、指使人行凶，如杀不死，按1900元的数目罚凶手与指使者各一半。

（3）坏人放毒药，被发觉抓住时，即杀掉。

（4）杀父亲，破坏菩萨，赶出勐去。

（5）杀人四种不罚：

甲．不论头人、百姓与别人妻子通奸，被丈夫发觉，杀死两人不罚；

乙．凡行为恶劣并带刀去杀人，反被别人杀死，不罚。

丙．夜静更深乱窜进入家屋子，被户主杀死，不罚。

丁．偷东西被抓住杀死，不罚。

（6）彼此吵嘴，拿刀砍人者，罚10元。

（7）亲戚来家（包括前来调解事情的人）请喝酒后送回去，如途中遭谋杀，户主要负责，如户主留宿后彼独自归去，发生事故与户主无关。

（8）如杀死人得到财物，要到佛寺当和尚，大佛爷不能收他，必须到宣慰处审批方可。①

又如对非婚生子处理办法：

从曼卖到龙勒，如果有没结婚的女子生了孩子，要去景瓮祭神，祭品有猪一头（三十斤），鸡四只，"磨欢"一桌给"喃召勐"（土司女人）；如果与男方结婚，应出银0.32两、槟榔四头、腊条四对、鸡一只、酒两瓶、猪后腿一对，给"磨欢"一桌，内装银2.64两，槟榔四头、腊条四对、鸡一对、酒两瓶、猪后腿一对，这份礼品给昆憨拴线。②

从上面所引条文来看，这些法律条文对人们日常生产、生活习俗的

---

① 岩温扁：《略谈西双版纳傣族封建制法律》（附录），《贝叶文化论》，云南人民出版社1990年版，第589页。

② 同上，第588页。

各方面都做了详细规定。在傣族地区的婚姻形式是不允许兄妹婚的，故而在《兰嘎西贺》及其异文中兄妹婚的形式是不存在的。因为它有悖于傣族伦理道德观念。

第二，为了增加《兰嘎西贺》故事的真实可信性和趣味性，民间歌手们甚至将佛典宣扬的佛教义理淡化，加重了文学娱乐的比重。这主要表现以下几方面：

1. 改变了佛典文学的叙事框架：

一般来说，佛教徒常利用民间流传的神话、故事传说作为辅教工具。这一传统自印度原始佛教创立之初便开始形成。俟印度佛教向国外扩张宣扬之际，世界各国的佛教徒都沿袭了这一传统。在长期的历史发展过程中，形成了蔚为壮观的佛典文学系统。虽然其数量巨大，形式各异，但佛教徒在演述佛典文学故事以期宣扬佛教义理的过程中，逐渐形成了固定的叙事框架，亦即：故事开头多以"如是我闻，一时佛在××地说法……"等句子引导，逐渐转入故事的叙述。而故事内容基本上都是围绕着佛教义理展开和结构的，故事里集中体现了佛教义理的主人公（或为人，或为各种动物）基本上都是佛世尊的前生形象。对于这一形象与佛世尊的关系之点明则必定是在故事的结尾处，这是最为关键的。它对佛陀个人威信和权威地位的提高无疑是极有帮助的，同时佛教徒也可通过感受发生在佛陀身上的故事而对佛教义理观念有进一步的认识。这是寓理性认识于感性认识之中的最佳途径。因此，这一安排在整个佛典文学叙事框架中是具有画龙点睛之功用的。

然而，这一在佛典文学叙事框架中具有极重要地位的细节安排却在傣族地区民间文学故事叙事框架中未得到体现。直接表现在《兰嘎西贺》及其故事异文中，则为佛典文学故事中的这一结构安排被删除。但鉴于民间流行的《兰嘎西贺》故事及其异文与佛典文学不可分割的血缘关系，傣族地区民间文学故事常在整个故事开头与结尾，以及故事各章的开头或结尾处直接点明这一血缘关系的存在。如在由勐遮、曼章领、波帕应抄写、艾温扁翻译的《兰嘎西贺》故事的"序歌"部分便直接对此作了交代：

现在啊，我要提起金色的笔，在洁白的缅纸上写下诗歌，这支歌啊，是根据经书写成。

看呵，千万朵莲花在湖里一齐开放，千万朵彩云在草地降落，行走的太阳也停下了脚步，紧紧盯住竹楼的门窗，呆呆望我写兰嘎西贺。

听吧，像荷花一样美丽的姑娘，兰嘎的故事像海洋深广，我的歌哟，像江水流不完；白发苍苍的老人啊，体格健壮的中年妇女，请你们从头听到尾，还有年轻的小伙子和小姑娘，你们不要闭上眼睛打瞌睡，听我讲兰嘎西贺的来龙去脉，这是根据经书编写的唱本，兰嘎经书共有二十二册，唱词听着很优美，歌声像糖水那样甜蜜……①

2. 结合经书的某些部分，加进本民族文化的因素，加速其本地化进程。

与印度史诗《罗摩衍那》故事相比，傣族地区《兰嘎西贺》及其异文的本地化特征较为突出的莫过于更换一些细节上的人名与地名。例如：在《罗摩衍那》第六《战斗篇》中：战斗异常激烈，罗摩和罗什曼那都受了重伤，他俩中箭倒在战场。阇婆梵劝猴子哈奴曼到北方神山中去采仙草，疗救罗摩兄弟。哈奴曼于是到了北方山上，但是仙草都缩入土中不出。哈奴曼无可奈何，只好把山峰用手托到两军阵前，找到仙草，救了罗摩兄弟俩的命，又把大山托回，放到原来的地方。这一情节在《兰嘎西贺》中改变为朗玛（即罗摩）并未受伤，受伤的只有他弟弟腊戛纳。但朗玛为弟弟受伤而万分难过。故而神猴阿奴曼被猴王派去采仙药，但阿努曼不认识药：

急得比亚沙赶忙对他说："尊敬的阿奴曼王啊，这件事你别担心，您到了那里就喊好药的名字，好药名叫：金色嫩叶的苏万纳帕达，好药听到了，它会应答。"

阿奴曼听了满心欢喜，迫不及待地朝金山飞去，连夜飞到地球的最北边，终于到了仙药生长的圣地。

阿奴曼开口就喊仙药："金色嫩叶的苏万纳帕达啊，你生长在

① 《兰嘎西贺》，中国民间文艺研究会云南分会编印，1981年。

哪里？快快回答阿奴曼的问话。"……

阿奴曼找了一夜没找到，只好把整座金山拔起，抱着一万拿高的大山往回飞，太阳没有升起就赶回，阿奴曼把金山放下来，站在万拿高的山顶叫摩米，摩米才纵身跳上金山，找到了全光闪闪的仙药。

摩米对阿奴曼吩咐说："你快把金山抬回去，别让仙药味撒到人间，不然被我们打死的妖兵会复活。"阿奴曼只好抬起金山往回飞，飞出了兰嘎又越过海洋，阿奴曼懒得再飞了，就把金山放在途中山顶上，步行到那里要走六个月，金山就留在勐帕牙龙的山脉上，从此呀，那座山脉呀，才改名叫"莱轮光雅帝"。①

据傣族民间传说，这座山就在傣族居住境内。从这座山的移用来看，固然有佛教徒喜挪用印度山名之嫌，但它更极大地增强了《兰嘎西贺》故事的真实程度。从而进一步加快《兰嘎西贺》故事及其异文的本土化进程。

第三，民间文学作品对佛典文学故事中的战争场面等情节进一步渲染强调，以期达到娱乐效果。

傣族地区的民间歌手们在对佛典文学中的某些情节，尤其像战争历程等场面进行演述时，常结合自己的经验和文化背景，抓住百姓的好奇心理，对这些场面进行最大限度的铺叙和渲染。如召朗玛比武胜利，与西拉结为夫妻后，一位名叫叭龙腊曼的年轻国王出于嫉妒，而向召朗玛宣战：

叭苏腊曼听了很气愤，挽上神弓瞄准朗玛射去，神箭如闪电飞来，朗玛飞刀迎击，喳一声把神箭砍断，神箭被宝刀砍断，苏腊曼手中的塔弩失了神灵，神箭再不会飞回他手里。

苏腊曼见了怒气更大，举起神镖朝朗玛掷来，神镖沿着宇宙飞行三转，发出撼天动地的响声，而后流电似地朝朗玛刺来，眼明手快的朗玛，闪身飞刀砍去，神镖被砍成两截，失灵的神镖再也飞不回去。失掉神力的镖枪，变成两节黑铁掉在地上。神通广大的苏腊

---

① 《兰嘎西贺》，中国民间文艺研究会云南分会编印，1981 年。

曼，大吼一声念动咒语，从嘴里吐出熊熊烈火来，要用烈焰烧死朗玛。

烈火燃烧着森林，火焰团团围住朗玛，可烧不卷朗玛的一根头发，这时朗玛也念动咒语，咒语出口就变成狂风暴雨，很快就把满山的烈火扑灭，风雨过后森林一片秀丽。

苏腊曼狂怒心不已，他胆战心惊跳上云层，抱起比一座山还大的岩石，朝朗玛的头顶砸去，岩块正正对准着朗玛，从一千尺的高处落下来。

朗玛定定站着不移动，抬起头来念动咒语，刹时那块大石头啊，突然碎散变成了满天的花朵飘下来，纷纷落在朗玛身边一片白花花。

叭苏腊曼见了更狂怒，他向朗玛使出最后的本领……

恼羞成怒的苏腊曼，朝朗玛身上发射弓赛宰，神箭像流星一样飞去，落到朗玛身旁绕着他飞转，神箭突然变成了香蕉，自动飞进朗玛的嘴里，被朗玛吃进肚里，神箭再也不会飞回去。

苏腊曼见了越发气愤，又对准朗玛发射第二箭，第二箭也变成了香蕉，自动飞进朗玛嘴里，死不甘心的苏腊曼，向朗玛射出最后一支箭，第三支箭也变成了香蕉，被朗玛一口吞吃了。①

从这一细节可明显看出，民间歌手们围绕着演唱目的，对《兰嘎西贺》故事情节进行了改造，值得注意的是，民间歌手们在对诸如战争场面及历程的改造过程中，大量运用了超现实的手法，表现出汪洋恣肆的想象能力。而这分明又是借鉴了其他佛典文学中斗法类型故事的创作手法。

综上所述，傣族地区《兰嘎西贺》故事及其异文与南传上座部佛教有密不可分的关系，它是在贝叶经书的基础，由民间歌手们结合自己本民族文化传统改编，并且是在长期的流播过程中逐渐形成的民间文学作品。

---

① 《兰嘎西贺》版本，中国民间文艺研究会云南分会编印，1981 年。

第 四 章

佛教与白族本主崇拜及其传说分析

第一节 佛教与白族本主观念

综观历史，不难发现传入云南大理的佛教密宗逐渐白族化的同时，缘起于洱海区域原始宗教思想的本主崇拜也逐渐形成。这一共时性现象绝不是历史的巧合，而是大理佛教密宗与本主崇拜具有极深联系的历史表象。

佛教传入云南大理的时间较早，且路线较多，据《南诏图传·文字卷》载："大封民国圣教兴来，其来有上，或从胡梵而至，或从蕃汉而来……"大封民国指南诏国，圣教指佛教密宗。宋朝时大理的僧人有胡僧（西北人）、梵僧（印度人）、蕃僧（藏族人）、汉僧四种。盖云南地处中国西南边陲，其东北部地接四川、贵州，其南及西毗邻印度、缅甸，西北面邻连西藏。自古以来，云南的政治、经济、文化、宗教受到多方面的影响，佛教传入的路线也是多方面的，总的来说，佛教传入大理的路线大体有三条：一条是由缅甸道（即"蜀身毒道"，天竺僧常经印缅古道再取此道至大理）；二条是中原汉地路线；三是从西藏来（天竺僧或藏僧由吐蕃至大理）。由于传入路线的多样性，大理佛教呈现出多样性的复杂特征。在其形成和发展过程中，它不同程度地接受了印度—东南亚密宗、藏传佛教密宗及汉传显密二宗等佛教派别的影响，并且以开放性和兼容性的接受屏幕和期待视野改造、融摄这些复杂的成因，最终将之创造为独具地域性和白族特色的大理佛教密宗。但这一过程是长期的、艰巨的，绝不是一帆风顺的。它在初唐时刚传入大理地区之际，势必会受到当地原始宗教的强烈抵制。这在《南诏图传》及其所附的"文字卷"中得到充分反映：

第四化兴宗王蒙罗盛时，有一梵僧，来自南开郡西澜沧江外兽赕穷石村中，牵一白犬，手持锡杖钵盂，经于三夜。其犬忽被村主加明、王乐等偷食。明朝，梵僧询问，翻更凌辱。僧乃高声呼犬，犬遂噪于数十男子腹内。偷食人等莫不惊惧相视，形神散去。谓圣僧为妖怪，以陋质为骁雄。三度害伤，度度如故，初解肢体，次为三段，后烧火中，骨肉灰尽盛竹筒中，抛于水里，破筒而出，形体如故，无能损坏。钵盂锡杖，王乐差部下外券赴奏于山龙山于山上，留著道场供养顶礼。其靴变为石，今现在穷石村中……

这则史料记载充分反映出僧侣们初期传教之艰难。当梵僧手持钵盂锡杖来到穷石村时，不但未被礼遇厚待，反而将其做伴的白犬偷食掉。且当梵僧询问白犬下落之时，不但未承认错误，反而对其加以凌辱，甚至将其杀害。虽然史料存在的意图是旨在让后人们知道梵僧"三度害伤，度度如故"，"形体如故，无能损坏"的神通变化之力，从而对佛教更加虔诚。但这一过程的敷演却让我们深深地体会到它的历史内涵：佛教初入大理时，并未马上被当地人接受。不少佛教僧侣为了弘法，历尽千辛万苦，有的人甚至付出了生命的代价。

值得注意的，村民们在村主的带领下，先是偷食梵僧的白犬，继而对梵僧加以伤害。这一系列行为绝不是村民们对过往行旅进行袭击这样属性的简单行为，而置于其固有的原始宗教背景之下，是以本地固有宗教抵制佛教传播的一种宗教对抗行为。而村主本人在当时可能就是巫师——"朵兮薄"。盖在古代白族先民的原始鬼神信仰中，最值得注意的是天鬼信仰。"祭天鬼有专人，汉代称耆老，唐称鬼主。《白国因由》称希老，还有不少其他的译法。怒江白人称'朵兮薄'，每二十、三十户的村寨有一个。有的世代相传，有的推举，也有的会做的就做，自然产生，朵兮薄在古代，既是祭司，又是民族头人，对内外事务，有很大的支配权。著名的如张乐进求，既是祭天的主持者，又是河蛮大首领，也就是大鬼主、大耆帅，他甚至有权把统治权让位给乌蛮的细奴逻。"[①]

<hr>

① 张旭：《白族的原始宗教信仰——天鬼》，《南诏文化论》，云南人民出版社1991年版，第274页。

"祭天鬼主要在久旱不雨或瘟疫流行的时候，'朵兮薄'说要祭天了，就把牛宰了。在宰杀之前，全村老人小孩跟着'朵兮薄'敲打铜鼓，吹着唢呐，去到圈里把牛迎接出来，在头上挂一幅红彩，接到天登（注：祭天的固定地点）上。这时，全村的人都集合在一起，由'朵兮薄'祈祷、念咒……小的村寨祭天只在疾病流行时进行，时间不定，如'朵兮薄'跳神时说必须祭天，大家就得照办。"①"朵兮薄"亦即巫师在古代是非常有地位的，尤其在佛教传入之前。当佛教作为一种外来宗教传入大理地区时，以"朵兮薄"为首的原始宗教势力为维护自己的利益，巩固自己的地位一定会纠集不谙事理的村民信众与之进行斗争。这一斗争还可通过许多流传于大理地区的神话传说反映出来。如著名的《望夫云》故事里罗荃法师与苍山神的斗争，赞陀崛多把朵兮薄所信奉的五百土公收进皮囊里，遣人埋在蒙化甸尾、观音伏罗刹故事等等，都是佛教与原始宗教斗争的结果。当然，随着时间的推移，斗争的最终结果是佛教徒胜利了，原始宗教的势力被大大地削弱了。但它却并未完全消失。而佛教取得最终胜利，亦即佛教完成白族化过程的同时，它也在向白族固有的原始宗教做出妥协、让步和适应。与此同时，群众的原始天鬼信仰逐渐被统治阶级树立起来为他们服务、利用的"本主"所代替，不少天鬼坛盖起了本主庙，天鬼信仰逐渐演变为本主崇拜，本主与天鬼逐渐合二为一。在这个意义上，可以说本主崇拜得以出现是与佛教密不可分的。此外，在本主崇拜逐渐形成的过程中，它大量地接受了许多外来文化的影响，在其早期形成阶段，佛教的作用尤为关键。

其中，佛教对本主崇拜观念的影响是巨大的，可以说它直接促成了本主观念的形成，这可通过本主崇拜的神祇观、善恶观及生死观、平等观四个方面就能窥其一斑。

一　佛教与本主崇拜的神祇观之建立

白族先民原始宗教里"还没有'神'这一词，但他们所崇拜的鬼

---

① 张旭：《白族的原始宗教信仰——天鬼》，《南诏文化论》，云南人民出版社 1991 年版，第 273 页。

里面，有的已不是鬼，而是抽象的神了，如天鬼就是他们最高的神"。①
据调查，怒江一带的白人所祭的鬼②，共有四五十种，大体可分为七类：
一、属于大鬼，也就是最高的神灵，天鬼也称为高处鬼。二、属于生产
方面的鬼，有地鬼、谷物鬼、山人鬼、牲畜鬼、水鬼、树鬼。三、属于
家神一类的鬼，有祖先鬼、火塘鬼。四、属于瘟神一类的鬼，有痘鬼、
咳嗽鬼、惨死鬼、暴死鬼（天狗鬼）、痨病鬼、头痛鬼、说昏鬼、产房
鬼……每类病症有一种鬼，计二十余种。五、氏族未有的鬼，如鸡家祭
的山羊鬼，虎家祭的架乌鬼。六、外民族的鬼，如维摩鬼、汉人鬼。
七、其他鬼：梦鬼、白日鬼、黑夜鬼、咒鬼、血鬼、跳舞鬼、路鬼等十
余种③。这些鬼的名称分工较细，种类较多，但从其祭祀仪式及其内容
来看，这些鬼是抽象的，没有具体的形状。即便如这些鬼中级别最高的
天鬼也只是抽象的，这从祭天鬼的仪式即可看出来。如洱源县西山区白
族祭天鬼时，是"朵兮薄"率领全村老人小孩敲打锣鼓去到牛圈，把
专为祭天准备的牲口——天牛迎接出来，在头上挂一幅红彩，接到专门
祭天的场所——天登上祭天，并无寺庙偶像。祭祀每三年举行一次，一
般在 9、10 月间农闲季节。虽然天鬼为白族人民原始宗教信仰中最高级
别的信仰，但它的祭祀场所——天登并没有铸其形象，对之进行偶像膜
拜，因为在白族人民的原始宗教意识中，这些鬼都是抽象的，无形却又
永恒存在的，而这就是白族人民原始的神祇观。

　　及至佛教，尤其是经蜀身毒道，唐时又称之为西二（洱）河道，
（学术界称之为南方丝绸之路。）进入大理地区的印度佛教密宗在洱海
区域逐渐传播开来时，其特有的神祇观大大影响了白族人民原有的神祇
观。盖印度古代人民相信万物有灵，在其古代宗教哲学轮回观和泛灵观
的基础上，将自己原始宗教及其神话传说中的神祇具象化、人形化、人
格化了。如火神阿奢尼就是一位具有火的外形，而性格、生活方式却与
人无异的神，恒河则是一位长发飘飘、婀娜多姿的美丽女神等。除了外

---

　　① 张旭：《白族的原始宗教信仰——天鬼》，《南诏文化论》，云南人民出版社 1991 年版，
第 273 页。

　　② 信奉佛教的白族仅限于大理、鹤庆、洱源、剑川一带的民家人。居住于怒江、俅江一
带的白人几乎未受影响，故要了解白族原始宗教概况，可从之入手。

　　③ 张旭：《白族的原始宗教信仰——天鬼》，《南诏文化论》，云南人民出版社 1991 年版，
第 272 页。

形与思维方式与人相似外，古代印度神祇们还拥有与人无异的性格和生活，这在众多古代印度神话均有所反映，如月神苏摩的故事：

月神苏摩自从成为星辰、祭司、植物、仪礼的主宰后，不禁为自己的荣誉和权力忘乎所以了。有一次，他看中了祭主美丽的妻子陀罗，便趁机拐跑了她。祭主十分爱他的妻子，使尽一切办法要把陀罗要回去，但都没奏效。不久，一场战争便因此爆发了。双方战士奋勇拼杀，呐喊声直冲云霄。到处是战死僵仆在地的尸体，血流成河。梵天也不忍看着他们自相残杀下去，于是命令双方停战，缔结和约。陀罗——战争的导火线，也被送还祭主……陀罗还给祭主后，苏摩一口气娶了达刹27个美丽的女儿——月空中27个星座为妻。在这27个妻子中，苏摩最宠爱罗希妮，因为她最漂亮。结果其他26个妻子倍感冷落。她们纷纷跑到达刹那儿埋怨丈夫。达刹把苏摩召来，对他的行为表示不满，最后非常严厉地警告苏摩，警告他对妻子们应采取不偏不倚的态度。苏摩口头答应了，但一回去，仍旧我行我素，全然把达刹的警告抛之脑后，每天只和罗希妮呆在一起，达刹震怒了，要惩治苏摩的无礼行为。他诅咒苏摩，使他染上沉疴。达刹的诅咒应验了。月神苏摩渐渐消瘦起来，日益虚弱，月光也愈加变得苍白无力，暗夜变得更加黑暗。大地青草开始枯萎，犹如失去水分，动物也开始掉膘，一个个有气无力，好像饿着肚子一样。后来在天神们的请求下，达刹说："看在你们的份上，我可以饶恕他。他可以到圣河萨罗私伐底河的入海处，用那里的水洗掉自己的罪孽。不过，从今以后，每个月有一半时间，他将逐渐消瘦，另外半个月，他又逐渐丰满起来。"苏摩来到圣河的入海处，用水洗尽了自己的罪孽。那清冷皎洁的月光，再次从他身上发射出来，照耀着整个宇宙和生灵。天神、人类和动植物一个个又都焕发了生机和活力。苏摩也从此接受了教训，对27个妻子一视同仁。从此以后，每个月里，月亮都有月圆月缺。据说，在月缺时，天神和来到阎摩王国的先人灵魂来吸月神身上的苏摩酒。月神苏摩都是由这些苏酒构成的。这之后，太阳再次补充月神的光辉。①

---

① 《印度神话故事》，宗教文化出版社1998年版。

这一故事究其实不过是对月有阴晴圆缺这一宇宙自然规律和现象的解释，但却因月神及其周围星座乃至整个自然存在都人格化、人性化、人形化了，于是这一本应属于哲理范畴的解释以一种形象化的方式围绕着人所固有的欲望和感情而阐释为一个充满矛盾恩怨的动人故事。

印度佛教形成后，它逐步吸取了印度古代神话传说，同时，也慢慢接受和融摄了印度古代神祇观，并在佛典中有所体现。俟印度佛教密宗形成后，它本身作为婆罗门教和大乘佛教的结合物，对于印度古代神祇观更是作了重大的发挥，这主要表现为神祇与世俗凡人距离渐缩短，其行为举止愈加世俗化。

正是在佛教神祇观的影响下，本主崇拜的神祇观在原有的宗教意识基础上，将神祇们人性化、人格化、偶像化，甚至还根据人性的种种特点，将神祇们的生活及其性格世俗化，更有甚的是在某些关于神祇们的传说故事中，神祇还成为广大信众揶揄、调侃的对象。如《东山老爷和本主白姐》的故事：

> 鹤庆坝区的大水美、小路铺、石朵河和山区的七坪、炭窑等村供奉的是一个叫东山老爷的本主，他看上了小教场村的本主白姐，一来二去两人就有了私情。每天晚上东山老爷就去小教场村，从北墙缺口爬进本主庙与白姐幽会，时间长了，北墙被他扒倒了。人们修好又塌，塌了又修，不知是什么原因。当人们知道原因后就不再修北墙，让他们成其好事。据说有天夜里东山老爷喝了点酒，两人情切意浓，一夜贪欢，不知天时。直到公鸡一声长鸣，他们才从甜梦中惊醒，在慌乱中他们穿错了鞋。高大魁梧的将军本主右脚穿的是一只女人的绣花鞋，而那位风流的女本主一只脚套的是一只男人的靴子。人们被他们表情威严而穿着不伦不类的场面逗笑了。他们的风流韵事也就传开了。从此，人们就按照他们这时的模样雕成偶像供人们膜拜。

此外，又如大理喜洲9个本主的故事也是频具世俗性的。大理喜洲有9个本主，原来并不住在一起，是分管9个村寨的，但他们之间并不能和睦相处，经常闹矛盾。有一回他们争执不下，就一起到喜洲，请喜洲本主调解。调解了一夜都没有结果，这时天已亮了，出去又怕百姓看见笑话，只好规规矩矩地一起留在喜洲做本主。

类似的故事还很多，如邓川河溪江村本主白官老爷也是一位风流的本主，他常常到村子里去寻花问柳，有一次被村里人捉了奸。但人们对这位本主还是采取宽容的态度。为了让他改掉这一毛病，还专门在本主庙塑一美女像在他身旁，让他有自己的合法配偶。

在所引的上述 3 个本主故事中，不难看出在白族人们眼中，本主同样与人一样有七情六欲，有性格上的弱点和优点，同样过着与人相同的生活。本主崇拜自南诏国时期形成，历经大理国以及元、明、清时代，到清末开始衰落的整个发展过程。虽然远在佛教传入大理地区之前，儒家思想、汉文化已开始影响大理地区，但由于种种原因，汉文化、儒家思想真正对大理地区的思想意识形态起重要作用，是始于明朝。从明朝开始，儒家思想对白族民间宗教本主崇拜的影响是巨大的。它促使本主崇拜直接汲取了儒家忠孝节义的伦理道德思想，并以之规范本主神祇观。然而值得一提的是，在明朝统治大理之前，儒家思想对本主崇拜的影响是远不能与佛教对本主崇拜的影响相比的。那么，在许多本主故事中穿插世俗化情节，并可借此看出本主崇拜神祇观的世俗性和人间化特点这一奇特文化现象之原因固然与白族人民直接的参与意识有关，但它与佛教神祇观应该有较深渊源。

二　佛教善恶观与本主崇拜的善恶标准

佛教是一种道德伦理色彩十分浓厚的宗教，它重视人的道德价值，注重人的道德修养，并且把它的宗教实践建立在道德实践的基础上，认为成佛的前提是修持，修持的起点是戒，由戒生定，依定而发慧。戒即是佛教的道德伦理规范，而善恶观就是其中一项重要内容。

盖印度佛教在成立之初，释迦牟尼就宣扬："诸恶莫作，盖善奉行，自净其意，是诸佛教。"把佛教解释为止恶扬善的宗教。认为善恶观可以涵概佛教的全部教义。"诸恶莫作，诸善奉行"是佛教的道德要求，"自净其意"（即净心）则是佛教道德修养的核心。在佛教里，关于善恶的道德准则有四种善恶、五善五恶、十善十恶等多种说法，但总的来说，无贪、无嗔、无痴是善的基本内容，是佛教道德的重要条目。佛教道德的善恶观，除了宗教内容外，还表现为对社会道德也强调随顺，亦即所谓随缘。但"佛教道德一方面劝励信徒在实践上要尽力扬善止恶，另一方面又提倡以超越是非善恶为理想目标，追求超道德的境界。如百丈怀海说：'对五欲八风，不被见闻觉知所缚，不被诸境所惑，自然具足神通妙用，是解脱人，对一切境心无静乱，不摄不散，透一切声色，无有滞碍，名为道人。但不被一切善恶垢净有为世间福慧拘系，即名为福慧。'佛教的根本宗旨是深感人生痛苦和世间忧患，而以超越现实的解脱涅槃为最高境界。这种理想境界是无差别的平等界。在那里，既无是非之分，也无善恶之别。道德也舍离了、超越了，它是远比存在善恶道德的差别更为崇高的境界。佛教道德实践不以现实的功利为目的，而是以非功利的宗教理想为依归。在佛教里，止恶扬善只是实现超越一切善恶分别的必要阶梯。"① 虽然止恶扬善还只属于初级境界，但在传法的过程中，佛教徒们还是非常重视这一"必要阶梯"的。而且在伴随着佛教的发展而持续进行的佛教造神运动中，这一"必要阶梯"常常成为造神运动的标准和最佳例子。例如：鬼子母神。鬼子母，梵名Hariti，意译作诃利帝母、诃利底、迦利帝。为青色、青衣之意。意译为爱子母、天母、功德天。以其为五百鬼子之母，故名鬼子母。本为恶神之妻，生子五百，因前生发愿，要食尽王舍城所有儿子。因其邪愿，命终遂生为药叉，故至王舍城，专门窃他人幼儿。佛陀欲教训她，遂藏其爱子。鬼子母神因而悲伤痛苦。佛遂谓之曰："汝有子五百，今仅取汝一子，汝已悲痛如是，然汝食他人之子，其父母之悲又将如何恸乎！"鬼子母神闻而顿悟，皈依佛祖并立誓为安产与幼儿之保护神。据《南海寄归内法传》卷一《受斋轨则》载，西方诸寺祭鬼子母神，于门屋处或食厨边，塑画母形抱一儿，于其膝下，或五或三，以表其像，每日于前盛陈供食。若有疾病，无儿息者，响食荐之，咸皆遂愿。其状为天女形，手持吉祥果。

鬼子母神原来因窃食他人小儿而为人人惧怕、痛恨的夜叉，后在佛陀的启示下，改过自新，成为保护神，并为人们所供养。她的这一成神过程较为简单，但却反映出印度佛教神祇体系秉承古老文化遗产所特有的流动性特点及其自身特有的宽容性特征。当然在佛教中，造神运动的一个根本宗旨就是善恶观。鬼子母神正是弃恶扬善的一个典型。

---

① 魏承思：《中国佛教文化论稿》，上海人民出版社 1981 年版。

在佛教神祇中，原为恶人或有恶行，但后来改过自新，弃恶从善，皈依三宝，在佛祖宽容下成为神祇的例子比比皆是。俟印度佛教传入大理地区，其善恶观在教义的普及过程中与白族人民固有的嫉恶如仇的民族性格不谋而合，很快就得到白族人民的认可。

更重要的是，佛教密宗的僧侣们以此观念上的冥合为契机，在艰苦的布道过程中以善恶论为自己弘扬的首要理论，以期使佛教体系中的善神观念与白族人民心目中的企求相吻合，由此进一步扩大佛教的影响。这一点可以从明弘治八年（公元 1495 年）大理海东乡明庄村大理府儒医杨聪撰《大师陈公寿藏铭》：

> 当则大唐己丑，大摩揭陀始从中印土至苍洱之中，传此五秘密法，名为教外别传。即蒙氏第 7 世异牟习（应为寻，原文如此——引者注）之代也，以立在家之僧，钦崇密教，瞻礼圣容，设此十四之学，立期内外之坛。名习本尊为教主，有止禁恶风暴雨，有祛除鬼魅之妖邪，善神常来拥护，恶鬼不能侵临，教法愈隆，威风大振。迄至段酋之代，见鼻祖陈道护，道德深妍，功行逾众，能降龙而伏虎，可祷雨而祈晴，以为护界之僧，故称道护之名……

从这段碑铭可以看出佛教密宗在大理地区传播过程中体现出显著的善恶观念：止禁恶风暴雨，祛除鬼魅之妖邪，善神常来拥护，恶鬼不能侵临。这一观念带有强烈的功利色彩，它极易为生活于自给自足的农耕社会中的白族人民接受。

另外，值得注意的是，佛教的善恶观体现在其神祇取舍中。虽然佛教吸取了古代神话传说中的神祇，且常纳外道神祇入己体系，但所有这些神祇均已皈依三宝，弃恶从善，均为善神，这一点对白族本主崇拜的本主取舍标准起到了借鉴作用。

在大理地区，与印度佛教有较深关系的白族本主崇拜在借鉴印度佛教密宗、藏传佛教、汉传大乘显密二宗的神祇体系特点及其造神规律的基础上，逐渐开始了自己的造神运动。而善恶观也成为其遴选本主神祇的一个重要标准。

大抵白族人民心目中的本主神祇全部都是善神，而无恶神，他们是各村村民及其村寨的保护神，是"本境福主"。村民们相信只要虔诚供奉本主，那么本主一定会保佑全境清吉、五谷丰登、六畜平安、人民健康幸福。故而白族人民本着"以死勤事者祀之，以劳定国者则祀之，能御大灾则祀之，能捍大患则祀之。"（《国语·鲁语》）的标准来建立自己的本主神祇，"以死勤事"、"以劳定固"、"能御大灾"、"能捍大患"究其实乃是行善于民，有功于民。任何人只要是真正有功于民，白族人民就有可能将之奉为本主。

此外，出于白族固有的民族性格，同时也由于受佛教善恶观及其造神运动的影响，本主崇拜在造神运动中也表现出特别的宽容态度：不以族别论英雄，不以成败论英雄，不以出身论英雄，只要能真正有功于民、行善于民，无论他原来做过什么坏事，他都有可能成为本主。比如在大理地区有两位本主张官和五官，相传他俩生前以偷盗为生，老百姓对他们恨之入骨。一次，在偷盗中被百姓捕获，人们将他俩活活打死。但是他俩死后改恶从善，为百姓寻找水源，解决庄稼用水的问题，为百姓做了件大好事。百姓为感谢他俩，便将之奉为本主加以供奉。生前有种种劣迹并因此获死，但最终却为百姓作为善神加以供奉的现象在中国其他民族宗教是不多见的，它鲜明地反映出本主宗教的善恶观念。但这一现象却与佛教表现出相似之处，尤其是上引的张官、五官两位本主的故事与佛教鬼子母神的故事似乎同出一辙。这不能不令人联想到佛教对本主崇拜的影响。

三　佛教的来世观与本主崇拜的生死观

生死轮回和因果报应是佛教义理的一个基本内容。一切有情众生都会因自己的所作所为而在六道（天、人、阿修罗、畜生、饿鬼、地狱）中轮回。即便是天神，他也都像人类一样服从支配众生生死的自然规律。他的特权是相对的：他们享受一种比人类更高的生活，居住活动于一种相当美妙的空间，那里没有什么粗糙笨重的东西，没有固体食物，没有固态身体；他们都非常漂亮，而且长寿，但是他们最终还得死去，根据业力又投生他处。真正能摆脱生死困扰，只能是根据戒、定、慧三学加强自身宗教修持，最终获得解脱。

另外，在佛教的生死观理论指导下，佛教徒们针对"六道"中最末一道——地狱，进行了汪洋恣肆的发挥，编辑了关于地狱的大量经典，将地狱完全按现实人间社会的模样将之制度化、体系化和等级化，而印度古代神祇阎摩（又译为阎罗）被佛教吸纳为地狱之王，专管地狱，且洞晓一切，执掌众生投生之所趣的大权。印度佛教地狱观在六朝时期传入中国内地，在唐朝时期大量普及。后随汉传佛教及汉文化的影响进入大理地区，并逐渐为一些白族群众所接受。如广泛流传于洱源剑川一带的《黄氏女对金刚经》① 这部长篇叙事诗中鲜明地反映出了白族人民的地狱观念。

就白族本主崇拜而言，佛教的地狱观对其宗教观念上的影响不大，但佛教的生死观却在其观念层面打下了深深的烙印。这主要表现为："白族民间意识认为，死者（尤其是非正常死亡者）要早日投胎转世，必须有本主的帮忙。因而本主庙内常常举行各种为死者荐福超生的宗教活动。很显然，佛教的转世观念被本主崇拜吸收了。"② 在本主庙内为死者举行荐福超生的宗教活动，这说明本主崇拜的信徒显然已形成了来世转生观念。当然，这一来世观念的形成不容忽视道教的影响，但相比之下，佛教影响更大。这从大理一些白族居住区域将每年农历七月十五日中元会也列为自己本主崇拜的民间庙会会期也可稍见端倪。

农历七月十五日举行的中元会，又名盂兰盆会。据《佛说盂兰盆经》记载，佛的十大弟子之一的大目犍连（已获六通，在佛的诸大弟子间，他神通第一）以天眼通见其已亡故的母亲落入饿鬼道中受苦，决心救出母亲。最终在佛陀的指点和帮助下，于七月十五日这天众僧结夏安居修行期满之时，敬设盛大的盂兰盆供，集百味饮食供养十方自恣僧，以此功德，仗十方众僧之神力救脱了母亲。关于目犍救母事，最早是由西晋时竺法护介绍到汉地的，不久，汉地佛教徒便开始依此经行事了。北齐人颜之推在其《颜氏家训》、南朝梁人宗懔在《荆楚岁时记》、宋志磐在《佛祖统纪》中都提到了盂兰盆会。一般说来，盂兰盆会只在汉传佛教信仰地区（包括日本和朝鲜半岛）流行，盂兰盆会作为白族本主崇拜活动的民间庙会之一，在农历七月十五日定期举行，显然已为广大白族本主崇拜信徒所接受。同时它作为佛教生死观、地狱观的一个符号载体所蕴含的内容显然也为白族本主崇拜信徒所认可了。

---

① 张文勋主编：《白族文学史》，云南人民出版社 1983 年版，第 295 页。
② 李东红：《白族本主崇拜思想刍议》，《云南民族学院学报》1991 年第 2 期。

四　佛教的平等观与本主崇拜神祇格局

佛教认为"一切众生悉有佛性，烦恼覆故，不知不见。是故应当勤修方便，断坏烦恼"。只要精进修持，就可成佛。在成佛这一点上，佛教宣扬众生平等，人人都有机会，只要除去客尘烦恼，信心向善。甚至罪孽深重的一阐提也有佛性，也有机会和可能修成佛果。而且，在六道中生死轮回的众生完全可能因信心修持佛法而即身成佛。如《妙法莲华经》中婆竭罗八岁的龙女虽处畜道，但她就因精进修持佛法而即身成佛。

佛教除宣扬众生成佛的机会均等外，还主张佛与菩萨同众生的关系是亲和的、平等的。佛和菩萨不是主宰宇宙的神，他们不同于至高无上的上帝，他们不会发怒，不会审判众生，不会因人们触犯了他而把人送进地狱。他们与众生是平等的，他们给信徒的是一种愉快的信任感。"人们服从于佛的说教，服从于佛的戒律，并不是服从于一种权力、一种限制，而是服从于他自己的本性。"①

佛教关于平等的主张给正在形成和发展过程中的白族本主崇拜很多启示。

首先，在本主与本主崇拜信徒的关系上，本主与村民们的关系也是平等的，本主给予村民的也是一种愉快的信任感。从小孩出生、满月、取名到婚丧嫁娶，乃至出远门或是栽秧收获等一系列日常琐事，村民们都要到本主庙祭祀本主，因为他们相信本主能"驱邪辅正、殄恶灭灾、赐福格祥"，能"逢善则驾之祥，有求皆应，遇凶则化为吉，无愿不从"，能满足各方面的要求，达到"为士者，程高万里；为农者，粟积千钟；为工者，巧著百般；为商者，交通四海"。②

其次，本主格局中出现男神和女神平分秋色的现象。

在本主格局中男神和女神的地位是平等的，并无等级差别。例如：大理喜洲九坛神本主之一的阿利帝母阿南，据谢肇淛《滇略》记载："阿南者，酋长曼阿奴之妻也。夫为汉将郭世忠所杀，欲妻之。阿南曰：'能从我三事乎？一作幕祭夫；二焚故夫衣；衣君新衣；三是全国人遍

---

①　魏承思：《中国佛教文化论稿》，上海人民出版社 1981 年版。
②　杨政业：《白族本主文化》，云南人民出版社 1994 年版。

知礼嫁.'忠如其言。张松幕，置炎其下。阿南抽刀出，令火炽，焚夫
衣，引刀自戕，赴火，时六月廿五日也。国人哀之，焚炬以吊，名星回
节。"根据史料记载可知，阿南之所以能成为白族人民尊奉的本主，是
因为白族人民为表彰其贞烈事迹。故而她被奉为大理喜洲本主，并与其
他男神一起共同成为大理喜洲的本主。

　　在大理地区，儒家思想的影响早在汉代便开始。白族人民也以一种
兼容开放的心理接受着儒家思想，而且在本主崇拜中儒家思想也有所反
映。如大理喜洲紫云山关圣庙大门有副对联：

　　　　三教同心，忠恕、慈悲、感应
　　　　上善若水，澄清、混沌、浑沦

　　另外，洱源县凤翔街圣谕堂的教义是：忠恕、慈悲、感应。这反映
了白族人民同时接受儒、释、道三教的影响，但却各有侧重。如儒家侧
重于忠恕，佛教则着重于慈悲，而对于道教却取其感应。

　　儒家的忠孝节义、伦理孝悌思想尤其在明清时代大大影响了本主崇
拜，如此期许多忠臣孝子，许多征讨过南诏、大理国的将士被列为本
主。尽管如此，儒家思想一直特别强调的男尊女卑观念却未能对本主格
局产生影响，如阿利帝母阿南在大理喜洲仍享有与其他男神一样的特
权，她的地位并不比其他男神低。

　　造成男神与女神地位平等的原因，固与白族平和和宽容的民族性格
有关，且与本主神祇结构松散，各本主间无统率关系有关，但究其实，
应是佛教平等观对其观念上的渗透影响所致。

　　综上所述，在白族本主崇拜的形成和发展过程中，佛教对本主崇拜
观念的影响是深远的，它直接参与了本主崇拜观念的建构。

第二节　佛教与白族本主神系

　　白族本主崇拜是白族人民在长期农耕生产过程中形成的一种具有农
耕文化特征的，以村社和水系为纽带的民间宗教，它在白族居住的大部
分地区广为流传，与儒、释、道三教一起共同形成了白族地区独具特色
的宗教文化体系。作为一种民间宗教，它与儒、释、道三教的关系呈现

出复杂的交织重合现象。它不仅在观念、宗教仪轨、建筑风格等方面接受儒释道的全方位影响，而且还将儒释道体系部分人物吸纳到自己的神祇体系中。值得注意的是，佛教，尤其是7世纪在洱海区域流传的印度佛教作为一种异质文明能够在洱海区域立足，为白族人民接受显然已属不易，而其神祇体系中的神祇居然能被白族人民喜爱，甚至被奉为本主，成为本主神祇中一员，从而以佛教神祇和白族本主的双重身份出现于大理白族地区。这一奇异的宗教文化现象发人深省：白族本主崇拜为何会接受佛教神祇（或佛教人物）为本主？为何白族本主崇拜只接受其中一部分佛教神祇为本主？其取舍的标准是什么？为何有些佛教神祇能以双重身份在大理地区同时受到人们的供奉，却不会引起任何宗教冲突本文正是围绕着这四个问题展开的。

一

佛教神祇（或佛教人物）被白族本主崇拜纳入神系。并成为受各村寨供奉的本主。这一现象意味着两种异质宗教间的妥协、适应及认可，同时它还意味着统治阶级对佛教的认可和肯定。

早在佛教传入大理地区之前，大理白族人民崇奉建立在万物有灵观念基础上的原始巫教。在原始宗教活动中，主持、掌管整个巫术仪轨的巫师常常又是各个民族部落的头人。作为神职人员，他是沟通人神界限的媒介，作为宗教领袖，他具有代表宗教神秘性和威严感的绝对权威，而作为部落首领，他要处理部落内外大小事务，拥有政治和军事权威。可以说由于他所具有的这一多重身份，从一开始便把宗教推上了政教合一的轨道。

大理地区各部落原先是分散的，并未形成中央集权的统一实体，各民族部落择地而居，各自奉行自己的原始宗教神灵。及至"三国两晋南北朝至初唐时期，南中（即云南）大姓夷帅争雄，政治动荡不定。各民族群体（嵩、昆明、楚）也随之不融合、分化。大姓夷帅往往利用'夷族'所崇尚的鬼教来进行彼此间的纷争及与中原朝廷的对抗。由于大姓夷帅即是宗教领袖——耆老、鬼主，其纷争的结果——政治上的统一必须导致宗教之融合。于是到初唐时期，蒙舍诏一并五诏而建立南诏地方政权时，'夷族'长期崇奉的宗教——鬼教也趋于统一，形成了南

诏前期的国教——巫教。皮罗阁也就成了大教主。"① 其时，南诏国正
处于奴隶制社会时期，由于生产力水平低下，认识水平有限，巫教在南
诏初期尚未成为人们认识自然现象和宇宙规律的窗口。同时由于长时期
以来，巫教具有极其强大的渗透力和溶化力，常能随世演化，故到南诏
进入奴隶制社会时，巫教虽还没有趋于一神教，却能在很大程度上适应
当时的社会经济基础。正因为如此，巫教在南诏初期仍然拥有强大势力
和广大信徒。

及至佛教传入大理地区，佛教博大精深的思想体系、深奥玄妙的义
学理论、丰富多彩的神祇世界、严格神秘的仪轨制度远非白族原始巫教
所能匹及。同时，随着奴隶制社会经济的发展，人们的思想意识，包括
宗教观念也逐步起了变化，奴隶们要摆脱奴隶制束缚，屡次暴动；因为
带原始性的巫鬼教已不能再全面地起到为奴隶主阶层统治服务的作用，
南诏统治阶层开始需要借助讲究咒语、法术、有严格仪轨礼制、神祇世
界等级分明、分工细致的密教来辅助自己的统治，来强化现实生活中的
王权世界。

故到南诏劝丰祐时期，佛教经过前一段时期的历史沉淀和发展，终
于在此时获得较大发展，并在南诏辖区内得到了全面推广。例如在劝丰
祐执政时期，约相当于唐敬宗宝历二年（826）至唐宣宗大中十三年
（859），普遍修建寺宇、浮屠，备置佛经（多为汉译佛典），迎请西天
竺密宗僧人，开设五密坛场等，这一盛况实乃密教传入南诏近百年来的
空前创举。据地方史籍记载，"保和九年（832）高将军于赵州建遍知
寺（景泰《云南通志》）；李成眉建感通寺（张忱《荡山志》）；王嵯巅
于善阐（昆明）创建觉照、慧光二寺及双塔（东寺塔、西寺塔）以为
浮屠（《记古滇说》）；劝丰祐母出家，法名惠海，太和二年（828），用
银五千铸佛一堂，废道教；大和三年（829），僧梦岛造永昌卧佛，长
六丈；大中元年（847）劝丰祐得一罗部（罗茨）美女，女好佛，建罗
茨寺（均见《南诏野史》）等。可见当时所建之寺宇，而是几乎遍及南
诏所统辖的地区。"②

虽然佛教密宗自南诏中后期逐渐在白族宗教祭台上占据主要地位，

① 李东红：《白族本主崇拜思想刍议》，《云南民族学院学报》1991 年第 2 期。
② 赵橹：《论白族神话与密教》，中国民间文艺出版社 1983 年版，第 50 页。

但积淀着白族深厚历史观念和宗教意识的巫教是不会轻易退出历史舞台的。

早在佛教刚刚传入大理之初，以鬼主为首的宗教领袖就曾率村民们对佛教进行抵制，甚至对弘法僧人进行人身伤害。如《白国因由》记载的观音点化村民的故事及观音斗罗刹的故事便直接反映出佛教与巫教斗争的事实：

> 隋末唐初，罗刹久据大理，人民苦受其害。自唐贞观三年癸丑，得观音大士从西天来至五台峰而下，化作一老人至村，探访罗刹及罗刹希老张敬事实。村中人们一见老人如见父母，无不敬爱，备将剜人眼、食人肉种种虐害人民事，从头告知老人。老人乃慰众曰："罗刹父子数将尽，尔等不日安乐，慎勿忧惧。然不可轻露此言，露之恐招其害"。众答曰："但得彼父子数尽，虽不敢过望，惟求混度余年耳"……罗刹随观音至海东，观山清水秀，见石窟鱼窝，十分欢悦。乃凭张敬，并建国皇帝大护法等，遂令灵昭文帝秉笔，将券书于石壁之上。回至海西，又对众盟誓已。罗刹父子以为些小地方，不以为意，只知与梵僧亲洽相忘于尔我，又何尝计较地界之多寡与得失也，时刻聆受开示，皆忘其食人肉、剜人眼，渐生善念，若有不复为恶之状。此时人民咸相谓曰："美哉，罗刹父子得梵僧劝化，不复为恶矣。"父呼其子，兄唤其弟，俱向前感谢梵僧，并建国皇帝灵昭文帝之威力，有来奉酒馔者，又有来献茶饭者，梵僧慰众曰："好矣，尔等大王父子为善了，自从今日后，不复为恶，食人肉、剜人眼了，尔等安乐之日至矣。各自向善务业，不必猜疑，还如前日之为害也。"村中人民皆惟惟称谢而去。于是观音对众将袈裟一铺，覆满洱海之境；白犬四跳，占尽两关之地。罗刹一见大惊，拍掌悔恨。此时有五百青兵并天龙八部在云端拥护，大作鉴证，而罗刹父子悔恨不及矣。

据考证，罗刹当为土著居民，而希老实即耆老，亦即巫师。观音斗罗刹实代表两种宗教势力的斗争，故事中观音以袈裟和白犬为工具来完全占有了罗刹的地盘的情节，无非是最终佛教取得胜利的过程和手段的文学性处理方式。弘法僧人在传教过程中所遇到的艰难困苦浓缩、淡化于观音不可思议、神通变化威力的运用过程中。

如果说观音斗罗刹的故事是直接表现两种异质宗教势力的斗争的话，那么《师摩矣锁龙》显然属于同一民族共同体内部两种宗教意识和观念的冲突。收录于《南诏野史》（胡蔚本）的《师摩矣锁龙》故事云：

> （丰妃）尝随祐至罗浮山白城，建二寺。南壁画一龙，是夜龙动，几损寺。妃乃复画一柱锁之，始定。

虽然是寥寥数语，但却折射出巫、佛斗争的激烈。师摩矣乃劝丰祐妃，作为一名王室成员，她皈依佛法，笃信三宝，为了弘扬佛法而在罗浮山白城建寺。她的这一行为既表现出虔诚礼佛的信心，同时还向世人昭示南诏王室开始皈依佛法，佛教逐渐走上了政教合一的道路。按理，以王室成员身份建寺，具有压倒一切其他宗教的隐含话语。然而王权和佛教的结合却在罗浮山白城受到挑战，"是夜龙动，几损寺"。龙早在远古时期便已为白族先民信仰，俟佛教传入大理后，佛教神系中的龙王对白族龙神产生了较大影响。但白族龙神（分化为龙神和龙本主）仍为民间宗教，如巫教信仰。师摩矣建寺，何以于南壁画一龙。对此，赵橹先生认为："师摩矣之画'龙'于寺壁，乃隐喻罗浮山白城本为白族巫教的势力范围，师摩矣建寺于此，则喻宗教势力取代巫教之意，然而，巫教终不甘休，故有'是夜龙动，几损寺'，结果，密教采取法术以制巫教，表现为'妃复画一柱锁龙，始定'，密教终于制服、镇压了巫教而获胜。"① 在白族民间传说中，以龙隐喻巫教势力而与佛教人物斗法的故事较普遍。如《杨都师驯黑龙》、《罗荃寺神僧制龙》等，它们都是以代表原始巫教势力的龙最终被降伏而告终。类似的传说还很多，总的来说，这些故事的产生目的当属于释氏辅教之书，是为弘扬佛法而作，但却是在现实生活中巫佛相互斗争这样的宗教背景下产生的。

正如白族民间传说所显示的结果一样，在大理白族居住地区，密教终于历经千难万险战胜了巫教，并取得了绝对优势。同时以其严格而丰富的咒术密法、高度组织化的仪轨制度而逐渐走上政教合一的道路，成

---

① 赵橹：《论白族龙文化》，云南大学出版社 1991 年版，第 185 页。

为辅助统治阶层的重要宗教工具。它不仅首先在南诏王室、贵族阶层兴起和流布，而且还彻底获得了统治阶层的认可，从而为其在广大地区的流播奠定了坚实的基础。

虽然在巫佛之争中，佛教获得了南诏统治阶层的认可和肯定，但是巫教作为原始宗教是在原始社会生产力有了一定程度的发展，原始部落族群成员具有了一定程度的抽象思维能力，但又受生产力和抽象思维能力水平的限制，对许多自然现象和人类自身还不能正确认识和理解的基础上产生的，在南诏中后期，虽然佛教成为国教，但就其社会制度而言，尚处于奴隶制社会时期，社会经济发展水平还不甚高，而且南诏才成为统一的政治实体，各地经济发展也参差不齐，巫教发展和生存所需的自然条件和社会条件并未完全消失，尤其在民间，由于白族共同体正在逐渐形成，各地人民文化水平也参差不齐，故而为巫教的继续延续提供了一定的社会环境，这是巫教得以继续生存的可能性条件。

此外，随着社会的发展，尤其是在外来宗教势力的冲击下，巫教自然也在逐渐地进行自我调整，表现出一种自我完善的自觉意识。不少天鬼坛盖起了本主庙，天鬼逐渐演变而为本主，本主与天鬼逐渐合二为一了。白族崇奉天鬼的活动，后来在白族居住的平坝地区，则为本主所代替，或者说天鬼祭祀逐渐变成本主崇拜活动了，在其由天鬼信仰逐渐转化为本主崇拜的转型时期，它以一种极其开放宽容的胸怀借鉴吸纳着佛教体系的各个组成部分。表现在神祇体系的建构过程中，便是对佛教人物、佛教神祇的认可和肯定，以至于将之纳入到本主神系之中。

二

佛教神祇体系繁杂而有序，神祇众多而分工细密，本主崇拜只将其中一部分神祇纳入到自己本主神系，而不完全接受吸纳其余神祇。对这一奇异现象，笔者以为这与本主崇拜具有原始宗教和人为宗教的双重性质以及本主神祇自身的特点，及其选拔本主的标准有关。

白族本主崇拜具有人为宗教的特点，但它又保留了原始宗教的残余，"它是一种处于由原始宗教向人为宗教转化，但转化还未基本完成的'过渡型'宗教或'转化型'宗教。"[1] 据现有调查材料统计，仅大

<hr />

① 杨仕：《试论白族本主崇拜性质》，《中南民院学报》1994 年第 1 期。

理白族地区供奉的本主神祇就达413堂，加上湖南桑植县白族供奉的十堂本主，共423堂。每堂本主又大多有部属和亲属子孙，因而本主神祇的数目是相当多的。这些为数众多的本主神祇构成了相当庞杂的本主系列。"这一系列大体可分为原始神祇、凡人神祇、佛道神祇三个大类"。① 原始神祇包括自然崇拜、图腾崇拜、祖先崇拜、英雄崇拜等各种神祇。例如：自然崇拜和图腾崇拜就有太阳神本主、"红沙石大王"、"白岩天子"、"黑岩赫威本主"、"石宝大王"、大树疙瘩本主、壁虎本主、猴子本主、灵镇五峰建国皇帝（五台山山神）、宾阳王崇建国鸡足山皇帝（鸡足山山神）、点苍山昭民皇帝（山泽之神）、玉局持邦灵昭大帝（山泽之神）、小黄龙、介母龙王（白语母鸡龙）、黑龙老爷、白龙老爷、青龙太子、黄龙大爷等等；祖先崇拜神祇有鹤庆县西山方大村寨传说的人类开天辟地老始祖劳谷、劳泰及其自相婚配繁衍人类的十对儿女本主，湖南桑植白族传说中落居当地最早的祖先谷均万、王鹏凯、钟千一"三神天仙"本主等；英雄崇拜的神祇有：妙盛玄机洱河灵帝、海神段赤诚（羊皮村、柴材、河涘、城、江上村、中和邑等村本主）、猎神杜朝选（封号为"主国太清真谛灵主"，周城本主）、药神孟优、独脚义士阿龙、除邪龙木匠（漏邑村本主）、除妖阿杰尔义士、南海阿老等；凡人神祇类本主，一是传说中孝子、节妇和忠烈儿女，二是历代统治阶级历史人物，即包括南诏大理王朝的文臣武将及其亲属部下，如：清平宫大爷郑回、"五百神王"之首段宗榜、白姐圣妃国统治者及其文臣武将，也包括中原历代封建、孝子本主、玉花娘娘、张乐进求、细奴逻、迎风勒马景庄皇帝世隆、爱民皇帝、赵善政、诸葛亮，唐时征代南诏的大将李宓及其子女部属、明时大将傅友德、沐英、蓝玉、徐达等；佛道神祇有大黑天神、观音菩萨、白那陀龙王、诃利帝母、弥勒、达摩、李靖、二郎神、财神、玉皇大帝等。

从上述本主神祇的分类可看出：本主神系结构松散复杂，兼容甚广，尚未完全形成等级森严的神系，各神祇之间平等自由，这都明显地反映出本主崇拜的原始宗教属性在某些方面占优势。殆原始宗教产生于原始部落族群时期，由于生产力水平低下，氏族财产成为氏族成员公有，没有过多的剩余财富，尚未形成鲜明的等级分化。反映于宗教意识

---

① 杨仕：《试论白族本主崇拜性质》，《中南民院学报》1994年第1期。

中，则出现各图腾神、自然神之间平等自主，同时出现多神并祀的信仰格局。此外，随着社会的发展，人们的认识能力不断提高，对宇宙和自然现象又拥有与前一阶段不同的认识，由于需求的改变，宗教中的神祇常处于流动变化之中，具有不可捉摸性，这是宗教发展的一般规律，佛教的发展如此，道教也如此。白族本主崇拜在保持原始宗教性质的多神并祀格局的同时，也体现出宗教发展的这一规律，即本主神祇表现出流动性和不可捉摸性特征，在本主神系中出现了本主置换现象。

例如：喜洲苍山沧浪神，即苍山十九峰之沧浪峰的神灵，即本主"镇宁邦家福佑景帝"，它又是太阳神。传说这里云雾缭绕，对农作物生长不利。后来，当地居民在炎帝的帮助下驱走了云雾，终于见到了太阳。于是当地人就尊太阳为本主。随着佛教的传入，人们又将太阳神附会为"西来古佛"。本主庙内有隆庆三年（公元 1569 年）立的一块《新建镇宇寺庙重修记》石碑，碑文云："稽古叶输，观音首功，镇宁次工。肇自先代，苍洱烟愁，圣兹若人，西竺降临。开雾成物，镇土民宇，感建极赛，名曰镇宁。"本主诰文中亦有"西天古佛，南诏正神，随大士护持法宝。护国王克服罗刹，驱云拨雾，又在三十三尘主宰，寿酒安民十七，七十二坛景帝，寿诞菊月，执堂莲峰，邦家永镇，文阁常清。大悲大愿，大圣大慈，本主镇宁邦家福佑景帝。"① 透过这些芜杂神秘的文字记述，可窥视到本主神祇的流变、替换过程。

本主神祇的置换不仅仅表现在同一区域内的本主置换，而且也体现在村民在不同区域、不同村社改奉当地供奉的本主现象中。比如："剑川县水寨（向湖村）分南寨与北寨两个小村。南寨居民主要为李、赵、张三姓，本主是托塔李天王；北寨居民主要为段、赵、杨三姓，本主为观音。它们与居民都没有丝毫联系。南寨北寨的赵姓人家是由同族而衍分的，却信奉不同的本主。而且，40 年代末期，从四川来的两户姓姜与姓刘的汉族人家，定居南寨，逐渐白族化，托塔李天王也就成了他们的本主。近十年来，北寨的一些段姓人家移居南寨，也就改而以托搭李天王为本主，不再参加北寨的本主祭祀活动。"②

---

① 施立卓：《白族本主神号述略》，《云南民院学报》1991 年第 2 期。
② 段秉昌：《日本氏神崇拜与中国白族本主崇拜的比较》，《中国民俗文化国际学术研讨会论文集》，云南大学出版社 1999 年版。

就本主神祇置换现象中存在的两种情况而言，前一种情况大抵属于本主崇拜中固有的原始宗教特性导致的本主神祇流动性和不可捉摸性特征范畴。大抵佛教广泛流传于大理民间影响日深，故而出现以佛教神祇或佛教人物替换原有本主情况，以期提高和增加"本境福主"的保护力度。而后一情况则属于本主崇拜产生的农耕社会背景所致，而这与本主崇拜的原始宗教属性有关。白族本主崇拜是产生于农耕社会中，是为适应农耕社会的发展而以村社和水系为纽带而形成的民间宗教。它具有明显的村社和区域性特征。本主是一村的保护神。一定为一村的村民所崇拜。但这一本主也可以同时又是另一个村的本主，而本主与村民们没有任何血缘关系，是村社这一区域性概念将本主和村民在空间距离上紧紧地联系在一起。故而一旦这一区域性概念存在问题时，与之紧密相关的本主神祇也就发生置换问题。

总之，正是由于白族本主崇拜自身固有的属性及其本主神祇的流动性特征使佛教一部分神祇有可能进入不同村社区域，并直接或间接（通过本主置换行为）被村民们奉为本主。

至于佛教一部分神祇能成为本主的可能性有多大，这不是完全取决于佛教人物或佛教神祇的神通威力如何，而是由白族人民在长期农耕社会中形成的本主选拔标准决定的。

白族本主崇拜是在长期农耕社会中形成的，它不可避免地带有农耕社会固有的功利性色彩。这一功利性色彩反映在本主崇拜中就是：本主崇拜作为一种民间宗教，它"所重视的不是宗教信念、宗教教义、宗教信仰，而是宗教实践、宗教礼仪和宗教行为。人们不愿去空泛地恪守一种信条，去信仰一种正统的教义，而是根据人们日常生活需要和具体目标去确定和选择宗教原则。"⑧白族人民结合自己的实际需求和具体目标所选择和确定的宗教原则体现在本主崇拜中，便是其独特的本主选择标准："以死勤事者祀之，以劳定国者则祀之，能御大灾则祀之，能捍大患则祀之。"（《国语·鲁语》）

在这样的本主选择标准规范下，平民段赤诚为民除害，被奉为本主；太和一县令为百姓求得雨水而被奉为夜梦村本主；护国和尚也因为百姓找到水源，且改变土质而被力头村百姓尊为本主；南诏清平宫郑回原被南诏俘获，后因帮助治理南诏有功而被尊为本主；本主神王段宗榜，据《南诏野史》（胡蔚本）记载：段宗榜乃大理国开国君主段思平曾祖父，南诏清平官大将军。"世隆立，以王嵯巅摄政。段宗榜救缅，回至腾越，闻佑卒，世隆立，王嵯巅摄政，移书王嵯巅曰：'天启不幸驾崩，嗣幼，闻公摄政，国家之福。榜救缅以败师子国，缅酬金像，当得敬迎，奈国中无人，惟公望重，当抵国门之日，烦亲迎佛，与国增光'云云。嵯巅不知是谋，至日迎之，榜令巅迎佛。"突斩之于佛前，讨其弑劝隆晟之罪也。后段思平建立大理国，封其曾祖父为本主神王。因其战胜狮子国，故其神号为："狮子国一德天心中央皇帝"。又如"杜光庭，即南诏德化碑的书丹者，原为唐御史，流寓南诏，后为城玉局峰麓一带的本主。《大理县志稿》云：'杜公祠，在城南玉局峰麓，旧名昭文祠，南诏建，以祠唐御史杜光庭者'"⑨等等。

　　同样，在这样的本主选择标准作用下，佛教一些神祇或人物也进入遴选本主的候选人行列。如在大理地区最早成为本主的佛教神祇大黑天神就是这样一个最好的例证。相传，玉皇大帝听了耳目神的谎报，以为大理地区白族百姓很坏，便命天神到凡间散布瘟疫符章，要让生灵死去一半。天神奉旨驾云而下，来到湾桥，看见一个妇人，身背七十多岁的婆婆，后面跟着个六七岁的一个小孩。天神问道："婆婆可以走路，为何不背小孩？"妇人答道："孝敬婆婆，本为人子之道；小孩可以走路，并无妨害。"天神才知玉帝错怪了凡人。要是符章一散布出去，很多人就会冤枉而死。心想莫如我一人帮人间消灾。就把玉帝交给的瘟疫符章吞吃了。霎时，全脸发黑，昏倒在路旁。天下的蛇都纷纷赶来救治，用嘴去吸取瘟毒。把天神身上吸出许多洞洞，但始终没有吸完。从此，蛇的嘴巴就有了毒汁。天神死了，湾桥的人为他建祠塑像，奉为本主，因为脸黑，就被称作大黑天神。从大理地区流传的大黑天神传说可以判断大黑天神能被白族人民奉为本主，多半是他能有功于民，保护人民。

　　除大黑天神被吸纳入本主神系中外，还有观音、毗沙门天王、白那陀龙王、达摩祖师、阿利帝母、弥勒等等，在大理地区都广泛流传着他们的故事，在此不再赘述，但这都从另一方面证明了何以佛教中一部分神祇能进入本主神系，而并不是全部佛教神祇都可以进入本主神系的。

　　佛教神系中一部分佛教神祇纳入了白族本主神系，成为被白族村民供奉的本主，同时它们又仍然隶属于佛教神系，随着佛教的流布以佛教神祇的身份行使自己的职责。为何这些神祇能以双重身份在大理地区同时受到人们的供奉而不会因同时隶属于两个宗教神系而引起冲突？笔者以为，这一特异现象固与佛教与本主宗教的相互妥协、相互认可和适应有关，但更重要的是信徒（本主崇拜信徒和佛教信徒）对这些神祇的认可。

佛教自初唐时期传入大理地区，至南诏国劝丰祐时期被奉为国教，全面推广，自此在大理地区始终处于长盛不衰的发展之中。大理地区的白族人民几乎全民信奉佛教，元初郭松年《大理行记》记载："此邦之人，西出天竺为近，其俗善浮屠，家无贫富，皆有佛堂。人不以老壮，手不释念珠。"另有述律杰《重修大胜寺碑》录曰："古滇居民慕善，斋洁茹苦食淡，手捻菩提珠，口诵阿弥陀者，比比皆然。由其地连天竺，与佛国通，理势然也。"这两段史料忠实地反映出佛教在大理地区的兴盛情况，同时我们也可借此看到在大理地区，白族人民几乎是全民信佛的。这既是由于统治阶层的需要推广，而且也是佛教僧侣艰辛布道的结果，同时它还是由于白族人民宗教意识和宗教情感所致。

白族本主崇拜是白族颇具民族性和地域性特征的民间宗教。在白族居住的地区，几乎每一个村子都设有自己的本主。全村男女老少村民每年定期到本主庙进行祭祀，祈求本主保佑全境清吉、风调雨顺、五谷丰登、六畜兴旺，"为士者程高万里，为农者粟工千钟，为工者巧著百般，为商者交通万里"。[①] 没有供奉本主的村子，其村民是受人歧视的。可以说在白族民间，本主就是真正意义上的"本境福主"，他是一村一寨或一个区域的保护神。值得注意的是本主能保佑村民清吉平安，而且本主信仰作为一种民间宗教几乎遍布于大理全境，但是本主的职权范围毕竟是有限的，他的福佑能力再大，也只是局限于在供奉他为本主的村寨或区域内使用，不得越境。故而从这个意义而言，白族本主神系中的神祇全部都属于区域神祇，具有地域性特征。这一地域性特征强化了本主在该辖区领域内的权威，但它同时也成为本主神祇的一个最致命的弱点——管理范围有限。对村民们尤其对可能出远门的人，本主神祇的这一区域性特征也同样明显不能满足他们的需求。从宗教需求、宗教情感的角度而言，在大理地区由统治阶层直接推广，日益在民间流布开来的佛教及其神祇显然可以弥补白族本主崇拜及其神祇本身的不足。其中有些佛教神祇被纳入到本主神系中，分明可以弥补本主神祇区域性特征的

---

① 张福三：《白族本主崇拜及其传说的人间性与世俗性》，《南诏文化论》第 300 页。

不足，因为该佛教神祇在辖区内是可以履行本主的职责，而且他还因为兼具佛教神祇的身份而能超越区域局限，弥补了本主神祇的身份带来的不足。可以说，佛教神祇的双重身份（本主和佛教神祇）的优越性正是大理地区白族本主崇拜信徒和佛教信徒同时接受它们，却未有任何冲突和疑虑的一个主要原因。同时，它也标志着白族本主崇拜试图突破自身局限的一种尝试。

余　论

　　佛教与云南民族文化的关系是紧密的，它对云南民族文学的影响是深远的。它与儒家、道家思想体系一起，对云南当地的土著民族文化产生了巨大的影响。这种影响波及力度大，可以这样说，正是它们帮助建构了云南白族、傣族、纳西族、阿昌族、德昂族等少数民族如此辉煌灿烂的文化体系。囿于篇幅，本书仅选取傣族、白族、纳西族为研究对象，以期窥其一斑。

　　就云南民族文学系统的建构过程来看，较之儒家、道家思想，总体而言，佛教对云南民族文学的影响更为直接。盖佛教本身就拥有蔚为壮观的佛典文学宝库，正如陈允吉先生所言："嘉言童话，随处可闻；佛传因缘，应时而作。诸经掇拾，汇集大观。纷泊累编，拟恒沙之无算；琳琅荚目，犹繁星之灿天。譬如《行赞》、《本生》、《生经》、《庄严》、《百喻》、《百缘》、《杂藏》、《贤愚》，结构鸿裁，擅胜冠绝，莫不冶陶群品，传译亚欧，岂直隆名于古天竺境哉！"① 俟佛教传入云南，云南一些少数民族人民受其影响，接受其思想也就成为一种历史的必然。

　　值得注意的是，这种影响关系并不是单向的。佛教对云南民族文学产生深刻影响的同时，云南民族文学，包括由此而折射出的民族文化内涵也在对佛教产生着一种融摄和影响关系。正是由于云南民族文学系统对佛教的认可，才使得佛教义理、佛典文学观念、佛典文学的母题及题材和情节等作为佛典文学的整体概念能够较为顺利地被云南民族文学这一异质文化系统接受，并经过长期的加工和整理，逐渐演化为同质文

---

① 陈允吉主编：《佛教文学精编》序言，上海人民出版社 1997 年版。

化，从而进一步以云南各民族本土化的面目出现。这一举措不仅使佛典文学走向民族化、本土化，而且在某种程度上也促进了佛教的本土化、民族化和地域化进程。

　　总之，佛教与云南民族文学之关系是辩证的、互动的，绝不是单向交流。我们不应把这一现象的互动关系淡化，从而造成片面性认识。只有正确认识到佛教与云南民族文学相互影响、相互制约的互动关系，才能正确开展研究工作。

下　编
南传佛教　社会　民族文化

第五章

社会视域下的南传佛教

第一节 南传佛教的社会管理体系

东南亚南传佛教传入中国云南后，在漫长的历史发展过程中，逐渐融入云南信仰南传佛教的各少数民族社会、生活中，在少数民族社会领域得到有序发展。笔者认为，南传佛教之所以成功地融入世俗生活中，在少数民族社会领域有序发展，这与中国南传佛教独具特色的宗教管理体系是分不开的。那么中国南传佛教的管理体系是怎样的？它具有怎样的特点？它对中国南传佛教的发展有何作用？笔者将围绕着这几个问题，兹具体论述如下。

一 中国南传佛教管理体系

（一）僧团管理体系

作为制度化宗教，中国南传上座部佛教具有独立于社会组织制度之外的僧团，长期以来一直恪守原始佛教的纯洁性，严格坚持戒律，并严格执行布萨羯磨制度，加强对僧团内部的管理。

布萨羯磨，巴利语 Uposatha Kamma 是佛教古老的仪式，是出家众最重要的一种宗教生活。比丘必须每半个月在布萨堂集中，举行比丘集会。中国南传上座部佛教一直恪守印度原始佛教古老的传统，非常重视每个月布萨羯磨仪式。比丘们每个月在傣历每月十五日与二十九日（小月）或三十日（大月）都自觉地集中到"布萨堂"进行布萨羯磨活动。即使外出做活动，也会及时赶回来，集中到"布萨堂"中进行布萨羯磨活动，这已经成为每一位比丘重要的宗教生活内容。比丘们在"布萨日”都要诵《别解脱律仪》，然后对自己在这半个月里所犯过失进行忏悔。“布萨堂”里所做的忏悔是严格保密的，任何人不准泄露。在“布萨日”的“布萨堂”里参加布萨羯磨的人只能是比丘一级的僧人。一般的小沙弥和俗人都不得参加，妇女更是不能靠近“布萨堂”。事实上，笔者在 2007 年在云南临沧地区调研时，就有寨子里的老人说，就是在平时，妇女们也被告知“布萨堂”是不可以靠近的，而在“布萨日”更是严格禁止妇女靠近“布萨堂”。中国南传上座部佛教的僧团从古至今一直都严格地遵守着这一规矩。

值得注意的是，并不是所有的佛寺都可以有“布萨堂”的，它是严格按照中国南传佛教组织管理体系来设置的，即只有中心佛寺才能有。“布萨堂”成为了中心佛寺的标志。在调研过程中，老百姓告诉笔者，民间衡量一个佛寺是否是中心佛寺，只需要看其寺院里是否设置有“布萨堂”即可。这就意味着中心佛寺下辖的几个村寨佛寺的僧侣们要参加布萨羯磨仪式，就必须集中到自己所在地中心佛寺。而每半月都定期到中心佛寺集中布萨羯磨，这既有利于整顿僧团的纪律，保持南传上座部佛教的纯洁性，同时有助于强化中心佛寺以及上级佛寺的权威地位。

（二）佛寺、佛塔管理系统

在长期的发展过程中，为了便于管理佛教事务，更好地适应中国少数民族社会，中国南传佛教以傣族世俗社会等级森严的社会组织制度为摹本，逐步建立了制度严密、等级森严的组织管理制度①，其等级特征之鲜明、制度之严密是中国南传上座部佛教与汉传佛教乃至东南亚南传上座部佛教之最大的不同。

中国南传上座部佛教组织管理系统形成了非常奇特的金字塔型的管理模式。它不是一个简单的金字塔型的管理模式，它是由很多小金字塔型管理模式层层累加，最终组合成一个稳固的大金字塔型模式。所谓金字塔型模式是这样分布的：在金字塔尖是总佛寺，总佛寺下面是中心佛寺，中心佛寺下面是各个村寨佛寺。总佛寺负责管理中心佛寺，中心佛寺又负责管理其下面的各个村寨佛寺，层层管理，分工明确，逐步形成一个稳定而封闭的管理模式。在佛寺的组织管理系统方面，它具有鲜明

---

① 关于中国南传上座部佛教组织制度与世俗社会组织制度之关系，详参郑筱筠：《历史上中国南传上座部佛教与社会组织制度之互动》，《世界宗教研究》2007 年第 4 期。

的等级制度特征。

例如，西双版纳傣式佛寺曾分为四个等级：最高一级为设在召片领所在地——景帕钪，称为拉扎坦大总寺，是统领全西双版纳的总佛寺；第二个等级为：在总佛寺下设的 12 个版纳拉扎坦总寺和 36 个勐总佛寺；第三个等级是由四所以上村寨佛寺组成的中心佛寺——布萨堂佛寺；第四个等级就是最基层一级，即村寨佛寺。如下图所示：

西双版纳地区金字塔型管理模式示意图

级别	名称		数目	相应的社会行政级别属地	备注
最高一级	"洼龙"	"洼扎捧"	1	召片领	"洼龙"总佛寺下面有"洼扎捧"、"洼专董"两个佛寺协助管理
		"洼专董"			
第二级	勐级"洼龙"		36	勐级	
第三级	中心佛寺		若干		以四个村寨佛寺为一个单位
基层	村寨佛寺		若干	村寨	

整个西双版纳地区最大的总佛寺—"洼龙"。"洼龙"总佛寺位于原景洪宣慰街，统辖着整个西双版纳的佛寺。"洼龙"总佛寺下面有"洼扎捧""洼专董"两个佛寺，也在宣慰街，成为"洼龙"总佛寺的左右手，协助总佛寺管理全境内的中心佛寺佛教事务。在"洼扎捧""洼专董"这两个佛寺下面又与封建领主制的行政区划相对应地设有各个勐的"洼龙"佛寺，设在各个勐的土司府所在地。各个勐的"洼龙"佛寺相当于每一个勐的总佛寺，其下又以四个村寨佛寺为一个组织单位设中心佛寺，中心佛寺下面就是各个村寨的佛寺，中心佛寺负责管理村寨佛寺事务。

例如据 20 世纪 50 年代初调查数据显示，景洪佛寺组织管理系统分为内外两类。属于内部系统的共有九座，都在原宣慰街及其附近：

第一座佛寺：洼龙总佛寺。是整个西双版纳地区的总佛寺，统辖着整个西双版纳地区的所有佛寺，也是整个西双版纳地区的地位最高的长老所在寺院。20 世纪 50 年代时是当时西双版纳地区最高僧阶的祜巴勐所在佛寺；

第二座佛寺："洼专董"佛寺，位于总佛寺的右边，当祜巴勐因故不能处理佛教事务时，就由"洼专董"佛寺祜巴代为处理；

第三座佛寺："洼扎捧"佛寺，位于总佛寺的左边，当总佛寺的祜巴勐因故不能处理佛教事务时，可以在征求"洼专董"佛寺祜巴意见的基础上，代为处理佛教事务；

第四座佛寺：洼科松佛寺，位于曼沙，在总佛寺的前面，但其地位比"洼专董"佛寺和"洼扎捧"佛寺这两座左右佛寺的地位低，即使总佛寺的祜巴勐因故不能处理佛教事务时，也不能代为处理佛教事务；

第五座佛寺：洼曼勒佛寺，位于总佛寺的后面，地位相比之下稍低，当总佛寺需要商量事情时，不一定参加。

第六座佛寺：洼宰佛寺，位于曼嘎，是属于宣慰使的佛寺，在每年的开门节和关门节时，宣慰使都会来此赕佛（一般情况下，宣慰使赕佛两天，第一天在洼宰佛寺，第二天就到洼龙总佛寺赕佛）；

第七座佛寺：洼功佛寺，位于曼书功，由曼书功寨负责；

第八座佛寺：洼贺纳佛寺，位于曼贺那，由曼贺那寨负责；

第九座佛寺：洼浓凤佛寺，位于曼浓凤，由傣猛和鲁朗道叭两寨共有的佛寺。①

从西双版纳地区的景洪佛寺组织管理系统可以看出，中国南传上座部佛教寺院的金字塔型管理模式是模仿傣族社会组织制度建立起来的，具有等级森严、分工明确的特点。首先，就管理范围来说，各个等级的佛寺权利和职责非常明确，相互之间不存在侵权或是管理混乱问题。一旦明确了各个佛寺的界限和管理范围，该寺院就会以此为依据，坚决不越权。绝不干涉自己管辖范围外的其他佛寺的事务；其次，就管理方式而言，中国南传上座部佛教寺院的金字塔型管理模式采取的是自上而下，层层管理，等级分工明确的管理方式。上一层组织的佛寺负责管理下一层组织的佛寺，下面一层组织的佛寺则服从上一层组织的佛寺管

---

① 参看王懿之《西双版纳小乘佛教历史考察》，《贝叶文化论》，云南人民出版社 1990 年版，第 416 页。

理。这有利于建立行之有效的管理权威，权力相对较集中，不分散，有助于有序地管理佛教事务。

（三）波章管理系统的建立

波章①管理系统的建立是中国南传佛教有序处理佛教社会事务的成功典范。此管理模式的建立，成为中国南传佛教有序进入少数民族社会管理体制的一个桥梁。

波章是中国南传佛教社会管理体系的权威，在中国南传上座部佛教管理体系中发挥着特殊的重要作用，在社会管理层面上与世俗社会进行沟通和融合。这是南传佛教管理体系不同于汉传佛教和藏传佛教管理体系之处。值得注意的是，在安章身份的认同上，他却具有双重性特征，他既是中国南传佛教社会管理体系的权威，同时他却是一个世俗社会之人，在世俗社会中不享有任何宗教能赋予的神圣权威。他是中国南传上座部佛教流传区域内专管佛教事务之人。他是由群众推选产生，波章人选的选拔标准非常严格，经过严格的选拔程序，符合选拔标准②后，既得到了佛教世界的认可，也得到了世俗社会的认可，波章方才具有中国南传佛教社会管理体系的权威。在具体的南传佛教的社会事务管理中，他扮演着组织者和管理者的角色，甚至在佛教仪式活动中，承担着仪式主持人的角色。③ 值得注意的是，如此重要的角色在中国南传佛教管理体系中并不是唯一的，波章有很多，大家各司其职，在自己的职权范围内共同参与管理佛教的社会事务，因此也形成了自己独具特色的管理体系——波章管理体系，即与中国南传佛教寺院管理体系相适应，按照寺院管理的金字塔型模式也形成了波章管理体系的四级金字塔型模式：总佛寺波章——勐佛寺波章——中心佛寺波章——村寨佛寺波章，各级波章之间有严格的等级界限，上下级波章具有从属关系，不可逾越权限范围活动。以西双版纳傣族自治州为例，波章的金字塔型管理模式见下图：

---

①　在云南南传佛教信仰区域，对之有不同的称呼，在西双版纳傣族自治州，称为"波章"，在德宏傣族景颇族自治州称为"贺路"，在临沧市称为"安章"。

②　关于安章的选拔标准，详参郑筱筠：《中国南传佛教管理体系中的社会——试论安章角色的选拔标准》，《宗风》（己丑年夏之卷），宗教文化出版社 2009 年版，第 262 页。

③　关于波章的情况，详参郑筱筠：《人类学视域下南传佛教的中国阈限理论分析——以南传佛教管理体系中的安章现象为例》，《思想战线》2010 年第 2 期。

西双版纳地区波章金字塔型管理模式示意图

级别	名称		数目 （单位：位）	相应的社会 行政级别属地	备注
最高 一级	"洼龙" 波章	"洼扎捧"波章	1	召片领	"洼龙"总佛寺下面有 "洼扎捧"、"洼专董"两 个佛寺协助管理
		"洼专董"波章			
第二级	勐级"洼龙"波章		36	勐级	
第三级	中心佛寺波章		若干		以四个村寨佛寺为一个单位
基层	村寨佛寺 波章		若干	村寨	

　　正是由于有了这样等级分明、制度严密的波章管理体系，各级波章严格遵守规定，按照各自的分工来组织自己权限范围内的佛事活动，因此，在佛教与社会资源进行有效整合的过程中，波章按照自己管理体系的潜规则来组织参与、处理社会事务，将整个中国佛教的社会事务化整为零，划分到相应的各级波章管理层，逐级分工，既避免了波章权限的过于集中的现象，又有效地对佛教的社会事务进行了处理，有力地促进了佛教的发展。

二　中国南传佛教管理体系的特点

　　（一）高度重视基层宗教的管理，以僧阶制度来管理区域佛教。

　　中国南传佛教不同于汉传佛教和藏传佛教管理体系之处在于它高度重视基层宗教管理。如上所言，在长期的发展过程中，中国南传佛教以傣族世俗社会等级森严的社会组织制度为摹本，逐步建立了自己的制度严密、等级森严的组织管理制度①，在此金字塔型的管理模式中，村寨佛教属于基层佛教，处于此管理模式的最下方，数量众多，共同支撑着金字塔各个层面。因此，村寨佛教的稳定事关金字塔各层面的佛教之稳定，村寨佛教的发展事关整个金字塔层的发展。为此，中国南传佛教非常重视基层宗教的管理，为此，其逐渐形成了僧阶制度。

---

　　①　关于中国南传上座部佛教组织制度与世俗社会组织制度之关系，详参郑筱筠：《历史上中国南传上座部佛教与社会组织制度之互动》，《世界宗教研究》2007 年第 4 期。

对于基层村寨的僧伽组织而言，除了以戒律等来规范其行为外，中国南传佛教还形成了特殊的僧阶制度，加强对僧团内部的管理。中国南传上座部佛教僧阶制度之严格，等级分类之多，是其他南传上座部佛教国家所未有，而且也是大乘佛教无法相比的。在云南，一般说来，僧阶是按年龄、戒腊、学行来划分的，僧阶只是一种荣誉，并不意味在神圣世界或者在世俗世界享有一种特权。但僧阶地位的高低却是与僧侣的声望和影响成正比的。一般来说，在僧团内部，僧阶低的僧伽都尊重僧阶高的僧伽，都会听他们的话。

例如，在西双版纳傣族地区，按年龄、戒腊、学行来划分僧阶。僧阶大体可分帕（沙弥）、都（比丘）、祜巴（都统长老）、沙密（沙门统长老）、僧伽罗阇（僧王、僧主长老，这一僧阶长期来虚职无人）、帕召祜（阐教长老）、松迪（僧正长老）、松迪阿伽摩尼（大僧正长老）等八级。或在帕之前增帕诺（行童）一级，在都之后增都龙（僧都）一级则为十级。自五级以上晋升十分严格，最后两级在整个西双版纳地区只分别授予傣族和布朗族各一个，成为地区最高宗教领袖。一般说来，做了大佛爷之后，他不仅是寺院里最德高望重、学识渊博的，而且也是整个村寨中地位最高的人。即使是去到本村寨以外的其他地方，也是深受人民尊敬的。在政治地位上，大佛爷可以和土司平等对话，在宗教场合里，土司见了大佛爷之后，还要非常恭敬。

而在云南德宏傣族景颇族自治州和临沧市，僧阶的划分却没有这么多的等级。例如，多列派僧阶只分四级：召尚，相当于润派佛教的帕；召闷或闷召，相当与润派的都或都龙，民间习惯称之为佛爷；召几，相当于润派的祜巴；召崩几，相当于高级僧阶的荣誉称号；临沧市的孟定多列派还曾经实行过三等九级僧阶，即一等芽宝、芽金、芽银；二等叶宝、叶金、叶银；三等花宝、花金、花银，但现未流传下来。① 摆庄派僧阶也是四级，与多列派相似，但称号不同：嘎比（可以看作是预备和尚）、尚旺（相当于沙弥）、召们（比丘）、召几（长老），而左抵派只有比丘一级，分为大和尚、小和尚。

对僧侣按年龄、戒腊、学行来划分僧阶，这是对僧侣自身学识修养

---

① 参邱宣充《耿马县小乘佛教》，载《云南少数民族社会历史调查资料》（五），云南人民出版社1985年版，第348页。

和品德、修行深浅的一种神圣性认同，它虽然只是一个荣誉，并不意味着任何的特权，但是，对于僧侣来说，进一步的晋升僧阶既是在佛教体系内部对自己精进不懈、勤修佛法的整个修行实践行为的神圣认可，同时也是世俗社会对其本人的神圣权威的一种认可。因为僧伽晋升僧阶并不是由其本人提出来，而是由其所在佛寺所属的村寨或者是某一区域的信众们认为其已经符合晋升的条件，经过慎重考虑后才提出来的，经过相当复杂的程序、最后该僧侣同意，并且经该僧侣所在佛寺的大佛爷同意之后，村寨举行隆重的升和尚仪式，才逐步晋升的。选拔和申请晋升和尚的整个过程是在僧团制度之外进行的，是世俗社会在自己的组织管理机构内部，以自己的管理方式对佛教僧侣的神圣性认可，但是其选拔的结果却必须要得到神圣世界的同意方可。而就中国南传上座部佛教管理体系而言，逐级晋升、等级分明的僧阶制度是对僧才的认可，也是对僧才进行严格管理的一种制度，有助于进一步有序地管理佛教事务。①

如果说中国南传佛教的金字塔组织管理制度是与社会行政体制的划分相适应，是从上而下地纵向管理各级佛教组织，那么中国南传佛教的僧阶制度则是横向地对本区域内部的僧团组织内部进行管理。这是中国南传佛教内部的纵向和横向组织管理模式，这一管理模式覆盖了佛教内部所有方面，使中国南传佛教从上到下，由内而外都得到了有效的管理。

（二）将宗教活动纳入到社会管理体系之中的宗教管理特点

中国南传上座部佛教组织制度的运行管理系统是与傣族地区封建领主制社会行政组织系统紧密配合的，其运行机制的执行却极大地有赖于社会行政组织系统。因此，将宗教活动纳入到社会管理体系之中也是中国南传宗教管理体系的一个特点。

在管理具体的宗教事务时，中国南传佛教设置了波章管理系统，妥善地处理与佛教相关的社会事务。波章在处理佛教的社会事务时，其通过依托各级行政组织机构，以世俗社会组织制度各级行政机构为单位，积极寻求与社会各界的合作，共同开展宗教活动，努力将宗教活动的管理纳入到社会管理体制之中。

例如，村寨里有各种社会团体，它们是在历史发展进程中出现的没

---

① 详参郑筱筠：《中国南传佛教研究》第二章，中国社会科学出版社 2012 年版。

有任何行政级别的社会团体，不从属于任何官方组织，它们是村寨开展各种活动，包括宗教活动的，以临沧市为例，各村寨根据性别和年龄不同，都设置有不同的社会组织团体，"少女们有一个组织，其首领称'卜少头'，每寨一人，由大家选举产生，负责组织全寨少女参与节日活动和劳动等，有关少女的问题亦由她来解决；另外，还有一个'召发引'，由土司委派，是新爷、郎爷①等的妻子，负责指挥全土司的'卜少头'，同时也负责指挥老年妇女，根据土司的意旨，召集妇女布置各种要做的事情，领导妇女做赕，分配妇女替土司做赕时服役的分工等。各村寨的青年男子也有组织，首领称'卜冒头'，也是由大家选举产生，负责组织和领导青年男子参加活动。本寨所有与青年男子有关的事情全由他来负责处理。"② 这样的社会团体一直延续至今，在村寨中各司其职，发挥着各自的管理功能和社会整合功能。因此，在处理佛教社会事务，例如组织佛事活动、寺院供养、维修等寺院经济活动时，波章就要代表中国南传佛教，主动与村寨里的老人们、村寨管理者、各个社会团体的领导者们协商，寻求解决问题的办法。如果涉及少女们的活动，就由"卜少头"出面去组织；涉及男性青年的，就由"卜冒头"去组织；以此类推，每一个年龄段都由不同的组织者进行组织，将具体的事务直接划分为每一年龄段不同性别的事务。值得注意的是，获得这些团体的支持后，由于涉及佛教事务，波章在无形中就成为各个社会团体的组织者和领导者，具有某种权威，在参加佛事活动时，统一听从安章的指挥和安排。

　　比如，笔者在 2006 年 8 月参加云南临沧市耿马总佛寺念大经仪式时，就明显地感受到安章出色的组织能力和指挥能力。由于这是耿马总佛寺一年一度的念大经活动，所以来的人非常多。此次念大经耿马县总佛寺附近几乎所有的中心佛寺的主要僧侣都要来参加，虽然总佛寺共僧人 20 人（佛爷长老 9 个，和尚 11 个），但是参加活动佛爷和尚共计 123 人。可以想见这次活动是如何的重大。正因为此，前来参加赕佛活

---

① "新爷"、"郎爷"是 1949 年以前临沧市土司制度中土司身边的官员之称谓。
② 详参《临沧地区傣族社会历史调查》，民族出版社 1985 年版。

动①的群众络绎不绝，但却未出现一丝混乱。

　　经过与临沧市佛教协会秘书长暨耿马总佛寺的安章安明先生的交谈，我们才得知，早在这次活动前，安明就与耿马总佛寺寺院管理小组的其他安章和老人们一起，召集了下属的几个中心佛寺以及邻近村寨的村寨佛寺的安章们、甚至个村寨的相关管理者几次开会讨论如何组织信众赕佛的问题。会上就信众的组织管理问题、信众以及包括僧侣在内的所有参加念经活动的人的饮食问题做出安排（按照中国南传上座部佛教活动的习俗，所有来寺院参加佛事活动人都可以在寺院里免费就餐，而所有的饮食全部由负责供养该佛寺的村寨群众平均分担）。经过研究，耿马总佛寺的安章们做出决定，在公历 8 月 9 日念大经的这一天，上午可以来五个生产队的人参加活动，下午再来五个生产队的人来参加活动，这样就会避免因人员众多而出现拥挤的情况。至于饮食问题，上午由 5 个生产队负责做好送到佛寺，下午再由另外的 5 个生产队的负责送来。大家轮流参加活动，同时也轮流负担饮食问题。下午 5 点左右全体在佛寺吃饭。饭后 7 点左右开始念经。由于事先就经过了这样的精心安排，所有虽然这是耿马县一年中最隆重的佛事活动，来参加的群众非常多，有的村寨几乎是倾巢而出，全都来赕佛。但是，从秩序的管理上来看，却可以做到秩序井然，有条不紊。大家按照所属区域的组织安排来参加活动，在就餐时也直接到事先规划好的指定地点就餐；从后勤的角度来看，所有的参加者，包括外地来的旅游者或是城里来看热闹的群众，全部人都可以在佛寺中吃到免费的饭菜。

　　值得注意的是，在这场盛大的佛事活动中，安章们出色的组织、管理能力固然重要，但在具体执行的过程中，如果没有村寨其他社会团体的积极配合，没有从佛教领域（安章）向社会领域（各社会团体）管理层面的渗透，这样重大的活动显然是不会如此有序的。这充分说明，在中国南传佛教的社会管理过程中，中国南传佛教通过将宗教纳入到社会管理体系中来实现自己的发展，这正是中国南传佛教管理模式的独特之处。

　　值得注意的是，在不同的少数民族分布区域，由于各自的社会发展

---

①　"赕"即布施之意。中国南传佛教地区的信众在参加佛教活动时，都会布施钱财或其他物品给佛寺。

程度不同，历史文化背景不尽相同，在不同的民族地区也形成了各自不同的波章体系，呈现出不同的区域性和民族性特征。

综上所述，有序的基层宗教管理是中国南传佛教发展的主要保障，而将宗教管理纳入到社会管理体制内却是中国南传佛教发展的内在动力。中国南传佛教管理模式的意义在于，其将管理重点放在基层，以僧阶制度形成佛教基层组织内部的制约机制；同时依托村寨为基本单位，专门管理与佛教相关的宗教社会事务，有效地将基层佛教与村寨密切地结合在一起，能促进基层村寨佛教的良性发展；此外，中国南传佛教管理体系内部分工明确，既有佛教僧团的内部管理系统，又有管理佛教社会事务的系统，两者各司其职，妥当地处理了佛教与社会资源的关系，有序地整合了佛教资本和社会资源，将宗教纳入到社会管理体制之中，有力地促进佛教在当地社会的发展。

第二节　南传佛教的寺院经济管理体系

世俗社会对神圣世界的经济支持是宗教发展的强有力的保障。而宗教场所的相对独立运行，使之在世俗社会的经济支持下逐步形成了寺院经济。从寺院经济的角度而言，中国南传佛教寺院经济明显地不同于汉传佛教和藏传佛教，在宗教经济的积累、宗教消费以及宗教经济资本的管理和运作方面，形成了独具特色的南传佛教寺院经济模式。

一　南传佛教传统的寺院经济概况

（一）宗教经济的积累与供养主体

南传上座部佛教一直保持着原始佛教的纯洁性，恪守着僧侣不蓄金银的戒律。各个寺院无论其级别高下都对此在寺规中做出了严格的规定，同时还明确规定僧人不允许进行经商活动。另外南传佛教独特的寺院组织管理模式和信徒管理模式也使寺院本身无法发展经济产业，因此，中国南传佛教没有雄厚的寺院经济实力，它几乎完全依赖于世俗社会的供养。故而世俗社会的经济支持对中国南传上座部佛教来说是非常重要的，由此发展起中国南传佛教独特的寺院供养模式。[1] 从供养方式

---

[1]　详参郑筱筠著：《中国南传佛教研究》，中国社会科学出版社 2012 年版，第 211 页。

来看，主要有寺院日常的生活供养类型和信众的赕佛[①]活动供养。但无论是哪一种供养方式，从供养主体来看，村社成员是其基本的供养主体。

寺院日常的生活供养类型主要指村社要按照世俗社会组织行政机构的安排，承担寺院的供养，即各个佛寺僧侣每天的饮食也由村社成员轮流供应。其供养主体是寺院所在或邻近村寨的村民。

在历史上云南西双版纳地区南传上座部佛教曾实行过托钵制，即每天清晨由小沙弥托钵外出，到村寨里挨家挨户化缘，后来逐渐也改为由村寨、由村寨各成员轮流供养。例如西双版纳景洪曼占宰寨在1957年时，本寨佛寺有佛爷、和尚9人，他们当中14岁者有2人，16岁到17岁的有7人，此外还有很多"预备和尚"。全寨要向佛寺里的佛爷、和尚9人以及"预备和尚"多人提供生活食用，每年至少要谷子180挑。[②] 这些全部分摊到村社各户。临沧地区也如此。临沧地区沧源佤族自治县勐董僧侣的生活来源在20世纪50年代以前依靠村寨每户轮流供养，"每户每日送给缅寺长老、佛爷、和尚大米一碗、饭一盒（包括菜蔬）、盐巴约五钱、木柴一根"[③]。信仰佛教的村寨还要对佛寺还有一些供养，根据班老大寨的调查，这些供养有如下几种："（1）每天每户要给佛寺一碗饭，供和尚、佛爷吃。（2）小和尚到寨中化缘，每户给一碗米，无米可给辣子、烟草之物。（3）每年春播前，家家户户都煮五六斤糯米饭供奉佛寺，然后播种。目的在于祈求丰收。（4）每年新谷收后，各家都煮新谷米饭供佛寺，意即先让佛爷、和尚吃新米饭，然后自己才能吃。（5）因事请长老、佛爷、和尚念经，须付给一定的钱物以为报酬。（6）每户年给佛寺砍柴两排（度）。"[④] 在这一供养类型中，村民就是最基本的供养主体。因此对于寺院的经济积累来说，这一部分基本是固定不变的。它主要是由村民们的经济承担能力决定。

值得注意的是，后来随着佛教的日益发展和僧侣的增多，也有一些

---

①　"赕"是傣语的译音，有"布施、赠与、奉献"的意思。所谓赕佛活动是南传佛教地区，信徒们以积累功德为目的、捐赠财物给寺院的宗教活动。详参郑筱筠《中国南传佛教研究》第十章，中国社会科学出版社2012年版。

②　《傣族社会历史调查》（西双版纳之九），云南人民出版社1985年版，第223页。

③　《临沧地区傣族社会历史调查》，云南人民出版社1985年版，第142页。

④　"排"是长度单位，两臂伸开之长度为一排，两排即两个立方排的烧柴。

封建领主运用政治权力强制村民支持寺院的情况。首先是硬性规定每年
每户应向佛寺交纳一定数量的谷物。如西双版纳的勐阿土司就规定，凡
种田的农民每年每户缴纳"波占谷"一挑，不种田者缴谷半挑。其次，
领主还将霸占的土地中的少部分赠给某些佛寺，这类土地称为佛寺田，
由寺院出租给农民耕种，收取一定数量的地租。[①] 此外，领主还将其占
有的专为领主家庭服各种劳役的家奴寨赐给寺院，替寺院服务。如勐仑
有曼梭黑、曼锐两个寺奴寨（卡袜）共 32 户，耕种部分塔田（纳塔），
这两寨农奴专门负责守护和维修白塔。[②] 佛寺直接拥有一些经济资源，
诚然可以在一定程度上减轻村社供养制的经济负担，但由于这样的情况
还不多，因此，在中国南传上座部佛教文化圈内的大部分地区，村社供
养制还是寺院经济最主要的一种形式。

（二）南传佛教传统寺院宗教经济消费状况

南传佛教寺院经济的消费主要分为寺院场所的维修等事务的消耗性
开支以及宗教活动消费。其中由于寺院场所的维修等消耗性开支巨大，
但不是经常性的，而频繁的宗教活动是南传佛教寺院经济重要的消费来
源。

除了集体性的宗教活动外，在南传佛教信仰区域内，南传佛教信徒
们以私人的名义进行的赕佛活动较多，对社会生活也产生了重大影响，
信徒们在举行各种赕佛活动时，都要花费大量的钱财，经济支出庞大。

在临沧市双江拉祜族佤族布朗族傣族自治县境内的傣族中，赕佛的
具体内容就是请和尚念经，追荐去世的父母，报答父母养育之恩。有小
赕、大赕两种，小赕只做 1 天。做一次小赕，大约要花 500 元，主要用
于伙食开支。（这是 1995 年的水平——笔者注）。做大赕的正式时间一
般是 1 天 1 夜。也有做 3 天 3 夜，甚至 7 天 7 夜的。时间长短，看念的
经的数量多少而定。凡做赕，必须要写经。一旦确定好要念的经，可以
由主人亲自抄写。如果自己不会写，可以请人写，一般情况下，大家都
到寺院里请佛爷或长老亲自抄写。到时，念新写的经。用毕，归佛寺收
藏。做赕一般要念经，时间越长，念的经越多。不论大赕小赕，念经的
报酬有一定的数量，念一本经，给人民币 1—2 元（新中国成立前给半

①　颜思久：《云南宗教概况》，云南大学出版社 2000 年版，第 39 页。

②　杨学政主编：《云南宗教史》，云南人民出版社 1999 年版，第 40 页。

开），每念完一本，给一次钱。念大经，一次付清，约人民币 10 元。这些价格都由安章（佛教世俗事务的管理者——笔者注）事先与佛寺讲定，主人照价付款。

做大赕的开销很大，一般要筹办一次大赕，得准备 1—2 年，有的 3 年。20 世纪 80 年代中期，有人做大赕，如果是 1 天 1 夜的时间，需要花费人民币约 8000 元。做"赕"的开支，主要用于伙食开支，但是其中一部分必须用于向寺院捐赠财物或者向佛爷、长老布施。寺院或者长老、佛爷本人得到的财物会根据做赕的规模而有变化。

另外，根据 20 世纪 50 年代的调研，沧源县勐角区勐董乡蛮波傣族村寨的宗教开支如下[①]：全寨 11 户在宗教活动中都要出钱来承担经济开支。但因其社会等级不同，在宗教消费方面也有不同。其中大伙头（即该村寨负责人）这一阶层类型的消费中，其一年所需宗教消费合计为"人民币 84.73 元，占该户农业收入的 9%。"而在富裕阶层类型：如"富农干允冒，该户全年的宗教开支为人民币 86.85 元，占其农业收入的 7%。"在稍微富裕的阶层类型："如中农贺国暴，该户全年的宗教开支为人民币 64.58，折谷 860 斤，占其农业收入的 9.7%。"在贫困阶层类型中，"如贫农贺尹勐冒，该户全年的宗教支出为人民币 55.6 元，折谷 740 斤，占其农业收入的 11%。"[②] 20 世纪 80 年代以来，有的地区各个村寨佛寺的供养模式逐渐由原来每户轮流送饭供养，改为每日三餐的消费折算为人民币后，按月一次性供养。同时，在每年经常性的赕佛活动中，村民们也会按照自己家庭的年收入按一定比例（大多数为 15%—35%）直接交给寺院管理小组。这表明，在南传佛教信仰区域内，不同的社会阶层的宗教经济支出占其年度收入的比例不同，但无论其比例如何，信众的年度经济收入与其宗教经济费用是紧密相连的，要有经济收入，才会进行宗教经济活动。这是南传佛教寺院经济消费的主要来源，这也是其寺院经济资源配置的主要变量。

（三）南传佛教寺院经济的运作模式

南传佛教寺院经济运作模式主要分为宗教经济积累运作和宗教消费运作两种模式。

---

① 《临沧地区傣族社会历史调查》，云南人民出版社 1985 年版，第 152 页。
② 同上。

1. 南传佛教宗教经济积累的运作模式

傣族社会对中国南传上座部佛教的经济支持同样是依靠社会组织制度来运行的。即通过社会组织制度各级行政机构层层往下布置安排，承担宗教负担。

一般说来，社会行政机构的基层组织——村社要承担的宗教负担主要有两种类型：一是村社以上的各级行政组织的宗教开支；二是村社自己开展宗教活动时的经济负担。

第一种类型：村社以上的各级行政组织的宗教开支。就村社以上的各级行政组织的宗教开支类型而言，各个村社在行政区划范围内共同承担已成共识。从社会组织制度而言，南传佛教地区的各级权力机构是多层次的，各级成员之间的职责和义务也是非常清晰的，也是非常紧密的。这一紧密性特征就使各级社会行政组织严格遵守古制，认真履行自己在世俗社会组织制度中应该承担的义务和职责，并按照世俗社会组织制度规定的严格等级制度进行世俗生活和神圣生活。这一特征体现在宗教生活中，最明显地莫过于由各"勐"下属的各个村社共同承担以"勐"为单位组织的宗教活动的经济开支。摊派宗教负担时，下一级行政组织机构要负责落实上一级行政组织进行宗教活动的所有开支，即召片领一级的最高统治者所有宗教活动的开支基本上要由下一级行政组织——勐来承担，而勐这一级行政单位则直接把这样的负担继续往下摊派，这样层层摊派下来后，最终的宗教负担则基本上是由傣族社会组织制度中最基层的行政组织单位——村社来共同承担了。

第二种类型是各个村社平时自己的宗教活动开支。各个村社平时也按照行政区划进行宗教活动，主要是围绕着寺院、佛塔开展各种佛事活动，自己本村分配宗教负担。例如修建佛寺、佛塔，塑造佛像，村寨集体送小孩入寺当和尚，和尚升佛爷、祜巴等重大宗教活动，一般家庭是不可以组织或承担的，也不是个别家庭的事情，而是全村社的共同事务，是村社的集体事业。赕佛活动的组织却在极大程度上依靠村寨势力的执行，赕佛活动的所有宗教开支全部都要经过村社的佛教组织机构研究后，分摊到具体村社成员头上。因此，无论是上级行政组织机构组织的宗教活动开支还是各村社范围内自己的宗教活动开支，都是由村社全体成员共同负担。

总之，由世俗社会来承担神圣世界的经济开支，而不是由神圣世界内部自行管理是傣族社会南传上座部佛教寺院经济的特色，也是中国南传上座部佛教供养体制和寺院经济不同于汉传佛教和藏传佛教之处。这是世俗社会组织制度从世俗社会的角度对神圣世界进行着经济支持的表现，也是中国南传上座部佛教得以发展的最根本的世俗社会保障。

2. 南传佛教经济消费的运作模式

南传佛教在长期的发展过程中，形成了不同于汉传佛教和藏传佛教的寺院管理模式，这是南传佛教管理体系不同于汉传佛教和藏传佛教管理体系之处。在进行寺院经济活动时，南传佛教寺院管理模式成为宗教经济消费的运作机制和监督模式

为了便于管理佛教内部事务，更好地适应中国少数民族社会，中国南传上座部佛教以傣族世俗社会等级森严的社会组织制度为摹本，逐步建立了制度严密、等级森严的组织管理制度。[①] 与此同时，中国南传上座部佛教管理体系中还设置安章这样一个特殊角色，在社会管理层面上与世俗社会进行沟通和融合。在中国南传上座部佛教徒的宗教生活中，安章是重要的活动组织者和管理者。[②] 他是在世俗空间的信众的组织者和管理者，他要负责组织和管理群众参加赕佛祭祀活动。佛教沿袭了世俗社会组织制度特有的经济运行体制，平时寺院的供养、佛寺僧侣每天的饮食也由村社成员轮流供应，具体就由安章来负责安排。至于赕佛活动中的开支，则主要是由安章和老人们一起掌管。同时，安章还负责管理佛寺、佛塔的修建和维修，至于这些活动所产生的经济费用都由安章来负责安排和处理。比如，笔者在 2006 年 8 月参加云南临沧市耿马总佛寺念大经仪式时，就明显地感受到安章出色的组织能力和指挥能力。此次念大经耿马县总佛寺附近几乎所有的中心佛寺的主要僧侣都要来参加，虽然总佛寺共僧人 20 人（佛爷长老 9 个，和尚 11 个），但是参加活动佛爷和尚共计 123 人。由于这是耿马总佛寺一年一度的念大经活动，前来参加赕佛活动的群众络绎不绝，所以来的人非常多，却井然有序。

值得注意的是，中国南传上座部佛教的寺院管理机制具有强烈的时代

<hr>

① 关于中国南传上座部佛教组织制度与世俗社会组织制度之关系，详参郑筱筠：《历史上中国南传上座部佛教与社会组织制度之互动》，《世界宗教研究》2007 年第 4 期，第 42 页。

② 关于安章管理系统，详参郑筱筠：《人类学视域下南传佛教的中国阈限理论分析——以南传佛教管理体系中的安章现象为例》，《思想战线》2010 年第 2 期。

特征，现在基本上已经由原来的具有政教合一性质的管理机制逐步形成群众自己有序管理的寺院管理机制。原来的寺院管理机制是佛教僧侣或是封建领主、头人与波章（安章）共同或者直接由安章进行管理寺院。这一管理体制随着 20 世纪 50 年代封建领主制的消亡而逐渐被 20 世纪 80 年代以后出现的寺院管理小组体制所取代，现在的寺院管理小组是由群众自己进行选举德高望重的老人（一般情况下，大部分都是"安章"或者是"康朗"①）来进行管理。在经济方面有序、公开、透明，每一笔经济支出都用红纸写好，清晰地贴在墙上接受群众的监督。如果有剩余的钱就由最德高望重的安章或寨里的老人负责保管，在下次活动时或者在佛寺、佛塔需要维修时又拿出来，没有人会把这笔钱占为己有。

当然，我们也应看到中国南传上座部佛教在发展过程中没有形成强大的寺院经济支柱，个人不能直接掌握经济大权，而且寺院经济缺乏强有力的支撑，其所有的经济来源和经济开销必须要依赖世俗社会。这就使之与世俗社会组织制度产生了最为直接的密切联系——寺院的发展及僧侣的供养必须依靠信教群众和世俗社会的供养，而世俗社会经济发达程度在某种程度上就直接制约着宗教的发展。

二　当代中国南传佛教的寺院经济发展特点

当代中国南传佛教寺院经济模式发生了较大的变化。随着中国社会的改革和发展，少数民族地区经济得到了飞速发展，交通发达，对外交往的机会增加。自 20 世纪 80 年代以来，中国南传佛教寺院经济已从村社供养制为主的单一经济模式逐渐转变为多元化的供养模式，传统村社承担的寺院活动开支依然是寺院收入的一个部分，而来自社会各界的捐赠善款等也逐渐成为寺院经济的来源之一。当前南传佛教寺院经济的发展表现出以下几个特点：

（一）供养主体由单纯的村民供养主体转向多元化

就寺院经济的供养主体来看，由于南传佛教寺院的宗教开支及僧侣生活所需主要是以村社供养制为主。本地村社以家庭为单位对本村寨佛寺进行供养，因此，对寺院来说，这一部分的经济积累基本是固定的。但在中国南传佛教地区，自 20 世纪 80 年代以来，来自东南亚国家的善

① "康朗"是傣族人民对做过佛爷后来还俗者的称呼。

款捐赠首先打破了过去单一的村社供养制的寺院经济传统模式，促进多元化供养模式的寺院经济发展。

由于中国南传佛教信仰区域与东南亚国家同属东南亚南传佛教文化圈，生活于其中的各国人们有着天然的地域、民族血缘及历史文化联系，民间往来不断。20 世纪 80 年代以来，东南亚一些国家政府部门及民间社会团体经常到西双版纳傣族自治州、德宏傣族景颇族自治州以及临沧市、普洱市等地访问，同时也会有一些捐赠。近几年，仅西双版纳傣族自治州就接待了包括泰国高僧、泰王姐施琳通公主、泰国外交部、泰国基督教会副主席孙文德先生，缅甸全国佛协常务理事祜巴相腊，德国基督教代表团，韩国佛教界代表团共 21 次，近 800 人。① 大量来自国外的捐赠款有效地改善了中国南传佛教寺院经济发展不足的状况。这都开始改变中国南传佛教寺院经济的供养主体，从而使之多元化，并使寺院经济积累有了新的变化。

除了国外的大笔布施善款外，政府对寺院维修的拨款、仪式活动中各级政府部门的祝贺款项和来自全国各地的群众功德捐赠也是寺院经济收入的主要来源。一般说来，在举办佛事活动前，负责寺院对外联络的安章、佛爷等人都会拿一对蜡条和米花作为请柬到各个政府部门或企业乃至私人家中去送，邀请他们参加佛事活动。如果出席，很多单位或个人都会有所表示，捐赠一定款项。值得注意的是，近年来参加南传佛教佛事活动的信众并不仅仅是传统意义上信仰南传佛教的傣族、布朗族、阿昌族、德昂族以及部分佤族、彝族等群众，随着交流的扩大，中国南传佛教佛事活动也吸引着国内外大量的群众前往参加，甚至很多内地企业家也纷纷参与，并慷慨捐赠。这些捐赠有效地支持着南传佛教寺院经济的发展。同时有的南传佛教寺院开始尝试发展茶厂等，开始有了些许经济收入。因此，与过去传统的村社供养制相比，现在一些发达地区的南传佛教寺院经济模式已经多元化。

（二）社会经济发展与南传佛教寺院经济的正比例关系导致南传佛教寺院经济发展分布不均衡。

世俗社会的经济支持是南传佛教寺院发展的生命力，信众的年度经

---

① 西双版纳傣族自治州民宗局编：《西双版纳傣族自治州民族宗教志》，云南民族出版社 2006 年版，第 41、42 页。

济收入与其宗教经济费用成正比，或者说南传佛教寺院经济的发展是与社会经济的发展成正比例关系。因此，由于信仰南传佛教的各个区域的社会经济发展程度不一，故呈现出南传佛教寺院经济发展分布不均衡局面。以西双版纳为例，"西双版纳的山区、半山区占总面积的95%。1950年前西双版纳长期处于封闭落后的状态，1950年后，各民族从奴隶社会、封建社会和原始社会末期等不同的社会形态和经济发展阶段，共同进入了社会主义。经过50多年的经济建设，各族人民的生活质量有了大幅度的提高，科教文卫等社会事业有了长足的发展。但因文化教育、环境条件和发展基础的差异，以及历史的和现实的多种原因，使县市之间、城乡之间、山坝区之间、各民族之间经济发展不平衡的状况较为突出。2001年，全州农民人均纯收入1761元，其中收入最高的景洪市允景洪办事处达3689元，最低的景洪市勐旺乡只有852元，两者收入悬殊四倍之多。边远山区/边境一线至今交通信息闭塞，生产力水平低下，群众生活贫困。到2001年，全州尚有2万人未解决温饱，10万人未达到新的脱贫标准。"① 从上引数据来看，在2001年经济收入最高的地区与最低的地区相比，悬殊近2800元，由于信众们用于寺院活动的经济开支取决于自己家庭的经济承受程度，故不同地区之间的经济收入落差也会在寺院经济方面有所反映，故而巨大的发展落差使得即使同处于西双版纳傣族自治州内的南传佛教寺院经济也因此出现发展不平衡的局面。西双版纳地区如此，德宏傣族景颇族自治州、临沧市、普洱市等地区也如此。

（三）南传寺院经济资源配置的总体实力不强，极大地制约着南传佛教寺院经济的发展。村社供养制、南传佛教的寺院管理模式以及寺院经济与社会经济发展的互动关系作为三个重要支撑点是影响中国南传佛教寺院经济资源配置的重要变量，它们以三足鼎立的态势影响着南传佛教寺院经济的发展。但目前南传寺院经济的资源配置实力不强，在某种程度上极大地制约着南传佛教寺院经济的发展。

1. 目前南传佛教寺院经济的供养主体虽然已经开始出现多元化现象，但广大的村寨佛教寺院数量庞大，其供养主体还是村民，村社供养

---

① 《2002年度西双版纳傣族自治州国民经济与社会发展统计公报》，资料来源：云南省统计局网站，www. stats. yn. gov. cn/tjjmh_ model/news. . . 2006 - 12 - 22 - 百度快照。

制度还是南传佛教寺院经济的主要来源，是南传佛教寺院经济的巨大基石，为南传佛教寺院经济的发展提供着重要的生存保障。由于这一部分的基数较大，所占权重较高，因此这一变量对于南传佛教寺院经济的影响较大，但短期内不会发生大的变动。

2. 南传佛教传统的寺院管理模式，尤其是安章系统的管理模式仍然是民间管理佛教事务的自主调节机制。这一管理模式一方面能保证寺院的有序发展，但从另外一方面来说，由于安章系统或寺院管理小组对于寺院经济的运作，尤其是经济资本的经营管理方面始终停留于满足广大村寨百姓的信教需求层面，难以创新发展，故而在某种程度上，也影响着寺院经济生产力的发展，难以形成诸如汉传佛教、藏传佛教寺院经济那样的造血机制。

3. 社会经济发展的水平与南传佛教寺院经济的互动关系影响着寺院经济的发展，这一变量反映着南传佛教寺院经济发展的动力。

由于在南传佛教信仰区域内，经济基础和经济实力决定着南传佛教的现有经济积累实力，信众的年度经济收入与其宗教经济费用成正比。云南西双版纳傣族自治州是中国南传佛教发展较为繁荣和具有代表性的地区，以之为例可以看出其寺院经济发展动力的变化。

就寺院经济供养主体而言，从 2002 年到 2012 年 10 年间，全州人口总数呈现出增长趋势："2002 年全州年末总人口 863023 人，比上年增长 0.4%，年平均人口 861278 人。年末总人口中：农业人口 595405 人，比上年增长 0.2%；少数民族人口 646146 人，比上年增长 0.6%，占全州总人口的 74.87%。年内人口出生率为 15.31‰，比上年下降 0.91 个千分点。人口自然增长率 10.07‰，比上年下降 0.85 个千分点。"[1] "2012 年末全州常住人口 114.9 万人，比上年末增加 0.7 万人。全年人口出生率 11.78‰，死亡率 5.49‰，自然增长率 6.29‰。年末全州户籍人口 96.15 万人，其中，农业人口 64.28 万人，占总户籍人口的 66.9%；少数民族人口 74.42 万人，占总户籍人口的 77.4%。"[2]

---

[1] 本部分所引用的 2002 年资料参考《2002 年度西双版纳傣族自治州国民经济与社会发展统计公报》，资料来源：云南省统计局网站，www. stats. yn. gov. cn/tjjmh_ model/news. . . 2006 -12-22-百度快照。

[2] 本部分所引用的 2012 年资料参考《西双版纳傣族自治州 2012 年度国民经济与社会发展统计公报》，blog. 163. com/zjl19880. . . 2013-11-13-百度快照。下同。

从以上数据可以看出，第一，在信仰南传佛教的西双版纳地区，农业人口占人口总数的大部分，尤其是少数民族人口占绝对优势，这两个主体都是信仰南传佛教的重要主体，也是南传佛教村寨寺院经济供养的重要主体。他们的经济收入对于南传佛教寺院经济的发展具有重要推动作用，这是社会经济与南传佛教寺院经济互动关系的重要表现。第二，2002 年到 2012 年十年内，虽然全州的人口总数增加了 30 多万，但农业人口的总数增至缓慢，仅仅几万人。如果从寺院供养主体的角度而言，由于农村信徒是供养主体的主要部分，其总数的增长并不大，这从一个侧面也表明寺院经济的积累增速不快。

此外，就城镇、农村居民生活水平和消费水平来看，2002 年到 2012 年间的收入也在持续增长。2002 年"城乡居民生活水平继续得到提高。根据抽样调查资料，2002 年全州农民人均纯收入 1804 元，扣除物价因素实际增长 3.9%。城镇居民年人均可支配收入 6661 元，实际比上年增长 7.4%，城镇居民年人均消费支出 4960 元，比上年下降 1.6%。"2012 年"全年城镇居民人均可支配收入 17909 元，比上年增长 14.3%；人均消费支出 10932 元，增长 13.2%。城镇居民恩格尔系数为 48.1%，人均住房面积为 32.59 平方米，每百户家庭拥有摩托车 67 辆、洗衣机 77 台、电冰箱 92 台、电视机 109 台、移动电话 210 部、空调 22 台、家用汽车 18 辆。全年农村居民人均纯收入 6174 元，比上年增长 15.9%；人均生活消费支出 5277 元，增长 9.5%。农村居民恩格尔系数为 46.5%，人均住房面积为 31.36 平方米，每百户家庭拥有摩托车 148 辆、电冰箱 83 台、电视机 98 台、洗衣机 58 台、移动电话 267 部、生活用汽车 15 辆。"

以上数据表明，第一，城镇和农村的收入和消费水平差别较大，城镇居民比农村居民的人均年度收入高出许多，但在调研过程中，我们发现由于城镇居民与农村居民的宗教需求稍有差异，村寨信众的宗教倾向更为明显，因此用于宗教经济的开支部分占全年经济收入的比例微高。这一差异对于村寨佛教寺院经济的发展也产生着"短板效应"。第二，农村经济在 2002—2012 年间增长较快，农民人均纯收入在 2002 年 1804 元，2012 年为 6174 元，收入是有所增长，但是，村民们更多的是把钱投入到生活消费方面，而不是宗教消费方面。例如 2012 年农村居民人均纯收入 6174 元，人均生活消费支出 5277 元，仅留出不到 1 千元的结余。如果再从这一部分剩余金额中划出部分进行宗教经济开支，显然这一数量并不多。因此，就村寨佛教的经济积累来看，其增长速度是不高的，增加的数量也不大。

总之，由于现有经济结构的限制，中国南传佛教地区的经济发展水平虽然一直在增长，但其总体消费水平不高，从而也决定了南传佛教村寨佛寺经济发展的实力不强。从上面所引数据来看，中国南传佛教信仰区域的社会经济发展程度与内地相比，还存在一定的差距，虽然村民们的经济收入逐年增长，但单纯依靠农业生产得到的收入与内地相比，并不是非常高，其用于宗教活动的比例基本固定，变化不大，寺院经济难以出现规模较大的资金积累，在短期内也不会出现大的变化，难以形成影响南传佛教经济发展的推动力。

因此，通过上述分析可以看到，村社供养制、佛寺管理模式、寺院经济与社会经济的互动关系这三个变量自身还显得动力不足，因此在进行资源配置时显得实力较弱，从而使南传佛教寺院经济资源配置总体实力不强。

三　结语

综上所述，我们认为南传佛教的总体经济实力基本偏弱。南传佛教寺院经济发展分布不平衡，一些发达地区的南传佛教寺院经济实力稍强，但大部分地区的南传佛教寺院经济实力还有待进一步提高。但是，从南传佛教的寺院经济资源配置体系而言，它已经逐步形成了自己内在的生产动力机制，可以发挥组织效用，在未来具有发展潜力。

村社供养制、南传佛教的寺院管理模式以及寺院经济与社会经济的互动关系是影响中国南传佛教寺院经济资源配置的三个重要支撑点，影响着南传佛教寺院经济的发展。其中，就南传寺院经济的积累而言，传统的村社供养制仍然是寺院经济的重要来源，这是广大村寨佛寺生存和发展的生命线；就其管理模式而言，寺院管理模式仍然是寺院经济的运作模式。正是由于南传佛教寺院独特的管理模式仍然在发挥作用，故而寺院经济管理的透明度高，公信力强，不会形成寺院或者某一方面单方说了算的情况或者暗箱操作现象。故南传佛教寺院经济的运行是公开透明的，具有良好的管理和监督机制。资金方面基本能够保证寺院的生存发展，在宗教活动中能有效进行资金的管理和运作。但如何在现代生活转型过程中，整合经济资本，使之得到更有效的发展这一问题对于南传佛教管理体系来说，是一个极大的挑战；此外，就寺院经济的发展动力而言，由于在南传佛教信仰区域内，经济基础和经济实力决定着南传佛教的现有经济积累实力，信众的年度经济收入与其宗教经济费用成正比，寺院经济与社会经济的互动关系影响着寺院经济的发展动力。

因此，总体而言，南传佛教寺院经济配置体系是较为完善的，它在资金积累、消费和运作、管理、监督方面形成了自己独特的模式。但在现有寺院经济积累方式大体不变的情况下，如何在宗教经济积累和经济消费之间找到最大化的合理性效益，如何在寺院经济运作管理过程中，实现寺院经济资源的有效配置？这是影响南传寺院经济资源有效整合的主要问题，也是巨大的挑战。①

第三节　南传佛教的生态文明建设

生态文明是人类文明的一种形态。生态文明所提供的基本观念是全球生态环境系统整体观念和系统中诸因素相互联系、相互制约的观念。它以尊重和维护自然为前提，以人与人、人与自然、人与社会和谐共生为宗旨，以建立可持续的生产方式和消费方式为内涵，引导人们走上持续和谐的发展道路。生态文明强调人的自觉与自律，强调人与自然的相互依存，相互促进。建设生态文明、追求人与自然和谐的过程是人类不断认识自然、适应自然的过程，也是人类不断修正自己的错误、改善与自然的关系和完善自然、完善自己的过程。1995 年世界五大宗教——佛教、犹太教、伊斯兰教、基督教、印度教在世界野生生物基金会成立二十五周年庆祝大会上，共同发表了为大自然祈福的宣言——《阿西西宣言》，动员亿万的教民参加到自然保护的行列中来。正如这个基金会主席菲利普亲王所说的："这是一次宗教力量和自然保护力量的强大联盟。"② 其实在佛教中包含着丰富的佛教生态伦理学理论，本文试图以南传上座部佛教为例，从自然生态文明、社会生态文明和心灵生态文明三个层面来对南传上座部佛教的生态文明体系进行简单的探讨。

---

① 原文发表于《世界宗教文化》2014 年第 1 期。
② 唐锡阳：《为大自然祈福》，《世界宗教文化》1995 年第 4 期。

一　南传上座部佛教自然生态观

业报论是佛教的重要理论，是佛教生态实践的思想基础，是南传上座部佛教的生态文明建设的理论基石。它强调生命主体与环境之间的关系，鲜明地体现出它对生态环境的关怀。佛教的"业报"理论认为，"业"是"造作"之意，指行为、行动、作用、意志等身心活动，一般分为身业、语业、意业三种。"身业"指身体的活动，"语业"指言语，"意业"指思维。三者概括了主体的一切活动。"报"指报应。佛教主张业力不失，有业必有报。"业报"即业之报应、业之果报，指主体活动及其感召的结果。依据业报的范围，佛教特别把"业"与"报"分为两类，从而使佛教的业报论具有鲜明的生态意义。"业"有"共业"与"不共业"之别，"报"分"共报"与"别报"。"共业"是指众生共同造作的业力；它是大家共同受用的报应，称作"共报"。"不共业"指众生个体造作的业力；它只影响自身，是自己受用的报应，称作"别报"。"共报"又称为"依报"，指众生所依止的山河大地承受的果报。"别报"又叫"正报"，指造业众生自身承受的果报。业力不同，果报有别。别报、正报是造业主体自身的果报，共报、依报是造业主体所处环境承受的报应。人的行为不仅影响自身，而且影响环境。人不仅要关心个人行为对自己的作用，还要看到它对大众环境的作用。人类必须遵循生命之法，维护生态环境，促进自然的和谐，多做保护自然和拯救众生的善事，才能消解自己的恶业。

南传上座部佛教信仰区域主要分布于热带雨林气候和亚热带雨林气候地区。东南亚是亚洲自然植物和动物最丰富的地区。中南半岛植物繁茂、种类繁多，主要植被类型为热带季风林。由于各地地形、气候等条件的差异，还可分为热带雨林、沼泽植被、泥炭林、海岸植被和红树林等。此外，还有因山地的隆起而出现的山地植被以及人类活动影响而形成的次生林。所有这些植被类型相互交织，构成中南半岛错综复杂的自然植被结构。那里属热带季风气候带，一年分为热、雨、凉三季。从五月中旬到九月约四个半月的时间为雨季，天气不热，温度在22℃—30℃之间。从十月至一月为凉季，气候凉爽而不寒冷，温度在20℃—28℃之间，一月初最低温度也在15℃左右，非常适合禅修。而中国云南信仰上座部佛教的地区，如西双版纳地处热带北部边缘，横断山脉南端。受印度洋、太平洋季风气候影响，具有大陆性和海洋性兼优的热带雨林气候，终年温暖湿润，多雨，静风少寒，干湿季分明。年均气温18°C 至 21°C，降雨 1100mm 至 1900mm，全年日照时数 1700 到 2300 小时。整个地势由北向南全倾斜迭降，两侧高，中间低，形成深度切割的高原地貌形态。州内最高海拔 2429 米，最低海拔 477 米，具有山区和坝区的明显区别。全州面积 2868.7 万亩，其中山地面积占 95%，坝区面积占 4%，水域面积占 1%。万亩以上面积的坝区 23 个。有耕地163.4 万亩，占总面积的 5.7%。全州森林覆盖率达 63.2%，有 800 多万亩热带雨林。这些丰富的自然资源为人类的生存、发展提供了天然的保障，同时也为佛教的发展提供了很好的自然环境。因此，上座部佛教对自然有了更深层面上的理解和体悟，上座部佛教尤其强调人类与自然之间有机的密切联系。

香港野生生物基金会南茜女士编写过《生命之树——佛教和自然保护》的书。书中引用了泰国的一个故事：离曼谷不远的地方，有一座佛教寺庙。每逢秋冬之季，便有数千只鹳来这里越冬。它们拉下的粪便，把森林和寺庙都涂白了。但寺庙的和尚本着慈悲的信念，并不厌弃它们；鸟类爱好者"爱屋及乌"，也很喜欢这一特殊的景观。结果这种泰国特有的鹳类在别的地方都已经绝迹，唯独这里的却得以保存和繁衍下来。后来进一步知道，因为有了这种鹳，才有效地控制了食稻蜗牛的危害，有效地保护了农业。否则，必须使用农药来消灭蜗牛①。他们热爱环境，并认为环境是生命与幸福的源泉。

上座部佛教戒律中有很多规定都体现出佛教对大自然的慈悲思想。例如，《律藏·附随》中有很多相关的规定：对于挖掘土地、砍伐树木、在草或泥上倾倒有生物的水、烧木取暖、杀害动物、饮用有生物的水等行为属忏悔。虽然伤害的对象不是人，但无论是杀害动物；还是因某种行为，间接伤害到动植物，都属于杀生的行为，都归为忏悔罪，犯者必须向清净比丘忏悔。②

又如，在《泰国大藏经律藏·戒律纲要》对此就有很多规定：

---

① 唐锡阳：《为大自然祈福》，《世界宗教文化》1995 年第 4 期。
② 详参《汉译南传大藏经·律藏五·附随》。

第十二品资　具

禁用狮子、虎、獭、猫、鹿、麝、鸱等皮镶鞋缘。

禁饰禽羽，孔雀羽。禁令（鞋尖）耸起如羊角，蝎子钩

坐　卧　具

坐卧布：即坐卧褥，美饰者不许用。毡毛长四指量者、羊毛制者、绣者、有纹者、有花者、有兽形者、纯白者、毛耸立者、广大可容十六无姬者、金与丝混织者、纯丝者、柔毛者、麝皮者、上有架之卧床披象背布、披马背布、敷车座布、皆不许用。

第十四品　行　事

辛、房舍

佛制树下宿。故树下为比丘之房舍。惟在雨季，必有蔽雨之所，无论为天然之山洞，或人工之房舍皆可，但除泥制屋及树穴。

第十八品　细　行

非　行

四、毁坏物品，如无故焚烧林木。[①]

上座部佛教对生命的慈悲态度和观点实际上是要求我们用自己的生命去体验和感受其它的生命，如果我们把这种宗教体验进一步延伸至整个自然，我们便会产生一种对大自然的爱，这种体验，这种爱，正是我们协调人类与自然关系的情感基础。许多当代南传上座部佛教的大师非常强调禅修，都选择在自然中修行。例如，著名的佛使比丘是采取彻底的经验认识论的、内观的进路来诠释佛教缘起思想的灭苦实践。[②] 佛使比丘自 1932 年成立解脱自在园开始，至 1993 年圆寂为止，大半生都在森林中度过，他认为修法必须选择自然的环境，因为森林是心灵全新感受的泉源。例如与一只公水獭不期而遇，他依照佛陀的教诲思唯，使自己不致在惊吓中逃走或退缩，而能继续保持冷静；在寂静的深夜里独

---

① 泰国公拍耶跋折罗禅那婆罗婆亲王御辑，黄谨良译于佛历 2512 年。

② 吕凯文：《佛使比丘对于缘起思想的反省及其意义》，《法光杂志》v. 109（1998 年第 10 期），法光杂志编辑委员会。

处，更使他一再观察恐惧如何生起，终于能克服恐惧的幻觉，内心生起智慧而能不忧不惧；于空旷的地方独自结跏趺坐，即使只有一件衣服的保护，他也能集中精神自我训练。他坚信这种培养定和慧的方法，是在人烟稠密的地方无法做到的，只要随时保持清明的心智，不论阅藏或修行都能事半功倍。他在大自然中观察到万事万物本来如是，一切都只是缘起，包括生、老、病、死也是大自然中的一部分，只是"自然"，只是"法"，他最常讲的一句话是："如是！如是！"他对自然的体悟，充分表现在对自己生命的态度上。①

二　上座部佛教的社会生态观

安住于慈爱的比丘，

喜乐于佛陀的教法，

他将会证悟善之境，

诸行止息寂乐之境。

在众怨恨者中他友善，

在众凶暴者中他平静，

在众执著者中他无着，

我称他为"圣者"。

——佛陀（《法句经》）

上座部佛教社会生态观的主要思想和内容是通过人与人之间的关系、人与社会之间的关系层面反映出来。王权与神权的关系密切是上座部佛教传播过程中非常突出的一个特点。上座部佛教传播是从统治阶级上层开始，从上而下地进行传播推广的。例如，中国南传上座部佛教在傣族社会的推广主要是由上而下的，即首先是由统治阶级，尤其是由具有"卡里斯玛"权威特质的召片领最先接受，然后才开始经过"卡里

---

① 转引自唐锡阳《为大自然祈福》，《世界家教文化》1995 年第 4 期。

斯玛"权威的许可，在傣族社会中逐渐开始推广、普及、发展。① 这一
从上而下的推广方式是紧密地与傣族社会政治统治紧密相扣的，是通过
傣族社会组织制度来具体运行的。正是由于这一特点，南传上座部佛教
在经历了一个长期、艰巨的传播过程后，逐渐融入社会生活的方方面
面，并对其产生了巨大的影响。在佛教的影响下，傣族人民追求的是有
"戒"有"德"有"福"的精神境界，而忍让、修身、积善行德、敬香
赕佛成为云南傣族社会伦理道德观念基本内涵。在傣族社会著名的四部
伦理道德书—《爷爷教育子孙》、《土司对百姓的训条》、《父亲教育儿
子处世的道理》、《婆婆教育媳妇的话》都是在佛教影响下逐渐形成并
被广泛宣传的书。道德宗教化成为傣族社会道德伦理的重要特征。其
中，慈悲善良、忍让布施成为伦理道德的重要内容。在上座部佛教信仰
地区，《慈爱经》和《吉祥经》是所有信徒最熟悉的经文。这两部经鲜
明提体现出佛教的慈悲思想。例如《慈爱经》（*Mettasutta*）是这样记录
的：

> 欲获得寂静的善行者应具足：能干、坦诚、绝对正直、谦恭、
> 温文、不骄傲、知足、易于护持、事务少，俭朴、摄受诸根、谨
> 慎、不粗鲁、不执着俗家、不论多微小的过失，只要会受到智者指
> 责的，他都不犯上。
>
> （他应当祝愿）愿一切众生心生欢喜、快乐、平安。所有呼吸
> 的众生，不论强弱，长或大，中等，短或小，可见或不可见，住在
> 近处或远方，还会再生或不会再生的：愿一切众生心生欢喜。愿无
> 人欺骗他人，或在任何地方轻侮人；愿他们不互相怀恨，不思挑拨
> 与敌对。
>
> 因此，恰如为母者不惜生命地保护其独子，他亦当如此保持无
> 量慈爱心，与于一切众生。让其慈爱遍满无量世界，于上方、下方
> 及四方皆不受限制，完全没有瞋恨。无论是立、行、坐、卧，只要
> 他不昏睡，便应培育这种（具有慈心的）觉醒。他们说，这是现前
> 的梵住。

---

① 关于傣族社会组织制度与中国南传上座部佛教的关系，详参郑筱筠《历史上中国南传
上座部佛教与社会组织制度之互动》，《世界宗教研究》2007 年第 4 期。

他不堕入邪见，具足德行，圆满智见。止息对欲乐的贪爱，他肯定不会再投胎。

在觉音尊者著的《清净道论》详细论述了修持慈心观可以得到的十一种功德：

（一）"安眠"——即不像他人那样辗转反侧及作鼾声睡得不安，却能安眠；其入眠如入定相似。

（二）"安寤"——没有他人那样呻吟，欠伸，辗转反侧的不安而寤的现象，犹如盛开的莲花，安乐不变而寤；

（三）"不见恶梦"——能见吉祥之梦，如礼塔庙，作供养及闻法等。不像别人梦见自己为盗贼所围，为野兽所追及坠于悬崖等；

（四）"为人所敬"——为人喜悦，如挂在胸前的珠饰，如头饰及花曼相似；

（五）"为非人所敬"——如为人爱敬一样亦为非人爱敬。

（六）"诸天守护"——为诸天之所守护，如父母保护儿子一样；

（七）"不为火烧或中毒或刀伤"；

（八）"心得迅速等持"——住于慈者，心得迅速等持，不是迟钝的；

（九）"颜色光彩"——他的颜色光彩，如欲离蒂而落的熟了的多罗果相似；

（十）"临终昏迷不醒"——住于慈者，没有昏迷而死的，必能不昏迷如入眠一样的命终；

（十一）"不通达上位"——慈定不能证得阿罗汉的上位，然而死后生于梵天，犹如睡醒一般。①

已故的缅甸瓦谢达大长老 Sayadaw Ashin Vasennhabhiva§sa 所著的缅文书《保护偈颂新译》（*Pa-Yeik Nithaya Thit*）就主张修习慈心禅：

① ［印度］觉音尊者著，叶均译《清净道论》，中国佛教协会刊印，1991年，第283页。

修习慈心禅者的心宁静，因此能够安详地睡眠。这有别于没有修习慈爱的人，那些人睡觉时翻来覆去。由于他（修习慈心禅者）能够安详地睡眠，他睡醒时也舒适。而且因为他宁静、舒适及不烦躁，他不会有噩梦。由于他对众生友善，感受到他的慈爱的人也会对他友好。诸神也对他友好，并且也会因为这友好的情感而保护他。慈爱是一种良好的保护或盾，可以防止火、毒或武器（的伤害）。由于修习慈心禅者宁静安详，他也轻安（passaddhi）。由于轻安，他能够迅速地培育定力。由于他时常安住于慈爱，他的外表安详。由于他宁静安详，死亡时他不迷惑，便像入睡一样。如果还没有证悟阿拉汉道果（arahatta maggaphala），已经证得慈心禅那的慈心禅修习者将会投生到梵天界。仅仅是修习慈心禅一弹指（这么短时间）的人，由于不是没有禅那，所以是在遵循佛陀的教导。他值得接受人民供养的食物。《增支部》（Anguttara Nikaya）教导这一项。透过这部（经），我们知道修习慈心禅者的德行受到强化。

拥有慈心（metta citta）的人能够轻易地培育其他梵住（brahmavihara），即悲（karuoa）、喜（mudita 随喜）、舍（upekkha）。他也能够轻易地圆满巴拉密（parama 波罗蜜），例如布施（dana）与持戒（sala）。甚至有许多不明白其巴利文含义的人，透过诵念《慈爱经》，他们也获得利益，更何况是那些明白其含义地诵念、并且依照《慈爱经》来修行慈心禅的人所获得的利益。①

在上座部佛教信仰区域，人们相互之间是非常团结友爱，和睦相处的。在信仰南传上座部佛教地区，信徒们在处理各种社会关系时，是否信佛、是否遵守佛教戒律首先是人们区分善恶的标准，然后才是各类世俗道德标准。而对个人而言，认为只有遵守佛教的教义教规，并且在生前多行善事，广积功德，诚心诚意地拜佛以修来世，才会解脱生死烦恼。上座部佛教的伦理道德观念已经深入人心，对信徒们的伦理道德体系的完善产生了重要影响。

《大吉祥经》（Maha mangala sutta）在佛事活动中经常诵读，是信

① 《慈爱经注释·英译本序》，见"觉悟之路网站"。

徒们非常熟悉的经，它为人们处理各种社会关系提供了非常好的指导思想：

> 勿近愚痴人，应与智者交，尊敬有德者，是为最吉祥。
> 居住适宜处，往昔有德行，置身于正道，是为最吉祥。
> 多闻工艺精，严持诸禁戒，言谈悦人心，是为最吉祥。
> 奉养父母亲，爱护妻与子，从业要无害，是为最吉祥。
> 布施好品德，帮助众亲眷，行为无瑕疵，是为最吉祥。
> 恭敬与谦让，知足并感恩，及时闻教法，是为最吉祥。
> 忍耐与顺从，得见众沙门，适时论信仰，是为最吉祥。
> 自制净生活，领悟八正道，实证涅槃法，是为最吉祥。
> 八风不动心，无忧无污染，宁静无烦恼，是为最吉祥。
> 依此行持者，无往而不胜，一切处得福，是为最吉祥。

三　上座部佛教的心灵生态文明

> 在这世上我们找不到真正平静的地方，这是世间的本然。就以观照你自己的内心代替向外的追求吧！平静是在你心中找到的。
> ——泰国阿姜查尊者

强调智慧，强调心灵的生态文明是南传上座部佛教的一个特点。觉音尊者在《清净道论》中论述慧学时，集上座部佛教论藏的主要内容和七部论之精华，详细解释了物质方面的色蕴有二十种所造色、精神方面的识蕴有八十九心，心识过程有十四种作用、五十二心所法等。佛经把身心所存在的现象分为色、受、想、行、识五蕴。在南传上座部佛教的阿毗达摩中通常用色法、心法及心所法三种来概括。色法属于色蕴，心法属于识蕴，心所法则包括受、想、行三蕴。其中行蕴有五十法，再加受想二法，共有五十二个心所法。这里面有二十五个是善心所，十四个不善心所，十三个是通一切善恶心的心所。它们的善恶或不善不恶是根据它们所相应的心来说的，即与善心相应的为善心所，与不善心相应的为不善心所，与无记心相应的无记心所。详述每一种心所与作用，将它们与其所缘及生理上的所依连接起来，并显示不同种类的心如何彼此连接且与色法相连，而建构出经验的持续历程。

在具体的实践过程中，当代上座部佛教大师们都围绕着佛教基本教义，强调对心的训练。例如泰国阿姜曼·布里达陀（1870—1949）于1893年出家为僧，从此一生游方于泰国、缅甸、老挝等国，大部分时间在林间梵行。他与老师阿姜索一起，振兴了泰国林居禅修传统，吸引了大批弟子，逐渐传遍整个泰国，以至海外许多国家。阿姜念强调"法是非男、非女、无我的——法只是如其本然而已，天地万物无非是法的现量。例如：坐、立、妄想、睡觉、闻声、生气、舒适、疼痛、贪求、厌恶等等，每件事物只是色法或心法而已，而色心二法即是一切法。天地万物的呈现皆可启发我们的般若智慧，如果你不了解这一点，你会心外求法，你不需心外求法，法就在你自身身上，你只须观照每一刻所显现的身心，即使你大小便溺，沐浴更衣无非是法，所有一切动作无非是要治苦而已。法是终日现前的，如果你知道法，你就会终日见法，但如果你想要觅法，你就不能见法，因为想要见法的贪念早就遮蔽了你的智慧，如果你不存见法的心，你就会见到法，想要见到法你就必须保持在当下，法存在于每一刻每一个呼吸之间。法一直在起现行—法一直在显示无我、无法控制的特性，因为法不是我。如果法是我的话，我们便可以主宰（身心），就不会生病了。五蕴会生病—但是如果你有正见，你就知道每个人都会生病，佛陀也不例外。佛陀知道五蕴是生老病死的法，这个法启发他的智慧而使他知苦，因此而能灭苦。"① 又如泰国的阿姜·查（Achaan Chaa）强调在日常生活的行、住、坐、卧中保持正念与明觉，观察身、心的变化，重视对"四念处"的修习。他认为："单纯地安住于当下，我们的心终会契入它原本的和谐状态，这时，修行是自然涌现的。"正念系统一般不注重强而有力的禅定，修行只是顺其自然，单纯地专注于当下，正念于所做的任何事情；放下一切，回到当下，智慧就能自然呈现。身和心不停地在生生灭灭，"行"一直处于迁变的状态中。我们无法如实地透彻这一点，是因为我们仍顽固地深信虚妄不实的事物。好像一位盲人带路，我们跟他一起旅行怎么安全呢？他只会引导我们走入密丛和森林之中，看不见的他，怎么能带我们走到安全的地方？同样的道理，我们的心被"行"所蒙蔽，以至于在寻求

---

① 《阿姜念的内观问答》，《内观杂志》第15期。

快乐时造作苦：在寻求平静时造作了困难。我们真的想要解除痛苦与困难，但相反地，我们却去造作这些，然后只会抱怨而已。我们会造恶因的原因是因为我们对外观的真相和"行"的真相毫无认识，而且还一再地去执取它们。在定力的训练里，是去修行以使心能安定和坚毅，这能带来心的平静。通常，我们这颗心是摇摆不定的，要控制它很困难。心随著感官外驰散乱，就像水到处流窜一样。虽说如此，人类却懂得如何控制水，而使它更益于人类。人类很聪明，他们知道如何筑堤防水，兴建大型水库和渠道——这一切都只是为了治理水，使水能更充分地被运用而不致于到处乱窜，最后流到最低处，而浪费了水的功能。同样的，这颗已经"筑堤"、被控制、经常训练的心，将会获得难以计量的利益。佛陀自己教导说："已被控制的心，会带来真正的快乐，因此，为了最大的利益，你们得好好训练你们的心！"与此相同，我们周遭所看到的动物——大象、马、水牛等等，在它们能被利用来工作之前，都必须先受过训练，也唯有在训练之后，它们的力量才能带给我们利益。同样的道理，已"筑堤"的心将带来比一颗未经训练的心多许多倍的福泽。佛陀和他的圣弟子们，和我们都一样在同一个方法下起步——有一颗未经训练的心。但是，看看他们后来是如何成为我们所尊敬的对象，并且看我们能从他们的教化中得到多少的利益。真的，看看从这些曾经体验心的训练而为了达到解脱自在的人们身上，到底带来了什么样的利益给整个世界。在所有的职业中或任何的情形下，一颗受过控制与训练的心是一套更好且能帮助我们的设备，训练过的心可以保持我们的生活平衡，使工作更得心应手。并且要发展和培养理性，以便控制我们的行动。只要我们追随这颗训练得宜的心，最后，喜悦也会随著增长起来。①

　　阿姜查法师依南传传统注重"四念住法门"之修习，不强调任何的打坐方法，也不鼓励人们参加快速成就内观或者开悟的精进课程。在正式的坐禅里，他教人先观出入息以调心，等心安住了，继续观察身、心的变化。耐心修学、奉行戒律、生活简朴、保持自然以及观照内心，是他的修行要诀。他主张"单纯安住于当下，我们的心终会契入它原本的和谐状态，这时，修行是自然涌现的。"他会引导学生继续单纯地观照

————————————

① 阿姜查：《森林里的一棵树》，见"觉悟之路"网站。

内心，甚至连深刻的内观和开悟经验都不可执着，只是分分秒秒地持续这种不执着的观点。

缅甸的马哈希导师则主张"没有一定的对象（止观之业处）作为开发定力的前方便；一起步，即对刹那变化的身心现象觉照观察，对每一身心生起的现象命名称念"。而孙伦西亚多给其弟子们所传授之禅风，有别于一般常态的安那般那念，其特点为：很密集地集中精神做非自然的强烈呼吸（甚至鼻孔出声），以警觉气息接触鼻端之触觉。长时段的坐禅（两三小时），尽最大的努力去克服苦受（皮痒、抽筋、骨肉酸痛）及散乱心；更进一步专注于苦受的改变，强化正念及观察力，得以开发智能及解脱烦恼。

泰国的佛使比丘则弘扬"自然内观法"——即于日常生活、一般工作当下训练精神专注，通常已足够用来内观；与经由系统的训练方式产生专注及内观效果相当，而且应用于处理日常烦恼漏的有效性高，也可以避免修习禅定所生的（耽乐等）副作用。①

无论修行的方式是怎样的，正如同《当代上座部佛教大师》一书的作者杰克·康菲尔德先生所指出的："当我们以七觉支（定、择法、精进、喜、轻安、正念和舍）来思考所有不同的禅修法时，就变得很简单，来看各个方法是如何有助于发展至少一些导致解脱的心灵特质。然而，必须注意，用某特种修习、方法、技巧方式的禅修，只是个提供使用工具。当人已发展了产生智能和解脱的禅修，最后，所有系统、技巧和修习方法都必须放下。那时，禅修不再是孤立的事情，而整合为生活的方式。生活本身成为禅修，单纯、直接、无私、活在当下！"②

东南亚各国，禅修实践系统的建立和传播契合了南传佛教社会信仰群体的需求。正是在佛教义理和禅修实践的指导下，人们的心态较为平和。可以说，正是南传佛教的参与和实践建构了南传佛教信仰世界的心灵生态。

综上所述，上座部佛教蕴着丰富的生态资源，它以自己独特的方式建构着佛教生态学体系。

---

① 详细请参杰克·康菲尔德著《当代上座部佛教大师》，台湾圆明出版社般若文库，1997 年版。

② 同上。

第六章

文化场域下的南传佛教

第一节 南传佛教的佛塔艺术

东南亚南传上座部佛教一经传入中国云南地区，它在保持南传上座部佛教基本传统纯洁性的同时，更多地在制度层面上适应着中国边疆少数民族文化，它与当地固有的原始宗教和少数民族文化相互斗争、相互融合，逐步渗入到当地少数民族世俗生活的方方面面，并最终形成神圣与世俗融合的局面。就南传上座部佛教艺术而言，在长期的发展过程中，中国南传上座部佛教艺术集中体现了东南亚南传上座部佛教艺术的精华，同时又逐步形成了具有鲜明的民族风格和地方特色的中国南传上座部佛教本土化的艺术风格特征。笔者拟以佛塔为研究对象进行论述。

一 印度、东南亚佛教佛塔的渊源

佛塔，古印度梵文称"斯土帕"、"苏堵坡"或"塔婆"，源于梵文Sthupa，原义为坟冢上的建筑物；巴利语为"土帕"（thupa）。在南传佛教流传地，佛塔的称谓也并非一致，斯里兰卡称佛塔为"大瓜巴"（Dagaba）：缅语称"社帝"（Zeidi）；泰国民间称佛塔为"车滴"（che-di）；南传佛教一些国家还称佛塔为"布屠"（Phto：）即古汉文译音浮屠；我国西双版纳傣族称佛塔为"塔"。景洪附近山上有"塔高庄"（傣语"塔"为塔，"高"为九，"庄"是山顶，坡顶之意）。

佛塔的外形及内涵虽然都是在印度形成的，但伴随着佛教从印度向世界各地传播，各地又根据自己的观念、需求和物质条件，创造出各式各样的塔来。但无论怎样变化，万变不离其宗，都离不开印度古塔的五个基本组成部分，第一部分是台基，又称基坛，或方或圆，是塔的基座。第二部分是覆钵，又称覆钟，台基上面的半球部分，状如倒翻的钵或钟。第三部分是平头，亦称宝座，置于覆钵之上的方箱形建筑。第四部分是竿，用以标示此是圣地。第五部分是伞，即华盖，建于塔顶，数目从一至十三重，数目的多寡表示悟道的深浅。因此，中国南传上座部佛教佛塔也具备这五种基本的组成部分。

根据佛教经典的规定，佛塔的功用可以分为四类，第一类是舍利塔，用来盛佛骨舍利或国王的骨灰；第二类是纪念性佛塔，建在佛诞生处、悟道处、讲经处、涅槃处及具有各种纪念意义的地方；第三类是藏经塔，收藏三藏经典；第四类是奉献的佛塔，用以奉献给佛祖。中国南传上座部佛教佛塔尤以舍利塔、纪念性佛塔和供奉释迦牟尼的佛塔居多。

关于舍利塔的形成，《长阿含经》卷三：佛相涅槃前，嘱托"阿难，汝若葬我，先以香汤洗浴，用新劫贝周遍缠身，以五百张次如缠之。内身金棺，灌以麻油毕，举金棺置第二大铁椁中，旃檀香椁次重于外。积重名香，厚衣其上而阇维之，讫，收舍利于四衢道起立塔庙，表刹悬缯，使诸行人皆见佛塔，思慕如来法王造化。"佛涅槃后，传说晶莹闪烁的舍利子佛骨被八大国王分成八份在其国内分别建塔供奉。后来在公元前三世纪阿育王统治时期又将这八份舍利取出，起四万八千塔分别供养。由于有了这样的传说依据，中国南传上座部佛教对于佛祖舍利塔的供奉尤显虔诚。

对于佛塔的建造材料、形状及其规矩，据佛经记载，释迦牟尼在世时就有过明确的规定。当时由于佛的弟子舍利子去世，给孤独长老就建塔供奉舍利子一事请教佛陀时，佛陀就做出规定：

> 给孤长者闻已便作是念，此即是缘可往白佛。礼佛足已，在一面坐。白言世尊：多有人众，于尊者舍利子遗身舍利，情生敬重，持诸妙物，各申供养。来至我宅。我有他缘锁门而去，诸人来见共起嫌言，长者闭门，障我福路。若佛听者，我今欲于显敞之处，以尊者骨起窣堵波，得使众人随情供养。佛言：长者随意当作。长者便念，云何而作？佛言应可用砖两重作基。次安塔身上安覆钵。随意高下，上置平头。高一二尺，方二三尺。准量大小，中竖轮竿，

次着相轮。其相轮重数，或一二三四乃至十三，次安宝瓶。长者自念：唯舍利子得作如此窣觊波耶？为余亦得？即往白佛。佛告长者：若为如来造窣觊波者。应可如前具足而作。若为独觉勿安宝瓶。若阿罗汉相轮四重，不还至三，一来应二，预流应一。凡夫善人但可平头，无有轮盖。①

对此，中国南传上座部佛教严格按照佛经中对于佛塔的设计和建造等方面的规定来建筑设计自己的佛塔。

佛教中最初的塔型应该是覆钵型，在唐玄奘《大唐西域记》中有这样的记载：

大城西北五十余里至提谓城，城北四十余里有波利城。城中各有一窣堵波高余三丈。昔者如来初证佛果，起菩提树，方诣鹿园。时二长者遇彼威光。随其行路之次，遂献麨蜜。世尊为说人天之福。最初得闻五戒十善也。既闻法海，请所供养。如来遂授其发爪焉。二长者将还本国，请礼敬之仪式。如来以僧伽胝方迭布下。次欝多罗僧，次僧却崎，又覆钵，竖锡杖，如是次第为窣堵波。二人承命，各还其城。拟仪圣旨，式修崇建。斯则释迦法中最初窣堵波也。②

其中"如来以僧伽胝方迭布下，次欝多罗僧，次僧却崎，又覆钵，竖锡杖，如是次第为窣堵波"，由此可知以布袈裟置于地上，再覆钵，最上面又竖锡杖这样的覆钵型塔应该是最早出现在原始佛教中的塔型，而其最初的象征意义就是礼敬佛陀。由于南传上座部佛教一直恪守着原始佛教基本教义的纯洁性，因此这一佛塔的原始造型也在东南亚佛教中得到了继承和发展。当然在后来东南亚的佛塔多为由诸多小塔簇拥着中心主塔的排列布局。我国南传佛教信仰区域的佛塔也有同样的布局。

关于东南亚佛塔形制的变化大致有以下发展过程，据最早的佛塔建筑看，约公元前 500 年的仰光大金塔为锥型塔；约公元前 250 年的印度

① 《大正新修大藏经》第 24 册，《根本说一切有部毗奈耶杂事》卷十八。
② 《大正新修大藏经》第 51 册，《大唐西域记》卷一。

桑奇一号塔是覆钵型；8、9 世纪的印度尼西亚婆罗浮屠也是锥型，并由许多小塔按梯阶环绕中央顶部的大塔，这种布局为东南亚各国后来的塔寺建筑所接受，柬埔寨的高棉人在汲取印度宗教建筑艺术中结合自己的建筑技术建造了吴哥塔（约 10—12 世纪），从而形成东南亚高棉、孟、泰人等以多梭面形，由大渐小一层层地向上攀盖，最后由圆收顶的锥型塔；此后，缅甸蒲甘塔寺（11—13 世纪）中由方形塔上端以圆收顶的拱顶塔式庙宇渐渐流行；从此以后，笋节形、钟形、半球形（覆钵形）以及泰国的多重檐琉璃大屋顶，有细长的三角形尖顶加之屋顶中间的锥形塔等各种塔寺的不断出现，形成今天绚丽多姿的由本地民族建筑风格为主体，结合印度、中国及欧洲建设风格建构的南传佛教塔寺文化。① 由于与东南亚佛教文化有天然的内在联系，东南亚佛塔艺术的变化也同样反映在中国南传上座部佛塔建筑艺术之中。

二　中国南传佛教佛塔艺术

塔是南传佛教重要的象征符号，在信徒们眼中，根据佛教经典的规定，佛塔的功用可以分为四类，第一类是舍利塔，用来盛佛骨舍利或国王的骨灰；第二类是纪念性佛塔，建在佛诞生处、悟道处、讲经处、涅槃处及具有各种纪念意义的地方；第三类是藏经塔，收藏三藏经典；第四类是奉献的佛塔，用以奉献给佛祖。中国南传上座部佛教佛塔尤以舍利塔、纪念性佛塔和供奉释迦牟尼的佛塔居多。

（一）中国南传佛教佛塔的分布

如果说云南南传上座部佛教的寺院建筑的规模、结构布局在很大程度上与该寺院在云南南传上座部佛教系统内的地位和等级有关，② 那么云南南传上座部佛教的塔的建筑风格似乎就没有受到该地区佛教系统的地位和等级的严格限制。中国南传佛教文化圈内的佛塔建筑既具有东南亚南传佛教的建筑风格，同时又在不同程度上融入了中国少数民族本民族的建筑特点。

---

① 朱海鹰：《南传佛教塔寺艺术探索（上）》，《云南艺术学院学报》2000 年第 1 期。

② 详参郑筱筠《历史上中国南传上座部佛教的组织制度与社会组织制度之互动》，《世界宗教研究》2007 年第 4 期以及郑筱筠《试论中国南传佛教的宗教管理模式》，《中国宗教》2011 年第 1 期。

明清时期是中国南传上座部佛教迅速发展的时期，随着东南亚南传上座部佛教在东南亚各国的发展定型，成熟的各个佛教派别也随之传入到中国云南，并逐渐在各个区域内形成广泛的影响。这一时期的中国南传上座部佛教主要有两个特点：

第一，中国南传上座部佛教自身系统的建设逐渐规范，逐渐完善。盖这一时期的南传上座部佛教在东南亚国家得到了极大的发展，其体系逐渐成熟和完善，受其影响，这一时期的中国南传上座部佛教在云南境内西双版纳地区、德宏地区、思茅地区和临沧地区也都逐渐成熟和完善起来。在各区域都出现了大量的佛寺、佛塔。据史料记载，明刘文徵（天启）《滇志》卷三十："宣慰使司，民皆摆夷……一村一寺，每寺一塔，殆以万计"；清康熙年间《永昌府志》、雍正《临安府志》载："车里诸国……寺塔极多，一村一寺，每寺一塔。村以万计，塔亦万计，号慈悲国。"

第二，中国南传上座部佛教在接受东南亚南传上座部佛教影响的同时，也在积极进行着自身体系和制度的建设与完善，这突出地表现为这一时期的中国南传上座部佛教开始逐渐地本土化，并形成了鲜明的不同于东南亚国家南传上座部佛教的特点。[①] 它主要表现为中国南传上座部佛教艺术集中体现了东南亚南传上座部佛教艺术的精华，同时又逐步形成了具有鲜明的民族风格和地方特色的中国南传上座部佛教本土化的艺术风格特征。

在中国南传上座部佛教传播区域，绕塔礼拜成为一年中的一件大事。因此，佛塔也成为人们神圣空间中非常重要的一个组成部分。

1. 西双版纳地区佛塔

学术界关于西双版纳地区的佛塔是何时建立的这一问题，由于缺乏较为准确的史料记载，因此尚无定论。

西双版纳佛塔的选址也十分讲究，多半在这几种情况下：一是传说中佛祖走过的地方必建塔，如景洪的庄莫塔、庄董塔、邦友塔。二是佛祖留下圣迹之处也必建塔，如景洪曼飞龙塔，就是因为塔下一块岩石上有一足印，传说是佛祖的足迹，曼飞龙塔就为此而建。勐海的岗纳木塔是因佛祖洗脚后，洗脚水流淌到这里就停止了，为此又建佛塔纪念。三

---

① 详参郑筱筠《中国南传佛教研究》，中国社会科学出版社 2012 年版。

是山清水秀、风景幽美之处必建塔，所以往往在意想不到之处，会突然看见花木古树掩映之申有一座佛塔，这是因为人们认为佛必与一切美好的事物联系在一起。四是山势高阔处也建佛塔，这里河凭高眺望，喻示佛光普照四野。五是为祭祖某种与佛教有关的神灵而建塔。六是为装饰建造的水井塔、瓦脊塔，水井塔几乎寨寨都有，甚至一寨数个，这种小型化塔被人们点缀得五光十色，彩绘纷繁，刻意雕琢，费尽心思，有的建成华丽的亭阁式、有的建成复杂的金刚宝塔式，有的建成大象驮塔式，花样翻新，层出不穷。这是因为傣族有浓郁的水崇拜意识，塔建于水井上，一可保持水质清洁甜美，二来井边是人们活动频繁的场所，美丽的井塔带给人们赏心悦目的美感享受，使人们生活倍加幸福愉快。

相传在勐海境内有唐朝的景思塔，但今已难考。在傣族文献和史籍记载中，有关建塔的最早记载是勐海土司府收藏的《地方大事记》。据该书记载，北宋真宗大中六年（1013 年）在修复勐海总佛寺时又增修了两座佛塔。

景洪庄莫塔

在景洪曼勒原宣慰使司署东面，约建于明隆庆四年（1570 年），其造型采用了东南亚最常见的佛塔形式——金钟式塔型。塔基呈四方形，边宽 16.6 米，高 0.5 米，四面各砌券门式佛龛 1 座。位于塔基座中央的佛塔平面呈圆形，通高 10 米，塔座直径 6.3 米，为束腰须弥座式，腰间以若干环状体加叠其间。塔身为一覆钟形，钟体上部有 10 个椭圆形纹饰环绕。塔刹做成圈形圆环，明显表现出东南亚佛塔建筑风格的影响。

相传景洪庄莫塔是埋葬释迦牟尼灵骨的舍利塔，因而是景洪地区历史上有名的"九塔十二城"古迹之一，被誉为众塔之首。塔身在方形的塔基上用几个圆形环状体加叠而成塔座，由下而上逐渐收缩。然后再将呈多瓣形的覆钟支砌在塔座上面，顶端是塔刹。由于塔基、塔座、塔身和塔刹结构匀称，浑然一体，显得精巧玲珑，优美壮观。

景洪曼庄琉塔

此塔建于清朝，平面呈八角形，高 12 米。其基座为五级阶梯式，塔身五级，由须弥座提相叠而成，从下到上逐层收缩，座边均刻卷云浮雕。塔身底层八面辟有塔门式浅佛龛。龛内并未装饰佛像。塔顶为一覆钟形。此塔在建筑风格上表现出汉式密檐式塔的建筑特征，应该受到汉式密檐式塔建筑风格的影响，但是在具体结构和形式上又有自己的独特风格。

勐腊县曼崩铜塔

此塔建于清朝乾隆五年（1740 年），该塔层次分明，线条流畅，风格明快，是折角多边形塔的杰出代表。塔通高 11 米，基座方形，边宽 5 米，塔身为三层多边折角形体相叠，第一层为方形，四面各砌出纵向双面坡殿宇佛龛 1 座。第三层上部作八角形状，再上为仰莲及葫芦形宝瓶。塔身及塔刹之间用二层莲瓣过渡。铜质塔刹置于葫芦形宝瓶的顶端，刹杆上下串连着 5 道圆球桩体，杆上分出权枝，悬挂着风铎。整个塔体以铜皮包裹。值得注意的是，这种折角多边性的塔虽然是云南上座部佛教塔建筑的后期常见形式，但是此塔并未采用习惯上的锥形叠压式手法，而是在三层塔身之间采取了束腰的建筑手法，其折角线条从上到下贯通全塔。塔身上不作其他任何装饰，塔身素朴简洁，这又与云南上座部佛教塔建筑的后期追求华丽、喜欢繁缛装饰的风格大不一样。曼崩铜塔从塔基到塔刹之间有方形的塔基、折角亚字形的塔身、八角形的塔顶、圆形宝瓶式的塔刹等各种不同形状的交叉组合，过渡自然，层次分明、线条流畅，既体现了传统的天圆地方的宇宙观，又体现出云南南传上座部佛教寺塔建筑后期的鲜明的民族特色，是云南南传上座部佛教寺塔建筑的较具代表性的成功杰作。①

西双版纳曼飞龙佛塔

曼飞龙佛塔位于西双版纳傣族自治州首府景洪市大勐龙乡曼飞龙寨子的后山山顶上，距自治州首府允景洪 70 公里，距大勐龙 3 公里，傣语称为"塔糯"，即汉语"笋塔"之意。始建于傣历 565 年（公元 1204 年），是西双版纳著名南传上座部佛教的建筑。

曼飞龙佛塔的建塔时间，据景洪大勐笼傣文经典记载是傣历 566 年，南宋宁宗嘉泰四年（1204 年）建，也有学者认为建于公元 1171 年。但建立于南宋时期是学术界已经首肯的定论。相传是由缅甸高僧帕阿索和勐笼的高僧祜巴南批、头人先叫布笼主持下修建而成。

该塔的的结构和造型都深受东南亚佛塔的影响。西双版纳曼飞龙白

---

① 参见杨介《西双版纳的佛塔》，《贝叶文化论》，云南人民出版社 1990 年版，第 493 页。

塔属于金刚宝座式塔，由 9 座佛塔构成，属于群塔类型。但塔身的装饰较为朴素，相对来说应该属于西双版纳地区早期的佛塔类型。其造型与东南亚诸国的南传上座部佛教的佛塔类似。尤其与泰国北部的马哈拉特塔的造型相近。从细部看，莲花座托上的舍利塔又有我国大乘佛教的特点。① 据记载，其式样由印度僧人设计，工程由勐龙头人古巴南批等人主持建造。有人把它叫作"笋塔"，这是形容群塔像春笋一样拔地而起。还有人因其洁白，唤作"白塔"。曼飞龙佛塔塔群建在山顶，共 9 座，由一座大塔和四周八座小塔组成塔群。群塔建筑在圆形巨大基座上，塔基高 3.9 米，呈多瓣形的梅花状，周长 42.6 米，上面砌出八角，内含八个佛龛，龛上装饰莲花。其中主塔高 16.29 米，位于正中，四周环抱着 8 个小塔，分布 8 角，，每座小塔高 9.1 米，塔身为多层葫芦形，从空中鸟瞰，小塔呈八瓣莲花状，甚为可观。另外一座母塔与 8 座子塔，乍看起来很像是一丛刚劲挺拔的大竹，又像是拔地而起的粗壮竹笋，雄伟壮观。在主塔的塔基下有一个较大的佛龛。每座小塔塔座里都有一个佛龛，佛龛里内供有佛像，佛龛上还有泥塑的凤凰，凌空飞翔，门口是两条泥塑的大龙。8 个金色小塔顶上，每座挂有一具铜佛标，母塔尖上还有铜质的"天笛"，山风吹来发现叮叮当当的响声。塔上各种各样的彩绘、雕塑、秀丽优美。值得注意的是，每座塔的塔身都建造在三层莲花须弥座上，塔身作覆钵式半圆体，塔刹有莲花座托上的相轮和宝瓶组成。塔身上部做成 9 道环状相轮，上有喇叭形莲瓣立体浮雕，莲瓣立体浮雕上承托着 3 段相连的葫芦形宝瓶，上插金属刹杆，杆上装有 4 只击风铎，上下串连着 5 层华盖。

相对来说，与后期的西双版纳地区其他佛塔类型相比，这些装饰还较为朴素。但现在我们看到的曼飞龙佛塔在历次维修中已经装饰得富丽堂皇，已经具有西双版纳地区后期佛塔的装饰特征。虽然整个佛塔群属于金刚宝座式塔，但其小塔和大塔之间风格一致，形成大小、虚实、高矮的强烈对比，并以此来衬托大塔，这一特点又与藏式金刚宝座塔大异其趣。

此外，更主要的是，在主塔朝南的一面有一个小门，门内供奉有深深镶嵌在一块大青石上的长 80 厘米，宽 58 厘米的巨大脚印。相传这是

---

① 李昆声：《云南艺术史》，云南教育出版社，2001 年版，第 277 页。

佛祖传教时留下的足迹。显然这是受东南亚佛教佛祖足迹崇拜的影响而形成的。

2. 思茅地区（今普洱市）

景谷傣族彝族自治县的勐卧佛寺双塔

勐卧佛寺双塔为明末清初（1628—1661）傣族威远土官刀汉臣所建。清道光《威远厅志》载："大缅寺在威城（参将衙署）北门外，寺内有缅僧百余人，皆剃发，用黄布裹身，名缅和尚。寺中有塔二座，高三丈余，昔土官刀汉臣所建。左塔中生缅树，其枝从石缝内周围伸出，枝叶甚茂，塔石不崩，至晚众鸟聚集欢鸣于上，缅僧皆称奇焉，名曰塔树，至今犹然。"这记述的是"树包塔"奇观。

傣语称"梅赫窝广勐"（即树包塔）、"广勐赫窝梅"（即塔包树），俗称树包塔塔包树。这勐卧佛寺双塔在威远镇大寨，是昔日的官佛寺，有山门、侧门、双塔、戒堂、大殿、僧房，面积3.335公顷，双塔在大殿两侧，南北向并列。

此双塔属南传上座部佛教傣族佛寺塔，塔为红砂石，亚字形仰莲复莲多层迭式须弥座，傣语称"冒乌窝喃"（莲花座），方形基座，每方4米，基石上有浮雕图案，四角有4个"埃香弄"（大力士）石雕作塔柱支撑，塔身上部为青砖竖砌连环圆柱。树包塔为6层，高10.74米，塔包树高7.2米，上部呈圆弧形，塔刹已被大树代替，两塔距30米，树高约塔的2倍。它最突出的特点是双塔的基座和塔身上都有浮雕，其内容主要是佛传故事、傣族佛经故事、民间传说等。雕有叭英（天神）、帕照（佛祖）、混赫翁戛坦木（唐僧取经）、喃木诺娜（孔雀公主）、召树屯（勐板加王子）、金纳丽、金纳拉（神鸟）、吴依散达腊（赕白象）、竹扎格阿（乞丐讨儿）、喃金（螃蟹姑娘）、只歪冷（喊月亮）等。动植物花卉浮雕有：德恩摆后（倒立狮子）、惹稳（飞龙）、麻咪（飞马）、诺永（孔雀）、格安（马鹿）、骂达宛（葵花）、南木道（葫芦）、乌额贵（芭蕉叶）、冒乌窝（莲花）、勒愿（太阳）、依安号（茶壶）等，是研究景谷傣族宗教、文化、历史的实物，具有极高的历史、艺术价值。

贺井塔

位于江城县西南54公里处曼贺井村东北的小山顶上，是南传佛教信徒的朝拜地。距今已有140多年，贺井塔为傣语，意为祠塔。这是哈尼族地区的傣式佛塔。是哈尼族人民受到傣族文化影响，并信仰南传上座部佛教的见证，也是各民族文化融合的结晶。

贺井塔是一座砖石三合土砌成的四层葫芦状方塔。塔身为砖体结构，高 7.7 米，呈四方菱形。第一层为方形，第二层如倒覆铜钟，第三层为上下对称的两个四方楼台，第四层形似四棱花瓶，塔刹呈葫芦状，有圆形发亮小球和铜旗 2 面，全塔涂以金粉，并绘有民族图案。每年泼水节和赕佛期间，当地傣族及老挝朝拜者络绎不绝。

3. 德宏地区佛塔

据云南省德宏州傣族的文史资料记载，云南德宏傣族的佛塔建塔历史已有 1100 多年。德宏傣族全民信仰南传佛教，所以佛塔在云南德宏地区也十分普遍。佛塔是宗教活动和群众娱乐活动的主要场所之一。云南省德宏州的佛塔，较为著名的有瑞丽姐勒塔，陇川景坎佛塔，盈江允燕佛塔，还有潞西的风平佛塔，遮放广母、芒丙佛塔等。

云南省德宏州傣族的这些佛塔用砖石砌成，主塔高数 10 丈，四周有若干小塔相围。佛塔塔基是正方形，大小按塔的规模定，东面塑一佛龛，往内是平台，有的一层，有的数层。塔基和平台四周塑小塔，不仅把主塔衬托得更显高大，而且加强了塔的动势，佛塔塔身由八角形的须弥座上的硕大莲瓣承托，形如覆钵，俗称宝瓶。塔刹一般称塔帽，德宏傣语称"提广姆"，是用黄铜片镂空，四周吊以缨络、铜铃精制而成的。悬挂的铜铃，在阳光下闪闪发光，随风摇晃，叮咚作响，分外清脆悦耳。

姐勒大金塔——德宏瑞丽地区保存至今最古老的佛塔

它是德宏瑞丽地区保存至今最古老的佛塔。傣家人叫它"广姆贺卯"，意为"瑞丽城首之塔"，有的又称之为"金狮塔"，一座塔有两个名字，足见人们对它喜爱有加。它的正式佛名为"瑞敏汉金塔"，是中缅边境傣族、德昂族等南传上座部佛教信众朝拜的圣地。

此塔建立的时间至今尚无确切记载，相传始建于勐卯君主召武定执政时期所建，以后又经过六次重修、至第七次思南王进行扩建，更名为"金熊宝塔"。据传说，古代傣族群众发现在姐勒寨旁边的"广迷罕"小丘（汉译为金熊土丘）上夜现金光。因此把这里看作是吉祥之地。后来又在这里挖出熊骨，人们认为这正是佛经上所说的释迦牟尼第一代转世为金熊后死于此地的遗骨。因此就请了缅甸高僧来此处念经祈祷，后来又请缅甸著名的傣族工匠来设计建塔。因此此塔是典型的缅式大型群塔，与缅甸仰光瑞广塔极为相似。1980 年 10 月清理塔基时，出土银牌上有傣文记载，可知塔之重建至少已有二百年。① 由于塔身全被涂成金色，故又称为金塔。金塔是砖石结构金钟式圆群塔，主塔高 36 米，四周围有 16 座小塔，气势宏伟，金碧辉煌，是德宏地区最古老的佛塔。塔建成后进行过多次维修，傣族首领罕盖发当政时，花费重金加以修缮，将塔身贴满金箔，使其闪耀金光，构成众星拱月的壮丽景观。主塔圆形塔基直径长 30 米，用大小不同的长方青石组成，中层为正八菱形，塔身呈圆锥体，塔身平面是折角亚字共 16 角，为三重逐层收小减低的须弥座叠成，塔刹为倒置喇叭状，刹身有多重环状十三天，塔顶置有铜冠，系有击风锋百个，微风拂过，一片丁零作响，极为悦耳。塔群的布局错落有致，主塔立于中央，16 座子塔分 3 圈环绕周围，内圈分布高约 13 米的小塔 4 座，中圈分布高约 10 米的 4 座小塔，最外圈分布高约 6 米的小塔 4 座。3 圈子塔的高度依次递减，均匀分布于母塔周围。另外，每座子塔的底部设有方形佛龛，内壁有浮雕进行装饰，佛龛内供有汉白玉佛像，极其精美。金塔四周围满古老粗大的大青树，仿佛将士守卫着君王。阳光下，金塔闪耀。

对于其雄壮的气势，《勐卯地志·序》作如下记载："传其地发现佛骨，形状色泽大小不一，往往于夜间大放光芒，五光十色，极为奇丽。迷信者见之，逐渐觅获，建塔其上，并立奘房祀之。""姐勒之金塔，为数十七，建立年代远不可考。塔之居中者最大，余依次环列，亦依次缩小。悉用金涂其表，旁围石栏，次环走廊，中置钟鼓狮象之属，又次围以高塔……其塔之高者，耸入云霄，遥望之金光夺目，层级分别，光华皎洁。工作亦极精良，所谓天工鬼斧，难以真巧也。"

此外，民间还流传着一个美丽的传说。传说古时候，茫茫森林里有一只金狮，是佛祖的化身。佛祖化狮，是为了检测人间良心的好坏。金狮与人十分友好，结成了生死之交。有一天，凶恶的老虎来了，对金狮进谗言。金狮王是佛祖所变，早已洞察恶虎的歹毒用心，任凭老虎说破了嘴皮还是置之不理。老虎于是转过头来，趁金狮不注意，对人说："人呀，人呀，你大祸临头了，还在做美梦呢，可怜的人呀！"人不解

---

① 王海涛：《云南佛教史》，云南美术出版社 2001 年版，第 459 页。

此意，就问老虎什么意思。老虎于是大讲金狮的坏话："你那个所谓的朋友金狮，其实是个用心恶毒的坏蛋，他早想一口吃掉你，只是看你防备很严不好下手。我是森林之王，最爱打抱不平，让我俩联合起来，结成联盟共同对付金狮，好不好？"听信了老虎的话，夜里和金狮在大树上睡觉的时候，趁金狮睡熟，一脚把它蹬下树来，想把金狮摔死。金狮是佛祖化身，虽被摔下树，却平安无事。后来人们为了纪念金狮，同时又希望人们接受误信谗言的教训，因此傣家人又把姐勒金塔叫做"金狮塔"。

值得注意的是，在这一群塔中十六座小塔并不像一般群塔那样式样基本都相同，而是各有不同，这形成了姐勒金塔不同于其他中国南传上座部佛教佛塔的显著之处。盖十六座小塔又有大、中、小之分，四座大号的底部建有佛龛，内中供奉有缅式白玉佛像，四座塔形基本相同，但塔身又各有自己的特点。有的是多边棱柱体，有的是覆钵形，中号塔造型基本一致，小号形状则完全相同。大号塔在同一塔群内显示不同的造型，这在其他塔群中是不多见的。而这也成为姐勒金塔独具特色之处。这样的造型建筑并没有让整个塔群显得不协调，相反却让整个塔群层次分明，在不平衡中透出一种层次美。

允燕塔

允燕塔建于 1946 年，坐南朝北，由塔基、塔身和塔刹 3 部分组成。占地 400 平方米，塔高 20 米，加塔冠高 25 米，由 44 座子塔和 1 座主塔组成。子塔和主塔均为圆锥体，顶镶金属帽，悬挂着金属片和 80 个铜铃。基座为四层、四角，子塔拱卫主塔，如众星捧月。主塔上有精工浮雕，从第四层起由多瓣莲花托起，上边并排 7 个魔王，再往上饰有鸡心形佛家纹样，正方形的四层塔基，逐层内收升高，托起圆锥塔顶，主次分明。

塔基（金刚宝座）由 5 层叠加而成，底层呈正方形，底边长（宽）约为 19.3 米，高 1.1 米，第一层 28 个模型塔内设有佛龛。第二至四层基座均为方形束腰须弥座，四角各置模型塔 1 座，共 12 座，不再设有佛龛。第五层塔基为八角形束腰须弥座，顶端筑成圆台，周边雕有一仰莲瓣，呈一莲座，主塔立于莲花座之上，塔下身是一巨钟，中间一周有形态各异的手拉 108 个佛珠串的"七护卫"浮雕，分别是虎、狮、白象、鼠、羊、龙、鹰之化身，传说还有一隐身黑象在塔下巡逻。浮雕上面为刺绣袈裟纹饰。塔身上部筑一串扁圆形连珠相轮，相轮上置一仰覆莲座聚宝瓶，构成塔刹。刹顶冠以金属宝伞和风标。塔身及塔刹通体涂饰金粉。全塔造型复杂、严谨，工艺精湛，被专家誉为我国建筑艺术中的精品。

芒市勐焕大金塔

勐焕大金塔既是芒市城区一个醒目的标志性建筑，又是南传上座部佛教朝拜的圣地。勐焕大金塔于 2004 年 6 月 30 日破土动工，2007 年 5 月 1 日勐焕大金塔开光。它坐落在德宏州潞西市东南郊区海拔 1079.6 米的雷崖让山上，塔高 73 米，基座直径长 50 米，总体结构为八角形空心佛塔，占地面积为 35 亩，建筑面积 3757 平方米。第一层大殿面积 2000 平方米，可容纳数千多人同时朝拜。开有四道大门。大殿中央的顶天柱周边塑有四尊天然汉白玉大佛像，四尊大佛均为整块 4 米多高的缅甸上等汉白玉雕塑，东面释迦牟尼佛像，西面是药师佛像，南面是观音菩萨像，北面是弥勒佛像。大殿内的二楼、三楼展示反映佛祖生平及教义的壁画和器物，第二、三层外平台分别建有十六座造型别致的群塔，第四层外平台建有八个具有佛教艺术创意精美的花瓶塔。基座之上的主心柱以佛教专用物大钟和十三个钵上垒砌而成，最高点戴有重达 2.3 吨的大金顶。

勐焕大金塔高 73 米，塔底宽 50 米，八角四面三层空心。大殿内中心柱四面塑佛，东面供奉释迦牟尼佛像，南面供奉观音菩萨像，西面供奉药师佛像，北面供奉弥勒佛像，大殿气势磅礴，金碧辉煌。该塔居高而建，吸纳佛教建筑之精华于一身，气象万千，宏伟壮观。登塔瞭望，可俯瞰整个芒市城，青山绿水翠竹、如诗如画的傣家村寨和繁华初显的市容尽收眼底。

4. 临沧地区

临翔区（原临沧县）西塔

建于明朝天启元年，是云南南传佛教现存年代较早的寺塔之一。它属于砖石结构，基座和塔身都是八边形。现存八层（塔尖已残），高约 15 米，基座上叠砌亚字形须弥座。其上塔身由一层比一层小的圆状重叠组成。基座和塔体均为八边形。塔身以约 75 度角往上收，远观如笋状，塔体第五层和第七层各有一佛龛，未设置佛像。虽然其基本型制为缅式佛塔，但也深受汉族密檐式塔的影响，是二者的有机结合。

临沧勐旺佛塔

勐旺佛塔是云南省内现存较早的南传上座部佛教单体塔，始建于明天启元年（1621 年），位于勐旺村南约 500 米的山顶上，距县城约 8.5 公里，勐旺佛塔被佛教徒视为佛的化身，佛塔所在的小山每年 4 月（约15 日—18 日）人山人海，热闹非凡，这里是勐旺傣族进行采花堆沙（泼水节）等佛教活动的一个重要场所。勐旺佛塔高九层，约 16.6 米。基座以条石砌成，呈八边形，边宽 3.5 米，高约 2 米。基座上砖块加筑亚字形须弥座，其上塔身以约 65 度上收，以八边形球状体叠砌而成。

耿马景戈白塔

耿马景戈白塔建于清乾隆四十三年（1778 年），是临沧地区境内的第一大塔。塔身为砖石结构，塔高 30 米，呈葫芦形，底围 60.58 米，底座为四方形，边长 25 米，四角各立副塔 1 座，高 4 米。是耿马地区南传上座部佛教僧侣和信众的赕佛活动的中心场地之一。

沧源民族塔（"广母陀勐"）

2010 年 1 月在临沧市佛教协会会长提卡达希的倡议下，临沧南传佛教在临沧市沧源佤族自治县勐角民族乡修建了标志着本地区民族团结、和谐相处的白塔——民族团结佛塔。佛塔高 25.9 米，由一个大塔和八个玲珑精制的小塔组成。塔围宽 18 米。宝塔于 2007 年 4 月 3 日举行奠基仪式；2008 年 12 月 12 日，迎佛上塔顶，标志着建塔工程的竣工，历时 18 个月完成。据提卡达希长老介绍，勐角民族乡主要有傣族、佤族、彝族等多民族聚居，是典型的民族和谐乡。佛塔是佛教信众进行佛事活动的重要场所，历史上勐角坝曾经有过四座佛塔，巍然屹立在勐角中心佛寺周围。与竹楼相映，与青山绿水相伴，吉祥如画。由于历史上的战乱和社会动乱等因素，先后被毁殆尽。改革开放以来，民众生活逐年改善。为传承和弘扬民族传统宗教文化，佛佑十方吉祥，在此宝地把旧时的四座佛塔并作一座恢复重建，再现古塔之雄姿。命名为"广母陀勐"，汉译"民族团结塔"。这座塔不同于任何一个区域的佛塔建筑，它融合了泰国、缅甸佛塔的建筑风格，同时也吸收了中国南传佛教西双版纳地区和德宏地区佛塔的建筑风格，是典型的民族文化大融合式的佛塔。

综上所述，中国南传佛教文化圈内的佛塔建筑既具有东南亚南传佛教的建筑风格，同时又在不同程度上融入了中国少数民族本民族的建筑特点，而这正是中国南传佛教佛塔建筑独特性所在。

（二）　中国南传佛教佛塔的管理模式

它意味着佛寺管理的等级制度、佛塔在佛寺组织结构体系中的重要地位。可以说严格的佛塔管理制度、佛塔系统的建立和完善是强化系统内部和谐的保障。

一般说来，在佛教发展的最初阶段，傣族地区的塔是佛寺建筑的中心，随着中国南传上座部佛教体系的建立和逐渐完善，佛寺体现出强烈的等级色彩，因此，在佛教发展的后期，佛塔就逐渐成为佛寺的附属物，建塔不一定要建寺，但塔一经建成，则必须有佛寺和村寨来供养，而且还必须有专门的佛寺来负责管理保护。同时，不是所有的寺院和村寨都有管理和保护塔的资格，只有中心佛寺或者是建筑历史悠久的佛寺才能够具有管理佛塔的资格，但一般的佛寺和村寨都可以供养佛塔，在供养佛塔方面就没有任何等级制度的限制了。这一佛寺管理制度的形成显然是与佛寺等级制度的形成密不可分的。它有效地化解了管理方面的诸多矛盾，有力地保障了和谐的佛教内部系统的形成。

在佛塔管理体系方面，与寺院金字塔型的管理模式相对应，西双版纳地区的南传上座部佛教在塔的组织管理系统方面也是具有严格的金字塔型的管理特征。

如以西双版纳景洪猛龙地区为例，据调查，该地有佛塔 16 座，分别属于 59 座佛寺 71 个村寨①按照佛寺的等级进行供养，塔由中心佛寺来管理②。中国南传上座部佛塔的管理是井然有序的，它是与中国南传上座部佛寺的组织管理系统相对应，按照不同的等级而得到供养。但是，在中国南传上座部佛教传播区域内，几乎每一个村寨都会有一个佛寺，但并不是所有的佛寺都能建有佛塔，它首先必须征得该区域内的世俗社会组织制度体系的同意，符合神圣世界组织管理体系的相关要求，由村寨代表向该村佛寺所属的中心佛寺提出申请，而其所属的中心佛寺则会根据需要，同时考虑到村寨或该区域整体经济发展水平和承受能力

---

① 参见《西双版纳傣族宗教情况初步调查》，载《傣族社会历史调查（西双版纳之三）》，云南民族出版社 1983 年版。

② 同上。

以及信众的情况等来定。如果该区域的经济实力雄厚，信众虔诚信仰佛教，就可以建塔供养。佛塔一经建好，就成为佛教最明显的象征符号，人们对塔就要礼敬供养。于是，对塔的维修和供养也就成为负责供养佛塔的村寨佛寺们的责任，而上一级佛寺也要时时督促、检查。同样的道理，在中心佛寺所在区域内建立的佛塔也是由其所属的上一级佛寺组织来负责监督。以此类推，我们可以说，在中国南传上座部佛教传播区域内，佛塔的修建、供养和维修以及围绕佛塔而形成的一系列佛事活动都鲜明地体现着中国南传上座部佛教组织管理体系的严密性特征。正是由于有了这样严密的组织管理系统，中国南传上座部佛教管理体系首先实现了自身系统内部的和谐，进而为其对外处理宗教与政权制度、宗教与社会等关系问题打下了和谐的坚实基础，营造出了良好的宗教与社会制度之关系，有助于形成良好的社会氛围。① 而这一点却是中国南传佛教佛塔艺术系统独具一格之处。

综上所述，在历史发展的长河中，中国南传上座部佛教在保持南传上座部佛教基本传统纯洁性的同时，也在适应着中国少数的民族文化，它与当地固有的原始宗教和少数民族文化相互斗争、相互融合，逐步发展起迥异于东南亚南传上座部佛教，并带有鲜明民族特色的中国南传上座部佛教艺术系统，从而最终完成了其民族化、本土化进程。

第二节　全球化语境下的当代中国南传佛教

随着全球化的不断深入，不同国家和文化背景的人们交往频繁，全球化一方面超越了不同国家、民族、宗教和文化之间的界限，促进了世界各国人民相互了解，促进了不同民族文化的相遇和碰撞，加强了各大宗教之间的相互联系和了解；另一方面，作为对全球化的反应，人们的文化意识和文明差异的意识明显加深，促使各个民族开始更加重视自己在悠久历史中形成的民族传统文化，在追求民族文化个性的过程中更加注重保护优秀的文化遗产，促进了各个宗教在其特定的民族、地域文化和历史背景下，彰显自我特色。在此背景下，当代中国南传佛教的发展也呈现出外显和内敛的两种表现形式，积极面向世界、面向社会、面向

---

① 详参郑筱筠《中国南传佛教研究》，中国社会科学出版社 2012 年版。

现实、面向人生，由此而出现了世俗化、本色化、多元化的发展趋势。

一　中国南传佛教的外显表现

（一）突破自身理论体系限制，积极从事社会慈善事业，在发展中完善自己

人间佛教的提出已近百年，无论是太虚大师的"人生佛教"，还是印顺法师、赵朴老以及星云大师提出的"人间佛教"，其核心思想都是要建立适应现代社会的佛教理念。在现当代佛教复兴运动中，慈善救济揭示了佛陀重视人间的根本精神，因而也成为当代人间佛教的重要弘法途径之一。历代高僧在慈善事业方面所做贡献殊多，推动了社会救济事业的发展。值得注意的是，在很多人的眼里，人间佛教及其慈悲救济事业似乎只存在于大乘佛教之中。而小乘佛教①只注重个人的宗教实践，追求的是个人的解脱。与大乘佛教自利利他、普度众生、追求成佛果位的思想相比，南传佛教只强调自利，追求的只是阿罗汉果位。因此，没有发展起普度众生、帮助、救济众生的慈善事业。事实上，这是对当代南传佛教认识上存在的一个误区。东南亚佛教早已开始积极调整自己，努力加入到社会建设之中。中国南传佛教也一样，其"佛光之家"慈善事业就是当代南传佛教慈悲关怀实践活动，是中国南传佛教自身与时俱进的表现，是时代的需要，社会的需要。②

当代东南亚南传佛教发生了一些变化，如泰国南部三省信仰伊斯兰教，在这里常有伊斯兰教极端势力活动，曾经有教师、警察、军人等被极端分子杀害，很多老师都不敢去任教，在这样的情况下，泰国曼谷太子佛学院专门训练了上百名比丘，送去泰国南部教书；曼谷金佛寺的照坤通猜大比丘，在泰国南部建立了一座清真寺，捐赠给伊斯兰教徒；泰国佛足寺专门照顾艾滋病患者，并设立了孤儿院，照顾艾滋病患者留下的子女等等，这些变化表明当代南传佛教在这个经济、文化和资讯全球融合的时代，开始积极调整自己，以弘法利生的慈善事业来积极适应社会。东南亚南传佛教有这样的变化，中国南传佛教也开始积极从事社会

---

① 小乘佛教是相对于大乘佛教而言，从佛教传播的路线而言，本文所涉及的小乘佛教也可以称为南传佛教。因此，笔者在文中用"南传佛教"一词。

② 详参郑筱筠《当代中国南传佛教的"凡尘使命"》，《中国宗教》2009 年第 6 期。

慈善事业。

目前在云南南传佛教信仰区域存在吸毒问题和艾滋病等一些社会问题。云南佛教界本着慈悲精神，积极入世，以大慈大悲的佛教理念来帮助那些迫切需要帮助的特殊人群，积极参与艾滋病慈悲关怀事业。在云南省佛教协会会长刀述仁会长的亲自主持下，佛教界采取了一些措施来着手开展艾滋病慈悲关怀事业：（1）成立了云南省佛教协会"社会关怀办公室"，具体负责艾滋病临终关怀项目的管理。办公室下设"艾滋病人关怀项目组"，具体负责项目方案的策划、实施；项目参与人员的培训管理；项目总结及宣传等。（2）积极创造条件，以禁毒宣传、艾滋病临终关怀为主要内容，建立健全以广大佛教居士为骨干力量、高僧大德参与指导的慈悲关怀服务组，担负生活价值观宣传、身心调理及临终关怀（助念等）等事宜。（3）以佛教僧侣、信众为主导，在项目实施点及其他不同场所开展多种形式的社会宣教，普及艾滋病知识，减少社会歧视，倡导关怀帮助，同时并进行目标社区及目标人群关怀。（4）以佛教僧侣、信众为主体，通过义捐活动，为目标人群赢得相应的资金支持及社会支持，同时，通过佛教倡议及身体力行，对目标人群及其子女、孤儿进行关怀帮助，使其获得基本生活、医疗等关怀帮助，同时并推动社会团体也积极参与关怀活动，为逐步改善目标人群的贫困状况打下良好的基础。①

西双版纳傣族自治州"佛光之家"正是在这样的背景下应运而生的。由于在云南西双版纳傣族自治州，南传佛教渗透到人民日常生活的方方面面，拥有非同寻常的影响力。2003 年 7 月，一个名为"佛光之家"的项目正式在西双版纳傣族自治州景洪市启动，由联合国儿童基金会提供经费，云南省艾滋病防治办公室协调，傣族自治州州艾滋病防治办公室指导，州民宗局管理，州佛教协会具体组织实施。西双版纳州佛教协会成立艾滋病关怀与帮助场所——"佛光之家"。"佛光之家"项目让南传佛教僧人有组织地参与到禁毒防艾滋病的社会工作中，并且将其视为"凡尘使命"。云南西双版纳傣族自治州佛教协会会长、西双版纳傣族自治州总佛寺主持祜巴龙庄勐大长老认为，僧人要用佛教的慈悲之心来关怀被艾滋病折磨的人们，营造和谐的社会环境，同时也要用佛

---

① 资料来源：云南省佛教协会。在此谨致感谢！

教精神来约束人们的行为，预防艾滋病。目前，西双版纳傣族自治州共有大小佛寺 800 余所，信佛教群众 30 余万人，约占全州总人口的 1/3。很多寺院的僧人和信徒都参与到"佛光之家"慈善事业中。"佛光之家"是采取多方合作的组织机构管理模式，首先，由于南传上座部佛教一直保持着原始佛教的纯洁性，严格恪守僧侣不蓄金银的戒律。对此，各个寺院无论其级别高下都在寺规中做出了严格的规定，任何僧侣无论其僧阶高低，都不得蓄金银。为了有效解决这一问题，在"佛光之家"的组织管理过程中，"佛光之家"项目采取由联合国儿童基金会提供经费，云南省艾滋病防治办公室协调，傣族自治州州艾滋病防治办公室指导，州民宗局管理，州佛教协会具体组织实施的共同管理模式，成功地解决了南传佛教对于金银戒律方面的问题。其次，在具体活动过程中，佛教界与政府有关部门分工明确：政府有关工作人员则同时讲解禁毒防艾的各种知识和方法，从不同角度对艾滋病患者及家属，以及周围的群众进行全方位的宣传教育；由各个佛爷出面组织大家，以宗教弃恶从善的观念和教条告诫信教群众，比如不能吸毒、要爱护家庭等，利用僧人的特殊地位和佛教的教义教规，为当地群众特别是青少年，提供有关艾滋病、毒品预防宣传教育的资讯，积极争取科技扶贫项目，开展对艾滋病感染者的咨询和关怀，为他们重新融入社会提供帮助。"佛光之家"的慈善活动得到了社会各界的认同和支持。

2006 年 10 月 27 日和 11 月 6 日，"佛光之家"分别在勐海县和勐腊县设立了分支机构，使其宣传面和影响力得到了进一步扩大，帮助和关怀的对象覆盖面也得到扩大。云南省西双版纳傣族自治州"佛光之家"佛教慈悲关怀实践活动在特殊人群心灵关怀、社会人格培养、构建和谐人际关系、净化社会风气、提升社会伦理道德、抵制社会丑恶现象、实施教育医疗救助、扶贫济困等方面都做出了突出的贡献，与此同时，它在长期的实践过程中，逐渐形成了自己的特色，走出了独特的中国南传佛教慈善事业道路，为社会和谐建设做出了很大贡献。类似于"佛光之家"这样的慈善组织在南传上座部佛教信仰区域绝不是孤立存在的现象。现在德宏傣族景颇族自治州的慈爱园也是这样的南传佛教慈悲关怀基地。此外临沧市、普洱市等南传佛教信仰区域都已经出现南传佛教慈悲关怀社会、服务社会的慈善活动。

此外，中国南传佛教还积极帮助西藏僧侣修行，中国佛教协会副会长、西双版纳总佛寺住持祜巴龙庄勐法师，云南佛学院副院长、曼听佛塔寺住持都罕听法师，在获悉西藏众多藏传佛教僧侣长期闭关修行于高寒山区的情况后，委托在西藏的信教群众了解详细情况，积极发动南传佛教四众，发心捐资捐物，筹集修行者们急需的食品、用品。在社会各界的帮助下，共筹集到 15 万余元的青稞、营养品、茶叶等用品，于丁亥年春节前夕发往藏区修行地。

另外，近年来中国南传佛教僧侣帮助失学儿童、看望贫困患者、帮助贫困群众、积极捐款援助受灾群众，举办大型祈福法会为灾区群众祈福。西双版纳州佛教界还积极参与生态环境保护宣传活动，举办宗教植物知识培训班 3 期，培训人员 250 人次，带动全州佛教界参与保护恢复佛寺庭院植物和"龙山"林的活动，这样的例子不胜枚举。

当代中国南传佛教这样的弘法利生的宗教慈善实践活动的意义在于：首先，从宗教学研究的理论层面来看，它向人们昭示：中国南传佛教在宗教教理上开始有所调适，对南传佛教理论体系建设有所发展，这充分表明宗教具有自我调适性，当代宗教自身正在逐渐适应社会的发展，根据社会和时代的需要来发展自己。其次，它标志着中国南传佛教在自身理论体系上的一个突破和发展，它标志着南传佛教僧侣开始从追求自我解脱的境界转而为社会服务，为芸芸众生服务，它在向大乘佛教的主张学习。这一举措将成为南传佛教发展史上一个重要的分水岭，它标志着南传佛教更趋于理性思考，不断地完善自己。再次，它表明中国南传佛教不再囿于自身区域性的限制，而是主动走到全球化、一体化的社会中，去主动地寻找自己与外界交流、沟通的发展轨迹。

（二）仿效东南亚禅修中心，举办中国南传佛教禅修中心，满足世俗社会的需要，这是对南传佛教固有的布萨羯磨制度和禅修制度的突破

目前，内观修行的运动显然已开始在台湾佛教界、大陆佛教界掀起一股"南传佛教"热。佛教正念修行在欧美等西方世界也日益盛行。人们开始反思南传佛教系统的理论，关注南传佛教的内观禅修体系。十余年来，年年都有来自缅甸等东南亚佛教国家的禅师来到台湾指导为期 10—30 日的密集禅修；提倡内观修行的台湾本土佛教道场、寺院也正逐渐增加之中。在大陆，一些汉传佛教寺院也率先打出南传佛教的禅修优势，举办东南亚南传佛教禅修课程培训班，为汉传佛教区域的群众了解南传佛教提供了极大的便利，同时也扩大了南传佛教的影响，使人们

开始对南传佛教有了较深的了解。也有不少的佛教徒纷纷前往缅甸和泰国禅修中心，在禅师的指导下进行长期或短期的参学。由于很多人担心缅甸、泰国毕竟属于异国，语言不通，有诸多的不便，非常渴望在国内有这样的一个禅修中心，既可省去办理出国手续等诸多麻烦，更可以进行语言交流，因此，他们多次向云南省佛教协会反映，希望在中国南传佛教信仰区域内有这样的一个禅修中心，可以很好地进行身心放松。正是在这样的背景下，为让国内广大喜爱佛教的人亲身感受佛教的修行传统，云南省佛教协会、西双版纳总佛寺会同西双版纳橄榄坝曼听佛塔寺携手常年举办短期剃度出家及止观禅修活动，在课程的选择上，积极向国外禅修中心学习，同时针对我国的实际情况，制定符合中国信众实际情况的课程内容。

1. 教义方面

学习南传上座部佛教基本教义教理，体悟禅定与经行，共修与独立禅修并行，每日乞食托钵等，从行住坐卧中训练威仪，变化气质，涤尘静虑，深入法乐。

2. 修行方面

听闻业处指导老师律藏、经藏、论藏开示，初探概念法与究竟法，遨游法海，开发智慧，应个人根性机缘进行业处指导修学，次第教授止观禅法，令每个禅修者受益。

3. 戒法方面

剃度、正授、讲戒、舍戒、在家生活等戒行仪礼，以使禅修贤友戒行清净，如法受持戒律，体会短期出家及止观禅修的殊胜。

笔者在 2009 年 8 月前去调研西双版纳傣族自治州橄榄坝的曼听佛寺禅修中心调研时，就看到有来自北京、上海、南京、昆明、成都等地的禅修者在曼听佛寺禅修中心进行禅修。他们对中国南传佛教首开禅修中心，为大家提供良好的禅修环境的善举赞不绝口。

（三）加强与国内外僧团、教育机构和研究机构的合作，努力完善自己

2008 年 9 月 12 至 15 日，中国佛学院、四川尼众佛学院、福建佛学院、云南佛学院作为 IABU 正式成员，派出由中国佛教协会副会长刀述仁居士率领的 12 人代表团，参加了在泰国召开的"国际佛教大学协会"（英文简称 IABU）第一次大会（又称大城府会议）。参加此次大会的共

有来自 30 个国家和地区的 116 所佛教院校、佛教研究机构代表及泰国佛教院校师生共约 3000 余人。

大会安排了首届"国际佛教院校峰会"。中国佛学院等 4 所我国佛学院的代表和与会的其他大学及研究机构代表一起认真审议并一致通过了 IABU 章程，签署了《大城府会议谅解备忘录》，同意以 IABU 为平台，在《备忘录》框架内开展教育合作与交流。《备忘录》强调加强佛教学术领域合作，积极探索保持教育学术研究特性与教育自由度的有效方式。中国佛教协会正式选派代表团出席这次会议，受到了 IABU 执委会及泰国佛教界的热烈欢迎和普遍好评。大会特别安排刀述仁团长作为两嘉宾之一在开幕式上致辞。IABU 主席、泰国朱拉隆功佛教大学校长达磨孔莎瞻长老亲自会见了代表团全体成员，感谢中国的支持，表达了该大学及 IABU 加强与中国佛教院校合作的强烈愿望。会后，泰国代理僧王特意邀请代表团到其所住持的曼谷金山寺做客，双方进行了热情友好的交流。

这次会议的意义在于云南佛学院，包括中国南传佛教的教育事业不仅加强了与汉传佛教、藏传佛教的合作，而且开始从云南走向国际视野，开始与国际社会进行教育合作。这在中国南传佛教的发展史上应该是值得关注的标志性事件。

（四）积极加强与国内外社会各界的交流，佛教寺院经济模式发生了较大的变化，有效地推动了中国南传佛教的发展

世俗社会对神圣世界的经济支持是宗教发展的强有力的保障。而世俗社会对神圣世界的经济支持逐步形成了寺院经济。从宗教寺院经济的角度而言，同样是倚赖于世俗社会的供养，中国南传佛教的寺院经济明显地逊色于汉传佛教和藏传佛教，它没有形成自己独立运行的寺院经济体系，它几乎完全依赖于世俗社会的供养，并因此而形成了独具特色的中国南传佛教寺院供养体制——村社供养为主。自 20 世纪 70 年代以来，它已从村社供养制为主的单一经济模式逐渐转变为多元化的供养模式。

在历史发展过程中，中国南传上座部佛教一直保持着原始佛教的纯洁性，严格恪守着僧侣不蓄金银的戒律。任何僧侣无论其僧阶高低，都不得蓄金银。各个寺院无论其级别高下都对此在寺规中做出了严格的规定。中国南传上座部佛教戒律的这一特点就使得中国南传上座部佛教寺

院在发展过程中无法形成强大的寺院经济支柱，不能直接掌握经济大权，或者说缺乏经济的强有力支撑。其所有的经济来源和经济开销必须要依赖世俗社会。因此，中国南传佛教逐渐形成以村社供养制为主的单一寺院经济模式。这主要表现为：首先，寺院僧侣每日的饮食由村社成员轮流供应，其次，所有佛事活动的开支仍然按照原先宗教惯例由各村社平均分担。修建佛寺、佛塔，塑造佛像，村寨集体送小孩入寺当和尚，和尚升佛爷、祜巴等重大宗教活动所产生的费用，都绝非个别家庭可以组织或承担的，也不是个别家庭的事情，而是全村社的共同事务，是村社的集体事业。其所有的宗教开支全部由村社成员共同负担。

自改革开放以来，中国南传佛教寺院经济已从村社供养制为主的单一经济模式逐渐转变为多元化的供养模式，传统村社承担的寺院活动开支仅占寺院收入的一小部分，而来自社会各界的捐赠善款则成为寺院经济的主要支柱。

在中国南传佛教地区，自20世纪80年代以来，来自东南亚国家的善款捐赠首先打破了过去单一的村社供养制的寺院经济传统模式，促进多元化供养模式的寺院经济发展。

由于中国南传佛教信仰区域与东南亚国家同属东南亚南传佛教文化圈，生活于其中的各国人们有着天然的地域、民族血缘及历史文化联系，民间往来不断。改革开放以来，东南亚一些国家政府部门及民间社会团体经常到西双版纳傣族自治州、德宏傣族景颇族自治州以及临沧市、普洱市等地访问，同时也会有一些捐赠。近几年，仅西双版纳傣族自治州就接待了包括泰国高僧、泰王姐、施琳通公主、泰国外交部、泰国基督教会副主席孙文德先生，缅甸全国佛协常务理事祜巴相腊，德国基督教代表团，韩国佛教界代表团等各国政要和宗教团体均有不同形式、不同数额的捐赠。① 类似这样的活动还有很多，尤其是近年来随着改革开放的扩大，大量来自国外的捐赠款有效地改善了中国南传佛教寺院经济发展不足的状况。

除了国外的大笔布施善款外，政府对寺院维修的拨款、仪式活动中各级政府部门的祝贺款项和来自全国各地的群众功德捐赠也是寺院经济收入的主要来源。例如，在2009年2月20日，西双版纳总佛寺举行了

---

① 详细参郑筱筠《中国南传佛教研究》，中国社会科学出版社2012年版，第215页。

隆重的"重建西双版纳总佛寺大殿奠基仪式"，云南省佛教协会会长刀述仁、西双版纳州政协、人大、民宗局等单位的领导、西双版纳州佛教协会会长祜巴龙庄勐、德宏州佛教协会、临沧市佛教协会、普洱市佛教协会会长等以及上千名信众参加了仪式。仪式上，祜巴龙庄勐大长老带领众僧侣为大殿祈福诵经、滴水祈愿，现场信众还为重建大殿捐赠了功德；3月临沧市临翔区勐准佛塔举行开光庆典。市（区）民族宗教局、市（区）佛协等部门和团体前来祝贺，来自沧源、永德、双江、耿马县的僧侣和信众1万5千多人参加活动。一般情况下，如果出席活动的话，很多单位或个人都会有所表示，捐赠一定款项。

值得注意的是，近年来参加南传佛教佛事活动的信众已经不仅仅是传统意义上信仰南传佛教的傣族、布朗族、阿昌族、德昂族以及部分佤族、彝族等群众，随着交流的扩大，中国南传佛教佛事活动也吸引着国内外大量的群众前往参加，甚至很多内地企业家也纷纷参加，并慷慨捐赠。因此，与过去传统的村社供养制相比，现在很多南传佛教寺院经济模式已经多元化，有力地推动了中国南传佛教的发展。

二　中国南传佛教的内敛表现方式

当代中国南传佛教正力图克服自身不合时宜的因素，重新挖掘或强调佛教自身的宝贵特质，加强佛教体系自身的建设，逐渐进行自我调整，以尽量与当今时代的需要相结合。

（一）创办云南佛学院和各佛教分院，努力培养僧才，提高僧人队伍素质

中国上座部佛教教育体系虽已初具雏形，但各地区发展不平衡，各级佛教教育衔接不够，各州之间教育资源缺乏整合，教育水平参差不齐。同时，缺乏佛教高级佛学研究人才，僧众在佛寺中忙于各种法事，缺少精通巴利文、精研三藏的学者。因此，加强僧才培养是佛教界共同关心的主题，目前我国普及义务制教育，就需要协调传统佛寺教育与现代学校教育的关系，对此问题，目前采取的方式是：儿童首先接受6年制小学教育，小学毕业时（约十二三岁）方能剃度出家。剃度后仍需接受初中阶段义务教育，星期一至五白天在学校上文化课，夜晚及星期六日在寺院学习傣文、佛教课诵、沙弥律仪及傣族传统道德伦理。平时保证学校课程，重大佛教节日才可向学校请假。很多村寨的孩子白天在

学校学习科学文化知识，晚上又回到寺院学习佛教知识。住持本寺的长老，对到学校读书的和尚生，寺内值日给予减免，一般情况下，如果不是重大的宗教节日就不让在学校读书和尚生回寺院。初中毕业后既可考入高中继续升学，也可报考云南佛学院版纳分院深造。目前已有多位身披袈裟在社会高中乃至大学就读的学僧。

云南佛学院版纳分院学制三年，与当地一所中专合作办学，语文、数学、英语、物理、化学等基础文化课由中专教师授课，傣语及佛学课由总佛寺法师授课，毕业后同时获云南佛学院版纳分院及该中专毕业证书。毕业学僧无论是继续报考上级佛学院或社会大学，还是还俗就业，均具备相应资格。在学期间，学僧须向中专缴纳一定数额的优惠学费，而总佛寺不仅负担学僧生活开支，佛学课程还完全免费。

云南佛学院版纳分院借鉴泰国僧伽教育课程，佛学课本由泰语教材翻译成傣语，分成三级课程：第一学年学习初级戒学（主要是 227 条比丘戒及解释）、经论选读、初级作文及佛本生传；第二学年学习中级戒学（如衣钵作法等）、经论选读（偏重定学）、中级作文及佛弟子传，另授傣族历史文化知识；第三学年学习高级戒学（如羯磨作法等）、经论选读（偏重慧学）、高级论文作法及南传佛教史等，另授宗教法律法规基础知识。

在西双版纳，除云南佛学院版纳分院于 1995 年 5 月正式挂牌成立外（时称西双版纳州上座部佛教学院），1996 年、1998 年及 2004 年，州内勐混佛教学校、勐罕佛教学校和大勐龙佛教学校相继成立。德宏州上座部佛教佛学院已于 1993 年获得批准。

学僧从云南佛学院版纳分院毕业后，可报考云南佛学院。云南佛学院由云南省佛教协会主办，1999 年成立于昆明，设有汉传佛教、南传佛教及藏传佛教班，旨在进一步提高文化水平，培养三大语系佛教交流人才。2004 年，南传佛教班共招收 42 位学僧，除继续学习上座部佛学知识及三大语系佛教史等佛教课程外，还由云南民族大学教师讲授汉语文、英语等大学文化课，通过高等教育自学考试者获得大专毕业证书。学僧毕业后可到国内外大学继续深造。

云南上座部佛教还充分利用省外乃至境外佛教教育资源，选派学僧到国内外参学。除公派留学外，还有不少学僧自费赴泰缅等国学习巴利语、阿毗达磨等高级佛学课程。经过多年刻苦学习，这些学僧取得了可喜的成绩，已有多名学成归国，成为佛教教育和各项佛教事业的骨干力量。南传佛教的这一举措大大提高了僧人的素质，加强了僧侣队伍的建设，为佛教的发展做出了很大的贡献。

（二）注重发扬传统，着重加强禅修实践活动

注重禅定修行，并发展完善的禅修理论体系是南传佛教迥异于大乘佛教的特色。

20世纪80年代以来，中国南传佛教开始注重发展自己的独特性，强调发扬传统，以西双版纳—思茅地区为例，其南传上座部佛教派别主要以润派为主，因此，在制度层面上的变化就相对来说显得单纯一些。过去在傣历二月份的豪干节，全体比丘以勐为单位的要集中在中心佛寺的空地上搭建茅棚，精进用功，时间十天十夜。上午、初夜、午夜三次坐禅，早晚集体上殿礼佛诵经，正午集体进布萨堂自恣，然后列队出堂，各人左手持贝叶团扇，右手持禅杖，偏袒右肩，赤脚行走，胸前挂钵，结队到村寨乞食，信众们则集中在村边供僧，完全模仿古代僧伽生活方式，这是西双版纳"润派"上座部佛教所特有的。现在的西双版纳傣族自治州橄榄坝的曼听佛寺就一直遵守这一托钵制度和布萨羯磨制度。

近年来，中国南传佛教为了开示佛陀正法，学习佛陀教义，践行佛陀戒定慧三学，亲证佛陀教导，体验禅定、经行、托钵的出家生活，从日常行、持、坐、卧中陶冶、熏习，真正体验僧团和乐清净的生活，以培养对佛法的正见与信心，2009年8月11日在云南省佛教协会南传工作委员会众长老的倡导下，首届西双版纳地区各寺院南传长老比丘止观禅修营安居期在曼听佛塔寺正式开营。本次止观禅修活动得到西双版纳境内各寺院住持长老的积极响应，纷纷欲将本寺的比丘送往曼听佛塔寺止观禅修林，进行止观系列禅法的系统性实修。据曼听佛塔寺都罕听长老介绍："上座部佛教止观禅法是佛陀住世时所传授的系统性极强的修行方法，是每个僧人日常生活所必须的，这样的活动受云南省佛教协会及各寺院长老的委托将长期开展下去，其目的是使佛陀的正法传续国内教区而利益四众。"首届活动的前几期主要由本地区各寺院的主持长老和各寺院的众比丘带领，进行密集型的实修，业处指导教授师为都罕听尊者。在禅修活动中，严格按照佛教教义和戒律进行禅修，其修行生活之严格令整个南传佛教信仰地区所赞叹。

三　结论

在全球化思潮的影响下，当代中国南传佛教的发展也呈现出外显和内敛的两种表现形式，它一方面表现出外显的开放性特征，积极调整自己体系的社会适应性，突破自身理论体系的限制，积极参与社会慈善事业活动，创办面向社会大众的禅修中心，积极拓展适应社会发展的寺院经济模式，加强与国内外各界的交流和沟通，在全球化的思潮中实行自我价值，不断完善自己体系，表现出极大的包容性和开放性特征；另一方面，它又表现出内敛的保守性特征，加固内部体系的稳定，突出自己的独特性，加强各级佛学院的建设，培养僧才，同时又注重内观禅修系统的完善，强化僧团布萨羯磨制度，强调建设属于僧团内部的禅修中心。因此，我们可以说，中国南传佛教在全球化的思潮中，既保守，又开放，以极强的兼容性来积极面向世界、面向社会、面向现实、面向人生，由此而出现了世俗化、本色化、多元化的发展趋势。①

第三节　南传佛教与文化发展战略

南传上座部佛教自东南亚传入我国云南地区后，在充满冲突、对立、适应和融合的漫长历史发展过程中，逐渐形成了具有鲜明民族特色的中国南传上座部佛教体系，有着不同于汉传佛教、藏传佛教乃至东南亚南传上座部佛教的"地方性"特征。在其长期的发展过程中，

这一本土化特征也在不断地变化和发展，那么在转型时期，其发生了怎样的变化，存在的问题是什么，我们应该如何看待这些问题？为此，笔者先后多次到云南西双版纳傣族自治州、德宏傣族景颇族自治州、临沧市、普洱市等地进行了调研，认为南传佛教存在进一步发展提升的瓶颈。只有正视南传佛教的区域性和民族特征这一现象，才能逐渐建立有利于南传佛教发展的造血功能。

一　现代社会中国南传佛教信仰现状

与过去相比，现代社会中国南传佛教信仰已经发生了很大变化。20

---

① 原文发表于《佛学研究》2010 年卷，佛学研究年刊社，2011 年。

世纪 50 年代以来，随着政治体制的改变，经济体制的转型，中国南传佛教信仰开始出现了不同于过去的一些变化，形成了新的特点，这主要表现在以下几方面：

（一）人们的信仰意识开始淡薄

傣族历史上长期生活在浓郁的南传佛教文化氛围之中，受到佛教思想的熏染，极为虔诚地信仰南传佛教。这一信仰文化已经成为他们的文化传统，几乎成为傣族的文化象征符号。傣族地区几乎村村寨寨都有佛寺，人们对宗教的信仰极为虔诚，傣族信仰的南传上座部佛教要求每个男子一生中要出家过一段时间的僧侣生活，学习知识和文化，以解脱人生的烦恼，实践佛教戒律，这样才能成为新人或是受教化的人，才有权利成家立业。不当和尚就要被人看不起，认为他们是不懂伦理道德的野人，被称为"岩令"，会被人歧视。因此，傣族男孩一般在 6 岁—10 岁就要被送入寺院接受教育。送孩子入寺为僧成为傣族家庭生活中的一件大事，入寺时要举行热烈而隆重的升和尚仪式。这是傣族男子一生中极其荣耀的大事。

可以说，伦理道德宗教化是傣族社会的重要特征。在处理各种社会关系时，傣族人民首先以是否信佛、是否遵守佛教戒律作为区分善恶的标准，然后才是各类世俗道德标准。而对个人而言，认为只有遵守佛教的教义教规，并且在生前多行善事，广积功德，诚心诚意地拜佛以修来世，才会解脱烦恼，死后升入天堂。除了在日常生活中以佛教伦理道德指导自己的一言一行外，为了表示对佛的敬意，在信仰南传佛教的云南傣族地区，傣族人民经常以赕佛活动的形式来表达自己对佛教的敬意。

但在商品经济高度发达的时代，南传佛教生存的社会基础和文化基础发生了很大变化，宗教从影响人们社会生活的方方面面变而为只是影响个人生活的一部分，虽然佛教伦理道德的影响力并没有减弱，但人们的信仰意识却开始出现淡化现象，年轻人对宗教的认识趋向于理性思考。

由于人们的受教育程度普遍得到提高，尤其是推行九年义务制教育后，人们的知识文化水平普遍提高，很多人都不愿意出家。此外，随着对外交流的扩大，一些县里直接由政府出面组织年轻人进行劳务输出，到经济发达的地区去工作，随着外出打工者日渐增多，年轻人之间的交流的话题增多，考虑到工作的需要，很多年轻人开始自觉地学习工作技能和知识，因此村寨里的年轻人文化素质得到提高，这使得年轻人对于宗教的认识从直觉禁忌趋向于理性思考，在 2009 年 8 月的调研过程中，很多年轻人告诉笔者，虽然自己积极参加各种佛教节日活动，但这是由村里组织的集体活动，在某种程度上，人们都把它看作是文化娱乐活动，而不是纯粹的宗教活动。当笔者问这些年轻人在将来是否会像自己的长辈那样，一到 40、50 岁就要到寺院里去"纳福"（即受五戒的居士）时，很多人都认为自己不会成为居士，因为"自己到晚年时可以有很多的活动安排，不可能像长辈们那样要定期到佛寺去纳福"。与此同时，在一旁听笔者提问的一位老波涛（傣族对老年男性的称呼）就感慨"现在的年轻人越来越不像话，简直忘了自己民族的传统。我们傣族的规矩是要求 40、50 岁的老人都要到佛寺去纳福（受戒），在平时的生活中以佛教戒律来要求自己，这样我们的社会才会和谐，生活才会幸福。看来现在的年轻人以后不一定会遵守这老祖宗定下来的规矩了。"

值得注意的是，在调研中，笔者发现虽然现在出现利用学校放假期间短期出家热的现象，但选择短期出家的人多为在小学读书的孩子，他们是由父母做主利用假期到寺院去完成传统的人生转换仪式。而很多务农的年轻人，尤其是 15 岁—40 岁之间的年轻男子由于种种原因未曾有过在寺院出家的经历，他们现在似乎没有重视这段出家经历的重要意义，因此也就未去弥补。

由于大家不愿出家，而且由于我国实行计划生育政策，虽然农村人口享有特殊政策，但子女比过去少，故也不愿送儿子到寺院长期出家。目前整个中国南传佛教界僧才奇缺，有些地区已经出现有寺无僧现象。据 2004 年 5 月西双版纳傣族自治州宗教活动场所年度检查统计，佛教有佛寺 577 所（暂缓登记 4 所）、全州 100 多万人口有信教群众 30 余万人，占全州总人口的 30%，其中约 99% 的傣族、布朗族人口信仰佛教。有僧人 4538 人，其中祜巴 14 人、沙滴 10 人、比丘（都）696 人、沙弥（帕）3818 人；与 20 世纪 50 年代初期相比，现有佛教僧侣人数占人口总数的百分比明显下降，那时西双版纳地区的佛寺已达 465 所，有祜巴以上长老 41 人，佛爷 683 人，和尚 4300 余人。这在当时人口总数仅 10 多万人（1953 年为 123090 人）的傣族中，有如此之多的佛寺和僧侣，比例是相当高的。这一数据对比表明，虽然西双版纳傣族自治州在这几十年来人口增加了很多，但僧人人数并没有增加多少，出家为僧不再是每一个信仰南传佛教的男子必须经历的人生选择。因此，有寺无僧现象日趋严重。

（二）　南传佛教的政治作用发生了根本的变化

佛教的宗教价值在于它提出了对终极实在的看法，并将现实世界纳入到佛教观念的时间和空间维度中。在佛教的宇宙观和世界观影响下，神王观念是南传佛教政治作用之重要表现。20 世纪 50 年代以前，南传佛教的社会责任之一就是为王权的存在提供合理性之证明，这是中国南传佛教一个重要的政治作用。

这一政治作用在中国南传佛教信仰社会中，反映为中国南传上座部佛教的组织制度与傣族社会组织制度之间的关系是互相依托的①。中国南传上座部佛教通过神圣化的仪式和突出等级职责的宗教行为，为世俗社会组织和制度提供着神圣的合法性与政治认同，而世俗社会的组织制度，特别是各级头领，则从参与宗教仪式和经济支持等方面来维系和扩大佛教的发展。为了在世俗社会中充分地展示这一神圣身份的认同，傣族社会在任命官员的时候都要选定重要的佛教节日在相应等级规格的寺院中举行一定仪式。官员的分封仪式（傣族人民称之为滴水礼）是举行宣誓效忠的仪式，是君臣关系重新建立和巩固的仪式，也是显示臣属们对于召片领忠诚与否的仪式。因此这一仪式对于召片领和各级官员来说是很重要的，它既是召片领向臣民们公布自己正式建立了神圣统治秩序和伦理秩序的方式，也是大臣们在人民面前向召片领表示自己忠诚的方式。在傣族人民的眼里，自己世俗社会的最高首领与佛教的关系是最密切的，他甚至成为世俗社会与神圣社会的最高沟通者和神圣社会神圣意志的体现者和颁布者。

20 世纪 50 年代中期，西双版纳傣族自治州进行了"和平协商土地改革"，废除了封建特权和压迫制度，宗教摆脱了封建领主土司的控制和利用，隔断了国外宗教势力对境内宗教的操纵，还其纯粹宗教、精神信仰的本来面目，开始走上革新之路。如今，中国南传佛教为王权的存在提供合理性证明的政治作用已经不复存在。虽然在一些宗教活动中，仍然会有政府部门的领导出席，但这些政府部门的领导不再要求佛教赋

---

① 关于中国南传上座部佛教组织制度与世俗社会组织制度之关系，详参郑筱筠《历史上中国南传上座部佛教与社会组织制度之互动》，《世界宗教研究》2007 年第 4 期，第 42 页。

予其神圣性的卡里斯玛式的领袖人物特权，他们更多的是把这样的活动看作是一项政治任务或自己职责管辖范围内的工作。例如，2004年11月20日，以泰国外交部部长顾问帕拉查·库纳嘎信为团长的泰王国布施团，在西双版纳总佛寺举行了布施捐赠泰王国国王御制袈裟仪式。州委副书记、州长岩庄在捐赠仪式上致答谢辞。州党政领导艾罕炳、依甩、刀林荫等参加了捐赠仪式。① 州委、州政府领导出席宗教活动仪式，其意义仅限于文化交流，而不再具有任何宗教意义。

（三）佛教寺院经济模式发生了较大的变化

世俗社会对神圣世界的经济支持是宗教发展的强有力的保障。而世俗社会对神圣世界的经济支持逐步形成了寺院经济。从宗教寺院经济的角度而言，同样是倚赖于世俗社会的供养，中国南传佛教的寺院经济明显地逊色于汉传佛教和藏传佛教，它没有形成自己独立运行的寺院经济体系，它几乎完全依赖于世俗社会的供养，并因此而形成了独具特色的中国南传佛教寺院供养体制——村社供养为主。

自改革开放以来，中国南传佛教寺院经济已从村社供养制为主的单一经济模式逐渐转变为多元化的供养模式②，传统村社承担的寺院活动开支仅占寺院收入的一小部分，而来自社会各界的捐赠善款则成为寺院经济的主要支柱。与过去传统的村社供养制相比，现在很多南传佛教寺院经济模式已经多元化。

（四）佛教界正逐渐进行自我调整，努力加强自身体系建设

当代中国南传佛教正力图克服自身不合时宜的因素，重新挖掘或强调佛教自身的宝贵特质，加强佛教体系自身的建设，逐渐进行自我调整，以尽量与当今时代的需要相结合。

1. 创办云南佛学院和各佛教分院，努力培养僧才，提高僧人队伍素质。中国上座部佛教教育体系虽已初具雏形，但各地区发展不平衡，各级佛教教育衔接不够，各州之间教育资源缺乏整合，教育水平参差不齐。同时，缺乏佛教高级佛学研究人才，僧众在佛寺中忙于各种法事，缺少精通巴利文、精研三藏的学者。因此，加强僧才培养是佛教界共同关心的主题。云南佛学院由云南省佛教协会主办，1999年成立于昆明，

---

① 详细参《西双版纳报》2004年11月20日，作者岩温香。
② 详细参考本书第五章第二节相关部分。

设有汉传佛教、南传佛教及藏传佛教班，旨在进一步提高文化水平，培养三大语系佛教交流人才。同时，走与国民教育体系、大学合作教学的模式，让学僧也学习社会知识，除继续学习上座部佛学知识及佛教史等佛教课程外，还由大学教师讲授汉语文、英语等大学文化课，通过高等教育自学考试者获得大专毕业证书。学僧毕业后可到国内外大学继续深造。

云南上座部佛教还充分利用省外乃至境外佛教教育资源，选派学僧到国内外参学。南传佛教的这一举措大大提高了僧人的素质，加强了僧侣队伍的建设，为佛教的发展做出了很大的贡献。①

2. 注重发扬传统，开办禅修中心，着重加强禅修实践活动。并发展完善的禅修理论体系是南传佛教迥异于大乘佛教的特色。

20世纪80年代以来，中国南传佛教开始注重发展自己的独特性，强调发扬传统。近年来，中国南传佛教为了开示佛陀正法，学习佛陀教义，践行佛陀戒定慧三学，亲证佛陀教导，体验禅定、经行、托钵的出家生活，为让国内广大喜爱佛教的人亲身感受佛教的修行传统，云南省佛教协会、西双版纳总佛寺、西双版纳橄榄坝曼听佛塔寺以及近年来出现的法住禅林常年举办短期剃度出家及止观禅修活动，为大家提供良好的禅修环境。

3. 积极适应社会需要，开始以慈善救济事业为己任来弘扬佛教文化。

中国南传佛教"佛光之家"慈善事业就是当代南传佛教慈悲关怀实践活动，是中国南传佛教自身与时俱进的表现，是时代的需要，社会的需要。②

"佛光之家"项目让南传佛教僧人有组织地参与到禁毒防艾滋病的社会工作中，并且将其视为"凡尘使命"。云南西双版纳傣族自治州佛教协会会长、西双版纳傣族自治州总佛寺主持祜巴龙庄勐大长老认为，僧人要用佛教的慈悲之心来关怀被艾滋病折磨的人们，营造和谐的社会环境，同时也要用佛教精神来约束人们的行为，预防艾滋病。在具体活动过程中，佛教界与政府有关部门分工明确：政府有关工作人员则同时

---

① 关于南传佛教教育部分，详参郑筱筠《中国南传佛教研究》，中国社会科学出版社2012年版，第205—209页。

② 详参郑筱筠《当代中国南传佛教的"凡尘使命"》，《中国宗教》2009年第6期。

讲解禁毒防艾的各种知识和方法，从不同角度对艾滋病患者及家属，以及周围的群众进行全方位的宣传教育；由各个佛爷出面组织大家，以宗教弃恶从善的观念和教条告诫信教群众，比如不能吸毒、要爱护家庭等，利用僧人的特殊地位和佛教的教义教规，为当地群众特别是青少年，提供有关艾滋病、毒品预防宣传教育的资讯，积极争取科技扶贫项目，开展对艾滋病感染者的咨询和关怀，为他们重新融入社会提供帮助。"佛光之家"的慈善活动得到了社会各界的认同和支持。

类似于"佛光之家"这样的慈善组织在南传上座部佛教信仰区域绝不是孤立存在的现象。现在德宏傣族景颇族自治州的慈爱园也是这样的南传佛教慈悲关怀基地。此外临沧市、普洱市等南传佛教信仰区域都已经出现南传佛教慈悲关怀社会、服务社会的慈善活动。

（五）新时期新阶段伊斯兰教在中国南传佛教信仰的中心区域得到迅速发展

近年来在传统的中国南传佛教信仰中心地区，其他宗教发展迅速。虽然中国南传佛教仍然是主要的宗教信仰，但伊斯兰教和基督教开始逐渐成为有社会影响的宗教。以西双版纳傣族自治州为例，2009 年全州现有宗教活动场所 606 所，其中南传上座部佛教 580 所，佛塔 221 座，伊斯兰教清真寺 5 所，基督教教堂 23 所。

伊斯兰教主要是随着回族的迁入而传入西双版纳傣族自治州的。西双版纳傣族自治州的回族主体大多是明清时期进入西双版纳的大理回族商人和当地少数民族联姻落籍的回族后裔；其次是清代大理杜文秀起义失败后，从大理逃避战乱而迁入西双版纳的回族后裔；有沿着普洱茶运输路线，从北方来到南方，甚至将普洱茶远销至中东的回族商人，他们到西双版纳后，与当地老百姓通婚，但一般情况下是只许嫁入，不得嫁出。嫁入的人必须改信伊斯兰教；此外，20 世纪 50 年代以后，前来支援边疆建设的内地干部、工人中也有回族。20 世纪 90 年代后，开始有印度、巴基斯坦和缅甸籍穆斯林进入景洪市从事珠宝行业的生意。因此，目前西双版纳州的穆斯林人数也比 20 世纪 50 年代以前增加了很多。

早期伊斯兰教的传播中心主要在勐海县，1994 年西双版纳州伊斯兰教协会在勐海县成立，现在，因景洪市内穆斯林人数增多，同时也是为了便于管理，州伊斯兰教协会迁往景洪市清真寺办公。2009 年有会长 1 人，副会长 2 人（其中 1 名副会长兼任秘书长），理事 9 人，穆斯林 3000 余人。西双版纳州内清真寺的阿訇分别从通海、思茅和红河等地聘请而来，聘期一般为三年，届满后，经穆斯林选举，可以续聘，如果不满意，就重新另聘。到 2000 年全州有在职阿訇 5 人，其他阿訇 8 人。伊斯兰教协会采取多种形式举办学习党的政策、法律法规培训班，开办伊斯兰教经文学校，重视知识传授和经学教育，举办《古兰经诵读》演讲和诵读比赛，组织 40 余人有计划、有组织地完成赴沙特阿拉伯麦加朝觐完成功课，提高教职人员和信教群众的水平；此外，伊斯兰教协会积极参加社会慈善活动，关心弱势群体，为疾病缠身的穆斯林群众解决看病难问题。

在调研过程中，笔者得知，现在的女性穆斯林在服饰方面开始有所变化，过去，女性一般不戴头巾，仅仅用头巾盘头，但现在由于这里每年有 10 个去麦加朝觐的名额，人们看到中东妇女的服饰后，回来后开始要求妇女戴面巾了；过去，勐海县曼峦寨和曼赛寨的回族刚进入西双版纳时，主要做鞋子去卖，后来开始做牛马生意，现在主要是开车跑运输，经营牛的生意等。随着生活的日益好转，很多穆斯林都盖上新房，开起了汽车，日子过得很红火。现在，还会有外地来的穆斯林来找他们，希望得到捐款。由于穆斯林的生活日益变好，收入增多，很多人都会捐钱来维修清真寺和举行宗教活动。因此，伊斯兰教得到了较快发展。

（六）新时期新阶段基督教在中国南传佛教信仰的中心区域得到迅速发展

近代以来，基督教在云南少数民族地区得到传播，西双版纳傣族自治州的基督教徒主要分布在景洪市和勐腊县，其中景洪市属于长老会，勐腊县属于神召会、安息日会。1893 年美国驻泰国基督教会的长老会，派传教士到西双版纳傣族自治州考察，1917 年 10 月 15 日，传教士到景洪开设传播点。当时仅有几个村寨的群众信仰基督教。先后有英国、法国、美国等国的西方传教士到勐海、景洪、勐腊县等地传教，发展了一批宗教骨干和信徒。到 20 世纪 80 年代以来，基督教有所发展，分布在城镇和农场，点多面广，活动分散。进入 21 世纪以来，基督教的传播发展迅速，至 2000 年底，全州基督徒有 4000 余人，教堂 21 座，聚会点 56 处。到 2009 年，全州都有基督教的传播。2009 年 8 月笔者去调研时，景洪市基督教两会成员告诉笔者，景洪现在已经有 9 个基督教教堂，信徒 7000 余人，包括傣族、汉族、哈尼族、基诺族、彝族、瑶族、苗族等 10 多个民族的信徒。仅在星期天一天之内有三次面向不同民族的礼拜活动。在管理机制上，已成立了西双版纳州基督教协会，在县里还未成立县基督教协会，但专门设立了堂点管理小组。在平时，除了进行正常的礼拜活动外，州基督教协会还积极组织信教群众积极进行各种社会慈善活动。例如，2008 年汶川发生地震之后，在州基督教协会的部署下，州内各教堂举行大会为灾区人民的平安健康祈祷，并动员组织群众积极踊跃参加到抗震救灾行列中，为灾区人民奉献"一份爱心，以实际行动支援灾区"。至 5 月 19 日各教堂共收到捐资款 69670 元，在州基督教协会岩温会长的亲自带领下，协调领导小组成员把此款送交西双版纳州红十字会，并请由他们转交给灾区人民。2008 年 5 月 4 日礼拜日这一天，遵照云南省基督教两会的布置安排，在州、市、县各级民宗局部门的具体指导下，由州基督教协会组织，西双版纳傣族自治州的 23 所基督教堂，有约 7000 余名基督徒在各自的教堂内，参加了为"2008 北京奥运会"成功举办的祈祷大会，希望北京奥运会能平安、顺利、祥和、成功地举办。另外，州基督教协会还进一步加强女事工联络工作，为维护全州基督教妇女自身的合法权益、提高信教妇女的文化水平、增强自主自信自强自尊的意识，在教会中发挥了积极作用。此外，基督教协会继续发扬过去基督教的传统，进一步推进关爱弱势群众工作。在 2008 年探望安慰麻风病人 12 次，给麻风病患者送去衣物，清洗麻风溃疡，教他们护理的有关知识，同时还关心安抚艾滋病人 23 人，其中景洪患者 15 人，勐海患者 7 人，勐腊患者 1 人协会鼓励患者，使他们重新燃起生命的希望。

目前，西双版纳傣族自治州伊斯兰教和基督教的社会影响逐渐扩大，尤其在景洪市得到发展。

二 当代中国南传佛教发展存在的问题

中国南传佛教格局不是一成不变的，它会随着时代的发展、社会的变迁出现变化。20 世纪 50 年代以来，尤其是在当前转型时期，中国南传佛教与过去相比，出现了一些变化，这些现象无一不在表明当代中国南传佛教正主动调整自身结构，积极适应社会发展和时代需要，正逐渐走向理性化、社会化。但值得注意的是，当代中国南传佛教在发展的过程中还存在一些问题，需要我们加以关注：

（一）政府各级部门对中国南传佛教多线管理模式的认识不足

中国南传佛教管理体系与汉传佛教、藏传佛教管理体系的最大不同在于其实行多线并行运作的管理模式，即佛教界内部自身的管理模式和社会管理模式同时存在、共同管理的模式。正是由于这一模式运行有效，使得它对于世俗社会的影响不是通过控制性地介入和管理，而是以富有地方特征的建设性介入方式去影响世俗社会。这是中国南传佛教管理体系的一大特色，也是其至今仍然在宗教生活与社会生活产生很大影响的原因。但目前政府在长期的宗教事务管理过程中，对中国南传佛教管理体系的特殊性一直没有足够的重视，仍然采取一刀切的管理办法，与其他宗教一起同等管理，尤其是只进行佛教界的管理，忽略了波章①系统的社会管理模式。长此以往，不仅会让政府的工作难以获得实效，而且也会使云南南传佛教的发展缓慢。

1. 中国南传佛教内部的管理体系

在历史发展进程中，由于中国南传佛教与世俗社会政权之关系非常密切，他们之间形成了良好的互动，一方面，中国南传佛教为世俗社会政权提供神圣的"君权神授"观念和政治认同，保护世俗政权的合法性存在，另一方面，中国南传佛教以世俗社会组织制度为模本，发展起自己独具特色的佛教组织管理制度②，并形成了适应世俗社会和佛教发展的双线同时运行的管理模式。

首先，就佛教界内部自身的管理而言，与世俗社会组织管理体系相对应，它形成了金字塔型的佛寺、佛塔管理模式，但它不是一个简单的金字塔型的管理模式，而是由很多小金字塔型管理模式层层累加，最终组合成一个稳固的大金字塔型模式。

值得注意的是，各个勐级佛寺又在其辖区内形成了以此为金字塔尖的小金字塔形管理模式在佛塔管理体系方面，与此寺院金字塔型的管理

---

① 在云南南传佛教信仰区域，对之有不同的称呼，在西双版纳傣族自治州，称为"波章"，在德宏傣族景颇族自治州称为"贺路"，在临沧市称为"安章"。

② 关于中国南传上座部佛教组织制度与世俗社会组织制度之关系，详参郑筱筠《历史上中国南传上座部佛教与社会组织制度之互动》，《世界宗教研究》2007 年第 4 期，第 42 页。

模式相对应，西双版纳地区的南传上座部佛教在塔的组织管理系统方面也是具有严格的金字塔形的管理特征。

2. 中国南传佛教的社会管理体系——波章类型管理体系

除了佛教内部的管理模式外，中国南传佛教还形成了一个社会管理体系，即波章类型管理体系。波章作为一个世俗之人，在管理层面上可以同时与佛教界和世俗社会进行沟通和融合。这是南传佛教管理体系不同于汉传佛教和藏传佛教管理体系之处。波章角色的设立对于中国南传上座部佛教来说是非常重要的一个发展标志①。

就佛教事务管理的角度来看，波章是佛教仪式的主持者，是神圣世界和世俗世界的沟通者。在举行佛事活动仪式时，他是举足轻重的人物，他甚至在某种程度上具有神圣的权威性。他负责组织信众进行佛事活动，在寺院经济的管理方面，他要参与佛教寺院、佛塔的管理工作，对佛寺、佛塔的建立、维修以及相关事项负责，对寺院的经济负责或参与管理，在中国南传上座部佛教寺院经济管理体系中发挥着管理者的特殊作用，可以代表寺院与世俗世界进行经济事务活动。但是，他却属于世俗之人，在平时他们不脱离生产，未享有任何宗教特权，参加宗教活动时也无报酬。他可以管理信众，却不得管理佛教内部事务，不得干涉管理僧团。出于对佛教的执著，他无私地参与佛教事务的管理。

目前，政府有关部门对中国南传佛教的工作重点只放在佛教界，却忽略了中国南传佛教管理体系中的社会管理系统。笔者认为云南南传佛教的社会管理体系不容忽略，认真研究南传佛教管理体系的特殊性是做好宗教工作的前提和基本保证。

（二）佛教派别之间的趋同性导致中国南传佛教开始逐渐失去"活文物"价值

历史学家汤因比曾说："上座部佛教在历史中是一种文化的化石。"这是指南传佛教保持了原始佛教传统的纯洁性，因而在历史发展过程中具有重要的历史文化价值。如果从南传上座部佛教内部系统而言，中国南传佛教在整个南传佛教文化圈中具有独特的"活文物"价值，它记录了 19 世纪以来，中国南传佛教不同于东南亚各国南传佛教的发展轨

---

① 关于安章的角色问题，详参郑筱筠《中国南传上座部佛教与少数民族文化的互动——以安章的双重身份为例》，2008 年 10 月"当代社会中的宗教"会议论文（北京）。

迹和历史，其中各个佛教派别的发展更具有档案资料的重要价值。但是目前中国南传上座部佛教派别之间的差异性减小，甚至出现趋同现象，各个派别的佛教传统个性缺失，未保持同中求异，开始失去"活文物"价值。

综观中国南传上座部佛教派别，主要有润派、摆庄派、多列派、左抵派四个派别，分别分布在中国南传上座部佛教圈的不同区域。西双版纳地区的佛教派别较为简单，主要以润派佛教为主；德宏地区的佛教派别与西双版纳地区相比，情况较为复杂，派别较多，有润派、摆庄派、多列派和左抵派；在临沧地区主要以润派、摆庄派、多列派为主。这些派别主要表现在戒律方面有不同，在教理、教义方面的区别并不大。

中国南传佛教秉承东南亚南传佛教传统，但派别林立，传播渠道不同，至今流传于西双版纳地区的南传上座部佛教主要是从泰国清迈经过缅甸的景栋传入的；至今流传于德宏地区的南传上座部佛教有从西双版纳传入的，也有直接从缅甸传入的；临沧地区南传上座部佛教有从西双版纳传入的，也有直接从缅甸传入的，还有从德宏地区传入的。由于传入的途径和历史时段的不同，每一佛教派别都有自己鲜明的特色。

值得注意的是，由于这些佛教派别分布于云南，在某种意义上具有该派别在19世纪以后的"活文物"形态，具有一定的史料价值。盖因东南亚各国自19世纪以来，受到西方列国的殖民统治和文化侵略，佛教的发展不同程度地受到影响，有些佛教派别为了适应社会变化，不得不对自身进行调整和改变，因此，具有了鲜明的时代特征。而同期的中国云南并未受到西方国家的殖民统治，这些佛教派别忠实地记录着佛教传统，使之得以保存和传承。此外，中国南传佛教在长期的发展过程中，也形成了自己独具特色的本土化特征，发展至今，表现出与当今东南亚佛教派别的不同。因此，中国南传佛教派别在整个南传佛教文化圈的历史发展坐标中具有重要的史料价值，是"活"的文物，他与东南亚南传佛教一起共同构成南传佛教文化圈不可缺少的组成部分。

20世纪50年代以后，中国南传佛教各个派别随着相互之间交往的频繁，增进了相互的了解和友谊，不再出现信教群众因戒律之差异而出现纠纷的事件，各个派别能和谐共处，有的佛教派别开始调整自己的不足，甚至对有些戒律进行改革。但目前由于种种原因，佛教各个派别开始趋同，甚至开始改信某一佛教派别。而地区有关部门出于好管理的角度，也鼓励派别之间的融合。长此以往，具有鲜明地域特征的中国南传佛教派别就将逐渐丧失其作为历史"活"文物的价值，其在南传佛教发展史上的重要地位将淡化。因此，如何维护佛教派别的有序发展，共建"和而不同，各美其美"的多元和谐的文化生态是摆在我们面前的一个重要任务。

（三）中国南传佛教与商业化发展的"合法性危机"问题

以文化的发展来推动地区经济的发展，以经济的发展来带动文化的进步，这是时代的需要，但如何在发展中保护文化，在保护中发展文化，这是摆在当前的紧要问题，处理不好将会引发各种危机，尤其是中国南传佛教发展过程中的商业化"合法性危机"。在转型时期，中国南传佛教面临发展与"被商业化"的问题，如何妥善地借助社会改革的浪潮来发展自己，规避"被商业化"的可能，成为佛教的两难问题，也是事关佛教发展前景的重要问题，与此同时，在"被商业化"的过程中，主体的合法性危机问题和发展内容的合法性危机问题，也出现了，这一危机将会在中国南传佛教与现代社会经济发展的冲突和融合过程中越演越烈。

1. 主体的合法性危机问题

云南省多年来一直致力于建设民族文化大省、旅游文化大省，文化产业在云南取得了卓有成效的发展。各地普遍提出发展文化产业，促进旅游事业发展，"文化搭台，经济唱戏"的旅游文化产业模式使得中国南传佛教文化成为当地政府招商引资的招牌之一，在这一发展思路的引导下，佛教在传统社会中的政治作用基本丧失，甚至转而为当地文化旅游事业的发展服务，甚至有可能"被商业化"，由此出现主体的合法性危机问题。

在当代经济浪潮中，在发展旅游文化产业的思想指导下，佛教界作为主体的地位被逐渐淡化，政府有关部门，甚至旅游景点乃至企业成为希望借助佛教而获得发展的主体。例如，目前，一些佛教节庆活动开始逐渐成为旅游文化的主要内容，它们与南传佛教的关系密切。于是打造这些节日开始被旅游部门以及其他政府部门作为发展旅游业的重要内容。在云南民族村，一年一度的泼水节是傣族、布朗族等民族的传统节日。"经过十多年的精心打造，现已成为云南民族村景区响亮的一个民族节庆品牌。鉴于此，今年泼水节的总体活动框架不变，大胆尝试，组织人气、制造悬念、营造欢乐；水上实景展演为新突破点。为此，云南民族村将举办傣族、布朗族泼水节、德昂族浇花节，以活动来展示文化、打造高质量、高水平的民族节庆文化旅游精品，促进景区的旅游发展。"① 很显然，这些与南传佛教关系较为密切的节庆活动开始脱离了佛教文化背景，被旅游部门作为旅游文化产业的商品兜售给游客。传统的少数民族节日活动中，必不可少的宗教主体被淡出，而旅游部门则成为主体。在旅游文化产业得到发展的同时，佛教的发展未与之成正比。2008 年上半年，西双版纳州接待国内外旅游者 279.6 万人次，同比增长 72%；实现旅游总收入 16.67 亿元，同比增长 72.2%。勐泐大佛寺项目的建成，将为弘扬传统傣族文化、开发傣乡旅游资源、提升西双版纳州的对外知名度发挥重要的品牌效应。旅游收入的增加却并未与南传佛教的发展成正比。因此，究竟旅游文化产业是发展的主体，还是佛教本身是主体，即所谓的"宗教搭台，经济唱戏"现象，政府相关部门如何采取切实可行的措施，认真区分佛教发展与旅游文化产业发展的主体身份，这将是政府有关部门面临的两难问题，否则，长此以往将引发主体的合法性危机。

2. 发展内容合法性的危机问题。

目前企业投资，利用佛教文化为品牌来发展旅游逐渐成为中国南传佛教信仰区域的经济现象。由于商业利益所趋，企业在投资佛教文化产业的同时，一定要求要有丰厚的回报。这是企业投资的前提。因此，佛教被包装为一种文化产业乃至成为一种"文化商品"，由此带来了一系列的发展内容合法性危机问题。

在西双版纳地区早已开始出现这一具有时代感的变化。泼水节开始成为政府有关部门招商引资，大力发展旅游产业的契机。从 2003 年开始，在泼水节活动中，政府有关部门在安排节日活动时，新增加了"民族文化大游演"。2004 年"国际美食节"、水幕电影、歌星演唱会等新增加的活动，伴随着"傣历 1366 年新年节暨 2004 年中国·西双版纳国际泼水节"的到来，让具有深厚民族传统文化的景洪城沸腾了！上万名

---

① 详参郑筱筠《中国南传佛教节庆活动到文化习俗的变迁》（内部报告），中央民族大学"985"工程"云南宗教经验研究"课题之子报告（2008 年 3 月）。

各族群众与中外来宾相聚在澜沧江畔，共同庆祝这一盛大的节日。从这一年开始，西双版纳地区每年都以泼水节为发展契机，积极发展经济。例如，2007 年 4 月西双版纳州邮政局借助州政府宣传泼水节的机会，开发成功"刀美兰舞蹈艺术 50 年"个性化邮折 1000 本。2007 年 4 月 10 日，首届中国普洱茶战略联盟论坛峰会.百年贡茶回故乡迎接仪式在景洪举行。而为了更好地吸引游客，西双版纳地区特意准备的泼水活动诵经仪式直接就在景洪工人文化宫广场举行了。在临沧市耿马县和德宏傣族景颇族自治州，泼水节与旅游旺季紧紧地联系在一起，借泼水节打造民族文化品牌，靠佛教活动来吸引外地游客，以宗教文化活动为经济搭台、招商引资，成为当地旅游部门乃至政府部门主要的工作，地方政府开始借助佛教文化为经济发展搭建平台。

值得注意的是，除了佛教节庆活动外，发展更多的佛教产业也开始被纳入到当地旅游文化产业的规划范围之内，由此引发了规划内容的合法性危机问题。例如，在西双版纳傣族自治州，勐泐大佛寺项目的实施引起了人们的广泛关注，一时"西双版纳傣族自治州 3.5 亿元打造南传佛教文化中心"成为大家谈论的话题，建好后的勐泐大佛寺成为景洪市一道亮丽的风景线，其恢宏的寺院建筑和精美的佛教文化艺术美轮美奂，精心安排的活动内容吸引着众人前往。目前由于管理权限和经济等方面的原因，围绕着勐泐大佛寺，投资方和佛教界之间，乃至投资方与群众之间开始产生了一系列的问题，而政府有关部门在各方矛盾紧张的时候，要花很多时间忙于协调多方关系。

此外，在发展的内容方面，其内容的合法性危机也逐渐出现。为了新型的文化产业项目，依托佛教的平台，认为改变一些中国南传佛教固有的传统做法。例如，西双版纳傣族自治州勐泐大佛寺占地 400 亩，总建筑面积 2.1 万平方米，规划轮廓与自然原地貌巧妙结合，呈坐佛形状，为国内所独有，是按 5A 级景区标准建设，按照项目建设目标，它"将成为佛教文化、民族优秀传统文化的展示区和研究南传佛教的文化交流中心，为东南亚傣民族的又一寻根访源地"。在其竣工之际，由云南省佛教协会、西双版纳州佛教协会邀请 108 位来自汉传佛教、藏传佛教和南传佛教的高僧参加了开光典礼，108 位高僧乘坐 108 辆刚刚下线的轿车缓缓到达现场，近万名中外宾客和信众参加了盛典。在勐泐大佛寺内，任何人，包括前来游玩的非南传佛教信徒们，都可以亲自种下一棵或多棵佛教圣树——菩提树，可以请南传佛教高僧在旁边念经祝福；此外在勐泐大佛寺还有捐赠供奉小金佛等许多非中国南传佛教固有传统的活动以吸引游客捐献功德。由于勐泐大佛寺在规划设计之初就是以佛教文化、民族优秀传统文化的展示区和研究南传佛教的文化交流中心、东南亚傣民族的寻根访源地为目标，因此，它的发展规划并不是纯粹的佛教事业，而是希翼依托于佛教文化来发展的文化项目。显然，其发展内容与佛教的发展期望、当地信教群众的期待是有出入的，其内容的合法性危机也逐渐出现，甚至可能引发冲突。因为中国南传佛教具有鲜明的群众性特点，信仰不仅仅是个人的事情，而是集体的共同事情，因此，如果处理不当，甚至有可能引起群发性事件。类似的问题，在中国南传佛教信仰区域的其他地区也开始出现。因此，政府如何正确发展文化产业，如何处理好各方面的关系是规避潜在危机的前提。

（四）在传统的中国南传佛教信仰中心地区，流动穆斯林和外籍穆斯林的管理问题

近年来随着经济的发展，国际交往的密切，旅游业的迅猛发展，流动人口增加，外来穆斯林，尤其是缅甸籍穆斯林增多，为伊斯兰教的管理带来一定困难。

伊斯兰教在西双版纳傣族自治州的传播具有典型的移民特征，即它是随着移民的迁徙而出现的，基本保留本民族原住地的文化传统。在调研过程中，笔者得知，景洪市内的回族大部分都是从外地来的回族，他们多为城镇人口、机关干部、生意人（主要以做钢材和饭店生意为主），但现在由于改革开放以来，西双版纳傣族自治州大力发展旅游事业，对内搞活经济，对外开放部分口岸进行边贸活动，因此，流动穆斯林的人数增加很快，有的是来旅游的，有的是来这里做生意的。为此，西双版纳州伊斯兰教面临很多信的问题，这主要表现在活动场所和管理等方面。

1. 变与不变的矛盾

这里所谓的不变是指活动场所空间的固定不变，所谓的变是指日益增多的穆斯林人口。在市场经济得到迅速发展的景洪，旅游业也呈现出欣欣向荣的景象，在这样的背景下，变与不变之间的张力增大，出现了矛盾。

前来西双版纳州的流动穆斯林主要是以旅游和做生意为主，西双版

纳州的观光点主要集中于景洪市，同时景洪市是州政府所在地，各方面的设施和条件较好，因而是他们选择住宿和做生意的最佳地点，这就造成流动穆斯林主要集中于景洪市的现象。同时其宗教信仰规定，每个穆斯林一天要做好"五功"，在星期五"主麻日"这天还必须集中到清真寺进行集体礼拜。景洪市清真寺的存在，妥善地解决了游客们既可以外出旅游，同时还可保持自己宗教朝拜活动的需要，因此，对于外来的穆斯林来说，景洪市清真寺就成为他们星期五"主麻日"这天必须要去的地方。而目前景洪市的清真寺是在1984年由州政府拨款6万元，市政府拨款2万元建盖而成的砖混结构的清真寺，可容纳300余人。其活动空间远远不能满足当地穆斯林和外地穆斯林的需要，活动场所空间成为不变量，日益增多的穆斯林人口却是变量，变与不变之间张力增大，如果解决不好，就会出现矛盾。

2. 外国籍穆斯林，尤其是缅甸籍穆斯林的管理问题

外国籍穆斯林主要来自印度、巴基斯坦和缅甸，在调研过程中，笔者得知，他们来到景洪的历史也就14—15年，大约是在1993年左右来到景洪市的，主要从事珠宝生意。原来只有几家，但现在人数约为300—400余人，最近几年主要以缅甸籍穆斯林为主，已经开始形成一个大的外国籍穆斯林集体。他们不会讲傣族语言，但会讲基本的汉语，会讲阿拉伯语，他们的顾客不是当地傣族等少数民族，而是外地来景洪旅游的游客，尤其是汉族游客。随着西双版纳州旅游文化产业的蓬勃发展，交通运输工具的便利，外地游客到此旅游的人数日益增多，对于珠宝类奢侈品的需求量也日益增多。而在经营珠宝行业方面，当地群众比不过缅甸籍穆斯林，因此，目前在景洪市经营珠宝的大多是缅甸籍穆斯林。由于珠宝生意的交易金额较大，很多缅甸籍穆斯林都具有较强的经济实力，与当地百姓相比，可谓是富商，在缅甸都有一定影响。

在平时这些穆斯林都会积极参与景洪市慈善活动。例如在2008年汶川大地震中，西双版纳州伊斯兰教协会动员捐款，缅甸籍穆斯林们马上就积极行动，捐出55880元；此外，当缅甸受到风灾袭击时，他们也积极捐款回国，参与救灾活动。目前，由于缅甸籍穆斯林越来越多地集中于景洪市，在经济实力日益强大的同时，其需要一个礼拜活动场所的愿望也日益强烈。他们曾经自己直接租房子进行礼拜活动，并且请来了自己的缅甸籍阿訇。后来西双版纳州伊斯兰教协会主动积极与之协商，

将之纳入到伊斯兰教协会的管理之中，现在这些缅甸籍穆斯林都会来景洪市清真寺参加礼拜活动。例如，笔者在 2009 年 8 月去调研时，就看到缅甸籍穆斯林请来的阿訇就在景洪市清真寺礼拜。虽然缅甸籍穆斯林同意纳入到州伊斯兰教协会的管理体系之中，但他们自己也在内部推举了几个人管理，在遇到事情时，就由这几位管理小组成员直接与西双版纳州伊斯兰教协会协商处理。目前，西双版纳州伊斯兰教协会已经出面帮助他们处理了很多事情。

值得注意的是，虽然缅甸籍穆斯林的宗教活动已经被纳入到西双版纳州伊斯兰教协会的管理之中，但由于他们对我国的法律、法规以及相关的政策还不太熟悉，因此急需对之相关知识的普及。另外，由于语言不通，无法流利地与当地群众沟通，这就使缅甸籍穆斯林逐渐抱团，以小集体的内敛力和凝聚力来应对异域文化环境。目前他们与西双版纳地区建立最佳联系的桥梁就是宗教信仰，因此，如何通过西双版纳州伊斯兰教协会进行有效管理，帮助其有效处理各种社会关系，是当前各级政府部门应该注意的问题。

（五）基督教在城市发展迅速的问题

目前基督教在原来南传佛教信仰的中心地带发展迅速，基督教信徒人数呈现持续上升趋势。以西双版纳傣族自治州为例，20 世纪 50 年代，整个西双版纳傣族自治州的基督教徒只有 300 人，但到 2000 年底，全州基督徒有 4000 余人，教堂 21 座，聚会点 56 处。到 2009 年 8 月笔者去调研时，景洪市基督教两会成员告诉笔者，景洪现在已经有 9 个基督教教堂，信徒 8000 余人，包括傣族、汉族、哈尼族、基诺族、彝族、瑶族、苗族等 10 多种民族的信徒，在景洪市也有很多汉族开始信仰基督教。与此同时，一些新问题开始出现，例如，汉族信仰者增多、一些文化程度较高的傣族开始改信基督教、原来信仰本民族原始宗教的山区群众开始转信基督教，如瑶族；私设聚会点普遍，更为严重的问题是渗透问题。

1. 基督教信仰人数增长快的问题

就信徒人数而言，西双版纳傣族自治州基督教信徒人数增长较快，与南传佛教信徒人数的增长形成鲜明对比，在 20 世纪 50 年代，南传佛教的信众约 10 万余人，到 21 世纪，南传佛教信徒人数约 30 万余人，在近 60 年的时间里增加了 3 倍；而基督教徒在 20 世纪 50 年代约 300

余人，2000年约4000余人，到21世纪达8000余人（此为教会统计数据，官方数据为7000余人），在近60年的时间里，在以南传佛教为主要宗教信仰的区域内增加了20几倍，近30倍。其增长人数比与南传佛教信徒的比例是30：3，其增长速度大约是南传佛教的10倍，尤其是近十年来得到飞速发展。

就信徒的民族成分而言，傣族、哈尼族、彝族等群众占了近1/3多，剩下的多为汉族，其中很多傣族基督教信徒文化程度较高的，原先信仰南传佛教，现改信基督教。由于这些人在当地年轻人中也有一定的影响，因此，他们的改信也带动了一部分南传佛教徒改信基督教。此外，原来信仰本民族原始宗教的山区群众开始转信基督教，如瑶族本信仰自己本民族的固有宗教，但近年来也有开始改信的现象。

2. 国外各种势力的渗透问题

由于西双版纳傣族自治州与老挝、缅甸接壤，国境线长966.29公里，有边境乡镇17个、村委会61个，自然村258个，居住着傣族、哈尼族、布朗族拉祜族、瑶族、彝族、佤族和克木人等，人口28万余人，这些跨境民族与境外的民族有这天然的血缘联系，彼此之间的往来甚密，这就为境外各国的敌对势力对我国实施渗透提供了便利。境外的宗教渗透活动主要表现在以下几方面：

第一，对西双版纳州边境沿线山区的哈尼族、瑶族、苗族实施"撒种计划"。他们把基督教的《圣经》赞美诗及宗教思想、伦理道德、教义教规等翻译成少数民族语言文字，并制作成光盘、磁带、报刊、书籍、画册等方式，对西双版纳州边境沿线山区的少数民族群众进行宗教渗透。这是以美国为首的西方资本主义国家，利用民族宗教分化和渗透我国所采取的一种手段，其目的就是利用民族和宗教来分裂我国。从1997年以来，西双版纳州每年都会在边境沿线山区的少数民族居住的村寨中，发现有宣传基督教的光盘、磁带、报刊、书籍、画册等。近年来，甚至曾经发现几吨的《圣经》放在景洪江边的大桥上。泰国教会经常利用与景洪市曼允教堂的"母子关系"，派人来进行活动，以景洪市曼允教堂为中心向全州辐射，扩大泰国教会的影响。

第二，驻西双版纳州的一些非政府组织，利用他们在西双版纳州居住的合法身份，在境内贫困山区以扶贫帮困、保护环境为名，在少数民族群众和小学生中传播基督教的思想、文化、伦理道德和教规教义，动员山区少数民族群众加入基督教组织。在这些非政府组织扶贫帮困的少数民族村寨中，基督教发展快，信仰基督教的人数出现逐年上升的趋势，但目前对非政府组织的管理没有法规依据，管理手段不强，难度较大。

第三，一些外国旅游者以到西双版纳州旅游观光为名，未经宗教管理部门同意，擅自到基层宗教场所暗中对西双版纳州一些基督教群众进行传教，严重破坏了西双版纳州宗教的正常秩序。如：2006 年 10 月，一名澳大利亚籍的旅游者，以到西双版纳州旅游为名，在曼允村一家私人开办的旅社内举办基督教《圣经》知识培训班，对西双版纳州基督教信徒及不明真相的信教群众进行传教，被我州宗教事务管理部门和公安机关当场制止。

第四，境外宗教组织在西双版纳州接壤的缅甸东部第四特区边境 288 公里沿线，于 20 世纪 90 年代先后建盖了三所正规的基督教天主教教堂和多个活动点，对边境沿线的山区少数民族进行宗教渗透，宣称："如果边境沿线的山区少数民族加入基督教，就出资金帮助建学校、拉电线、安装自来水、建水泥路等"。同时，还在边境沿线的主要口岸建盖很多的佛塔，吸引西双版纳州境内的信教群众到境外朝圣拜塔，其目的就是要利用各种手段拉拢和腐蚀边境地区少数民族群众。

三　对策及发展战略

（一）加强对中国南传佛教社会管理系统的了解，积极发挥波章的世俗—宗教权威，切实可行地加强中国南传佛教的双线运行的管理，避免群发性事件出现的可能。

中国南传佛教管理体系实行双线并行管理，对内，有佛教界内部自身严格的组织管理体系负责管理佛教界内部事务，对外，则有波章类型的社会管理体系负责佛教界内部与外部的联系。两者并行不悖，正是由于这双线运行的管理模式，中国南传佛教信仰能够在经历社会制度转型、经济制度转型之后，仍然继续得到发展的主要原因。

我们应该加强对中国南传佛教社会管理系统的了解，积极发挥波章的世俗—宗教权威。波章在处理佛教事务时，他是作为该区域的社会负责对外联系和管理佛教经济事务、管理信徒，但在佛事活动中，我们可以看到参与佛教事务管理的波章（或安章）并不是只有一位，而是有很多，他们之间却从未发生过管理上的争执，究其原因，在于波章（或安章、贺路）社会管理系统的有效运行。盖波章一方面作为社会，参与佛教事务的管理，但另一方面，其内部也以世俗社会组织制度为范本，形成了严格的各级管理秩序，即总佛寺的波章管理勐级波章，勐级的波章又管理中心佛寺的波章，中心佛寺的波章又负责管理村寨佛寺的波章，甚至由于历史上各个村寨之间的地位也有不同，村寨佛寺的波章之间也有上下级的管理关系。正是由于波章各上下级之间分工明确，各司其职，因此在各级波章的协调和管理下，在佛寺活动中，各位波章负责处理自己职责范围内的事务，信徒秩序井然，活动有序，不会出现混乱。

目前，在20世纪50年代以前的社会统治秩序已经不复存在的情况下，波章的世俗—宗教权威在整个村寨中的重要作用得到凸显。随着时代的发展，这一社会管理系统一直延续至今，并没有因为社会制度的转变而消失，虽然20世纪50年代以后，其原先所依赖的社会组织制度已经不存在，但宗教领域内与之相对应的两个管理体系并没有消失，相反，在某些领域还承担其道德舆论的权威和社会秩序的管理权威。尤其是波章类型的社会管理系统仍然是中国南传佛教信仰地区的重要管理体系，在云南德宏地区尤为明显。笔者于2009年8月到德宏调研时，就深深地感受到这一社会管理系统的影响力。当时德宏的喊沙佛寺正在举行"庆祝中华人民共和国成立60周年"的佛事活动，虽然这是由德宏傣族景颇族州佛教协会、瑞丽市佛教协会组织的佛事活动，但在组织信徒来参加等具体事务中，却可以感受到贺路①有效的管理能力。在佛寺大殿，虽然来参加活动的群众大约有2000—3000人，但秩序井然，所有信教群众均着白衣礼佛，坐于大殿内，在每一行的前面都有一个小牌子，上面写着各个村寨的名字，村民们就按照牌子，找到自己所在的位置就座。此外，由于信教群众较多，无法保证每一位信教群众都有机会来参加活动，因此，各个村寨首先要由贺路组织，选拔代表参加，并由佛寺的佛爷或贺路统一发代表证，在代表证上还有每位代表的照片，代表们把代表证别于衣服上，一目了然，不会发生哄抢座位的现象。另

---

① 在云南南传佛教信仰区域，对之有不同的称呼，在西双版纳傣族自治州，称为"波章"，在德宏傣族景颇族自治州称为"贺路"，在临沧市称为"安章"。

云南抓住"云南映象"并将此名片推向全国，推向世界，进而形成云南文化品牌，进而又形成民族文化产业的文化品牌族群。云南以"原生态"为特色的文化源源不断地走向全国乃至世界，以影视为载体的"好大一对羊""婼玛的十七岁""花腰新娘"至"云南电影"十部曲；以云南"原生态"音乐创作为代表的李怀秀兄妹等，将具有浓厚民族文化特色的云南文化，全方位向世界展示。这些所带来的轰动和经久不衰的文化影响，印证了"民族文化是世界的文化"。以云南原创文化艺术为主要特色的"原生态"文化品牌的树立，则实现了云南文化新的突破。

近年来，在省委、省政府的重视和支持下，云南省文化产业走出了一条旅游产业和文化产业互动发展的新路子。文化与旅游结合，产生了一大批龙头文化企业，并带动演艺会展、文化娱乐、茶文化、珠宝玉石、影视等相关产业共同发展，逐渐形成云南文化产业的系列群；文化与旅游结合，促进了旅游业的"转型升级"。云南现在已成为全球最具吸引力的旅游目的地之一，游客每年以500万人次增长。2008年，云南省旅游业总收入首次登上了650亿元的新台阶。2009年上半年，全省旅游业继续实现了海外、国内两大市场的双增长。

云南文化产业的发展，在"十五"期间就形成了发展文化产业的基本模式，"政府引导，项目带动，企业运作和全社会参与"。项目带动是文化产业发展的一个创新，由于项目的带动，同时促进了政府和企业的积极性。一个经过精心培育的项目就是一个民族文化的品牌。无论是政府还是企业都应抓紧文化项目的培养，使之形成规模效应、品牌效应和市场效应。从而形成持久的文化产业及文化支柱产业。

2. 文化产业发展过程中的"市场伦理"缺席是导致"合法性危机"的一个主要原因。

综观云南少数民族地区文化产业的发展状况，目前我们只是过多地强调将文化作为一种资源导入市场经济的运行模式之中，强调市场经济的发展，却忽略了文化产业内部应该建立适应云南少数民族地区实际的"市场伦理"。

如果仔细地对主体的合法性危机现象和发展内容合法性危机现象作一深入地分析，不难发现，在"合法性危机"的后面，隐藏着一个文化产业发展过程中重要的"市场伦理"缺席的现象，即云南少数民族地区文化产业的市场经济缺乏相应的"市场伦理"制约。市场经济运行的动因是追求主体利益最大化。市场经济的这一功能与云南少数民族社会固有的强调团结协作、平等互助的传统伦理道德有出入的。

宗教在历史传播的过程中，往往以信仰的形式负载着一个民族或一个群体的伦理道德和价值追求。不仅可以为个人生活提供意义，而且为社会提供价值导向和行为规范的社会资本。英国古典经济学家亚当．斯密认为，个人利益是人们从事经济活动的出发点，而从利己出发从事经济活动的人就是"经济人"。这种"经济人"不是那种自私自利、损人利己的无道德的人，而是他们的自私自利的行为将会促进社会的最大利益。"经济人"的行为动机是由人的本性决定的，完全受人的利己之心所驱使。而人们追求自身利益的实现所采取的行为则由经济秩序和原则所决定。各"经济人"的商品生产是为了满足他人或社会的需要，是通过市场交换而进行的生产。市场交易能使各方都能获利或者是在不损害另一方的同时，使一方获利。在这里，在市场交易的过程中，人们所遵循的就是市场经济内在的"市场伦理"。就文化产业的市场经济模式而言，目前云南少数民族地区，尤其是南传佛教信仰区域内的文化产业的发展却忽略了"市场伦理"的建构，特别是忽略了适应云南少数民族地区实际的"市场伦理"，忽略了宗教的伦理与社会资本之关系，这必将导致"合法性危机"。

3. 探索建立适应文化产业发展的"市场伦理"，积极规避中国南传佛教商业化发展，乃至云南省文化产业发展的"合法性危机"。

云南文化产业的发展给我们最大的启示就是从项目入手，利用云南丰富的民族文化资源，形成一个个文化品牌项目，招商引资，以项目带动，切实为云南的文化产业发展带来资金上的保障。首先，我们必须要意识到，在发展文化产业的同时，也存在"合法性危机"问题，只有认真面对这一问题，才可能在将来的文化产业发展中真正走出具有云南经验的"云南模式"。

如何在发展文化产业的同时，来应对在云南南传佛教信仰区域，兼顾佛教特点，积极规避中国南传佛教商业化发展的"合法性危机"？这一问题是目前和今后中国南传佛教信仰区域内必须要正视的问题。笔者认为，要解决发展主体的"合法性危机"问题，政府相关部门必须在设计项目之初对于发展主体有一明晰的认识和分工，明确各方的职责和范围，并以此开展项目，对目前"宗教搭台，文化唱戏"的情况有一准确判断，认真处理好公平与效率的关系，竞争与合作机制的把握，对文化产业的运行机制有一独特视角的理论建构和实践操作指导，以此积极规避中国南传佛教商业化发展的"合法性危机"，真正进一步发展云南文化产业。

其次，探索适应文化产业发展的"市场伦理"，积极规避中国南传佛教商业化发展，乃至云南省文化产业发展过程中存在的"合法性危机"。

市场经济中所蕴含的伦理规范十分丰富，如果使之内化为人的精神品格和行为标准，就能有效地调节市场经济中人与人之间的关系，规范人们的行为，就能保障市场经济健康有序的发展。当前，我国正处于社会转型时期，在云南少数民族地区发展文化产业是大势所趋，考虑到文化产业是经济活动中特殊的领域，我们应该研究少数民族社会的实际情况，研究宗教伦理与社会资本之关系，建立不同于其他地区的文化产业的"市场伦理"，使之适应云南少数民族社会的实际，在发展文化产业的同时，积极规避"合法性危机"。

（四）在传统的中国南传佛教信仰中心地区，依托当地伊斯兰教协会，加强对流动穆斯林和外籍穆斯林的管理问题。

自改革开放30年来，穆斯林的流动成为一个普遍现象，他们不仅向东南沿海发达城市流动，而且也向本省、本地区的各个城市流动，其中西北的陕西、甘肃、宁夏、青海、新疆五省区，大量生活在农村的回族穆斯林，向西安、兰州、银川、西宁、乌鲁木齐等城市流动。但在西双版纳州的外籍穆斯林与国内穆斯林的流动特点完全不同。在西双版纳傣族自治州，外籍穆斯林远远较西双版纳州本地的穆斯林富裕，且因其语言不通，难以与本地傣族群众沟通，在调研过程中，笔者发现他们只能简单地靠汉语与当地人沟通，而事实上他们的汉语也仅限于基本的生意用语和日程生活对话，虽然他们中的一些人会说阿拉伯语，但能通过阿拉伯语相互对话的，且只能是西双版纳州伊斯兰教协会的教职人员和外籍穆斯林请来的缅甸籍阿訇（该阿訇还不会说汉语）。对于为了经济利益的趋势而生活在异国他乡的缅甸籍穆斯林来说，清真寺永远是自己的家，无论自己到了哪里，都能在清真寺里找到回家的感觉。平时或许是分散的个体，但一到清真寺就成为一个有强烈凝聚力的穆斯林整体。

清真寺成为他们在异域的一个避风港，而通过在清真寺的活动，处理好与当地伊斯兰教协会教职人员的关系，通过共同的信仰，加强与当地穆斯林的联系，成为他们的生存技巧。于是在这里，宗教信仰成为他们与当地穆斯林联系的重要纽带，严格执行伊斯兰教的种种规定成为他们提高在当地穆斯林心中权威的重要途径，因此目前西双版纳州伊斯兰教协会的作用是非常重要的，它成为外籍穆斯林了解异域社会的桥梁。故为了进一步加强对缅甸籍穆斯林的管理，我们必须依托西双版纳州伊斯兰教协会。为此，加强西双版纳州伊斯兰教协会的队伍建设和场所建设，加强西双版纳州伊斯兰教协会人员爱国爱教的教育，加强对其进行我国相关政策以及相关宗教知识的培训应该为当前的重点。

（五）建立"反渗透文化墙"，加强中国南传佛教信仰地区，乃至在云南边境沿线"反渗透"能力。

在我国扩大改革开放和"西部大开发"发展战略中，随着云南"建设东南亚国际大通道"发展进程的不断深入，境外宗教渗透对社会稳定乃至国家安全的威胁日益突出，成为我国在未来相当时期发展过程中潜在的隐患。因此，在中国南传佛教信仰区域内，乃至在云南边境沿线建立"反渗透文化墙"，这是在新时期新阶段提升"反渗透"能力的关键。所谓"反渗透文化墙"，指的是在云南边境沿线一带，采取一系列措施，增强我国边境沿线的跨境民族群众的国家认同感、政治认同感和民族认同感和文化认同感，搭建起一道隐形的坚固的"反渗透文化墙"。

综观国外各种势力来我国进行渗透的特点，主要体现为各种宗教势力进行宗教渗透活动的背景复杂、意图明确、活动方式多样化、渗透层次化[1]等，因此我们必须采取措施，防止从境外对我边疆少数民族地区的渗透活动。这需要从两方面来切入，对内，需要采取一系列措施，有针对性地选择一系列边疆地区，解决边境国门教堂和寺院的发展困境，打造中国宗教品牌，建设"反渗透文化墙"，真正以相关的政府管理部门、宗教团体、信教群众三方面为主体，认真夯实我方的社会基础，增强边境沿线的跨境民族群众的国家认同感、政治认同感和民族认同感和

---

[1]　详参张桥贵主编《云南跨境民族宗教社会问题研究》，中国社会科学出版社2008年版，第70页。

文化认同感。这是搭建"反渗透文化墙"的基石。

另外，政府部门与社会各界群众积极配合，通过各种社会慈善事业和文化产业的发展，在加强各宗教自身权威建设的同时，积极加强社会主义新农村建设，引导少数民族群众走上正确的物质文明建设、精神文明建设、社会建设、文化建设道路，搭建起坚固的"反渗透文化墙"。

（六）凸显文化软实力，面向东南亚，实施"走出去"战略。

1. 利用中国南传佛教的集体性特点，以及云南宗教的集体性特点，加强我国实施东南亚发展战略的社会战略资源。

中国南传佛教具有鲜明的世俗性特点，这是其不同于汉传佛教之处。其产生的根源在于在漫长的发展过程中，中国南传佛教与社会统治阶级关系密切，其信仰系统是以傣族社会组织制度为范本建立自己的组织管理体系，并形成了鲜明的等级性特征，同时，中国南传佛教佛事活动也形成了独特的集体性特征，即宗教活动是以集体为单位来开展的。①

综观傣族社会的历史发展形态可以看到，早在原始的家族公社和农村公社形成的傣族原始集体主义伦理道德观念一直贯彻于历史发展的长河。它成为傣族社会固有的伦理道德体系的重要组成部分，并成为傣族社会固有的伦理道德接受南传佛教伦理道德的基础和前提②，并作为集体意识的重要组成部分沉淀于社会之中，规范这人们的社会行为。这一集体平均主义意识反映在世俗活动方面，表现为以社会群体为单位进行活动，个人服从于集体；在宗教活动方面，也同样如此，由波章（或安章，或贺路）等管理系统按照世俗社会组织的结构来组织集体活动，宗教活动不是个人的事情，而是集体的事情。故中国南传佛教形成了鲜明的世俗性特征，宗教在世俗社会领域中具有绝对的权威。因此，可以利用宗教的权威在世俗社会中的社会资源来减少群发性事件的发生，打好群众基础、社会基础、国际基础，增强文化软实力，这既是夯实我国在东南亚国家发展的社会基础，同时也是在增强我国在东南亚国家发展的

①　关于中国南传上座部佛教组织制度与世俗社会组织制度之关系，详参郑筱筠《历史上中国南传上座部佛教与社会组织制度之互动》，《世界宗教研究》2007年第4期，第42页。

②　详参郑筱筠《南传佛教与云南傣族社会伦理道德》，《中国民族报》2005年12月26日。

社会战略资源。

2. 利用云南宗教的国际性特点来凸显我国在东南亚各国的影响，扩大我国在东南亚地区的文化战略资源。

云南天然的地理资源优势、云南境内外宗教的分布使得云南处于特殊地位，云南的宗教形成鲜明的国际性特点，这可成为我国在东南亚各国造成影响的文化战略资源。

云南有着众多的少数民族与东南亚国家跨境而居，各个民族与境外同一民族有着天然的血脉和文化资源的联系，因此，跨境民族宗教具有国际性特征；与此同时，就云南境内宗教情况而言，云南本身就是一个宗教博物馆，是进行宗教研究的"富矿"，宗教文化资源丰富，汉传佛教、南传佛教、藏传佛教三大语系佛教派别共存的现象在国内是唯一的，另外，基督教、天主教、道教以及伊斯兰教在云南也是影响较大的宗教。此外，云南省与缅甸、老挝、越南三个国家接壤，并且与泰国等国毗邻。宗教在东南亚国家中具有重要地位，该地区宗教形态十分丰富，除了各民族特有的原始宗教外，还约有穆斯林 1.7 亿人，佛教徒 1.06 亿（含汉传佛教徒约 2300 万，南传佛教徒约 8200 万），天主教徒 5000 万，基督教徒 400 万，信徒人数总计约为 3.3 亿人[①]。其中，与云南接壤或毗邻的四个国家中，缅甸、泰国、老挝是传统的佛教国家，天主教、基督教不仅在越南是重要的宗教之一，而且在缅甸北部也有很大的影响。境内外的宗教分布使云南处于国际性宗教的包围圈之内。因此应该利用云南宗教的国际性特点，凸显我国在东南亚各国的影响，扩大我国在东南亚地区的文化战略资源。

3. 利用社会战略资源和文化战略资源，面向东南亚，实施"走出去"发展战略，进行文化产品输出，提升国家的文化软实力。

在加强我国在东南亚国家社会战略资源和文化战略资源的同时，我们还应该积极配合云南省以及国家的战略发展，通过国际性大通道，实施"走出去"战略，将文化产品输出去，与东南亚各国平等交流对话，有效提升国家的文化软实力。

经济全球化使得各国文化相互渗透和融合，文化产业已是国际贸易

---

① 马开能：《浅析云南宗教及宗教问题的民族性和国际性》，载《全国宗教工作务虚会论文选集》，2003 年 2 月。

的一个重要组成部分。2009 年 9 月 26 日《文化产业振兴规划》出台标志着文化产业已经成为国家层面的发展战略。因此，我们要健全对外文化交流机制，积极实施"走出去"战略，大力开拓文化产品国际市场，积极响应中央号召，制定有关政策，完善激励机制，重点扶持大型国有文化企业及有较强创新能力和竞争实力的文化事业单位，做大做强一批对外交流的文化品牌，积极参与国际文化市场竞争，努力扩大文化产品出口份额。坚持以我为主、于我有利，扩大与管理规范、技术先进、对我友好的国外知名文化集团的合作。进一步推动广播影视节目对外交流和境外落地。同时，要不断深化对文化地位和作用，文化发展方向、文化发展动力、文化发展思路、文化发展格局、文化发展目的的认识，坚决冲破一切妨碍发展的思想观念、坚决改变一切束缚发展的做法和规定，坚决革除一切影响发展的体制弊端，做到思想上不断有新解放，理论上不断有新发现，实践上不断有新创造。

后　记

　　一个很偶然的机会让我萌生出版这本书的念头。当朋友向我索要出版于2001年的《佛教与云南民族文学》一书时，由于这本书已经出版十余年了，我自己只保留一本作为出版纪念。为了满足朋友的愿望，我网购了两本。不曾想，当拿到这两本书时，我却愣住了。我居然买到了内容相同，但是字体不同、厚薄不同的两本书。作为作者的我，一时无语。是啊，这是出版于十几年前的书了，随着近年来民族文化产业的繁荣发展，反思和研究佛教与云南民族文化的关系问题早已成为学术界关注的热点，这本书应该已经售罄，因此这两本厚薄不同的书显然属于某种"特殊渠道"为了满足读者的需求而再次出版的书。但显然未经作者同意，因为我毫不知情。所以，为了真正满足读者的需求，我希望重新出版发行这部书稿，是为出版因缘之一。

　　冬来春去，时过境迁，出版《佛教与云南民族文学》一书已经十余载，如果以十年为学术生涯的一个节点的话，那么确实也应该对自己在云南佛教文化领域的成果再次进行一个总结和反思。

　　此外，在以《佛教与云南民族文学》一书为本书主要内容的基础上，与时俱进，将本书分为上下两编。上编主要是以佛教传入云南后，汉传佛教、藏传佛教、南传佛教三大语系对云南民族文学的影响，以"佛教·文学·民族文化"为关键词来聚焦内容；而下编则围绕南传佛教与云南民族文化为主题进行思考，并以"南传佛教·社会·民族文化"作为下编的关键词，聚焦近年来花了甚多心血进行研究的南传佛教的参与社会治理的途径和体系，寺院经济发展模式，乃至于南传佛教与我国对外发展战略等领域，对南传佛教与云南民族文化之关系做内涵式